北京鹿苑天闻投资顾问有限责任公司特别支持

2012

创富报告

2012年度中国上市公司市值管理绩效评价

施光耀 等著

中国上市公司市值管理研究中心
China Center for Market Value Management

经济科学出版社
Economic Science Press

《创富报告》编写组成员

策　划：　施光耀　刘国芳　张　健

主　笔：　施光耀　刘国芳　张　健　邵永亮

执　笔：　刘　冬　马丽华　黄　欣　邱玉琴　牛丽静

　　　　　马　林　吕化涛　张麦云　魏媛娜　王　燕

　　　　　麻星星　郑继明　吕晓璐　张钦珺

资料/图表制作：王瑞军　刘　莎

报告发布时间：2012 年 5 月 26 日

序

消除一切制约创富的制度障碍

本报告为中国上市公司市值管理研究中心连续第六次组织撰写的创富报告：上市公司市值管理绩效评价年度报告。以前五个年度报告的序是由中国上市公司市值管理研究中心主任施光耀先生撰写的，可以说，每一篇序言都是对整个报告的"画龙点睛"。这次施主任让我写序，深感压力，虽"绞尽脑汁"，但很难超越，只能尽力而为。

翻阅了前五次的序，基本分为两类：一类是对当年度上市公司市值管理行为，包括价值创造、价值实现和价值经营行为的评述，算是对当年度上市公司市值管理绩效原因的总结和分析；另一类是站在整个市场发展的高度，对上市公司市值管理意识的觉醒、市值管理行为的强化进行了概括，这样的觉醒与强化是对整个证券市场健康发展重要意义的提炼，并点出了上市公司开展市值管理的战略意义。

循着这个思路，本次的序想突出另一个思想，那就是市值管理的本质其实就是如何实现股东价值最大化，即上市公司如何通过合规和科学的市值管理方法实现公司市值的持续增长，为股东创富，为社会创富。

党的十六大报告提出："让一切创造社会财富的源泉充分涌流"。从中国经济现实的情况来看，创造社会财富的主力军非上市公司莫属。如何让上市公司创造财富的源泉充分涌流，应是整个资本市场各个层面急需思考的大课题。

根据经济学原理，土地、资本和劳动是参与财富创造的三大要素。在人类历史的近几百年里，生产的增长大大地超过了资本的增长和劳动力数量的增长，生产增长的贡献主要来自生产率的提高；而生产率的提高直接来自科学技术的飞跃、管理水平的提高，更来自于社会制度的进步。

可见，除了科技进步和管理水平外，制度在创富中的作用是巨大的。中国三十多年的改革能够取得如此辉煌的成就，其实也是得益于制度变革的巨大推动力。因此，进一步提升中国上市公司的创富动力与能力，消除当前上市公司创造财富过程中面临的诸多制度障碍显得尤为重要。

2005 年启动的股改，消除了上市公司创造财富的股权割裂之制度障碍，非流通股通过向流通权支付对价换得了流通权，大小股东在公司市值增长这一根本问题上达成利

益一致，催生了上市公司市值管理意识的觉醒，上市公司财富创造进入了一个充分释放的新阶段，资本市场才有了 2006 年和 2007 年的大牛市。

然而，"十年上涨幅度为零"的结果折射了近几年上市公司财富创造的尴尬。造成这一尴尬的原因可能是多方面的，但不少制度障碍仍首当其冲。的确，当股权分置改革"轻易"成功后，我们没有料到制约上市公司财富创造的制度桎梏如此强悍，我们过高地估计了股权分置改革的持续制度效应，我们在利益集团的掣肘和急功近利思维的围攻下，渐渐失去了持续改革的锐气。

壳资源的僵而不死就是最大的创富制度障碍之一。尽管我们有退市制度，但近几年来真正退市的上市公司不多，可以说是凤毛麟角。据统计，A 股市场已经连续 4 年没有因连续亏损而退市的公司，根据历史数据估算绩差股退市概率仅有 2%，而最近 10 年来，平均每年只有不到 6 家上市公司退市。大量 ST 和 *ST 上市公司的存在，不但浪费了上市资源，毁灭了股东财富，而且壳资源的热炒与高价转让还毒化了整个市场的投资理念，扭曲了证券市场的资源优化配置机制。对上市公司经营不善负有责任的大股东及管理层不仅没有受到相应的市场惩罚，反而还从中受益。这对踏踏实实进行财富创造的上市公司来说，是一种逆向示范。

相比之下，在美国，近年来，纽交所每年有 100～300 家新公司入市，但同时也有 100～300 家公司退市，上市公司数量持续保持在 2000 家左右；NASDAQ 的上市公司数量近年来则呈下降趋势，从 2003 年的 3294 家降到 2010 年的 2778 家，说明推出的企业不在少数。"有进有出"使得真正创造财富的上市公司得到更好的发展，毁灭财富的上市公司得以退出，保证了美国股市优胜劣汰及资源优化配置功能的充分体现。

不久前监管部门推出的新退市制度虽然较前有所进步，但不客气地说，许多方面还很不完善，如退市条件不够严、退市责任追究缺失等。因此，在中国建立更为严格的退市制度和退市责任追究制度已是刻不容缓。唯有如此，中国上市公司的创富效率才能大幅提高，中国上市公司毁灭财富的行为才能最大限度地减少。

新股发行的高市盈率是妨碍上市公司创富的另一大制度问题。据统计，近几年沪深股市新股发行市盈率居高不下，2009 年、2010 年和 2011 年新股发行市盈率分别为 53 倍、59 倍和 46 倍，远远高于二级市场的平均市盈率。以市场化的名义实行的高市盈率，已经沦落为上市公司大股东、高管、保荐人及各类机构共谋，疯狂掠夺广大中小投资者财富的工具；使上市公司大幅度超募成为惯例，大量资金闲置，造成了社会资源的极大浪费，是不折不扣的毁灭流通股东财富的行为。

高发行市盈率，还催生全民 PE 的热潮，PE 突击入股、粉饰报表、权力寻租等恶行泛滥，二级市场沦为权贵资本和金融资本的提款机，极大损害了广大投资者的利益，上市公司的创富动力严重受到干扰和扭曲，是中国证券市场的一个畸形怪胎，必须尽快彻底割除。

2012 年"五一"期间监管部门出台的新股发行制度改革，看似出台了不少抑制高市盈率的新措施，如 25% 的行业标准、第三方风险揭示等，但总的来看，力度不够，

还没有涉及高市盈率的根源，即利益相关者包括发行人、保荐人、PE、公募询价机构等的共谋以及权力寻租等。看来，中国还需要动真格的发行制度改革，才能更大限度地让整个上市公司的创富潜能发挥出来。

阻碍中国上市公司创富的另一项制度安排就是上市公司的考核设计，尤其是国有控股上市公司的考核要求。按理说，股东把钱交给了上市公司，所图的就是总股东回报，即市值增长率与股息率的合计。考虑到中国上市公司的股息率普遍偏低，股东的回报主要来自市值的增长，所以从股东的角度来讲，上市公司管理层绩效究竟如何，传统的财务业绩指标的考核是必要的，但不是终极的，公司市值的增长应当是对管理层绩效的最为重要的衡量指标。

现在对国有控股上市公司的考核主要是传统的经营业绩考核，包括利润增长、净资产收益率，从2011年开始引入了经济增加值EVA。由于考核指标中没有市值，很多国有控股上市公司管理层根本不关心公司市值，任凭公司市值出现多大的缩水，也无动于衷；面对流通股东的期盼，总是一副冰冷的面孔；由于不考核市值，管理层也就不关心公司创富的问题，因为上市公司的创富最终要落脚到公司市值的增长，这才是对股东的真正回报。

尽管在2005年股东分置改革之初，相关监管部门多次表示全流通后应当对国有控股上市公司实施市值考核，但7年多过去了，市值考核还是杳无音信，理由据说是中国证券市场的系统性风险太大了，市值考核无从操作。这一理由其实是站不住脚的，市值考核既有绝对市值考核，就是市值的绝对增长；也有相对市值考核，就是公司市值相对行业指数或标杆企业。有增长就好，也就是说在牛市时比行业指数或标杆企业涨得多，熊市时比行业指数或标杆企业跌得少，相对市值考核完全消除了中国证券市场系统性风险的影响。

因此，即便是绝对市值考核在当前实施有难度，但相对市值考核的推行完全具备了条件。所以国有控股上市公司当前急需引入相对市值考核指标，以引导上市公司管理层关心市值，关心股东回报，这样的市场才会有投资价值，这样的市场才是一个创富的市场。

对于推行股权激励的上市公司来说，对包括管理层在内的激励对象的考核其实就包含了绝对市值的考核。我们在2011年第五届上市公司市值管理高峰论坛的主报告《股权激励：市值管理新趋势》中就指出，实施股权激励的上市公司推行的是双重考核：显性的是业绩考核，隐性的是绝对市值考核，因为激励对象获利或多获利的前提是，公司在完成显性的业绩考核指标的同时，必须要实现隐性的绝对市值增长的指标，只有绝对市值指标增长了，高管所获得的股权激励才能真正获利。所以，我们看到，实施了股权激励的上市公司管理层对公司市值更为关注，公司的创富动力也更为强劲。因此，上市公司，尤其是国有控股上市公司对管理层实施市值考核和股权激励，对释放上市公司的创富潜能会有巨大的推动作用。

上市公司创造财富的过程是持续的，也是与时俱进的。因此，支持上市公司创富的最优制度安排绝对不是一蹴而就的，是需要逐渐完善的。当前监管层要做的

是，尊重上市公司创富的首创性，总结上市公司创富的好经验，倾听上市公司创富的新呼声，不断完善有关创富的制度设计，消除一切制约上市公司创富的制度障碍。

刘国芳

中国上市公司市值管理研究中心执行主任

2012 年 5 月 9 日于北京

创富报告
2012年度中国上市公司市值管理绩效评价

目 录
CONTENTS

第三章 | 2012年度市值管理绩效评价：行业分析 / 29

第七章 | 2012 年度市值管理绩效评价：派系分析 / 119

第一章

2012 年度市值管理绩效评价总述

受国内经济宏观调控加剧，以及国际市场债务危机扩散影响，A 股市场总市值再度下行，2012 年度（除特别说明外，本书中的 2012 年度指 2011 年 5 月 1 日至 2012 年 4 月 30 日）中国 A 股上市公司市值管理综合绩效较上一年度明显回落（图 1－1），由上一年度的 44.15 分下降至 40.14 分，降幅达 9.08%。其中上市公司的成长价值绩效得分以及市值增长率均创出近 6 年来最低水平。①

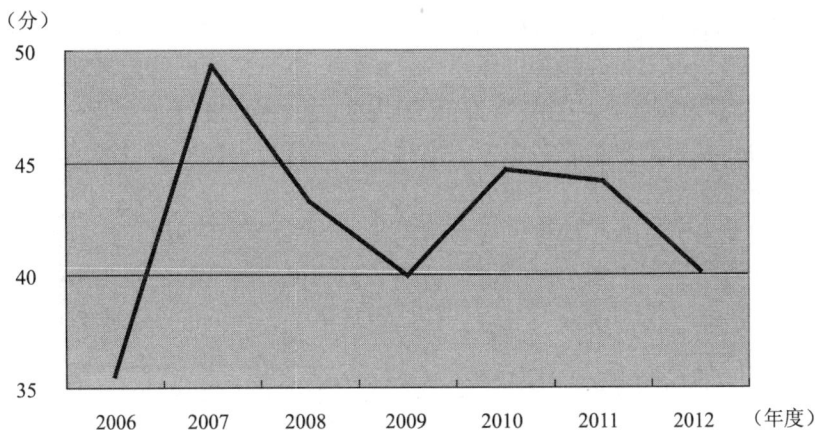

（分）

图 1－1　A 股市场上市公司市值管理绩效总分趋势

2012 年度上市公司市值管理依然处在复杂的市场结构化调整中。上证指数自 2911 点开盘，随即震荡下行，至 2012 年度一季度略有反弹，最终报收于 2396 点，跌幅达 17.69%。与此同时，沪深两个市场新增了 232 家上市公司，这其中 84.48% 的公司成功登陆中小企业板和创业板市场，使其合计公司家数升至 981 家，其 41.18% 的家数占比，已接近沪深主板市场合计容量。市场高速扩容引发了管理层对新股发行"三高"问题的密切关注，连续出台的政策调控令中小企业估值大幅回落，进而影响到整体市场估值

① 截止到 2012 年 4 月 30 日，沪深交易所共有 2388 家 A 股上市公司公布了 2011 年年报。为确保市值管理绩效评价建立在上市公司现有业务的可持续性经营上，剔除现有经营业务不可延续的 ST 类上市公司（含未股改公司），年内由证监会重组委认定的重组类上市公司，以及年内股票交易时间少于 180 个交易日的部分公司样本，参加本次市值管理绩效评价的上市公司共有 1952 家。

水平。此外，国内外经济环境日趋恶化，也令上市公司经营业绩受到显著影响。价值创造绩效与价值实现绩效的双重压力，迫使上市公司市值管理综合绩效得分在 2012 年度出现了仅次于 2008 年度的深幅调整。

一、2011 年度上市公司市值管理的亮点

尽管上市公司综合绩效回落明显，但市值健康度指标却创出近几年新高，预示着各公司的价值创造与价值实现绩效管理达到了近几年的最佳状态。此外，从结构上看市值管理亮点也不少：金融服务业连续 6 年综合绩效得分名列前茅，绩效管理水平提升近四成；内蒙古地区价值创造绩效明显改善，近 5 年绩效得分增长超 50%，名列榜首；采掘业价值实现绩效得分近 5 年提升了 73%，为投资者带来丰厚回报；民营企业的价值关联度绩效得分则连续 4 年领先，2012 年度所有制排名中再度以 76.96 的高分位居第一。

1. 价值关联度绩效大幅提升

2012 年度上市公司价值关联度绩效成为为数不多的几个市值管理上升指标之一。受困于国内经济环境与市场环境的同步恶化，A 股上市公司的价值创造绩效与价值实现绩效同步下行，但评价其健康程度的价值关联度指标反而提升了 3.21%，实属不易。这说明，随着价值实现与价值创造绩效的回落，上市公司实现的市值溢价水平与其内在价值之间的匹配程度更为合理（图 1-2）。

从评价结果来看，近 6 年的价值关联度指标走势与市值管理综合绩效的走势呈明显的负相关走势。这也说明上市公司价值创造绩效和价值实现绩效的管理需要较高的管理艺术，保持同步上升才能发挥最大效用。任何凭借某一方面的成绩来推升整体市值管理绩效的努力将无法持久。

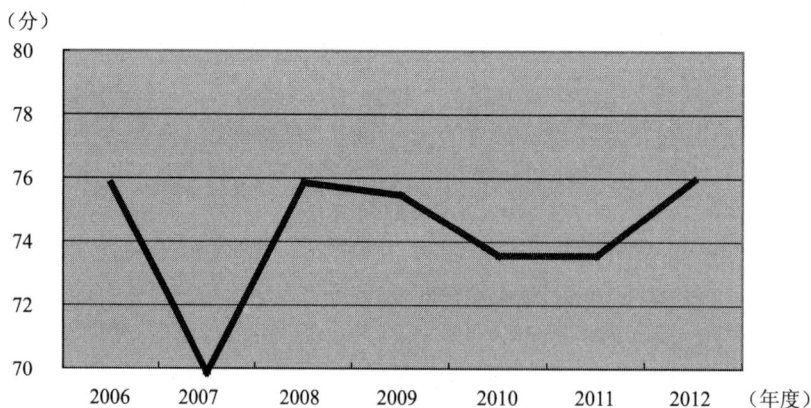

图 1-2　A 股市场上市公司价值关联度得分趋势

2. 金融服务业综合绩效连续6年保持领先

市值管理综合绩效反映的是上市公司市值管理的整体水平。金融服务业与采掘业在数年的发展中始终处于领先位置，成为各行业名副其实的标兵。公司盈利能力与市值规模的优势是两大行业持续领先的重要因素，其中以金融业更为突出。国有四大银行先后上市，为投资者带来更多财富保值、增值的机会。无论是牛熊周期，以银行业为代表的金融服务业始终充当着市场中流砥柱的作用，价值创造及价值实现绩效同样出色。

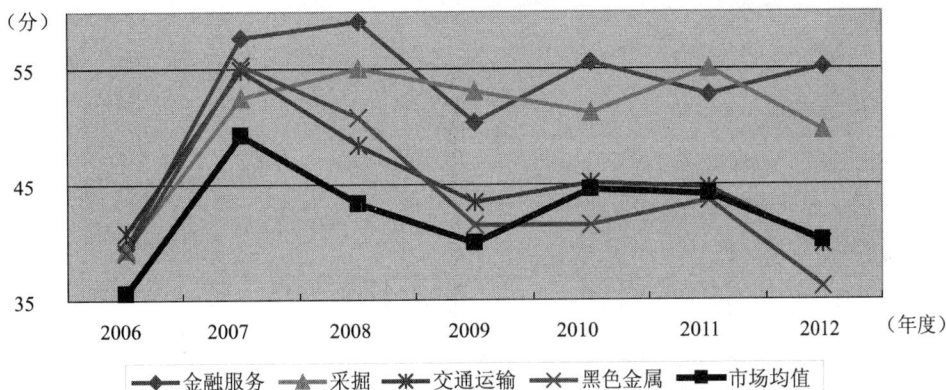

图1-3　重点行业上市公司综合绩效得分趋势

3. 内蒙古价值创造绩效提升尤为明显

价值创造绩效是市值管理的基础。内蒙古地区的价值创造绩效由2006年度的33.53分一路升至2012年度的51.10分，升幅达52%，列所有区域之首（图1-4）。与经济发达区域的价值创造绩效基本稳定不同，少数民族及边远地区的价值创造绩效波动较为剧烈，且两极分化严重。内蒙古作为资源大省，在近几年的价值挖掘中一路领跑，价值创造绩效逐年攀升。2012年度，内蒙古价值创造绩效再较上年度增长9.26%，表现十分惊人。

4. 采掘业价值实现绩效无人能及

2012年度，采掘业价值实现绩效得分高达40.9分（图1-5），这一成绩虽然较上年度回落20%，但较2006年度增幅仍超过70%，成为近6年价值实现绩效排名中表现最好的行业之一。与之相近的是医药生物行业，近6年价值实现绩效增幅高达71%，仅次于采掘业73%的成绩，但其2012年度价值实现绩效的绝对水平仅有33分，相当于同期采掘业的81%，差距十分明显。

综合来看，较高的行业景气度是采掘业胜出的主要原因。处于产业链的最前端，采掘业的价值创造绩效优势明显。而适逢全球通胀水平长期居高不下，大量资金出于避险

考虑陆续涌入采掘业公司，从而令相关公司的价值实现工作变得得心应手。两者互为影响导致采掘业的价值实现绩效近5年持续维持在较高水平。

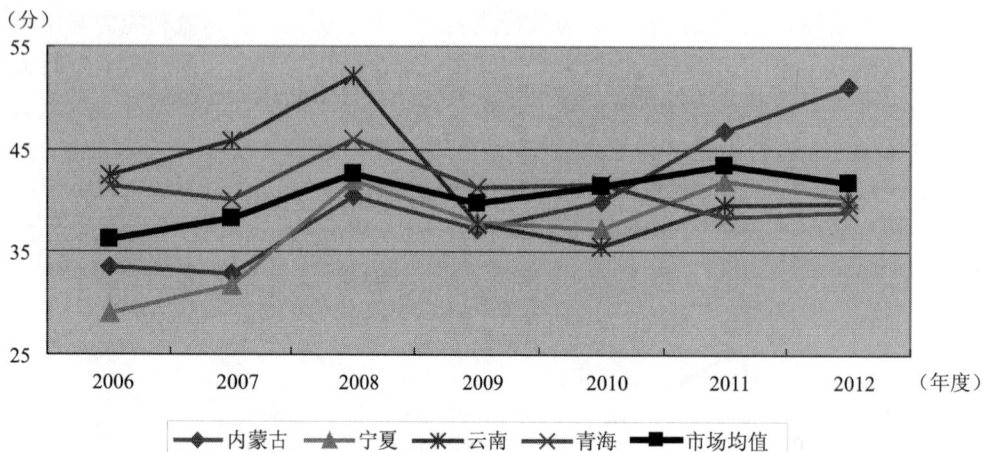

图1-4 重点区域上市公司价值创造绩效得分趋势

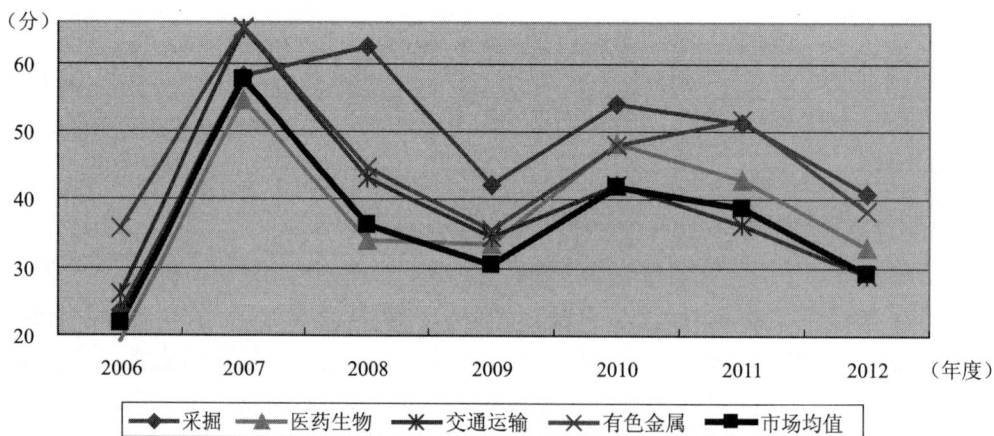

图1-5 重点行业上市公司价值实现绩效得分趋势

5. 民营企业价值关联度绩效再度领先

价值关联度是评价上市公司价值创造及价值实现绩效管理的平衡指标，只有协同发展才会取得更好成绩。在这方面民营企业已连续4年保持领先，成绩十分突出。

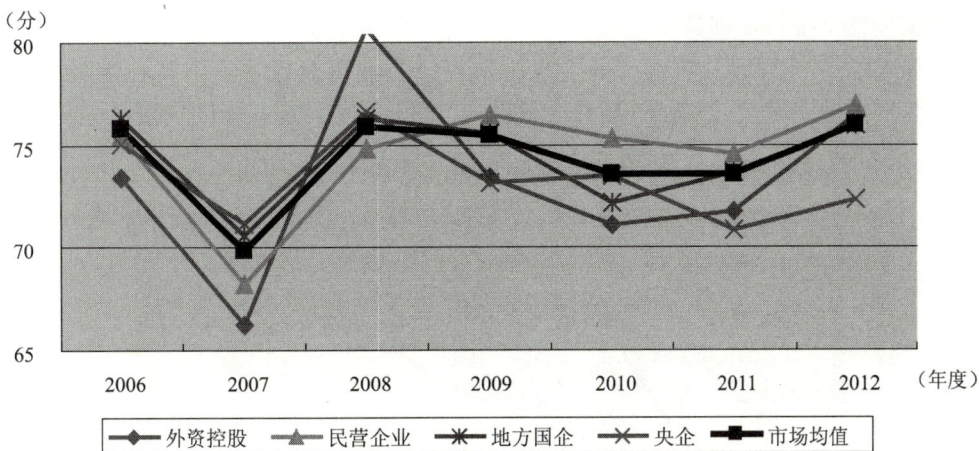

图1-6 各所有制上市公司价值关联度绩效得分趋势

民营企业市值管理起步较低，但发展较快。从关联度绩效得分的变化也可以看出（图1-6），自2006年度开始，民营企业的价值关联度得分一直处于较低水平；直至2009年度才实现反超，并保持优势至今。分析其原因，主要是由于民营资本更注重市值财富的实现过程，主动性市值管理的欲望更为强烈。无论是商业模式优化、激励机制探索，还是投资者关系管理、投融资战略实施和股本管理，民营企业都表现出更强的灵活性。

二、2012年度上市公司市值管理的弱项

2012年度，上市公司市值管理暴露出的问题也很多，成长性是最突出的问题，无论是盈利水平的成长性，还是市值水平的成长性都不尽如人意。价值创造绩效下滑明显，成长价值绩效得分更是创出近6年新低。价值实现绩效加速下滑，其中市值规模、市值增长率和托宾Q三个指标均出现明显回落。此外，在2011年度急速上升的溢价因素指标出现了大幅回落，甚至已低于2006年度水平。

1. 价值创造绩效自2009年度后首次回落

A股上市公司价值创造绩效得分（图1-7）强劲的上升势头在2012年度停下了脚步。截至年度末期，A股市场价值创造绩效水平较上年度回落4.16%，这其中基础价值绩效得分波动不大，而成长价值绩效得分下降幅度高达12.42%。

A股上市公司自2006年度以来始终处于明显的上升趋势中，即使在2009年度遭遇了史无前例的国际金融危机影响出现短暂下滑，但自2010年度又恢复了更为强劲的升势。源于国内4万亿的经济振兴计划，上市公司的价值创造绩效成长性在金融危机过后的两年内得以延续，但也带来了一些隐患。资金过分充裕，令上市公司的扩张欲望强烈；各地纷纷出台的经济刺激政策也为上市公司的业务发展大开绿灯，随之而生的依然是粗放式的增长。几年间，银行业、采掘业、工程机械等上游行业受益明显，而民营资

本较为集中的下游行业则苦不堪言。

2012 年度，价值创造绩效明显下滑为上市公司的市值管理工作重心指明了方向，未来增长应着眼于结构性调整带来的效率提升，而非简单依靠扩张的规模效应。

（分）

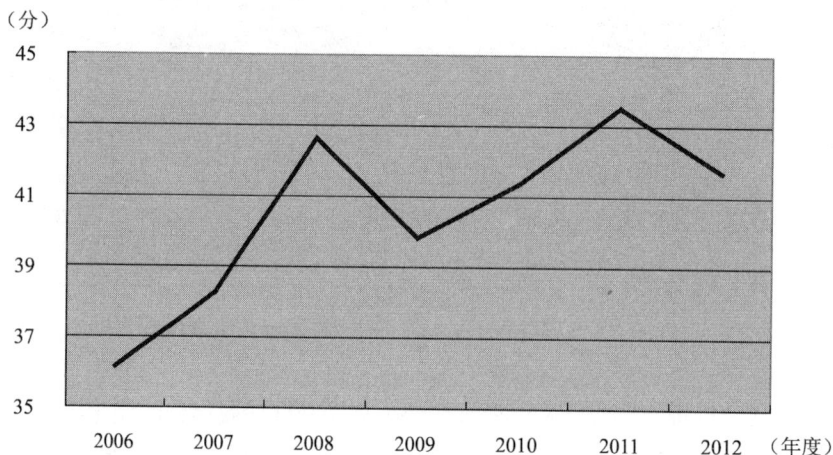

图 1-7　A 股市场上市公司价值创造绩效得分趋势

2012 年度上市公司成长绩效得分创出 6 年新低。成长价值能充分影响投资者预期，是市值管理的重要监测指标。2012 年度，成长价值绩效得分由 2011 年度的 43.73 分下降至 38.3 分，已低于 2006 年度 39.18 分的最低水平（图 1-8）。

（分）

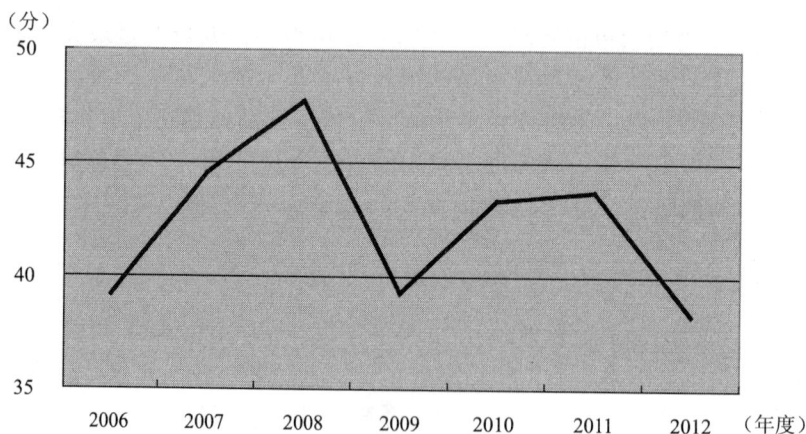

图 1-8　A 股市场上市公司成长价值绩效得分趋势

2. 价值实现绩效跌破 5 年来最低水平

价值实现绩效用于评价上市公司资本溢价的综合水平。继 2008 年度股指下跌 70％，上市公司价值实现绩效得分回落 37.19％之后，2012 年度上市公司价值实现绩效再一次

出现深幅回落，绩效得分较上一年度下滑24.64%，创出5年来最低水平（图1-9）。

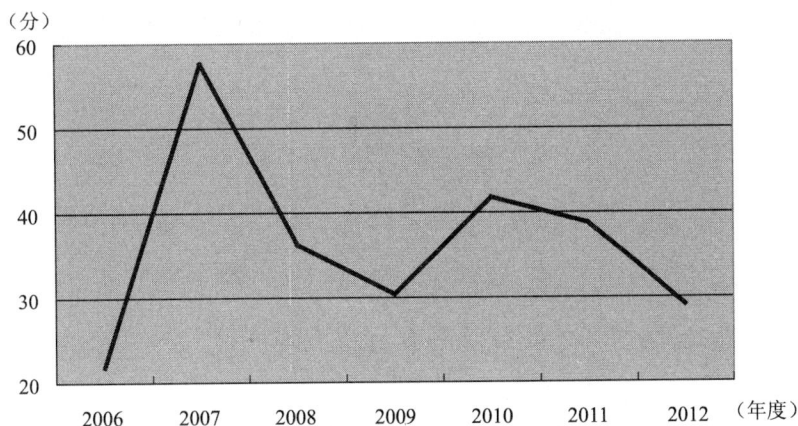

图1-9　A股市场上市公司价值实现绩效得分趋势

2012年度，上市公司平均市值规模水平由2011年度的171亿元回落至129亿元，跌幅达25%（图1-10）。

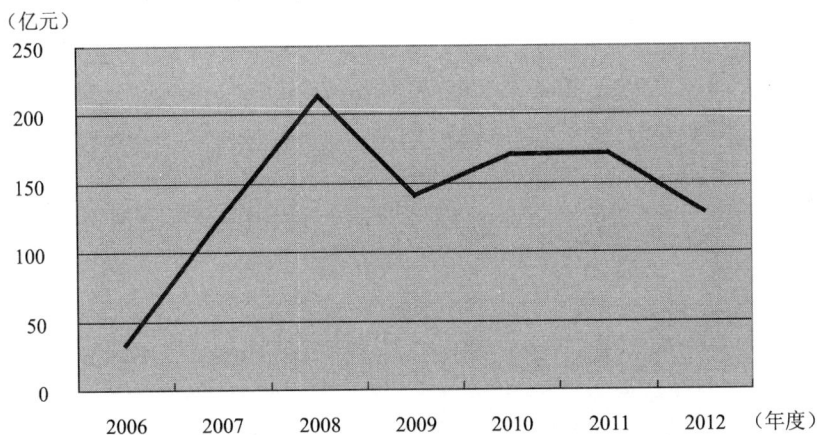

图1-10　A股市场上市公司平均市值规模变化趋势

A股上市公司平均市值规模的下跌，一方面来自于公司成长性变化导致的估值水平下降；另一方面也受到越来越多中小企业上市拉低了平均水平。

2012年度，上市公司平均市值增长率创出近6年新低（图1-11）。2012年度一个比较明显的特点是88%的上市公司市值出现了缩水，这一比例比2009年度74%的上市公司市值出现下跌更为严重。此外，2009年度有24家公司市值增长超100%，而2012年度这一数量仅有8家。综合来看，2012年度上市公司平均市值缩水幅度达20.32%，为近6年之最。

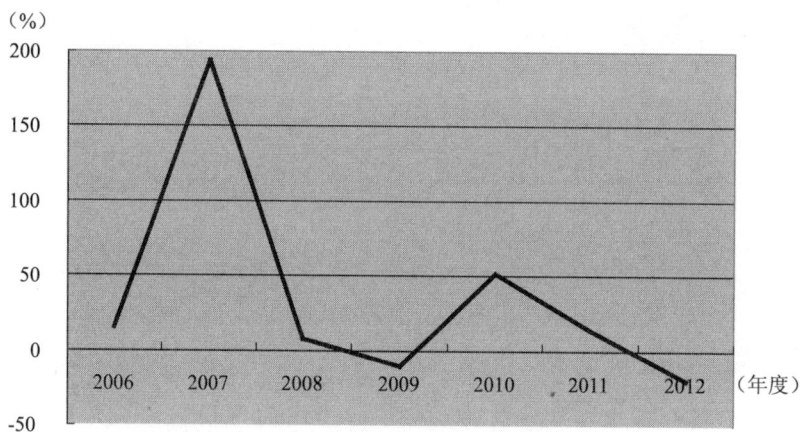

图1-11 A股市场上市公司平均市值增长率变化趋势

托宾Q反映的是上市公司总资产溢价水平,是资本溢价效率指标。2012年度,A股平均托宾Q水平较上年度下跌了30.77%,这一水平同样为6年来的最低点。截至2012年度末,A股市场平均托宾Q值为1.71倍(图1-12),比2009年1.88倍的水平还低9%。极度悲观的市场影响了投资者预期,也给上市公司市值管理工作带来了难度,相对而言,大盘蓝筹上市公司的价值实现工作挑战更为明显。

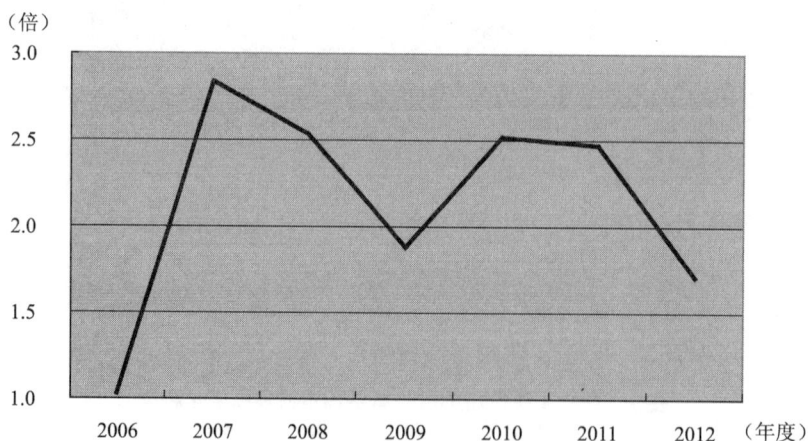

图1-12 A股市场上市公司平均托宾Q水平变化趋势

3. 市场溢价因素绩效得分大幅回落

由于市场整体估值水平下移,市值溢价因素绩效得分在2012年度出现大幅下滑,指标值由2011年度的8.94分降至7.78分,回落幅度达13%(图1-13)。

（分）

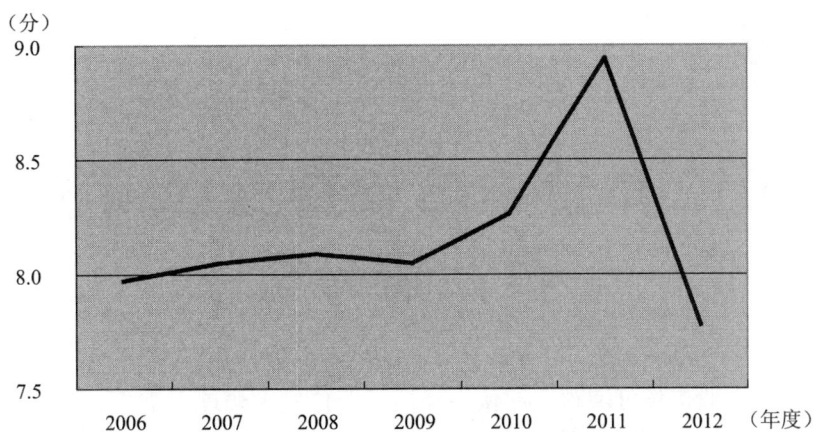

图1-13　A股上市公司溢价因素绩效得分变化趋势

　　整体回顾2012年度上市公司的市值管理成效，可以说乏善可陈。在市场需求不足的大环境下，上市公司赢利能力整体下降致使价值创造大幅回落；估值水平的下移使得上市公司价值实现面临巨大压力，溢价因素的正面效应急剧下降，以至上市公司的整体市值管理绩效大幅下滑。展望来年，随着宏观政策逐步放松，上市公司市值管理绩效有望提升。

第二章

2012 年度市值管理绩效评价：
百佳榜分析

　　2012 年度 A 股市场可谓跌宕起伏，经历了股价较大幅度上涨、又跌至年内最低点的考验，上市公司的市值管理绩效与往年也有很大不同。据中国上市公司市值管理研究中心最新推出的"2012 年度市值管理绩效百佳榜"（表 2－1），其中总体绩效评价结果显示，"百佳"公司各项考评指标得分较市场平均水平皆超越较多，具有较强的价值创造能力和价值实现能力。结构特征显示，2012 年度"百佳"公司股本规模以 5 亿～100亿股的公司居多，100 亿股以上的公司较 2011 年度增加最多；行业分布中以金融服务行业为首，区域分布中北京地区家数位列第一；此外，在所有制结构中，国资企业依旧占据主流地位。本次"百佳"成员中有 6 家公司连续 6 期上榜，4 家创业板公司跻身"百佳"，其中 2 家连续 2 次榜上有名。从最近 6 期市值管理绩效各指标的趋势来看，"百佳"公司价值创造绩效稳步提升，价值实现绩效暗合经济周期，价值关联度稳居高位，市场溢价波动较小。

表 2－1　　　　　　　　　　2012 年度市值管理绩效百佳榜

总排名	证券代码	证券简称	总分	价值创造		价值实现		价值关联度		溢价因素	
				得分	A 股排名	得分	A 股排名	得分	A 股排名	得分	A 股排名
1	600111	包钢稀土	78.14	95.74	1	68.01	9	99.57	27	22.97	133
2	600403	大有能源	76.61	76.95	33	83.73	1	98.29	114	3.76	925
3	600519	贵州茅台	75.68	84.15	14	70.59	5	99.52	30	22.97	132
4	002304	洋河股份	73.52	76.91	34	71.17	4	98.40	112	23.01	129
5	000970	中科三环	72.71	88.49	7	60.71	26	98.98	75	20.84	224
6	000563	陕国投 A	71.24	79.33	23	68.76	8	99.20	56	0.96	1079
7	000568	泸州老窖	71.16	78.80	26	62.61	19	99.63	20	25.55	53
8	000869	张　裕 A	71.15	78.60	27	63.30	16	99.41	43	23.65	111
9	600809	山西汾酒	70.47	77.33	32	63.04	17	99.20	53	22.11	162
10	002477	雏鹰农牧	70.39	85.37	12	58.78	37	98.66	97	15.37	476
11	000858	五粮液	70.38	75.16	44	65.28	11	98.23	118	20.7	229
12	002038	双鹭药业	70.13	85.06	13	57.46	52	97.91	151	20.48	237

续表

总排名	证券代码	证券简称	总分	价值创造		价值实现		价值关联度		溢价因素	
				得分	A股排名	得分	A股排名	得分	A股排名	得分	A股排名
13	600259	广晟有色	70.08	80.02	22	60.35	27	99.73	16	19.84	312
14	000703	恒逸石化	69.64	67.89	87	70.33	6	95.67	285	20.12	294
15	600549	厦门钨业	69.59	87.68	8	54.26	85	95.88	275	24.09	97
16	600366	宁波韵升	69.26	91.80	3	55.38	69	96.47	238	2.76	965
17	000423	东阿阿胶	69.07	75.39	40	60.33	28	99.36	44	24.51	89
18	600160	巨化股份	69.06	89.16	6	53.16	92	95.40	304	19.68	323
19	002155	辰州矿业	68.90	81.74	20	56.87	57	98.02	137	20.32	245
20	600783	鲁信创投	68.47	79.13	25	57.54	50	98.66	95	19.8	319
21	002415	海康威视	67.91	67.75	88	65.84	10	95.83	279	20.85	222
22	300146	汤臣倍健	67.08	61.96	153	71.22	3	91.97	469	16.05	440
23	600547	山东黄金	67.02	72.23	57	58.08	44	99.30	49	22.61	139
24	600887	伊利股份	66.70	75.41	39	54.82	79	97.86	157	25.79	51
25	600199	金种子酒	66.54	71.81	60	62.20	21	97.91	152	5.36	893
26	600816	安信信托	66.45	83.37	15	55.17	73	96.90	207	-0.08	1678
27	002344	海宁皮城	66.41	69.92	72	60.10	30	97.75	170	18.44	359
28	600066	宇通客车	66.19	70.07	70	58.13	43	98.56	102	22.06	180
29	002310	东方园林	66.00	68.27	82	58.77	38	97.65	175	24.85	76
30	600395	盘江股份	65.86	69.95	71	57.23	55	99.14	66	21.54	210
31	000596	古井贡酒	65.86	69.02	74	64.56	12	96.68	222	-0.08	1692
32	600030	中信证券	65.54	76.34	36	52.05	109	96.09	263	26.02	43
33	600031	三一重工	65.45	68.12	83	55.70	66	99.09	67	29.15	6
34	000656	金科股份	65.45	57.17	265	73.60	2	85.93	768	16.69	412
35	000538	云南白药	65.23	65.28	112	58.96	36	95.93	272	28.79	15
36	002353	杰瑞股份	64.86	64.81	118	63.82	14	94.44	344	10.03	772
37	002029	七 匹 狼	64.79	66.12	103	60.10	29	96.04	267	17	403
38	002128	露天煤业	64.72	71.36	63	53.90	88	98.66	99	20.2	256
39	000780	平庄能源	64.71	72.30	56	53.41	91	98.13	126	20.28	247
40	002269	美邦服饰	64.57	73.84	52	53.54	90	97.97	147	14.1	571
41	601088	中国神华	64.53	68.75	76	52.98	94	99.04	69	29.03	10
42	600123	兰花科创	64.33	70.49	67	52.58	101	98.18	122	25.15	59
43	600739	辽宁成大	64.08	78.56	28	48.83	153	93.31	394	23.18	120
44	600436	片 仔 癀	63.87	68.08	84	60.91	23	96.74	220	-2.64	1938
45	600535	天 士 力	63.69	62.12	151	57.90	47	94.44	339	30.12	5

续表

总排名	证券代码	证券简称	总分	价值创造		价值实现		价值关联度		溢价因素	
				得分	A股排名	得分	A股排名	得分	A股排名	得分	A股排名
46	002293	罗莱家纺	63.55	70.58	66	55.20	72	99.68	19	3.56	932
47	600585	海螺水泥	63.43	76.55	35	48.24	169	92.83	426	25.98	44
48	601888	中国国旅	63.33	61.48	164	59.67	32	92.94	412	24.32	92
49	000623	吉林敖东	63.22	74.29	49	49.30	144	94.92	318	22.35	151
50	600779	水井坊	63.11	60.51	176	60.98	22	91.76	476	22.1	164
51	000581	威孚高科	63.00	63.14	139	57.62	49	95.18	311	19.76	320
52	600406	国电南瑞	63.00	61.72	161	59.62	33	93.15	400	20.04	302
53	600016	民生银行	62.95	75.18	42	48.58	159	93.74	371	22.1	170
54	002236	大华股份	62.92	59.71	198	62.94	18	90.37	544	17.62	376
55	002081	金螳螂	62.91	63.01	142	58.41	39	94.49	335	17.51	382
56	600271	航天信息	62.79	63.10	141	54.70	81	96.79	215	26.26	35
57	600060	海信电器	62.58	80.98	21	47.39	187	91.12	511	11.1	667
58	600636	三爱富	62.47	95.19	2	43.11	320	82.98	889	0.76	1108
59	601101	昊华能源	62.43	70.38	69	49.67	136	96.42	240	21.62	205
60	002241	歌尔声学	62.27	58.80	223	63.71	15	88.87	629	13.73	584
61	600276	恒瑞医药	62.25	59.02	217	60.80	25	89.73	589	22.81	138
62	600362	江西铜业	62.21	68.40	81	49.62	139	96.90	210	24.62	86
63	002378	章源钨业	62.15	60.21	183	59.08	35	92.08	461	20.36	243
64	000157	中联重科	61.95	71.41	62	48.49	161	94.70	324	21.94	190
65	600612	老凤祥	61.95	66.84	97	50.46	124	98.56	101	20	305
66	600143	金发科技	61.94	68.61	80	48.72	157	95.88	277	26.89	29
67	601006	大秦铁路	61.81	62.95	144	50.67	122	98.82	85	28.95	12
68	600516	方大炭素	61.63	67.56	91	49.74	133	97.75	169	19.12	343
69	600702	沱牌舍得	61.58	57.74	246	64.21	13	87.53	695	10.66	676
70	600309	烟台万华	61.50	67.48	92	48.05	174	95.61	290	29.11	7
71	002153	石基信息	61.39	61.71	162	55.91	64	94.76	321	15.65	461
72	000799	酒鬼酒	61.25	55.12	320	69.57	7	83.25	882	2.36	974
73	601699	潞安环能	61.23	62.07	152	52.14	108	97.65	176	22.22	159
74	002001	新和成	61.21	67.36	93	48.51	160	96.42	247	23.13	125
75	000651	格力电器	61.17	65.88	106	48.26	168	96.68	221	27.67	24
76	002385	大北农	61.13	58.68	225	58.32	40	90.10	559	21.77	203
77	000792	盐湖股份	61.12	65.59	111	49.36	143	98.29	113	20.38	242
78	000024	招商地产	61.04	70.85	64	46.96	205	92.46	445	25.15	60

续表

总排名	证券代码	证券简称	总分	价值创造		价值实现		价值关联度		溢价因素	
				得分	A股排名	得分	A股排名	得分	A股排名	得分	A股排名
79	601717	郑煤机	61.04	67.99	85	48.85	152	96.42	239	18.2	363
80	600036	招商银行	60.97	74.45	48	45.50	242	89.62	592	25.07	68
81	600000	浦发银行	60.93	74.15	51	45.53	241	89.83	577	25.07	69
82	601398	工商银行	60.93	65.84	107	48.17	172	96.52	232	26.06	40
83	000917	电广传媒	60.91	72.88	55	46.30	224	90.96	517	23.33	115
84	300070	碧水源	60.89	59.63	201	57.99	46	91.71	478	14.69	551
85	600489	中金黄金	60.87	60.25	182	54.75	80	94.54	333	19.84	313
86	002294	信立泰	60.69	59.93	193	56.46	59	92.83	423	15.65	462
87	002458	益生股份	60.64	86.12	10	42.48	341	82.29	910	13.53	595
88	600600	青岛啤酒	60.62	59.01	219	55.36	70	92.03	465	23.7	108
89	600188	兖州煤业	60.52	61.89	158	49.15	147	99.41	41	24.13	96
90	600216	浙江医药	60.52	64.42	121	48.44	162	97.81	166	22.54	144
91	000002	万　科A	60.41	60.69	174	47.68	182	99.57	24	32.2	1
92	002311	海大集团	60.32	54.80	329	62.39	20	83.46	870	22.34	152
93	601166	兴业银行	60.15	70.44	68	45.77	233	91.17	502	24.79	80
94	601939	建设银行	60.15	65.08	115	47.38	189	96.04	268	24.7	84
95	601169	北京银行	60.10	72.88	54	45.55	240	90.05	561	20.12	285
96	601998	中信银行	59.96	67.58	90	46.82	208	93.69	375	22.18	160
97	300204	舒泰神	59.92	59.23	212	59.78	31	90.31	549	1.76	1016
98	600348	阳泉煤业	59.82	60.77	172	50.04	131	97.81	165	20.12	290
99	300003	乐普医疗	59.74	61.39	166	55.98	63	94.49	337	0.36	1145
100	601328	交通银行	59.67	66.93	96	46.17	225	93.10	403	25.07	67

一、"百佳"绩效明显高于市场均值

根据统计结果（表2－1），2012年度市值管理绩效评价中，"百佳"上市公司各项指标得分依然明显高于市场平均得分。与A股市场平均得分相比（图2－1），在综合绩效指标和价值创造、价值实现、价值关联度和溢价因素等分项指标上，"百佳"上市公司都远远超过市场平均水平，尤其是价值实现和溢价因素指标更加突出。

据统计，"百佳"市值管理综合绩效得分超出A股市场平均分六成以上。价值创造和价值实现得分超出A股市场平均水平六成和九成以上。"百佳"价值关联度得分超出A股市场平均分两成以上。此外，"百佳"溢价因素平均得分超出A股市场均值一倍之多，领先优势最明显。

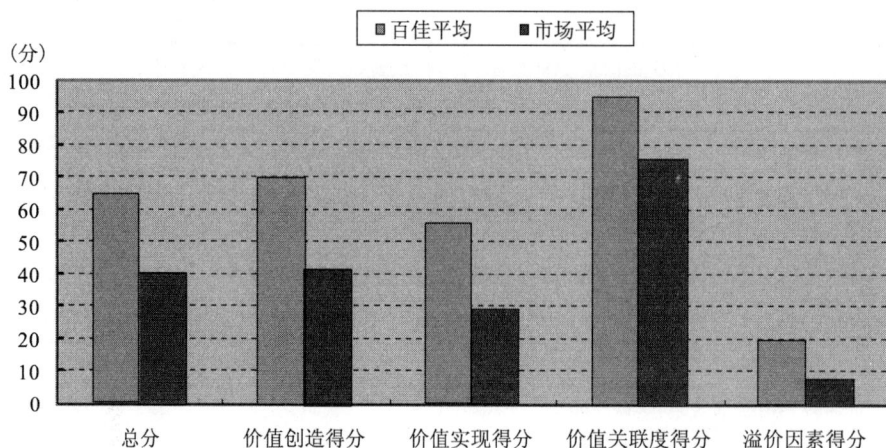

图2-1 2012年度"百佳"公司市值管理综合绩效比较

1. 价值创造："百佳"基础价值优异

价值创造绩效取决于上市公司内在价值，是公司创造核心竞争力的前提条件。价值创造最大化，能使企业在资本市场打下坚实的基础。在现有市值管理绩效评价指标体系中，价值创造由基础价值和成长价值两部分组成。

"百佳"公司价值创造绩效突出，位于市场前列。据统计，在2012年度"百佳榜"中，有六成以上的公司入选价值创造"百强"，九成以上的公司价值创造绩效排在市场前200名之内（表2-2）。价值创造排名第一的包钢稀土，无论是市值绩效总排名还是基础价值分指标绩效排名均位于榜首。这主要是受益于稀土行业在2011年度是国内外关注的焦点，更是受到资本市场的追捧，并且国内近年来一系列涉及稀土的政策的出台，更为稀土行业的发展提供了良好的环境。尤其是2011年5月出台的《国务院关于促进稀土行业持续健康发展的若干意见》，标志着中国稀土行业进入新的发展阶段。包钢稀土在2011年度稀土行业政策明朗的大背景下，公司创造出非常优异的业绩。

表2-2　　　　　　　　　　　2012年度"百佳"公司价值创造绩效排名

证券代码	证券简称	价值创造		基础价值		成长价值		总分	总排名
		得分	A股排名	得分	A股排名	得分	A股排名		
600111	包钢稀土	95.74	1	100.00	1	89.34	27	78.14	1
600636	三 爱 富	95.19	2	91.99	7	100.00	7	62.47	58
600366	宁波韵升	91.80	3	86.34	19	100.00	6	69.26	16
600160	巨化股份	89.16	6	90.55	10	87.08	28	69.06	18
000970	中科三环	88.49	7	87.11	16	90.57	24	72.71	5
600549	厦门钨业	87.68	8	82.42	29	95.56	13	69.59	15

续表

证券代码	证券简称	价值创造		基础价值		成长价值		总分	总排名
		得分	A股排名	得分	A股排名	得分	A股排名		
002458	益生股份	86.12	10	76.86	61	100.00	2	60.64	87
002477	雏鹰农牧	85.37	12	78.49	53	95.70	11	70.39	10
002038	双鹭药业	85.06	13	95.96	6	68.71	128	70.13	12
600519	贵州茅台	84.15	14	100.00	2	60.38	217	75.68	3
600816	安信信托	83.37	15	81.07	40	86.82	31	66.45	26
002155	辰州矿业	81.74	20	73.15	96	94.62	14	68.90	19
600060	海信电器	80.98	21	73.58	89	92.07	21	62.58	57
600259	广晟有色	80.02	22	66.71	177	100.00	4	70.08	13
000563	陕国投A	79.33	23	74.16	83	87.07	29	71.24	6
600783	鲁信创投	79.13	25	88.39	14	65.23	158	68.47	20
000568	泸州老窖	78.80	26	99.12	3	48.33	513	71.16	7
000869	张 裕A	78.60	27	97.20	5	50.70	428	71.15	8
600739	辽宁成大	78.56	28	84.14	21	70.18	114	64.08	43
600809	山西汾酒	77.33	32	90.93	8	56.93	290	70.47	9
600403	大有能源	76.95	33	81.38	36	70.30	113	76.61	2
002304	洋河股份	76.91	34	97.21	4	46.46	567	73.52	4
600585	海螺水泥	76.55	35	83.87	22	65.59	154	63.43	47
600030	中信证券	76.34	36	86.72	18	60.78	211	65.54	32
600887	伊利股份	75.41	39	72.63	105	79.58	48	66.70	24
000423	东阿阿胶	75.39	40	87.88	15	56.66	300	69.07	17
600016	民生银行	75.18	42	78.40	54	70.36	100	62.95	53
000858	五 粮 液	75.16	44	89.56	13	53.57	356	70.38	11
600036	招商银行	74.45	48	82.93	27	61.73	197	60.97	80
000623	吉林敖东	74.29	49	90.46	11	50.05	458	63.22	49
600000	浦发银行	74.15	51	81.82	33	62.64	183	60.93	81
002269	美邦服饰	73.84	52	80.15	45	64.37	164	64.57	40
601169	北京银行	72.88	54	81.33	37	60.20	222	60.10	95
000917	电广传媒	72.88	55	72.66	103	73.20	76	60.91	83
000780	平庄能源	72.30	56	73.27	93	70.85	95	64.71	39
600547	山东黄金	72.23	57	81.84	31	57.83	264	67.02	23
600199	金种子酒	71.81	60	66.84	175	79.27	49	66.54	25
000157	中联重科	71.41	62	74.34	80	67.00	145	61.95	64
002128	露天煤业	71.36	63	89.73	12	43.80	652	64.72	38

续表

证券代码	证券简称	价值创造		基础价值		成长价值		总分	总排名
		得分	A股排名	得分	A股排名	得分	A股排名		
000024	招商地产	70.85	64	72.27	113	68.72	127	61.04	78
002293	罗莱家纺	70.58	66	74.27	82	65.03	159	63.55	46
600123	兰花科创	70.49	67	80.48	41	55.49	319	64.33	42
601166	兴业银行	70.44	68	83.55	24	50.77	424	60.15	93
601101	昊华能源	70.38	69	79.47	47	56.74	296	62.43	59
600066	宇通客车	70.07	70	81.52	35	52.89	379	66.19	28
600395	盘江股份	69.95	71	81.79	34	52.19	392	65.86	30
002344	海宁皮城	69.92	72	76.30	66	60.35	218	66.41	27
000596	古井贡酒	69.02	74	78.83	51	54.31	344	65.86	31
601088	中国神华	68.75	76	81.10	39	50.24	454	64.53	41
600143	金发科技	68.61	80	60.96	282	80.08	46	61.94	66
600362	江西铜业	68.40	81	69.28	140	67.09	143	62.21	62
002310	东方园林	68.27	82	76.76	62	55.54	317	66.00	29
600031	三一重工	68.12	83	84.57	20	43.45	680	65.45	33
600436	片仔癀	68.08	84	77.73	55	53.61	355	63.87	44
601717	郑煤机	67.99	85	75.45	74	56.80	294	61.04	79
000703	恒逸石化	67.89	87	79.49	46	50.50	438	69.64	14
002415	海康威视	67.75	88	80.48	42	48.66	500	67.91	21
601998	中信银行	67.58	90	70.70	124	62.89	181	59.96	96
600516	方大炭素	67.56	91	61.69	267	76.36	58	61.63	68
600309	烟台万华	67.48	92	72.38	110	60.13	223	61.50	70
002001	新和成	67.36	93	83.26	25	43.51	674	61.21	74
601328	交通银行	66.93	96	74.04	86	56.25	303	59.67	100
600612	老凤祥	66.84	97	71.60	119	59.70	228	61.95	65
002029	七匹狼	66.12	103	74.28	81	53.89	351	64.79	37
000651	格力电器	65.88	106	73.17	95	54.94	326	61.17	75
601398	工商银行	65.84	107	71.36	120	57.56	271	60.93	82
000792	盐湖股份	65.59	111	80.45	43	43.30	690	61.12	77
000538	云南白药	65.28	112	75.24	77	50.35	446	65.23	35
601939	建设银行	65.08	115	72.30	112	54.24	345	60.15	94
002353	杰瑞股份	64.81	118	74.51	79	50.26	451	64.86	36
600216	浙江医药	64.42	121	83.00	26	36.55	981	60.52	90
000581	威孚高科	63.14	139	80.28	44	37.42	943	63.00	51

续表

证券代码	证券简称	价值创造		基础价值		成长价值		总分	总排名
		得分	A股排名	得分	A股排名	得分	A股排名		
600271	航天信息	63.10	141	73.30	92	47.81	525	62.79	56
002081	金螳螂	63.01	142	75.03	78	44.97	610	62.91	55
601006	大秦铁路	62.95	144	72.61	106	48.46	506	61.81	67
600535	天士力	62.12	151	68.58	148	52.42	388	63.69	45
601699	潞安环能	62.07	152	78.98	49	36.70	971	61.23	73
300146	汤臣倍健	61.96	153	68.03	155	52.86	380	67.08	22
600188	兖州煤业	61.89	158	77.33	58	38.72	890	60.52	89
600406	国电南瑞	61.72	161	71.62	117	46.87	554	63.00	52
002153	石基信息	61.71	162	73.39	91	44.19	642	61.39	71
601888	中国国旅	61.48	164	60.74	287	62.60	184	63.33	48
300003	乐普医疗	61.39	166	72.59	107	44.58	622	59.74	99
600348	阳泉煤业	60.77	172	73.68	88	41.41	765	59.82	98
000002	万科A	60.69	174	66.41	181	52.11	394	60.41	91
600779	水井坊	60.51	176	63.95	214	55.35	323	63.11	50
600489	中金黄金	60.25	182	69.09	144	46.97	552	60.87	85
002378	章源钨业	60.21	183	61.51	270	58.26	254	62.15	63
002294	信立泰	59.93	193	75.30	76	36.88	964	60.69	86
002236	大华股份	59.71	198	73.26	94	39.38	858	62.92	54
300070	碧水源	59.63	201	67.62	164	47.63	532	60.89	84
300204	舒泰神	59.23	212	72.37	111	39.51	850	59.92	97
600276	恒瑞医药	59.02	217	71.68	116	40.03	828	62.25	61
600600	青岛啤酒	59.01	219	69.18	142	43.75	655	60.62	88
002241	歌尔声学	58.80	223	63.95	213	51.07	417	62.27	60
002385	大北农	58.68	225	65.63	192	48.27	516	61.13	76
600702	沱牌舍得	57.74	246	51.24	543	67.48	138	61.58	69
000656	金科股份	57.17	265	59.07	321	54.34	342	65.45	34
000799	酒鬼酒	55.12	320	53.78	458	57.12	285	61.25	72
002311	海大集团	54.80	329	50.45	573	61.33	201	60.32	92

"百佳"价值创造绩效优势在基础价值和成长价值上均有所体现。相对于A股市场价值创造平均水平，"百佳"公司具有明显优势（图2-2）。在衡量价值创造绩效的基础价值和成长价值上，"百佳"公司分别高于A股市场均值的七成和五成以上。

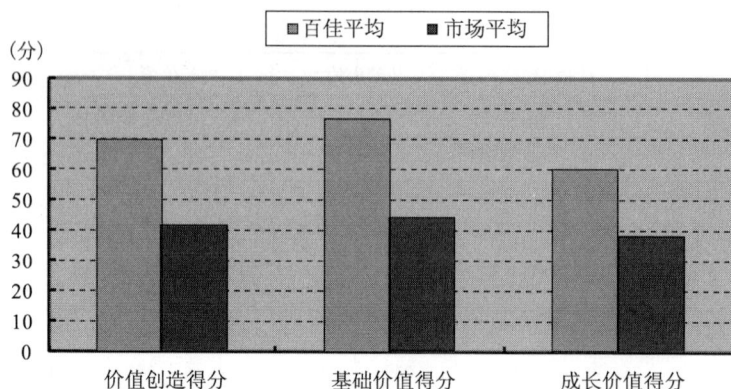

图 2-2 2012年度"百佳"公司价值创造绩效比较

在基础价值方面，"百佳"公司各分指标均值皆超出市场平均水平数倍以上，经济增加值尤为显著（表 2-3）。据统计，"百佳"公司 EPS（每股收益）均值为 1.52 元，是市场平均水平的 3.5 倍。此外，"百佳"公司 23.83% 的平均 ROE（净资产收益率）和 35.41% 的平均 ROM（营业利润率），也分别超出 A 股市场均值近一倍。同样，作为衡量企业基础价值的重要指标，"百佳"公司平均 10.09% 的资本效率成绩远远超出 A 股平均水平，领先幅度高达五倍以上。而"百佳"的平均 EVA（经济增加值）指标更是以 94.69 亿元遥遥领先于市场平均水平九倍以上。

表 2-3   2012年度"百佳"公司基础价值指标比较

	百佳平均	市场平均
EPS（元）	1.52	0.44
ROE（%）	23.83	8.18
ROM（%）	35.41	12.05
EVA（亿元）	94.69	9.29
资本效率（%）	10.09	1.53

在成长价值方面，"百佳"公司各分项指标均值更明显优于 A 股市场平均水平，"百佳"成长价值指标均为正值，而 A 股平均却表现的差强人意，均为负值（表 2-4）。据统计，"百佳"公司的 EPS 增长率和 ROE 增长率分别为 53.11% 和 40.83%，分别超出 A 股市场均值的 5 倍和 4 倍以上。同时，"百佳"公司的 ROM 增长率、EVA 增长率和资本效率增长率优势也非常明显，均值分别达到 25.56%、103.32% 和 72.56%，较市场均值也高出 3 倍左右。

综合来看，"百佳"公司的总体绩效成绩与其优异的价值创造绩效是分不开的。相对于 A 股市场其他上市公司，"百佳"公司创造了更为优秀的业绩支撑，提供了强劲的创富动力，为公司市值管理综合绩效的提升打下了坚实基础。

表 2 - 4　　　　　　　　　2012 年度"百佳"公司成长价值指标比较　　　　　　　　单位：%

	百佳平均	市场平均
EPS 增长率	53.11	-11.62
ROE 增长率	40.83	-13.00
ROM 增长率	25.56	-9.95
EVA 增长率	103.32	-37.52
资本效率增长率	72.56	-45.56

2. 价值实现："百佳"市值稳居高位

在弱有效市场里，公司内在价值并不能自然转换成公司市值，这就要求上市公司不仅要致力于价值创造，还要关注公司的价值实现。价值实现绩效体现了上市公司实现其资本溢价的能力，是市值管理的重要内容。"百佳"公司不仅仅拥有优秀的价值创造能力，价值实现绩效也表现非常突出。

据统计，在 2012 年度"百佳"上市公司中，有 64 家公司进入了价值实现绩效排名前 100 名，其他公司除有两家之外均在价值实现绩效得分前 300 名之列（表 2 - 5）。其中，大有能源作为国内采掘行业龙头，利用行业重新整合机会，借助行业优惠政策等，价值实现能力在 A 股市场中脱颖而出，以唯一绩效得分高于 80 分的成绩位居榜首。在各分项指标来看，尤其市值增长率绩效尤为显著，A 股市场仅有两家得 100 分，大有能源就位列其中。凭借优异的价值实现成绩，大有能源总绩效排名位居第二。

表 2 - 5　　　　　　　　　　2012 年度"百佳"公司价值实现绩效排名

证券代码	证券简称	价值实现		总市值		总市值增长率		托宾 Q		总分	总排名
		得分	A 股排名	得分	A 股排名	得分	A 股排名	得分	A 股排名		
600403	大有能源	83.73	1	81.88	151	100.00	2	54.90	575	76.61	2
000656	金科股份	73.60	2	81.14	204	100.00	1	5.71	1794	65.45	34
300146	汤臣倍健	71.22	3	80.21	290	47.96	8	99.77	26	67.08	22
002304	洋河股份	71.17	4	95.15	18	32.78	23	100.00	6	73.52	4
600519	贵州茅台	70.59	5	95.39	12	31.09	30	100.00	16	75.68	3
000703	恒逸石化	70.33	6	82.28	132	81.25	3	24.56	1316	69.64	14
000799	酒 鬼 酒	69.57	7	80.19	293	45.73	10	95.97	42	61.25	72
000563	陕国投 A	68.76	8	71.05	372	50.86	7	100.00	10	71.24	6
600111	包钢稀土	68.01	9	92.66	38	27.78	63	99.18	28	78.14	1
002415	海康威视	65.84	10	86.03	73	29.69	42	97.77	36	67.91	21
000858	五 粮 液	65.28	11	95.10	20	23.94	139	88.32	124	70.38	11

续表

证券代码	证券简称	价值实现		总市值		总市值增长率		托宾Q		总分	总排名
		得分	A股排名	得分	A股排名	得分	A股排名	得分	A股排名		
000596	古井贡酒	64.56	12	82.31	131	30.04	38	98.10	32	65.86	31
600702	沱牌舍得	64.21	13	80.05	326	37.62	18	85.73	189	61.58	69
002353	杰瑞股份	63.82	14	81.32	190	28.52	52	99.41	27	64.86	36
002241	歌尔声学	63.71	15	82.02	144	32.32	26	89.87	93	62.27	60
000869	张 裕A	63.30	16	86.50	66	21.75	245	100.00	14	71.15	8
600809	山西汾酒	63.04	17	83.61	96	24.00	137	100.00	18	70.47	9
002236	大华股份	62.94	18	80.65	237	26.70	82	100.00	24	62.92	54
000568	泸州老窖	62.61	19	88.50	53	20.80	299	94.43	56	71.16	7
002311	海大集团	62.39	20	80.43	260	33.31	21	84.47	220	60.32	92
600199	金种子酒	62.20	21	80.34	270	27.32	74	95.68	45	66.54	25
600779	水 井 坊	60.98	22	80.24	287	25.91	96	92.59	70	63.11	50
600436	片 仔 癀	60.91	23	77.28	342	25.01	115	100.00	21	63.87	44
600276	恒瑞医药	60.80	25	83.39	102	18.60	511	100.00	20	62.25	61
000970	中科三环	60.71	26	80.83	221	28.41	53	85.07	214	72.71	5
600259	广晟有色	60.35	27	80.81	226	20.07	360	100.00	17	70.08	13
000423	东阿阿胶	60.33	28	82.56	123	18.25	555	100.00	25	69.07	17
002029	七 匹 狼	60.10	29	80.16	306	26.53	86	87.14	152	64.79	37
002344	海宁皮城	60.10	30	80.88	218	26.58	84	85.58	196	66.41	27
300204	舒 泰 神	59.78	31	48.01	558	52.87	5	97.15	37	59.92	97
601888	中国国旅	59.67	32	82.58	121	23.34	159	86.53	168	63.33	48
600406	国电南瑞	59.62	33	83.59	97	17.38	667	96.15	40	63.00	52
002378	章源钨业	59.08	35	80.52	251	18.80	490	96.79	38	62.15	63
000538	云南白药	58.96	36	84.17	89	18.59	513	89.26	102	65.23	35
002477	雏鹰农牧	58.78	37	74.06	358	28.78	50	88.21	127	70.39	10
002310	东方园林	58.77	38	80.62	240	22.63	184	87.34	146	66.00	29
002081	金 螳 螂	58.41	39	81.89	150	25.25	109	77.77	267	62.91	55
002385	大 北 农	58.32	40	80.70	233	22.60	185	85.00	217	61.13	76
600066	宇通客车	58.13	43	81.21	200	34.15	20	59.93	494	66.19	28
600547	山东黄金	58.08	44	86.67	65	13.65	1349	89.74	96	67.02	23
300070	碧 水 源	57.99	46	80.55	247	21.88	235	85.06	215	60.89	84
600535	天 士 力	57.90	47	81.58	170	21.73	246	82.87	226	63.69	45
000581	威孚高科	57.62	49	82.08	140	22.11	221	79.76	251	63.00	51
600783	鲁信创投	57.54	50	80.79	228	18.61	510	88.94	108	68.47	20

续表

证券代码	证券简称	价值实现		总市值		总市值增长率		托宾Q		总分	总排名
		得分	A股排名	得分	A股排名	得分	A股排名	得分	A股排名		
002038	双鹭药业	57.46	52	79.04	336	15.38	1039	98.47	30	70.13	12
600395	盘江股份	57.23	55	84.04	90	19.64	396	78.80	257	65.86	30
002155	辰州矿业	56.87	57	80.82	224	16.20	872	90.29	88	68.90	19
002294	信立泰	56.46	59	80.08	319	15.34	1047	91.45	76	60.69	86
300003	乐普医疗	55.98	63	80.29	281	12.63	1528	94.07	59	59.74	99
002153	石基信息	55.91	64	71.18	369	18.59	515	100.00	13	61.39	71
600031	三一重工	55.70	66	95.02	25	15.86	942	56.73	541	65.45	33
600366	宁波韵升	55.38	69	79.45	333	27.22	76	63.59	437	69.26	16
600600	青岛啤酒	55.36	70	86.16	69	22.63	183	59.22	509	60.62	88
002293	罗莱家纺	55.20	72	72.56	364	19.85	380	91.19	79	63.55	46
600816	安信信托	55.17	73	67.55	401	20.38	334	100.00	5	66.45	26
600887	伊利股份	54.82	79	84.20	88	29.53	43	46.64	742	66.70	24
600489	中金黄金	54.75	80	85.88	77	17.96	588	66.09	399	60.87	85
600271	航天信息	54.70	81	81.44	181	19.33	431	71.94	325	62.79	56
600549	厦门钨业	54.26	85	83.11	110	21.44	259	62.18	453	69.59	15
002128	露天煤业	53.90	88	81.96	148	14.97	1115	75.66	288	64.72	38
002269	美邦服饰	53.54	90	82.21	135	15.10	1086	73.09	313	64.57	40
000780	平庄能源	53.41	91	80.60	244	18.34	546	69.15	360	64.71	39
600160	巨化股份	53.16	92	81.33	188	14.88	1130	73.36	309	69.06	18
601088	中国神华	52.98	94	96.27	7	19.42	415	33.52	1083	64.53	41
600123	兰花科创	52.58	101	82.81	116	25.29	105	46.70	740	64.33	42
601699	潞安环能	52.14	108	88.84	52	17.30	677	48.41	696	61.23	73
600030	中信证券	52.05	109	95.13	19	24.15	133	21.72	1384	65.54	32
601006	大秦铁路	50.67	122	95.03	24	17.46	657	28.38	1226	61.81	67
600612	老凤祥	50.46	124	80.34	269	24.25	130	43.13	816	61.95	65
600348	阳泉煤业	50.04	131	86.27	67	16.43	825	44.77	776	59.82	98
600516	方大炭素	49.74	133	80.64	239	16.25	864	54.94	574	61.63	68
601101	昊华能源	49.67	136	81.82	156	16.26	861	52.18	623	62.43	59
600362	江西铜业	49.62	139	93.37	34	14.24	1253	32.86	1101	62.21	62
000792	盐湖股份	49.36	143	87.25	63	12.00	1636	48.31	698	61.12	77
000623	吉林敖东	49.30	144	81.30	193	18.63	507	46.62	743	63.22	49
600188	兖州煤业	49.15	147	95.05	23	13.31	1422	29.02	1210	60.52	89
601717	郑煤机	48.85	152	81.60	168	15.14	1073	50.75	651	61.04	79

证券代码	证券简称	价值实现		总市值		总市值增长率		托宾Q		总分	总排名
		得分	A股排名	得分	A股排名	得分	A股排名	得分	A股排名		
600739	辽宁成大	48.83	153	82.22	133	18.97	474	41.75	850	64.08	43
600143	金发科技	48.72	157	81.41	183	16.27	859	48.22	703	61.94	66
600016	民生银行	48.58	159	95.26	14	25.70	98	1.00	1943	62.95	53
002001	新 和 成	48.51	160	80.74	231	13.28	1431	54.51	578	61.21	74
000157	中联重科	48.49	161	91.06	43	17.74	618	24.86	1307	61.95	64
600216	浙江医药	48.44	162	80.11	314	13.29	1429	55.38	566	60.52	90
000651	格力电器	48.26	168	89.31	50	23.49	149	15.71	1560	61.17	75
600585	海螺水泥	48.24	169	93.76	32	13.86	1315	25.95	1280	63.43	47
601398	工商银行	48.17	172	99.15	2	20.78	302	1.00	1938	60.93	82
600309	烟台万华	48.05	174	83.24	107	14.74	1151	44.27	785	61.50	70
000002	万 科A	47.68	182	94.79	28	23.38	157	2.04	1878	60.41	91
600060	海信电器	47.39	187	80.87	219	27.09	77	21.00	1406	62.58	57
601939	建设银行	47.38	189	98.20	3	19.74	387	1.00	1941	60.15	94
000024	招商地产	46.96	205	84.87	85	29.04	48	6.97	1769	61.04	78
601998	中信银行	46.82	208	95.33	13	21.23	270	1.00	1945	59.96	96
000917	电广传媒	46.30	224	80.16	305	24.58	120	22.02	1374	60.91	83
601328	交通银行	46.17	225	95.59	10	19.34	429	1.00	1949	59.67	100
601166	兴业银行	45.77	233	95.16	17	18.77	492	1.00	1951	60.15	93
601169	北京银行	45.55	240	91.07	42	22.30	203	1.00	1944	60.10	95
600000	浦发银行	45.53	241	95.22	16	18.11	572	1.00	1950	60.93	81
600036	招商银行	45.50	242	95.48	11	17.77	613	1.00	1942	60.97	80
600636	三 爱 富	43.11	320	62.16	438	15.24	1063	60.76	486	62.47	58
002458	益生股份	42.48	341	32.68	779	29.78	41	87.46	142	60.64	87

"百佳"公司价值实现分项指标得分均超越 A 股均值（图 2 - 3）。尤其"百佳"总市值得分优势最显著，是 A 股市场平均分的 2.3 倍。其在总市值增长率和托宾 Q 得分上也有明显优势，"百佳"公司得分分别为 A 股平均分的 1.50 倍和 1.56 倍。

具体到各分项指标表现上，"百佳"公司优势更加明显。相对于 A 股公司均值，"百佳"公司平均市值遥遥领先。据统计，"百佳"公司平均市值高达 779.06 亿元，是 A 股公司同期平均市值 128.95 亿元的 6 倍之多。从市值成长的角度来看，A 股公司总市值增长率为 -20.32%，而"百佳"公司平均市值增长率达 11.16%，超出其两倍以上。在市场环境不景气的情况下，"百佳"公司能取得如此的增长率，体现了其优越的价值实现能力。

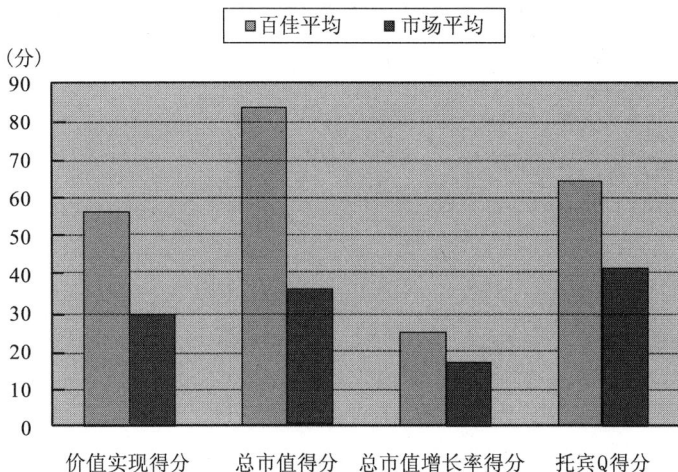

图2－3　2012年度"百佳"公司价值实现绩效比较

从总资产溢价能力来看，A股市场平均托宾Q值为1.71倍，而"百佳"公司该指标值为3.08倍，"百佳"托宾Q得分远高于市场平均得分。

"百佳"公司表现出出色的价值实现能力，从而提高了其在资本市场上的市场溢价，提升了股东价值，创造了较高的股东财富。

3. 价值关联度："百佳"联动更理想

作为衡量上市公司价值创造能力和价值实现能力之间匹配程度的指标，价值关联度指标能反映出上市公司市值管理的健康程度。

2012年度，"百佳"公司价值关联度得分高于市场均值。其中，90家"百佳"公司得分高于90分，且以95.16的平均分远高于市场平均分75.91。"百佳"公司中有83家进入价值关联度排名前500强，其中20家公司位居价值关联度排名前100名。可见，"百佳"公司价值创造能力和价值实现能力之间的联动更理想。

4. 溢价因素："百佳"权重股增加最多

上市公司的价值创造和价值实现环节表现优异，两者的关联度也较高，这对于总体绩效的提高必不可少。而溢价因素对上市公司最终市值表现也有着重要的影响，优秀的上市公司通常会有较高的市值溢价，从而提高了公司的整体绩效水平。

总体来看，"百佳"公司多项溢价因素指标均表现出色，特别是沪深300和行业龙头溢价尤为显著（图2－4）。在"百佳"公司中，39家公司入选金牌董秘，31家入选优秀董秘，40家公司入选公司治理指数，14家公司推出股权激励计划，68家公司入选沪深300指数，26家公司位居行业龙头，42家公司得到机构的青睐而增持。在金牌董秘、公司治理、股权激励、沪深300、行业龙头这几项溢价指标上，"百佳"公司表现优过市场平均，得分均值分别是A股市场平均得分的286.39%、258.24%、119.24%、

439.19%、328.71%；但在机构增减持这个指标上，百佳不如市场平均，其得分为负，且为市场负分的217.50%。

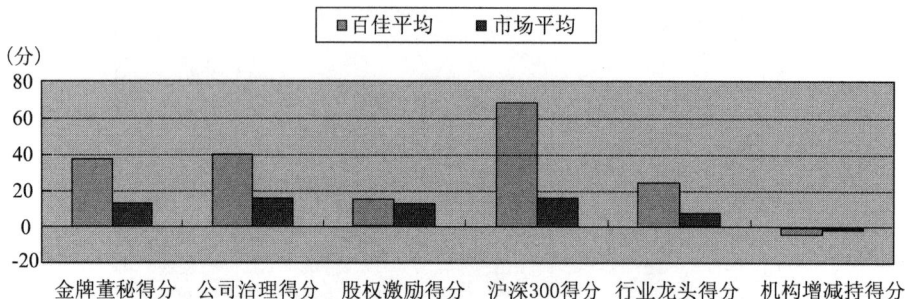

图2-4 2012年度"百佳"公司溢价因素比较

二、"百佳"股本规模提高 金融行业表现突出

2012年度，"百佳"公司无论在股本规模、行业分布还是在地区分布方面，都发生了较大变化；而在所有制结构上，国资上市公司仍然占比较大。其中"百佳"公司股本规模高于100亿股的公司增加10家，金融服务行业跃居"百佳"头筹。北京地区入选"百佳"的公司最多。

从股本规模分布来看（表2-6），2012年度"百佳"公司股本规模大多为中上水平，较多地集中在5亿~100亿股的区域内，此区域共有62家公司。最值得注意的是，股本规模在100亿以上的公司家数有12家，是2011年的2家的6倍。此外，规模在10亿~100亿股的上市公司，市值管理绩效表现最为出色，有33家公司入选"百佳"，与2011年度变化不大。同时，2012年度规模在5亿~10亿股的上市公司只有29家，较2011年度减少了3家。综合来看，2012年度100亿股本级别的上市公司表现最为抢眼。

表2-6   2012年度"百佳"公司股本规模分布

股本规模（亿股）	百佳家数	A股家数	百佳/A股（%）
100以上	12	44	27.27
10~100	33	303	10.89
5~10	29	373	7.77
3~5	16	408	3.92
1.5~3	6	518	1.16
1.5及以下	4	306	1.31

从行业分布来看（表2-7），"百佳"公司涉及21个行业，其中金融服务、食品饮

料和医药生物表现最为出色，位列前三名。特别是金融行业由2011年度只有1家公司入选"百佳"到2012年度家数位居榜首，这主要受益于国家放宽金融行业政策而上升幅度最快。食品饮料行业入选"百佳"的公司有13家，较2011年度的9家上升较多，位居第二位。医药生物行业有12家公司入选"百佳"，尽管相对于2011年度以入选的17家数量位居第一名减少5家，但依然是入选"百佳"公司最多的行业前三名，具有良好的延续性。

表2-7 　　　　　　　　　2012年度"百佳"公司行业分布

行业	百佳家数	行业家数	百佳占行业比例（%）
金融服务	15	41	36.59
食品饮料	13	50	26.00
医药生物	12	145	8.28
有色金属	11	68	16.18
采掘	10	44	22.73
化工	6	194	3.09
机械设备	5	266	1.88
农林牧渔	4	69	5.80
信息服务	3	99	3.03
建筑建材	3	90	3.33
纺织服装	3	64	4.69
房地产	3	132	2.27
信息设备	2	71	2.82
交运设备	2	102	1.96
家用电器	2	34	5.88
商业贸易	1	81	1.23
轻工制造	1	70	1.43
交通运输	1	73	1.37
公用事业	1	77	1.30
电子	1	101	0.99
餐饮旅游	1	22	4.55
综合	0	28	0.00
黑色金属	0	31	0.00

值得注意的是，市值管理绩效总排名48位的中国国旅，是唯一一家餐饮旅游行业上榜公司。在整个餐饮旅游行业风波不断，面临国际旅游市场萎缩和需求不足、国内旅游市场采购成本上升和过度竞争等不利形势下，该公司通过有效市值管理，获得优秀的市值管理绩效。面对困难和挑战，公司以"调整结构、整合资源、重点突破、加强管

控"为指导方针，继续夯实主营业务发展基础，积极抓住政策机遇和有利时机，不断扩大市场份额，拓展新业务领域，超额完成了各项经营指标，并再创历史新高。本财年，公司实现营业收入 126.95 亿元，同比增长 32.11%；实现营业利润 10.81 亿元，同比增长 52.29%；实现归属母公司所有者的净利润 6.85 亿元，同比增长 67.18%。由此可见，上市公司只要运用适当的市值管理手段，就能战胜行业周期不利因素，提升业绩，获得市场认可，占据"百佳"一席之地。

从区域分布上看（图 2－5），"百佳"公司分布的主要区域和 2011 年度几乎没有大的变化，只是家数上有所调整。北京、山东和广东位列前三名，分别有 18 家、11 家和 9 家公司入选"百佳"。相对于 2011 年度而言，北京地区入选"百佳"的家数增加最多，增加了 6 家，以总数 18 家的数量跃居第一。而 2011 年度位居榜首的山东地区入选"百佳"的公司则出现了大幅下降，仅有 11 家公司入选"百佳"，相对上一年度减少 4 家，屈居第二。广东入选"百佳"的家数与 2011 年度没有变化，但也跻身前三名。此外，江苏有较大降幅，只有 6 家公司入选"百佳"，较 2011 年度减少 6 家。

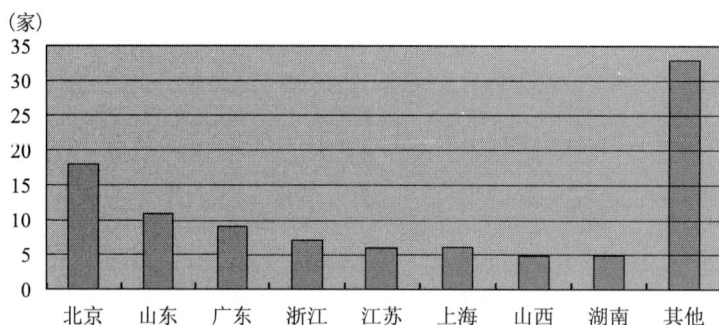

图 2－5　2012 年度"百佳"公司区域分布

从所有制结构来看（表 2－8），实力雄厚的国资上市公司仍是"百佳"主流，而民营企业表现则一般。包括央企和地方国企在内的 64 家国资背景公司入选"百佳"，较上年度增加 5 家。民营企业入选家数则减少了 7 家，仅有 32 家公司上榜。外资控股上市公司 2012 年度没有一家公司上榜。此外，无实际控制人的上市公司入选"百佳"的有 4 家，较 2011 年度增加 3 家，且占所有 A 股无实际控制人公司的 10%。

表 2－8　　　　　　　　　　2012 年度"百佳"公司所有制分布

所有制	百佳家数	A 股家数	百佳/A 股（%）
央企	20	298	6.71
地方国企	44	580	7.63
民营企业	32	1024	3.13
外资控股	0	10	0
无实际控制人	4	40	10

三、"百佳"市值绩效暗合经济周期　创业板企业异军突起

从近6年"百佳"上市公司各项市值管理绩效指标的趋势上可以看出（图2-6），"百佳"公司市值管理绩效总分与经济周期有密切关系，除2009年度和2012年度受经济不景气的影响得分不高以外，其他年份得分变化不是很大，相对比较稳定。"百佳"公司的价值创造能力整体呈现上升趋势，而价值实现能力则表现的不是很稳定，尤其是受经济周期的影响较大。其实，价值创造绩效决定于企业内在价值管理，这正是"百佳"公司最有优势的方面。而价值实现绩效受市场环境影响较大，需要更加复杂的管理系统才能有效控制。

从图2-6中可以看出，"百佳"公司的价值创造得分、价值实现得分和市值管理绩效总分趋势线关联度与经济景气度有很大关系。在经济景气时的2007年度，公司的价值实现能力更强，而在经济震荡的2009年度和2012年度，公司的价值创造能力更能拉动绩效总分，价值实现能力则受收到更多限制。同时，近6年来，"百佳"价值关联度和溢价因素表现的更加稳定。价值关联度一直保持平稳的增长趋势，溢价因素趋势则表现的更加平稳。

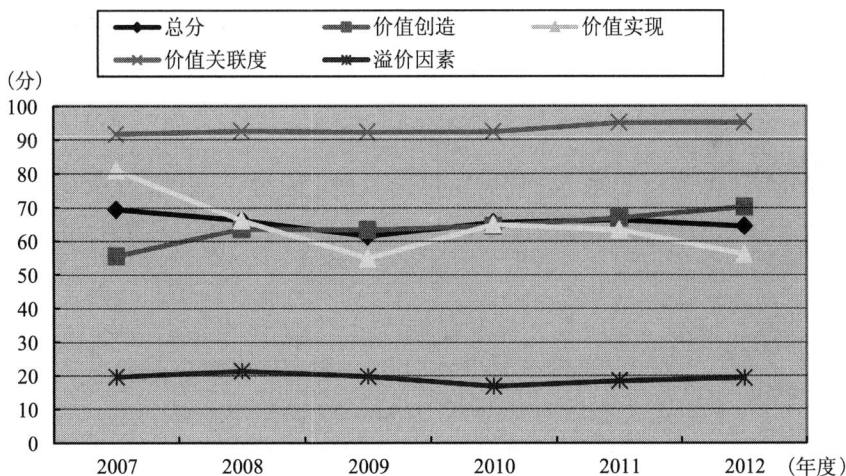

图2-6　"百佳"公司市值管理综合绩效变化趋势

几年来，部分上市公司一直保持优秀的市值管理绩效。通过对近6次"百佳"排名统计（表2-9），可以发现，2012年度"百佳"公司中，有6家公司连续6期榜上有名，其中，深市主板以泸州老窖和张裕A为连续上榜的优秀代表，沪市主板市场三一重工、贵州茅台、辽宁成大和大秦铁路常年表现出色。此外，东阿阿胶、新和成、双鹭药业、航天信息、恒瑞医药、山东黄金和中国神华等13家公司上榜5次，其中，新和成和双鹭药业是仅有的两家上榜5次的中小板企业，其余均为主板上市公司。云南白药、

五粮液和潞安环能等 14 家公司上榜 4 次,其中,露天煤业和石基信息是不多的两家中小板企业,其余均为主板上市公司。青岛啤酒、古井贡酒和金螳螂等 12 家公司上榜 3 次,其中中小板上市企业只有七匹狼、美邦服饰和金螳螂,其余为主板上市企业。盘江股份、威孚高科、杰瑞股份、碧水源和乐普医疗等 24 家公司上榜 2 次,且碧水源和乐普医疗是唯一的上榜两次的创业板公司。

2012 年"百佳"新上榜公司有 31 家,其中,沪深主板表现最优,共有 23 家公司新上榜成为新上榜公司主力;中小板有 6 家公司新上榜;上市时间不长的创业板有 2 家公司崭露头角,舒泰神和汤臣倍健跻身"百佳"之列,尤其是上市刚满一年的舒泰神能够榜上有名可谓一大亮点。

表 2 – 9 　　　　　　　　2012 年度"百佳"公司近 6 期上榜次数统计

上榜次数＼公司家数	总数	沪市主板	深市主板	中小板	创业板
6 次	6	4	2	0	0
5 次	13	8	2	2	0
4 次	14	8	4	2	0
3 次	12	7	2	3	0
2 次	24	9	4	9	2
1 次	31	18	5	6	2

能持续上榜对上市公司来说可算是市场中的佼佼者,除了表明市值管理工作得到市场的认可、巩固了价值创造能力,同时价值也得到了实现。尤其两年"百佳"榜单中都有创业板企业的出现,更加体现市场对市值管理工作的重视。这说明,唯有把市值管理工作深化到公司经营的每一个环节,公司价值才能得到市场的认可和市值得到溢价。

第三章

2012 年度市值管理绩效评价：行业分析

2012 年度行业市值管理绩效评价结果显示，受 2012 年度整个 A 股市场持续低迷的影响，2012 年度各行业上市公司市值管理绩效整体水平较 2011 年度有所下降，A 股市场平均值由 2011 年度的 44.15 分下降至 2012 年度的 40.14 分。在 84 个行业中，多元金融业尽管首次纳入行业绩效排名榜单中，却以 54.37 分的成绩在总排名中位居第五位。银行业、保险业分别以 59.66 分，55.8 分的成绩占据总排名中的第一、第二位。此外，证券业、机场等服务业排名也都靠前。

从 2012 年度行业价值创造绩效来看，总分排名第一的银行业、首次参与排名的多元金融业，分别以 69.59 分和 59.01 分的成绩位居价值创造排名的第一、第二名。同样在总分中排名靠前的保险业等，在价值创造绩效方面同样有着不俗的表现。可见，价值创造绩效对各个行业总体排名的影响程度。

从 2012 年度行业价值实现绩效来看，石油开采业在本年度的表现最抢眼，以 51.38 分的成绩从 2011 年度的 49 名一跃升至榜首。金属新材料、电子制造等 40 个行业价值实现绩效突出，农业综合、其他采掘业等 34 个行业 2012 年度价值实现绩效回落较为明显，而剩下的白色家电、传媒等 34 个行业 2012 年度价值实现绩效相对稳定，未出现较大波动。

从 2012 年度行业价值关联度绩效来看，石油开采业、多元金融业、其他采掘业分位居第一、第二、第三位。与之相对应的是，林业、纺织制造业、橡胶业位居倒数后 3 位。

一、总体表现：银行业整体表现出色

2012 年度行业市值管理绩效结果显示（表 3-1），2012 年度有 39 个行业市值管理绩效得分高于市场均值 40.14 分，而剩下 45 个行业均低于平均分。其中，银行业以 59.66 分居 84 个行业榜首，2011 年度排在第一位的其他采掘业，则以 45.48 列第 18 位，跌幅较大。行业分布结构显示，2012 年度市值管理绩效得分排名前五的行业中，银行业、多元金融两家金融业子行业分别列第一、第四位，可见金融业 2012 年度整体表现突出。整体来看，银行业、保险业、证券业等 10 个行业总分均在 50 分以上，行业家数较上一年度持平。但从行业具体绩效表现来看，2012 年度排名第一的银行业得分比 2011 年度的第一名其他采掘业上升了 1.84 分。

1. 行业结构：服务业排名居前

纵观2012年度行业市值管理综合绩效排名表（表3-1），具体到市值管理绩效评价的价值创造、价值实现、价值关联度、溢价因素等四个分项指标，在84个行业中，银行业、保险业、机场业、证券业、医疗服务等服务业各项指标排名均靠前。

表3-1　　　　　　　　　2012年度行业市值管理绩效综合绩效排名

行业	家数	占比（%）	总分	排名	价值创造		价值实现		价值关联度		溢价因素	
					得分	排名	得分	排名	得分	排名	得分	排名
银行	15	0.77	59.66	1	69.59	1	45.59	7	91.33	1	22.81	3
保险	3	0.15	55.8	2	56.82	4	45.93	6	88.74	2	26.36	1
石油开采	1	0.05	54.68	3	51.06	9	51.38	1	81	23	26.06	2
多元金融	7	0.36	54.37	4	59.01	2	49.67	2	79.54	30	8.86	35
饮料制造	29	1.49	52.73	5	52.76	5	48.66	4	81.92	20	10.50	27
煤炭开采	33	1.69	51.55	6	52.25	7	43.04	8	85.56	6	15.49	10
证券	16	0.82	51.11	7	50.53	10	47.44	5	73.64	59	22.42	4
医疗服务	3	0.15	49.89	8	51.46	8	40.78	10	82.57	16	16.22	9
机场	4	0.2	49.53	9	57.17	3	36.33	17	82.15	18	14.16	11
生物制品	24	1.23	48.49	10	49.18	13	40.69	11	83	13	8.57	40
铁路运输	4	0.2	47.41	11	42.55	38	41.48	9	80.25	27	20.02	6
景点	5	0.26	46.26	12	44.15	26	34.89	19	88.58	3	13.45	12
燃气	3	0.15	46.25	13	42.63	37	38.48	14	84.2	11	12.30	16
餐饮	3	0.15	46.21	14	52.37	6	30.94	31	81.91	21	17.38	8
其他采掘	2	0.1	45.48	15	44.64	21	48.84	3	57.22	82	11.10	23
有色金属冶炼与加工	50	2.56	44.8	16	43.16	33	39.41	12	74.21	53	12.41	15
动物保健	6	0.31	44.36	17	48.09	14	28.14	51	87.7	4	11.39	21
传媒	18	0.92	44.29	18	44.2	25	39.03	13	73.03	63	8.13	43
畜禽养殖	13	0.67	43.91	19	49.47	11	31.61	25	78.97	34	6.31	62
中药	51	2.61	43.91	19	44.67	20	34.41	20	80.67	26	6.06	65
服装家纺	29	1.49	43.69	21	47.31	16	31.24	28	80.83	24	8.31	41
航空运输	5	0.26	42.94	22	41.05	45	37.51	15	68.2	74	19.76	7
港口	14	0.72	42.63	23	47.94	15	31.35	27	73.76	55	9.60	31
采掘服务	8	0.41	42.55	24	42.66	36	28.78	44	85.19	8	12.06	17
化学制药	43	2.2	42.55	24	43.99	27	29.32	41	84.14	12	8.03	45
饲料	8	0.41	42.51	26	40.74	47	30.98	30	85.42	7	8.08	44
金属非金属新材料	18	0.92	42.34	27	43.19	32	35.26	18	73.03	63	6.73	58

续表

行业	家数	占比（%）	总分	排名	价值创造		价值实现		价值关联度		溢价因素	
					得分	排名	得分	排名	得分	排名	得分	排名
水务	15	0.77	42.2	28	43.12	34	31.91	24	79.65	29	5.68	70
计算机应用	61	3.13	42.18	29	43.38	29	30.63	34	79.52	31	10.12	28
通信运营	2	0.1	42.17	30	38.33	62	37.1	16	68.56	73	21.16	5
医疗器械	13	0.67	42.04	31	44.93	18	30.13	37	78.26	35	8.58	39
高速公路	18	0.92	41.9	32	49.3	12	26.88	57	77.96	41	7.62	48
网络服务	18	0.92	41.63	33	41.28	42	33.75	21	73.74	56	9.95	29
渔业	9	0.46	41.45	34	40.34	49	30.28	36	81.61	22	9.14	33
建筑装饰	41	2.1	41.32	35	43.93	28	29.37	40	76.66	44	10.56	26
环保工程及服务	10	0.51	40.95	36	44.28	24	28.06	52	76.59	46	11.22	22
旅游综合	10	0.51	40.9	37	40.65	48	28.27	49	84.33	10	5.31	74
专用设备	59	3.02	40.39	38	41.88	40	27.84	55	79.07	33	8.75	36
电子制造	20	1.01	40.25	39	39.93	52	28.73	45	80.23	28	7.29	51
食品加工制造	21	1.08	40.08	40	39.88	53	29.51	39	78.2	36	6.71	59
其他电子	20	1.02	39.89	41	40.91	46	30.66	33	73.74	56	6.04	66
汽车整车	18	0.92	39.57	42	39.78	54	32.85	23	67.55	76	9.86	30
计算机设备	29	1.49	39.55	43	37.79	67	29.18	43	78.2	36	8.98	34
白色家电	25	1.28	39.48	44	45.29	17	25.21	68	75.39	48	7.32	50
种植业	13	0.67	39.45	45	36.67	74	31.08	29	76.66	44	6.88	56
零售	60	3.07	39.45	45	44.61	22	27.02	56	73.65	58	5.25	75
视听器材	9	0.46	39.33	47	36.5	75	28.69	46	79.18	32	10.69	25
房地产开发	122	6.25	39.3	48	43.31	30	28.44	48	71.57	67	6.09	64
化学制品	83	4.25	39.3	49	41.12	44	26.65	61	78.05	39	5.81	69
光学光电子	26	1.33	39.17	50	37.75	68	29.19	42	77.86	42	5.94	67
元件	18	0.92	39.12	51	39.94	51	27.97	54	77.57	43	4.33	82
石油化工	14	0.72	38.91	52	36.68	73	30.9	32	73.47	62	8.59	38
塑料	17	0.87	38.85	53	42.96	35	26.08	61	73.52	61	8.25	42
建筑材料	49	2.51	38.78	54	44.73	19	25.99	65	72.58	66	4.55	81
贸易	21	1.08	38.57	55	39.4	56	25.21	68	80.76	25	5.10	76
医药商业	11	0.56	38.56	56	44.54	23	25.51	66	71.05	69	7.85	46
化学原料	15	0.77	38.56	56	41.16	43	26.62	59	74.4	52	6.90	55
园区开发	10	0.51	38.55	58	39.22	57	29.64	38	70.07	71	9.15	32
非汽车交运设备	35	1.79	38.39	59	38.58	60	31.48	26	67.26	77	7.73	47
包装印刷	20	1.02	38.22	60	38.97	58	23.29	75	82.87	14	6.41	61

续表

行业	家数	占比（%）	总分	排名	价值创造		价值实现		价值关联度		溢价因素	
					得分	排名	得分	排名	得分	排名	得分	排名
通信设备	42	2.15	38.22	60	39.57	55	25.51	66	77.97	40	5.48	72
家用轻工	32	1.64	38.1	62	37.54	70	24.02	72	82.5	17	7.25	52
金属制品	15	0.77	37.63	63	38.36	61	22.41	80	82.85	15	5.86	68
电气设备	110	5.64	37.41	64	37.92	65	26.06	63	74.64	50	6.85	57
化工新材料	28	1.43	37.39	65	36.87	71	23.46	74	81.96	19	5.51	71
仪器仪表	11	0.56	37.28	66	38.81	59	25.16	70	75.58	47	4.63	79
半导体	17	0.87	37.24	67	36.85	72	26.08	62	75.06	49	7.40	49
交运设备服务	4	0.2	37.07	68	32.4	79	28.23	50	74.45	51	11.68	19
综合	28	1.43	36.62	69	40.18	50	26.01	64	68.68	72	4.29	83
化学纤维	25	1.28	36.42	70	31.88	80	23.16	77	85.62	5	4.66	78
汽车零部件	45	2.31	36.18	71	41.73	41	22.81	79	70.33	70	4.74	77
通用机械	71	3.64	36.09	72	38.24	67	23.78	73	73.54	60	4.01	84
钢铁	31	1.59	36.08	73	37.68	69	30.33	35	57.84	81	10.76	24
电力	49	2.51	35.23	74	34.5	77	26.14	60	67.77	75	8.68	37
酒店	4	0.2	35.13	75	37.9	66	28	53	57.06	83	11.50	20
橡胶	12	0.61	35.1	76	35.39	76	20.37	82	78.15	38	7.08	54
农产品加工	15	0.77	35.06	77	33.76	78	24.22	71	72.91	65	6.68	60
公交	8	0.41	34.77	78	43.31	30	22.85	78	59.62	80	7.09	53
农业综合	2	0.1	34.75	79	30.44	82	33.07	22	55.29	84	13.37	13
物流	9	0.46	34.54	80	42.17	39	20.5	81	65.29	78	6.31	62
纺织制造	35	1.79	34.17	81	38.15	64	20.05	83	71.18	68	4.63	80
造纸	18	0.92	34	82	31.3	81	23.18	75	73.99	54	5.42	73
航运	11	0.56	32.87	83	25.53	84	28.64	47	62.79	79	12.02	18
林业	3	0.15	32.32	84	29.21	83	13.47	84	84.45	9	12.80	14
A股市场	1952	100	40.14		41.7		29.17		75.93		7.78	

2. 综合评价：较 2011 年度明显下降

通过比较 2012 年度行业市值管理绩效总分前 3 名与后 3 名的 5 年走势，我们发现，银行业 5 年内市值管理绩效总分走势平稳，其中多元金融业位居 2012 年度市值管理绩效总分第三名，但是由于其行业指数首次亮相，因此暂不对其做 5 年走势分析。同时，2012 年度市值管理绩效总分后 3 名的 5 年走势较为接近且没有明显差距。与此相对应，其他行业 2012 年的市值管理绩效得分情况与 2012 年相比明显下降（图 3 - 1）。

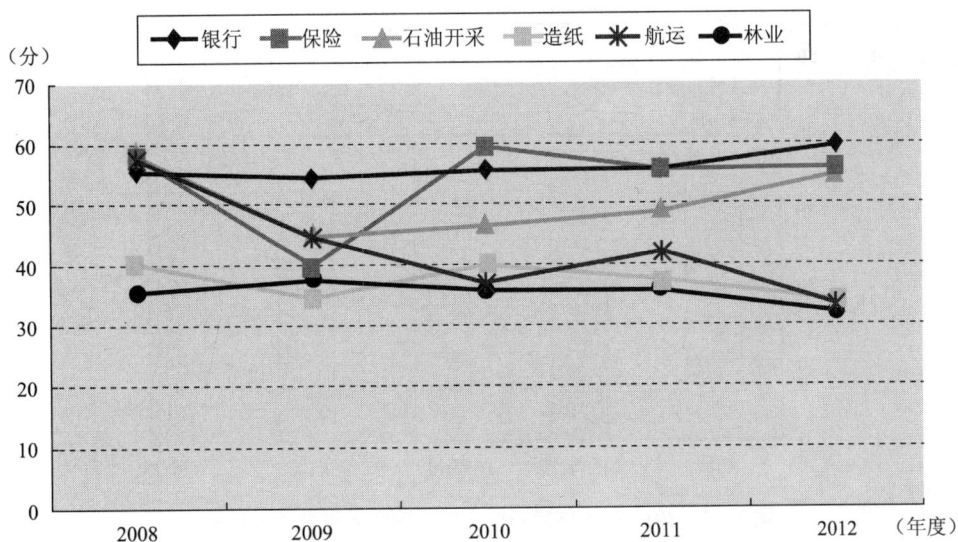

图3－1 行业市值管理综合绩效变化趋势

3. 银行业领先，林业垫底

经过比较2012年度行业市值管理绩效总分，能够发现银行业、保险业、石油开采业、多元金融业、饮料制造业分别以59.66分、55.8分、54.68分、54.37分、52.73分位居84个行业的前5名（图3－2）。其中银行业表现出众，位居榜首，较2011年度位次提升2位。多元金融业务尽管首次亮相市值管理绩效总分排名榜单中，却以优异的成绩位列总分第三名，在84个行业中表现较为突出。

与之相反，物流、纺织制造、造纸、航运、林业2012年度行业市值管理绩效总分排名后5名（图3－3）。从落后行业整体来看，这5个行业与A股平均水平差异较2012年度同期水平相比略有缩小；从落后行业的单个个体来看，个体间的差异不大。

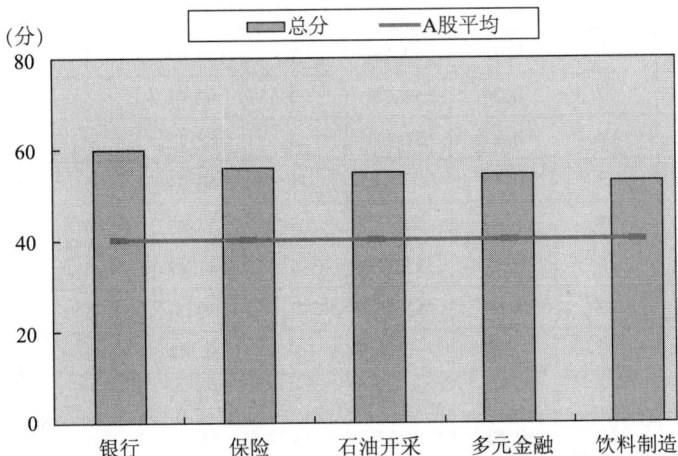

图3－2 2012年度领先行业市值管理绩效综合绩效比较

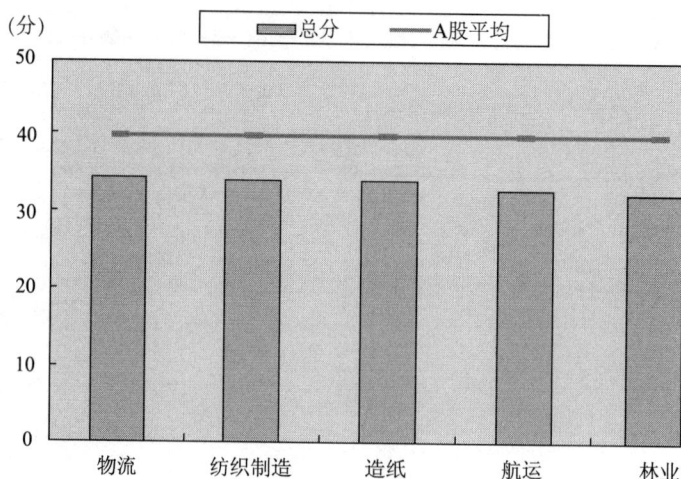

图 3 - 3　2012 年度落后行业市值管理绩效综合绩效比较

二、价值创造：银行业位居榜首

价值创造绩效指标由基础价值和成长价值两方面组成。从 2012 年度行业价值创造绩效排名（表 3 - 2）来看，银行业、多元金融业、机场业分别以 69.59 分、59.01 分、57.17 分的得分摘得前三甲，而航运业以 25.53 分居末位。分析 2012 年度行业价值创造绩效排名后，发现价值创造得分排名前十的行业，基础价值得分同样居前。这说明拥有良好盈利能力的行业，在价值创造能力上更加优异。

表 3 - 2　　　　　　　　　　　2012 年度行业价值创造绩效排名

行业	家数	占比（%）	价值创造		基础价值		成长价值	
			得分	排名	得分	排名	得分	排名
银行	15	0.77	69.59	1	74.97	1	61.53	1
多元金融	7	0.36	59.01	2	62.08	3	54.42	3
机场	4	0.2	57.17	3	65.15	2	45.22	11
保险	3	0.15	56.82	4	60.74	5	50.93	5
饮料制造	29	1.49	52.76	5	55.99	8	47.91	7
餐饮	3	0.15	52.37	6	47.48	23	59.7	2
煤炭开采	33	1.69	52.25	7	59.74	6	41.02	27
医疗服务	3	0.15	51.46	8	54.43	9	47.01	8
石油开采	1	0.05	51.06	9	58.75	7	39.54	36
证券	16	0.82	50.53	10	61.59	4	33.92	66
畜禽养殖	13	0.67	49.47	11	47.21	25	52.86	4

续表

行业	家数	占比（%）	价值创造		基础价值		成长价值	
			得分	排名	得分	排名	得分	排名
高速公路	18	0.92	49.3	12	53.17	10	43.51	17
生物制品	24	1.23	49.18	13	52.96	11	43.52	16
动物保健	6	0.31	48.09	14	51.91	12	42.37	22
港口	14	0.72	47.94	15	47.47	24	48.64	6
服装家纺	29	1.49	47.31	16	49.23	17	44.44	12
白色家电	25	1.28	45.29	17	49.17	18	39.46	37
医疗器械	13	0.67	44.93	18	49.38	15	38.26	45
建筑材料	49	2.51	44.73	19	46.05	31	42.75	20
中药	51	2.61	44.67	20	47.06	26	41.09	26
其他采掘	2	0.1	44.64	21	51.79	13	33.92	66
零售	60	3.07	44.61	22	44.95	36	44.11	13
医药商业	11	0.56	44.54	23	44.87	37	44.06	15
环保工程及服务	10	0.51	44.28	24	49.69	14	36.15	54
传媒	18	0.92	44.2	25	46.37	29	40.94	28
景点	5	0.26	44.15	26	47.56	22	39.02	39
化学制药	43	2.2	43.99	27	47.62	21	38.55	41
建筑装饰	41	2.1	43.93	28	46.06	30	40.73	33
计算机应用	61	3.13	43.38	29	48.18	19	36.17	53
公交	8	0.41	43.31	30	41.16	58	46.54	9
房地产开发	122	6.25	43.31	30	45.25	35	40.42	34
金属非金属新材料	18	0.92	43.19	32	44.02	39	41.94	24
有色金属冶炼与加工	50	2.56	43.16	33	45.26	34	40	35
水务	15	0.77	43.12	34	47.97	20	35.85	59
塑料	17	0.87	42.96	35	43.3	41	42.46	21
采掘服务	8	0.41	42.66	36	46.98	27	36.19	52
燃气	3	0.15	42.63	37	43.32	40	41.59	25
铁路运输	4	0.2	42.55	38	49.29	16	32.43	76
物流	9	0.46	42.17	39	43.01	43	40.92	29
专用设备	59	3.02	41.88	40	45.74	33	36.1	57
汽车零部件	45	2.31	41.73	41	45.76	32	35.68	60
网络服务	18	0.92	41.28	42	42.8	46	39.01	40
化学原料	15	0.77	41.16	43	38.39	65	45.31	10
化学制品	83	4.25	41.12	44	42.87	45	38.5	43

行业	家数	占比（%）	价值创造		基础价值		成长价值	
			得分	排名	得分	排名	得分	排名
航空运输	5	0.26	41.05	45	46.53	28	32.84	71
其他电子	20	1.02	40.91	46	42.99	44	37.78	47
饲料	8	0.41	40.74	47	42.39	47	38.27	44
旅游综合	10	0.51	40.65	48	39.22	64	42.8	19
渔业	9	0.46	40.34	49	39.98	62	40.88	30
综合	28	1.43	40.18	50	37.99	68	43.47	18
元件	18	0.92	39.94	51	42.1	50	36.7	50
电子制造	20	1.02	39.93	52	42.14	48	36.62	51
食品加工制造	21	1.08	39.88	53	41.6	53	37.3	48
汽车整车	18	0.92	39.78	54	44.46	38	32.74	72
通信设备	42	2.15	39.57	55	41.87	52	36.11	56
贸易	21	1.08	39.4	56	37.49	70	42.27	23
园区开发	10	0.51	39.22	57	42.14	48	34.84	61
包装印刷	20	1.02	38.97	58	43.16	42	32.7	73
仪器仪表	11	0.56	38.81	59	41.88	51	34.21	64
非汽车交运设备	35	1.79	38.58	60	37.12	71	40.77	31
金属制品	15	0.77	38.36	61	39.31	63	36.94	49
通信运营	2	0.1	38.33	62	36.71	75	40.75	32
通用机械	71	3.64	38.24	63	41.34	55	33.59	68
纺织制造	35	1.79	38.15	64	37.89	69	38.53	42
电气设备	110	5.64	37.92	65	41.5	54	32.56	74
酒店	4	0.2	37.9	66	40.27	61	34.34	63
计算机设备	29	1.49	37.79	67	40.35	60	33.96	65
光学光电子	26	1.33	37.75	68	41.31	56	32.41	77
钢铁	31	1.59	37.68	69	36.73	74	39.1	38
家用轻工	32	1.64	37.54	70	38.59	65	35.96	58
化工新材料	28	1.43	36.87	71	41.31	56	30.21	81
半导体	17	0.87	36.85	72	40.42	59	31.49	79
石油化工	14	0.72	36.68	73	38.14	67	34.49	62
种植业	13	0.67	36.67	74	35.84	77	37.91	46
视听器材	9	0.46	36.5	75	36.76	73	36.13	55
橡胶	12	0.61	35.39	76	37.03	72	32.93	70
电力	49	2.51	34.5	77	35.15	78	33.53	69

续表

行业	家数	占比（%）	价值创造		基础价值		成长价值	
			得分	排名	得分	排名	得分	排名
农产品加工	15	0.77	33.76	78	34.6	80	32.49	75
交运设备服务	4	0.2	32.4	79	32.97	81	31.55	78
化学纤维	25	1.28	31.88	80	36.02	76	25.67	83
造纸	18	0.92	31.3	81	31.51	82	30.98	80
农业综合	2	0.1	30.44	82	34.89	79	23.75	84
林业	3	0.15	29.21	83	19.28	84	44.11	13
航运	11	0.56	25.53	84	25.06	83	26.23	82
总计	1952	100	41.7		43.96		38.3	

1. 首尾差距显著扩大

比较 2012 年度行业价值创造绩效得分排名前 3 和后 3 的行业，能够清晰地发现，银行、机场等服务行业自 2010 年度开始走势较为平稳，波动较小；其中，多元金融业务尽管首秀价值创造绩效排名榜单，却表现不俗，位列总排名中第二位。银行业以 69.59 分位居 2012 年度行业价值创造绩效首位，其与排名倒数第一的航运业得分差距较大，两者相差 44.06 分；但与 2011 年度同期的首尾差 38.14 分相比，差距扩大了 15.52%，清晰的展现了强者更强，弱者更弱的行业特点（图 3-4）。

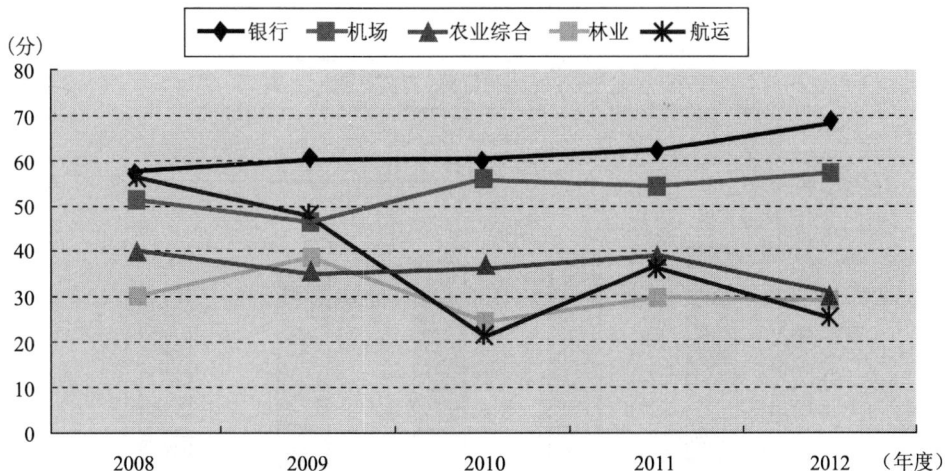

图 3-4　行业价值创造绩效变化趋势

2. 银行业蝉联冠军，航运业表现不佳

从 2012 年度行业价值创造绩效排名前 5 名来看（图 3－5），银行业以 69.59 分居行业价值创造得分第一位，而多元金融业、机场业分别以 59.01 分、57.17 分排在第二、第三位。2012 年度 84 个行业价值创造绩效均值是 41.7 分，其中 32 个行业高于市场均值，占比达 38.10%。

对比 2012 年度行业价值创造绩效排名后 5 名（图 3－6）发现，化学纤维业、造纸业、农业综合业、林业、航运业排名靠后。值得关注的是化学纤维业、造纸业分别由 2011 年度的 60 位、61 位下降至本年度的倒数第五名和第四名，下降幅度较为显著。

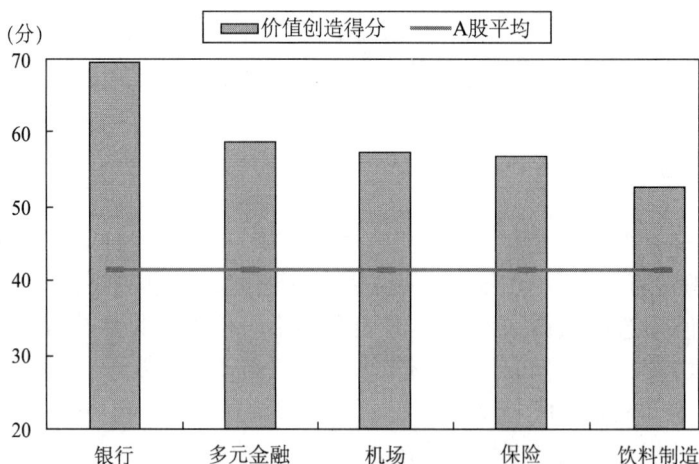

图 3－5　2012 年度领先行业价值创造绩效比较

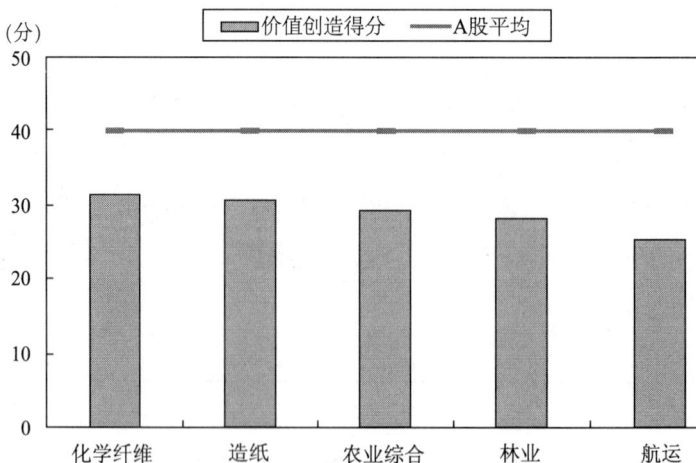

图 3－6　2012 年度落后行业价值创造绩效比较

3. 基础价值变化：航运业、林业再度呈现下降趋势

对2012年度行业基础价值得分排名前3和后3的行业进行比较（图3-7），我们发现，2012年度航运业、林业基础价值得分较2011年度有所下降，下降幅度分别达31.23%和35.06%，银行、机场业基础价值得分走势自2010年度起走势趋稳（其中多元金融业指数首次参与榜单排名，故未对其趋势分析）。

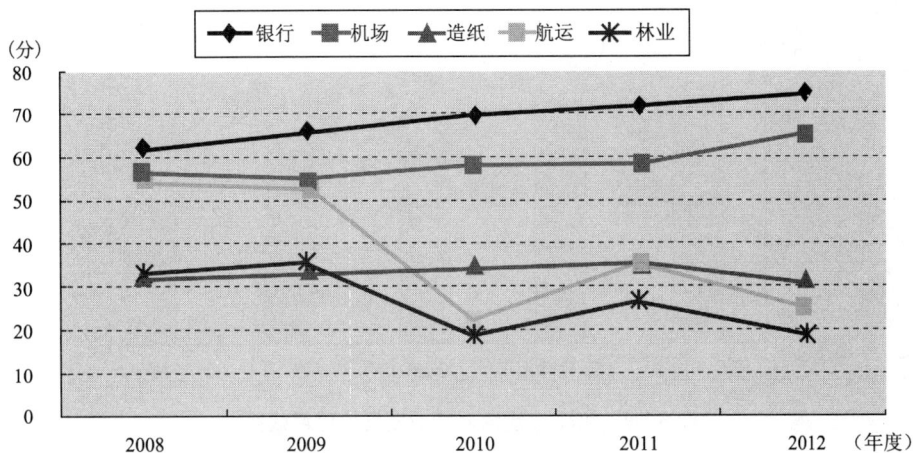

图3-7 行业基础价值绩效变化趋势

4. 基础价值表现：金融业优势突出，林业航运业差强人意

从2012年度行业基础价值得分来看（图3-8），银行业排名首位，多元金融业排第三位，分别较A股平均值43.37分高出70.54%、41.22%。属于国家垄断行业的机场业2012年度依旧表现不俗，2012年度基础价值得分位居第二位，较2011年度上升两位。

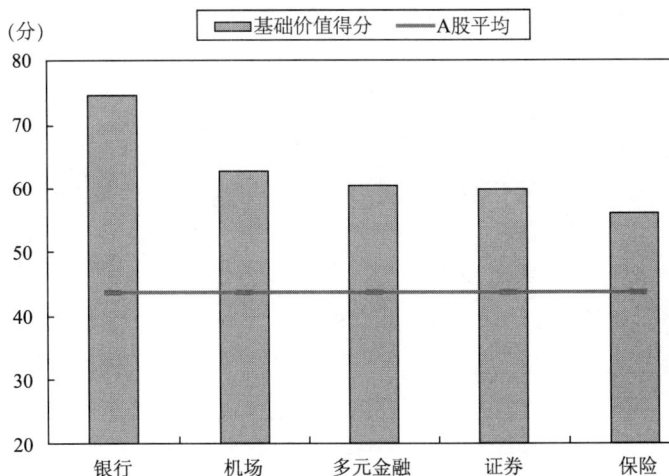

图3-8 2012年度领先行业基础价值绩效比较

通过（图3-9）可以看出，林业、航运业、造纸业分别以19.58分、26.06分、31.51分位居2012年度行业基础价值得分排名的倒数一、二、三名。值得关注的是，农产品加工业2012年度基础价值绩效得分同样排在84个行业后5位，这也反映出与人民生活密不可分的农产品加工业，因受国家政策影响，价值创造绩效无法有效释放。

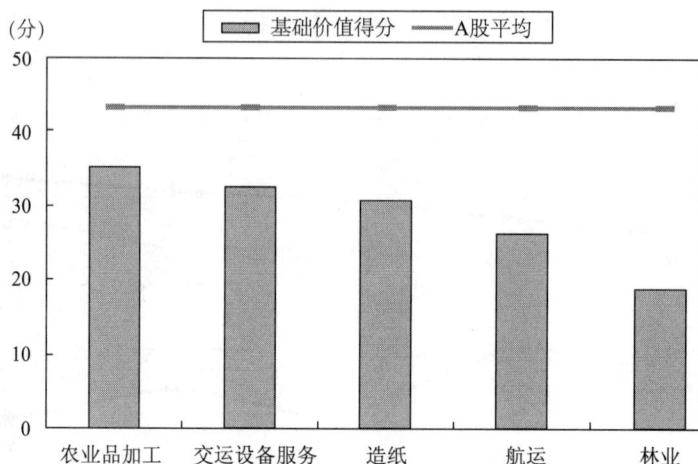

图3-9　2012年度落后行业基础价值绩效比较

5. 成长价值变化：餐饮业提升较快

经过分析2012年度行业成长价值得分前3名和后3名的5年走势（图3-10），我们发现，银行业、农业综合业得分在2012年度前大致平稳，但在2012年度，二者的走势却大相径庭，银行业成长价值得分大幅上涨，农业综合业继续维持下跌趋势。而这一年度，餐饮业成长较快，提升明显。

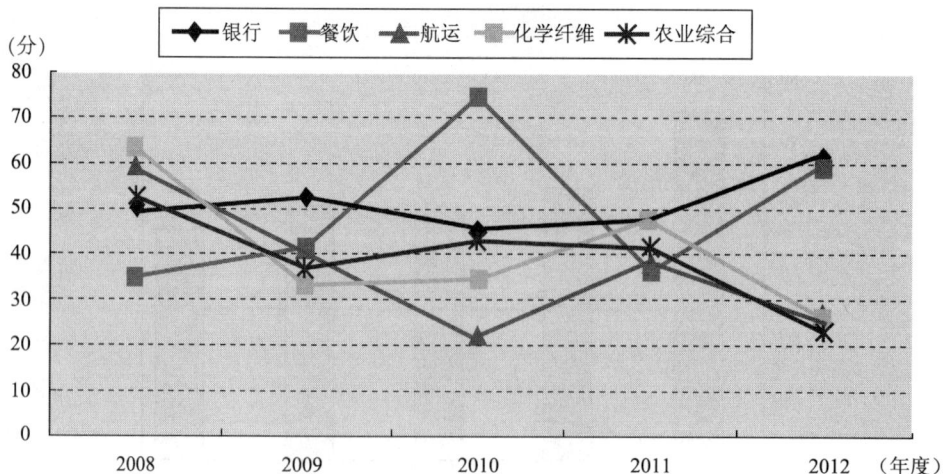

图3-10　行业成长价值绩效变化趋势

6. 成长价值表现：银行业拔头筹

2012 年度行业成长价值得分排名结果显示（图 3－11），银行业以 61.53 分拔得头筹，餐饮业、多元金融业以 59.7 分、54.42 分居第二、第三位。让我们关注的是，受金融业整体表现优异的带动，首次亮相成长价值得分榜单中多元金融业，可谓表现不俗。

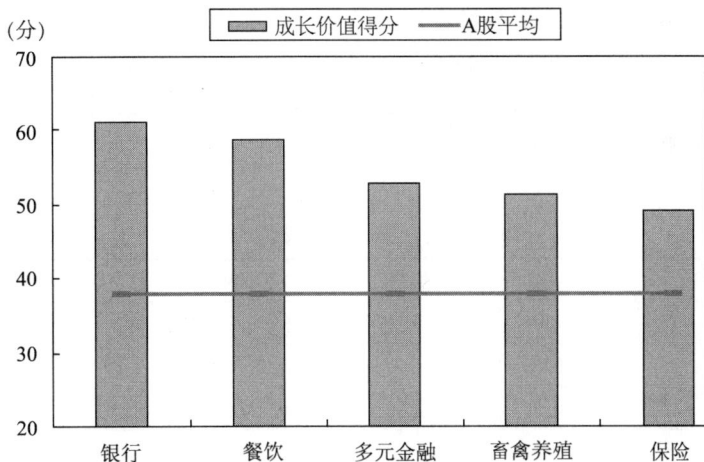

图 3－11 2012 年度领先行业成长价值绩效比较

分析 2012 年度行业成长价值得分排名（图 3－12），发现航运业、化学纤维业、农业综合业分别以 26.23 分、25.67 分、23.75 分排在后 3 位，均明显低于 A 股市场均值 38.3 分的水平。造纸、化工新材料因受国家环保政策的影响，成长价值得分下降趋势较为明显。

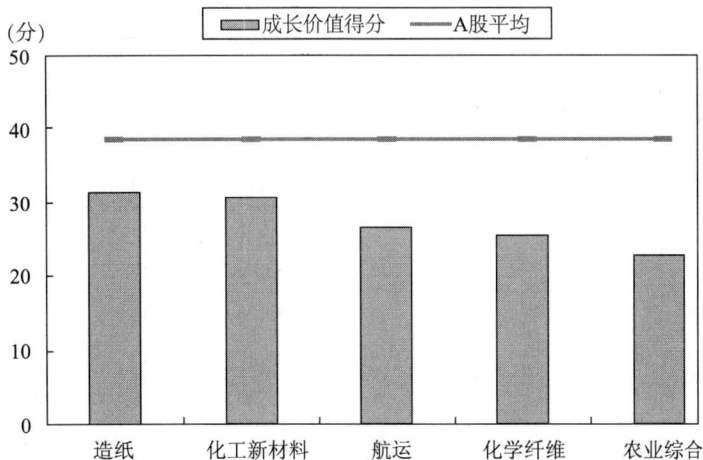

图 3－12 2012 年度落后行业成长价值绩效比较

三、价值实现：石油开采业夺冠

通过分析 2012 年度行业价值实现绩效排名（表 3-3）发现，石油开采业以 51.38 分的成绩位于价值实现绩效排名榜首，上一年度的榜首其他采掘业在本年度则退居第三名。此外，多元金融业位居价值实现绩效排名的二位。纺织编造业、林业、橡胶业分别以 20.37 分、20.05 分、13.47 分排在倒数后 3 位。

同时，我们发现高于 2012 年度价值实现绩效 A 股均值高于 29.17 分的行业有 43 个，而得分在 50 分以上的行业只有 1 个，40 分以上的行业有 11 个，与 2011 年度相比，价值实现绩效的平均水平显著下降。

表 3-3   2012 年度行业价值实现绩效排名

行业	家数	占比（%）	价值实现		总市值		总市值增长率		托宾 Q	
			得分	排名	得分	排名	得分	排名	得分	排名
石油开采	1	0.05	51.38	1	100	1	17.88	21	21.15	74
多元金融	7	0.36	49.67	2	62.22	9	23.07	1	77.76	3
其他采掘	2	0.1	48.84	3	64.79	8	16.19	46	82.22	2
饮料制造	29	1.49	48.66	4	59.96	10	22.95	2	77.5	4
证券	16	0.82	47.44	5	84.98	4	18.9	13	29.45	63
保险	3	0.15	45.93	6	95.7	2	18.36	18	1.54	83
银行	15	0.77	45.59	7	93.83	3	19.63	10	1	84
煤炭开采	33	1.69	43.04	8	67.74	7	20.6	5	38.55	48
铁路运输	4	0.2	41.48	9	70.68	6	15.5	66	35.03	54
医疗服务	3	0.15	40.78	10	33.78	42	21.22	3	93.88	1
生物制品	24	1.23	40.69	11	45.8	20	18.99	12	73.85	5
有色金属冶炼与加工	50	2.56	39.41	12	58.69	12	16.17	48	47.36	31
传媒	18	0.92	39.03	13	47.44	18	20.75	4	58.78	17
燃气	3	0.15	38.48	14	58.1	14	18.87	14	38.47	49
航空运输	5	0.26	37.51	15	75.9	5	12.01	84	11.75	81
通信运营	2	0.1	37.1	16	57.18	15	17.56	24	36.05	52
机场	4	0.2	36.33	17	58.78	11	17.93	20	28.23	66
金属非金属新材料	18	0.92	35.26	18	39.35	29	18.8	15	60.02	14
景点	5	0.26	34.89	19	35.97	35	19.21	11	64.09	10
中药	51	2.61	34.41	20	35.32	38	16.93	34	67.56	7
网络服务	18	0.92	33.75	21	33.46	43	18.51	16	64.81	9
农业综合	2	0.1	33.07	22	44.85	23	16.36	42	42.93	41

续表

行业	家数	占比（%）	价值实现		总市值		总市值增长率		托宾Q	
			得分	排名	得分	排名	得分	排名	得分	排名
汽车整车	18	0.92	32.85	23	55.59	16	16.68	35	19.71	76
水务	15	0.77	31.91	24	44.36	24	16.32	43	38.18	50
畜禽养殖	13	0.67	31.61	25	30.6	53	20.55	6	55.75	18
非汽车交运设备	35	1.79	31.48	26	42.32	26	15.72	58	41.33	44
港口	14	0.72	31.35	27	52.97	17	16.42	41	18	78
服装家纺	29	1.49	31.24	28	35.43	37	17.31	27	50.72	22
种植业	13	0.67	31.08	29	37.76	33	15.45	67	48.96	26
饲料	8	0.41	30.98	30	33.15	44	20.12	7	48.35	27
餐饮	3	0.15	30.94	31	23.24	74	19.8	8	68.62	6
石油化工	14	0.72	30.9	32	37.77	32	18.16	19	42.62	42
其他电子	20	1.02	30.66	33	30.38	54	16	51	60.51	13
计算机应用	61	3.13	30.63	34	27.77	63	17.06	32	63.5	11
钢铁	31	1.59	30.33	35	58.2	13	13.79	81	7.66	82
渔业	9	0.46	30.28	36	28.99	59	17.29	29	58.84	15
医疗器械	13	0.67	30.13	37	25.84	68	16.14	49	66.67	8
园区开发	10	0.51	29.64	38	45.58	21	16.95	33	23.13	72
食品加工制造	21	1.08	29.51	39	34.15	40	16.65	38	45.94	34
建筑装饰	41	2.1	29.37	40	41.88	27	17.15	30	28.79	64
化学制药	43	2.2	29.32	41	34.04	41	15.21	72	48.1	29
光学光电子	26	1.33	29.19	42	31.46	50	15.24	70	52.53	21
计算机设备	29	1.49	29.18	43	30.94	52	16.66	36	50.69	23
采掘服务	8	0.41	28.78	44	32.36	48	15.7	60	47.76	30
电子制造	20	1.02	28.73	45	24.54	72	17.88	21	58.81	16
视听器材	9	0.46	28.69	46	45.49	22	16.01	50	20.47	75
航运	11	0.56	28.64	47	47.01	19	15.22	71	18.74	77
房地产开发	122	6.25	28.44	48	38.85	30	19.71	9	25.11	69
旅游综合	10	0.51	28.27	49	26.45	65	17.86	23	52.75	20
交运设备服务	4	0.2	28.23	50	37.21	34	13.89	80	38.96	46
动物保健	6	0.31	28.14	51	28.97	60	16.5	40	49.79	24
环保工程及服务	10	0.51	28.06	52	30.21	55	15.19	73	49.48	25
酒店	4	0.2	28	53	32.2	49	15.93	53	43.75	39
元件	18	0.92	27.97	54	25.93	67	16.66	36	54.65	19
专用设备	59	3.02	27.84	55	34.99	39	15.84	54	37.56	51

续表

行业	家数	占比（%）	价值实现		总市值		总市值增长率		托宾Q	
			得分	排名	得分	排名	得分	排名	得分	排名
零售	60	3.07	27.02	56	35.67	36	15.79	55	32.18	56
高速公路	18	0.92	26.88	57	43.89	25	15.75	56	15.11	80
化学制品	83	4.25	26.65	58	28.35	61	16.23	45	44.07	36
化学原料	15	0.77	26.62	59	38.29	31	15.99	52	24.51	70
电力	49	2.51	26.14	60	41.64	28	15.66	64	16.12	79
半导体	17	0.87	26.08	62	26.23	66	14.88	75	48.15	28
塑料	17	0.87	26.08	61	24.59	71	17.08	31	47.03	33
电气设备	110	5.64	26.06	63	29.13	56	14.22	77	43.6	40
综合	28	1.43	26.01	64	29.06	58	16.3	44	39.31	45
建筑材料	49	2.51	25.99	65	32.59	47	15.15	74	34.45	55
通信设备	42	2.15	25.51	66	24.51	73	15.73	57	47.09	32
医药商业	11	0.56	25.51	66	31.38	51	17.51	25	29.8	62
白色家电	25	1.28	25.21	68	32.76	45	14.22	77	32.08	57
贸易	21	1.08	25.21	68	32.76	45	18.42	17	23.71	71
仪器仪表	11	0.56	25.16	70	15.82	83	15.65	65	62.82	12
农产品加工	15	0.77	24.22	71	25.49	69	15.67	62	38.76	47
家用轻工	32	1.64	24.02	72	21.35	79	16.19	46	45.01	35
通用机械	71	3.64	23.78	73	22.73	77	14.81	76	43.84	37
化工新材料	28	1.43	23.46	74	23.24	75	13.54	82	43.76	38
包装印刷	20	1.02	23.29	75	21.68	78	15.31	68	42.49	43
造纸	18	0.92	23.18	76	29.08	57	17.36	26	23.03	73
化学纤维	25	1.28	23.16	77	28.04	62	15.69	61	28.36	65
公交	8	0.41	22.85	78	27.42	64	15.67	62	28.08	67
汽车零部件	45	2.31	22.81	79	25.06	70	13.94	79	36.05	53
金属制品	15	0.77	22.41	80	22.97	76	17.31	27	31.49	59
物流	9	0.46	20.5	81	19.53	80	15.72	58	32.03	58
橡胶	12	0.61	20.37	82	18.86	82	16.53	39	31.06	60
纺织制造	35	1.79	20.05	83	19.45	81	15.28	69	30.8	60
林业	3	0.15	13.47	84	7.67	84	12.74	83	26.51	60
A股市场	1952	100	29.17		35.8		16.55		41.14	60

1. 价值实现变化：较2010年度显著回落

对2012年度行业价值实现绩效得分排名前3和后3的行业进行比较（图3-13），发现6个行业2012年度得分均出现不同程度下降，且排名第一的行业与倒数第一的行业差距开始拉大。2012年度排名得分第一的石油开采业得51.38分，而排名垫底的林业仅得13.47分。

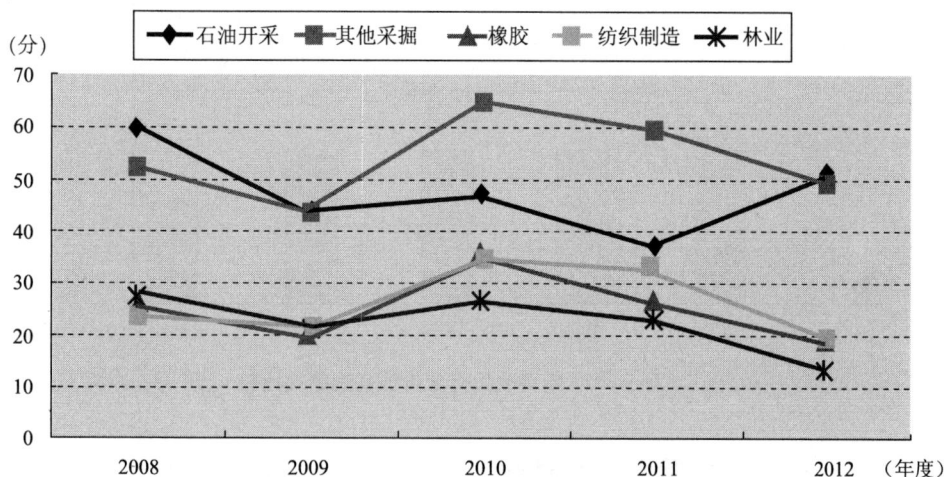

图3-13 行业价值实现绩效变化趋势

2. 价值实现表现：林业、橡胶业连续落后

从2012年度行业价值实现绩效排名靠前的行业来看（图3-14），石油开采业、多元金融业、其他采掘业、饮料制造业、证券业排在前5名。其中，石油开采业以51.38分摘得该排名的冠军，且高出价值实现绩效A股均值29.17分的76.14%。

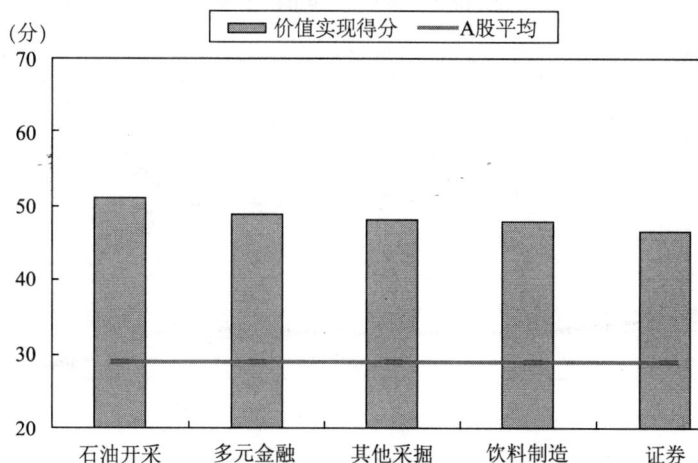

图3-14 2012年度领先行业价值实现绩效比较

从2012年度行业价值实现绩效排名落后的5个行业来看（图3－15），林业、纺织制造业、橡胶业位居倒数后3名。引起我们关注的是，林业、橡胶业2011年度的落后状态未见改观，可见其行业内上市公司在价值实现方面亟待努力。

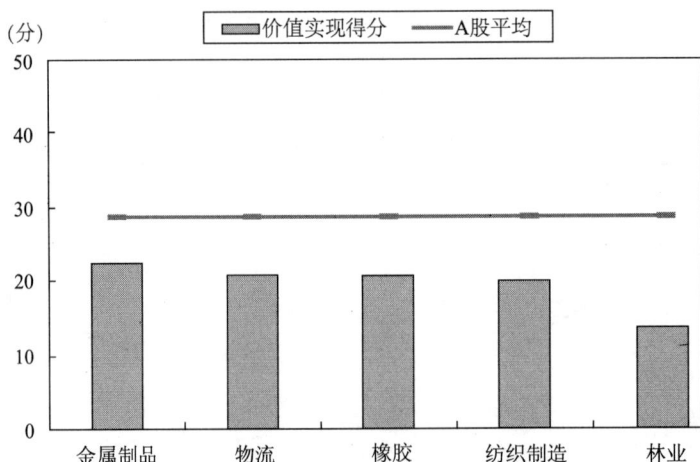

图3－15 2012年度落后行业价值实现绩效比较

3. 总市值变化：保险业走势稳健

从2012年度行业总市值得分排名前3和后3的5年趋势来看（图3－16），保险业和银行业等金融子行业自2008年以后，走势表现一直平稳，行业市值得分稳步走高。值得我们注意的是石油开采业，其总市值在2012年度上升趋势明显，由2011年度的21名一跃到第一名，而排名靠后的林业、仪器仪表走势持续维持在较低水平。

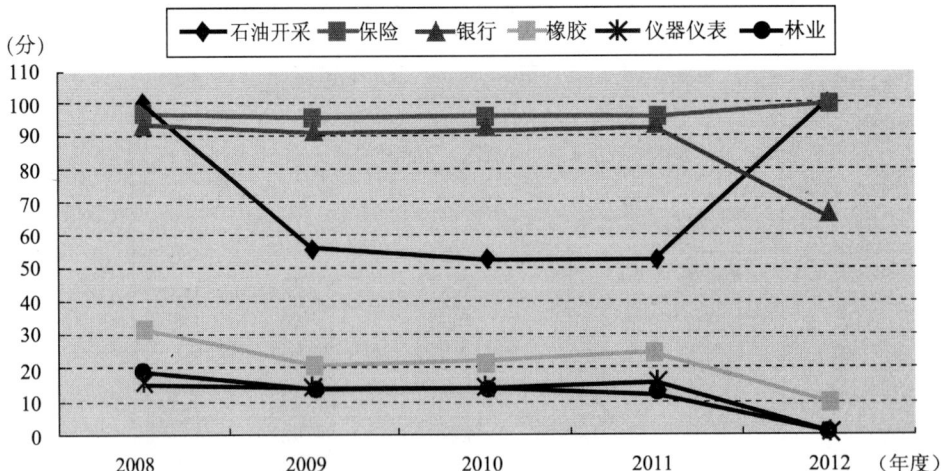

图3－16 行业总市值得分变化趋势

4. 总市值表现：林业连续四年倒数第一

2012年度，石油开采业、保险业、银行业、证券业以及航空运输业以显著优势荣登行业排名的前5位。通过（图3－17）可以看出，排名前5的行业绩效得分远高于2012年度A股均值35.8分。

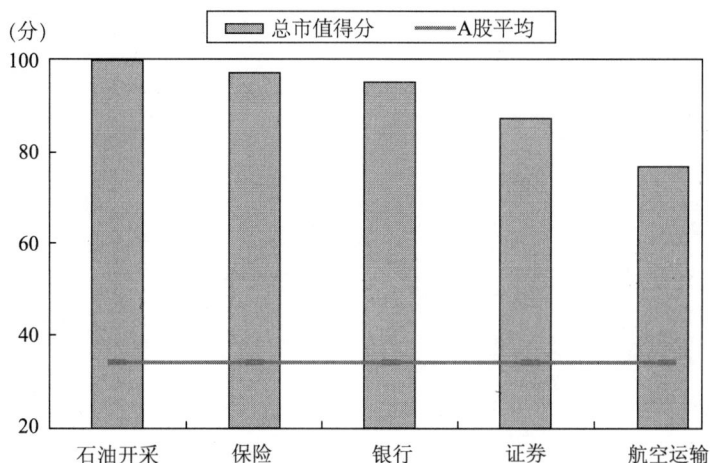

图 3－17　2012 年度领先行业 A 股市值得分比较

从2012年度行业A股市值得分排名来看，物流业、纺织制造业、橡胶业、仪器仪表和林业排名靠后。其中，林业以7.67分排名垫底，且林业已连续4年居A股市值排名倒数第一（图3－18）。

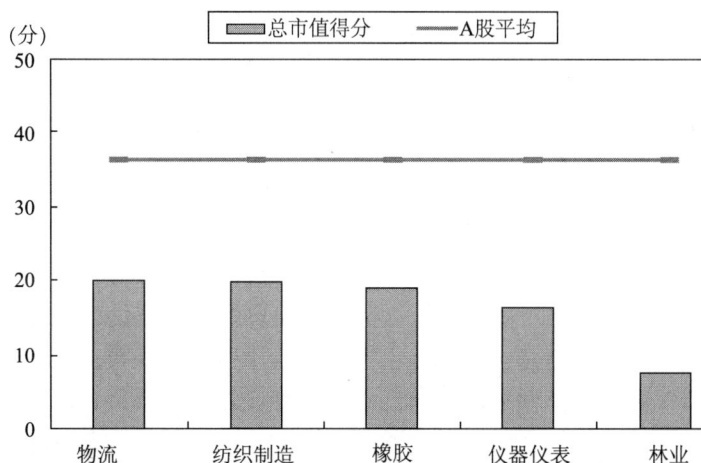

图 3－18　2012 年度落后行业 A 股市值得分比较

5. 总市值增长率变化：2012 年度下滑明显

2012 年度总市值增长率排名第一的是多元金融业，由于其只有 2012 年度的数据，故无法对其做趋势分析。经过比较 2012 年度行业总市值增长率得分排名前 3 和后 3 的行业近 5 年走势（图 3－19），发现其他五个行业 2009～2012 年度走势较为接近，而 2012 年度得分靠后的行业出现明显回落，得分靠前的行业走势趋缓。其中，得分差距最大的是化工新材料业，2012 年度化工新材料得分较 2011 年度 73.16 分的水平下降了 57.79%。

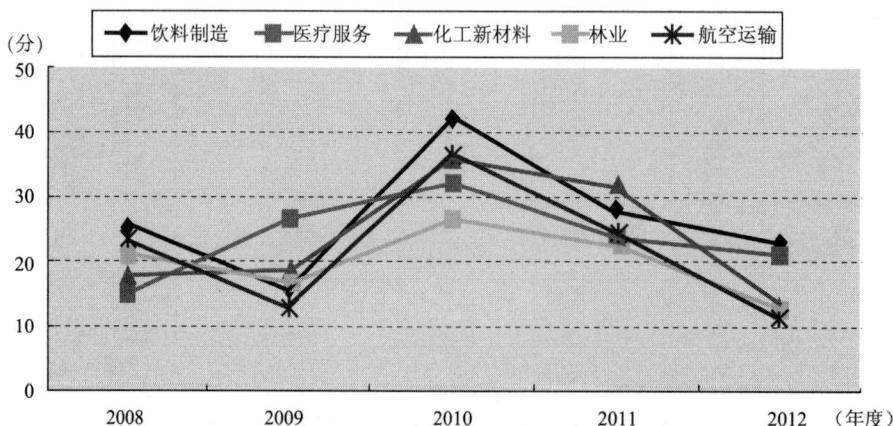

图 3－19　行业总市值增长率得分变化趋势

6. 总市值增长率表现：航空运输业一落千丈

从 2012 年度行业市值增长率得分排名前 5 的行业来看（图 3－20），多元金融业表现优异，以 23.07 分荣登该排名第一。饮料制造业、医疗服务业分别以 22.95 分、21.22 分位居排名第二、第三位。但通过与上年度市值增长率得分水平的比较，我们发现 2012 年度整体回落较为明显。

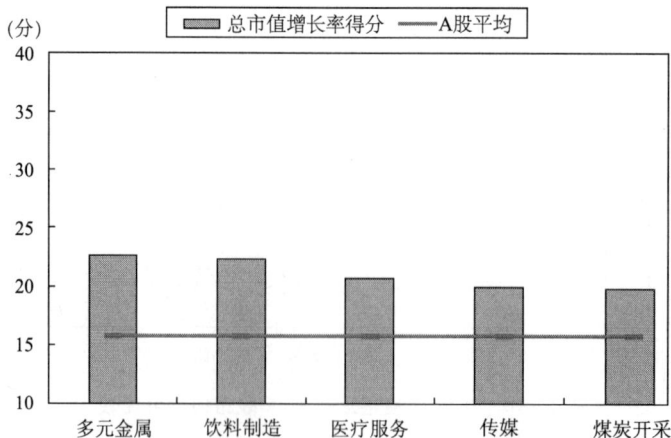

图 3－20　2012 年度领先行业市值增长率得分比较

从2012年度行业市值增长率得分排名靠后的行业来看（图3-21），航空运输业以12.01分列倒数第一。令人遗憾的是，航空运输业排名由2011年度的38名直降至2012年度最后一名，应当引起关注。另外，林业、化工新材料分别以12.74分、13.54分排倒数第二、第三名。

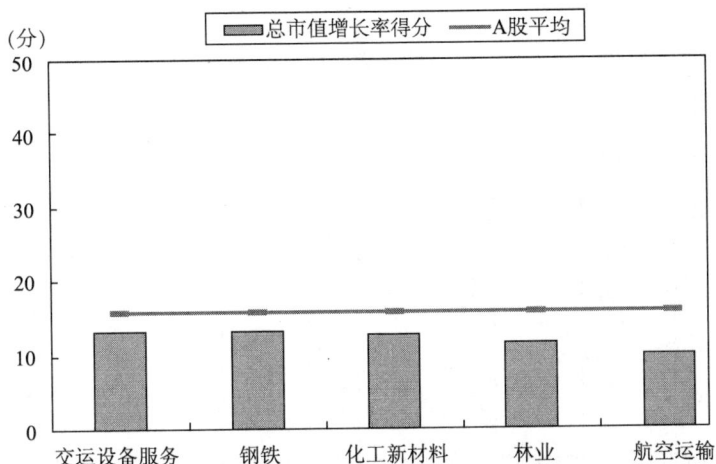

图3-21 2012年度落后行业市值增长率得分比较

7. 托宾Q变化：两极继续分化

通过分析2012年度行业总市值增长率得分排名前3和后3的5年走势（图3-22），发现各行业托宾Q变化不一致，银行业和医疗服务业上升，但钢铁和其他采掘业出现下降。此外，多元金融业本年度托宾Q得分位居行业排名第一位，但无比较数据不对其做趋势分析。

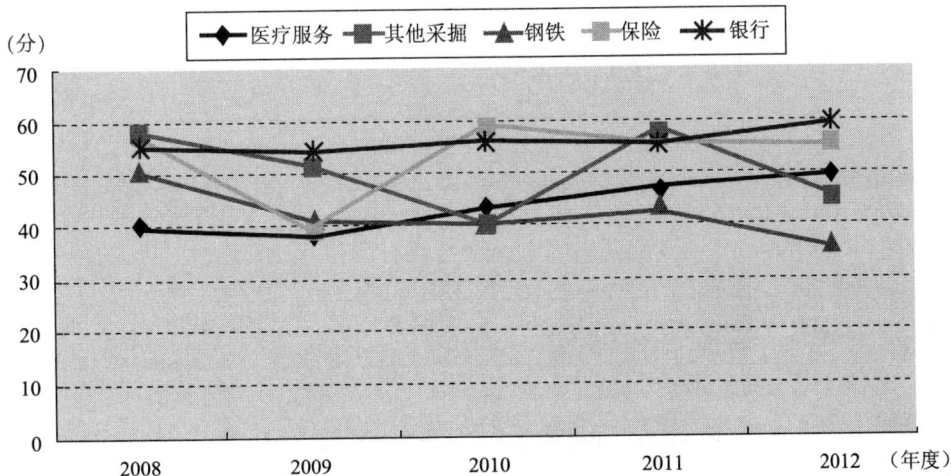

图3-22 行业托宾Q得分变化趋势

8. 托宾 Q 表现：银行业得分居后

通过分析 2012 年行业托宾 Q 得分（图 3 - 23）发现，其他医疗服务业以 93.88 分排名第一，其他采掘业、多元金融业分别位居第二、第三位。另外，可以发现 2012 年行业托宾 Q 得分排名在 90 分以上的仅有医疗服务业。

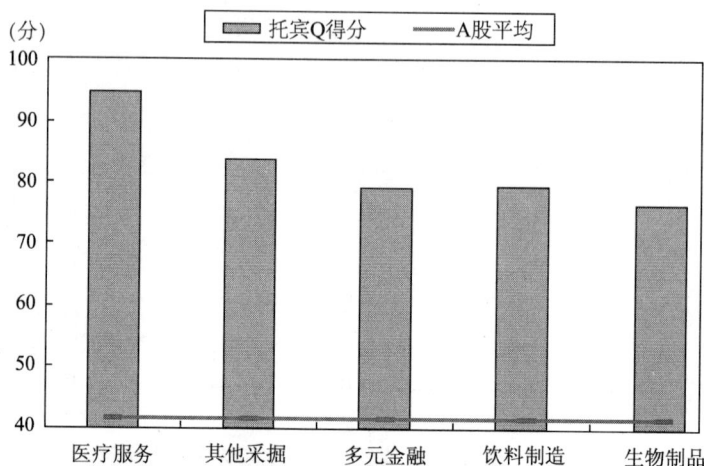

图 3 - 23　2012 年度领先行业托宾 Q 得分比较

从 2012 年度落后行业托宾 Q 得分来看（图 3 - 24），银行业以 1 分列 84 个行业末位，而保险业、钢铁业分别排倒数第二、第三位。值得注意的是，2012 年度行业托宾 Q 排名后 3 位的行业与 2011 年度的一样。

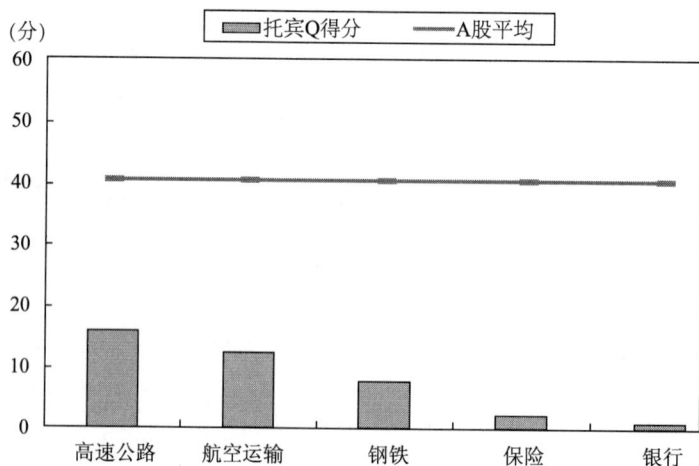

图 3 - 24　2012 年度落后行业托宾 Q 得分比较

四、价值关联度：银行业健康度高

从 2012 年度行业价值关联度绩效来看，石油开采业、航空运输业、林业得分位居第一、第二、第三位。与之相对应的是，通信运营业、农产品加工业、金属新材料业分别以 30.52 分、55.6 分、61.03 分位居倒数后 3 位。可见，石油开采业的价值创造能力与其价值实现最为匹配，且其是 84 个行业中最能充分体现内在价值的行业。

1. 价值关联度变化：两极分化愈演愈烈

从 2012 年度行业关联度绩效得分排名前 3 和后 3 行业 5 年的趋势来看（图 3 - 25），发现 2012 年度排第一名的银行业比倒数第一名的农业综合行业高出 65.18%，自 2011 年度开始得分差距拉大。可见，2012 年行业价值关联度绩效分化明显，强者更强，弱者趋弱。

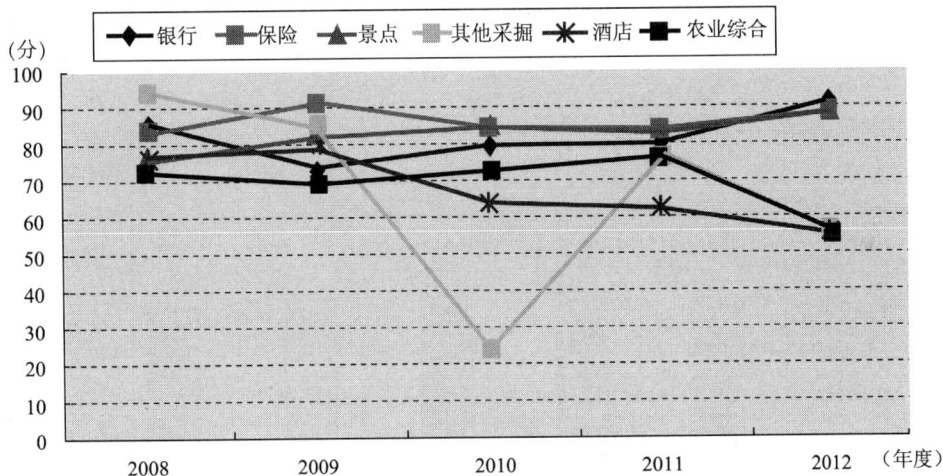

图 3 - 25　行业价值关联度绩效变化趋

2. 价值关联度表现：银行业保险业居前

在 2012 年度行业价值关联度得分比较中（图 3 - 26），我们能够看出属于金融子行业的银行业、保险业得分位居第一、第二位。尽管景点、动物保健、化学纤维的价值创造能力与价值实现能力都比较差，但是从价值关联度绩效排名来看，这 3 个行业在相互匹配程度上都相对较好。

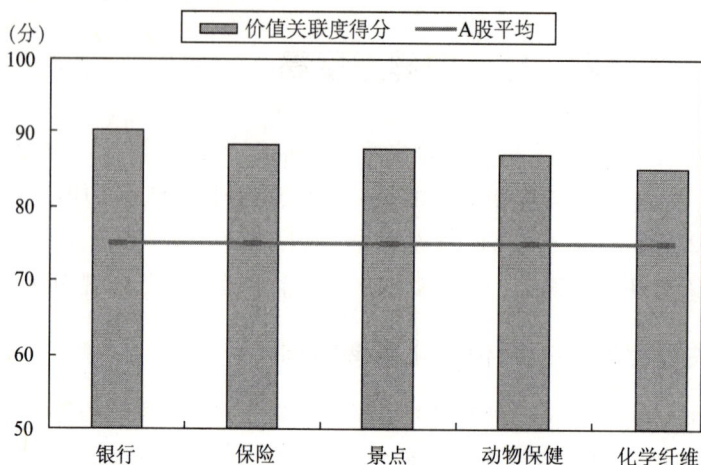

图 3 - 26　2012 年度领先行业价值关联度绩效比较

从 2012 年度行业价值关联度得分排名来看（图 3 - 27），酒店、其他采掘和钢铁并列倒数。从落后行业的价值关联度得分排名整体开看，各个行业的差异性不大。

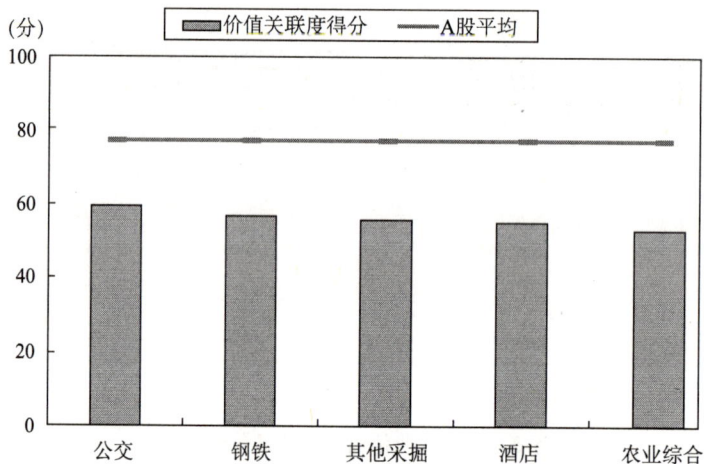

图 3 - 27　2012 年度落后行业价值关联度绩效比较

五、市场溢价因素：保险业表现最优

1. 保险、石油开采、银行排名前三

在 2012 年度市场溢价因素方面（表 3 - 4），保险业以 26.36 分领先其他行业，占据榜首。石油开采业以 26.06 分位居第二，银行业以 22.81 分位居第三。其中保险业在

公司治理、沪深300指数中均获第一，又在行业龙头中获得第三，为此次市场溢价因素排名夺冠打下了良好的基础。与之相反，通用机械、综合、元件业分别以 4.01 分、4.29 分、4.33 分位居倒数 3 名。

表 3－4 2012 年行业市场溢价因素得分排名

行业	家数	占比（％）	溢价因素 得分	排名	金牌董秘 得分	排名	公司治理 得分	排名	股权激励 得分	排名	沪深300 得分	排名	行业龙头 得分	排名	机构增减持 得分	排名
保险	3	0.15	26.36	1	67.00	2	100.00	1	1.00	60	100.00	1	55.67	3	2.33	22
石油开采	1	0.05	26.06	2	1.00	75	100.00	1	1.00	60	100.00	1	100.00	1	0.00	31
银行	15	0.77	22.81	3	34.00	7	67.00	3	1.00	60	100.00	1	11.93	32	-1.53	41
证券	16	0.82	22.42	4	46.06	5	38.13	11	1.00	60	100.00	1	11.25	36	-5.00	63
通信运营	2	0.1	21.16	5	50.50	3	50.50	6	1.00	60	50.50	8	83.00	2	-0.50	36
铁路运输	4	0.2	20.02	6	75.25	1	50.00	6	1.00	60	75.25	6	42.00	11	0.00	31
航空运输	5	0.26	19.76	7	20.80	14	40.60	9	20.80	16	80.20	4	40.60	14	-5.60	69
餐饮	3	0.15	17.38	8	22.67	16	1.00	72	67.00	1	1.00	62	55.67	3	-23.33	84
医疗服务	3	0.15	16.22	9	34.00	7	1.00	72	34.00	5	1.00	62	55.67	3	34.67	1
煤炭开采	33	1.69	15.49	10	24.91	12	40.00	10	4.00	58	64.00	7	5.97	62	-3.18	54
机场	4	0.2	14.16	11	17.25	29	25.75	20	1.00	60	25.75	16	50.50	8	0.75	29
景点	5	0.26	13.45	12	40.60	6	1.00	72	1.00	60	1.00	62	33.80	16	12.20	4
农业综合	2	0.1	13.37	13	50.50	3	1.00	72	50.50	8	50.50	8	50.50	8	-8.00	75
林业	3	0.15	12.80	14	22.67	16	1.00	72	34.00	5	1.00	62	55.67	3	-2.33	50
有色金属冶炼与加工	50	2.56	12.41	15	23.90	14	26.66	19	1.00	60	48.52	10	4.28	72	-4.56	61
燃气	3	0.15	12.30	16	1.00	75	1.00	72	34.00	5	1.00	62	55.67	3	1.33	26
采掘服务	8	0.41	12.06	17	1.00	75	13.38	41	13.38	30	25.75	16	21.50	18	14.75	2
航运	11	0.56	12.02	18	15.91	32	55.00	4	1.00	60	37.00	11	15.91	26	0.27	30
交运设备服务	4	0.2	11.68	19	17.25	29	1.00	72	1.00	60	25.75	16	42.00	11	12.00	5
酒店	4	0.2	11.50	20	17.25	29	25.75	20	1.00	60	1.00	62	42.00	11	1.00	27
动物保健	6	0.31	11.39	21	11.83	43	17.50	29	17.50	22	1.00	62	34.00	15	-4.67	62
环保工程及服务	10	0.51	11.22	22	10.90	46	1.00	72	40.60	2	1.00	62	17.40	23	4.10	9
其他采掘	2	0.1	11.10	23	33.50	9	1.00	72	1.00	60	1.00	62	50.50	8	-2.50	52
钢铁	31	1.59	10.76	24	17.77	27	29.74	15	4.19	57	32.94	14	6.29	60	-1.77	45
视听器材	9	0.46	10.69	25	12.00	40	23.00	22	23.00	11	23.00	22	19.22	20	2.00	23
建筑装饰	41	2.1	10.56	26	17.83	26	27.56	18	22.73	14	25.15	16	5.83	64	2.68	19
饮料制造	29	1.49	10.50	27	27.03	11	17.93	28	4.41	56	35.14	12	6.66	54	-9.72	79

续表

行业	家数	占比(%)	溢价因素		金牌董秘		公司治理		股权激励		沪深300		行业龙头		机构增减持	
			得分	排名	得分	排名	得分	排名	得分	排名	得分	排名	得分	排名	得分	排名
计算机应用	61	3.13	10.12	28	9.57	55	10.74	48	39.95	3	10.74	44	3.69	75	2.62	21
网络服务	18	0.92	9.95	29	17.50	28	6.50	58	34.00	5	12.00	36	10.11	39	-6.44	72
汽车整车	18	0.92	9.86	30	1.00	75	34.00	14	6.50	49	34.00	13	4.61	69	-1.72	43
港口	14	0.72	9.60	31	5.64	69	43.43	7	8.07	45	8.07	52	12.71	31	1.00	27
园区开发	10	0.51	9.15	32	7.50	64	40.60	8	1.00	60	10.90	42	17.40	23	2.90	17
渔业	9	0.46	9.14	33	23.00	15	12.00	44	23.00	11	12.00	36	19.22	20	-18.67	83
计算机设备	29	1.49	8.98	34	15.72	34	7.83	54	31.72	9	11.24	41	6.66	54	-1.10	40
多元金融	7	0.36	8.86	35	10.29	50	15.14	34	1.00	60	29.29	15	24.43	17	-4.14	58
专用设备	59	3.02	8.75	36	9.86	53	14.42	38	16.10	24	19.46	25	2.68	79	2.68	19
电力	49	2.51	8.68	37	21.71	19	35.31	13	1.00	60	17.16	27	4.35	71	3.37	12
石油化工	14	0.72	8.59	38	1.00	75	15.14	34	22.21	15	22.21	23	8.07	47	-0.86	39
医疗器械	13	0.67	8.58	39	8.62	58	8.62	51	1.00	60	1.00	62	13.62	28	13.92	3
生物制品	24	1.23	8.57	40	5.13	73	17.50	29	13.38	30	21.63	24	7.83	48	-0.21	33
服装家纺	29	1.49	8.31	41	24.79	13	4.41	69	18.07	21	7.83	54	6.66	54	8.97	6
塑料	17	0.87	8.25	42	10.65	48	6.82	57	18.47	20	6.82	57	10.65	37	6.59	8
传媒	18	0.92	8.13	43	12.00	40	17.50	29	6.50	49	12.00	36	6.50	58	3.89	10
饲料	8	0.41	8.08	44	13.38	37	1.00	72	38.13	4	13.38	32	9.13	44	3.25	14
化学制药	43	2.2	8.03	45	20.14	21	14.81	37	12.51	34	19.42	26	2.51	81	-6.98	74
医药商业	11	0.56	7.85	46	15.91	32	19.00	24	10.00	39	1.00	62	6.91	51	3.36	13
非汽车交运设备	35	1.79	7.73	47	13.20	39	29.29	16	3.83	59	23.63	21	5.69	66	-9.34	78
高速公路	18	0.92	7.62	48	30.22	10	28.58	17	1.00	60	6.50	49	6.50	58	-2.33	50
半导体	17	0.87	7.40	49	18.29	25	18.47	26	6.82	48	1.00	62	10.65	37	-5.24	65
白色家电	25	1.28	7.32	50	19.44	22	20.80	23	20.80	16	12.88	34	7.56	49	-10.64	80
电子制造	20	1.02	7.29	51	19.10	23	5.95	61	15.85	25	1.00	62	4.25	73	-2.80	53
家用轻工	32	1.64	7.25	52	7.19	65	4.03	70	25.75	10	1.00	62	6.13	61	2.69	18
公交	8	0.41	7.09	53	1.00	75	38.13	11	1.00	60	1.00	62	21.50	18	-1.75	44
橡胶	12	0.61	7.08	54	1.00	75	9.25	49	17.50	22	1.00	62	17.50	22	8.42	7
化学原料	15	0.77	6.90	55	11.93	42	14.20	39	1.00	60	14.20	30	11.93	32	-4.27	60
种植业	13	0.67	6.88	56	1.00	75	8.62	51	8.62	42	23.85	20	13.62	28	-11.54	82
电气设备	110	5.64	6.85	57	6.35	68	10.86	47	20.80	16	9.10	46	2.49	82	-1.77	45
金属非金属新材料	18	0.92	6.73	58	10.11	51	6.50	58	6.50	49	12.00	36	10.11	39	-0.83	38
食品加工制造	21	1.08	6.71	59	7.19	65	5.71	62	10.43	38	10.43	45	5.71	65	1.67	24

续表

行业	家数	占比（%）	溢价因素		金牌董秘		公司治理		股权激励		沪深300		行业龙头		机构增减持	
			得分	排名	得分	排名	得分	排名	得分	排名	得分	排名	得分	排名	得分	排名
农产品加工	15	0.77	6.68	60	7.60	62	7.47	56	14.20	28	7.60	55	11.93	32	1.53	25
包装印刷	20	1.02	6.41	61	22.35	18	15.85	33	5.95	53	1.00	62	5.95	63	-5.25	66
物流	9	0.46	6.31	62	1.00	75	12.00	44	23.00	11	1.00	62	8.22	46	3.22	15
畜禽养殖	13	0.67	6.31	62	13.62	36	1.00	72	8.62	42	8.62	49	13.62	28	-11.08	81
房地产开发	122	6.25	6.09	64	14.19	35	18.80	25	10.74	36	13.17	33	2.34	83	-0.76	37
中药	51	2.61	6.06	65	13.25	38	18.39	27	10.71	37	14.59	29	4.22	74	-5.41	67
其他电子	20	1.02	6.04	66	19.10	23	10.90	46	15.85	25	1.00	62	9.20	43	-9.30	77
光学光电子	26	1.33	5.94	67	11.12	45	8.62	51	8.62	42	8.62	49	4.81	67	-6.00	70
金属制品	15	0.77	5.86	68	5.33	71	14.20	39	14.20	28	7.60	55	11.93	32	3.73	11
化学制品	83	4.25	5.81	69	6.89	67	12.93	42	12.93	33	8.16	51	2.98	78	-4.20	59
水务	15	0.77	5.68	70	5.33	71	7.60	55	7.60	47	14.20	27	14.20	27	-5.20	64
化工新材料	28	1.43	5.51	71	9.18	56	4.46	68	15.14	27	4.54	61	4.54	70	-2.14	48
通信设备	42	2.15	5.48	72	8.07	61	5.71	62	19.86	19	5.71	59	3.36	76	-3.36	55
造纸	18	0.92	5.42	73	10.11	51	17.50	29	1.00	62	1.00	62	10.11	39	-1.67	42
旅游综合	10	0.51	5.31	74	10.90	46	10.90	72	10.90	35	10.90	42	17.40	23	4.22	57
零售	60	3.07	5.25	75	8.12	60	2.58	71	10.90	35	12.55	35	2.65	80	-6.15	71
贸易	21	1.08	5.10	76	10.43	49	15.05	36	1.00	60	15.14	28	8.81	45	-1.86	47
汽车零部件	45	2.31	4.74	77	8.98	57	5.40	64	5.40	54	12.00	36	4.64	68	-0.36	34
化学纤维	25	1.28	4.66	78	7.56	63	8.92	50	1.00	60	8.92	43	7.56	49	-3.96	56
仪器仪表	11	0.56	4.63	79	1.00	75	1.00	72	10.00	39	1.00	62	6.91	51	3.09	16
纺织制造	35	1.79	4.63	79	11.26	42	12.24	41	9.49	41	1.00	54	6.66	54	-2.26	49
建筑材料	49	2.51	4.55	81	9.65	54	5.04	66	13.12	32	9.08	47	3.02	77	-6.90	73
元件	18	0.92	4.33	82	8.22	59	6.50	58	6.50	49	6.50	58	10.11	39	-8.11	76
综合	28	1.43	4.29	83	5.64	69	4.54	67	4.54	55	8.07	53	6.86	53	-0.46	35
通用机械	71	3.64	4.01	84	3.75	84	5.15	65	7.97	44	5.18	60	1.92	84	-5.45	68
A股市场	1952	100	7.78		12.88		15.33		12.46		15.56		7.31		-1.99	

通过（图3-28），我们可以发现2012年度行业溢价因素得分排名靠前的行业是：保险业、石油开采业、银行业、证券业。2012年度行业溢价因素A股市场均值为7.78分，相对2011年度下降12.98%。排名前5的行业分别高出市场均值238.86%、235.00%、193.17%、188.27%、171.95%。值得一提的是，排名前三甲中金融行业占据两席，这与行业内上市公司在市场上有着较好的市场溢价表现密不可分。

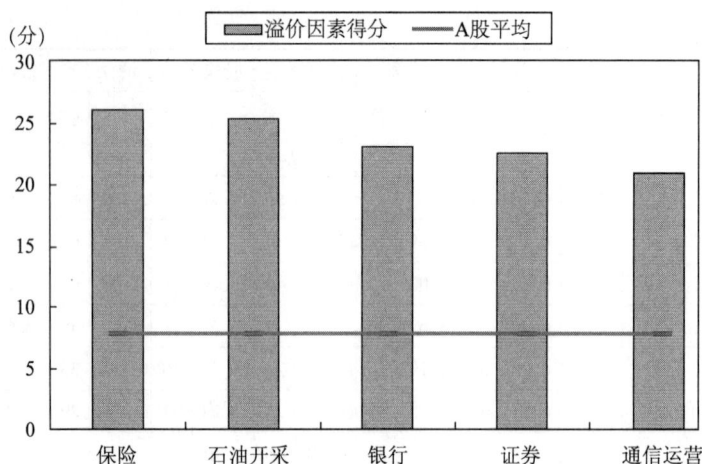

图 3 – 28　2012 年度领先行业溢价因素得分比较

从 2012 年度行业溢价因素排名靠后的 5 个行业来看（图 3 – 29），纺织编造、建筑材料、元件、综合、通用机械业 5 个行业得分均低于 A 股市场均值 40% 以上，落后比较明显。总体来看，2012 年度行业溢价因素得分排名靠后的 5 个行业在其二级指标中排名也相应靠后。

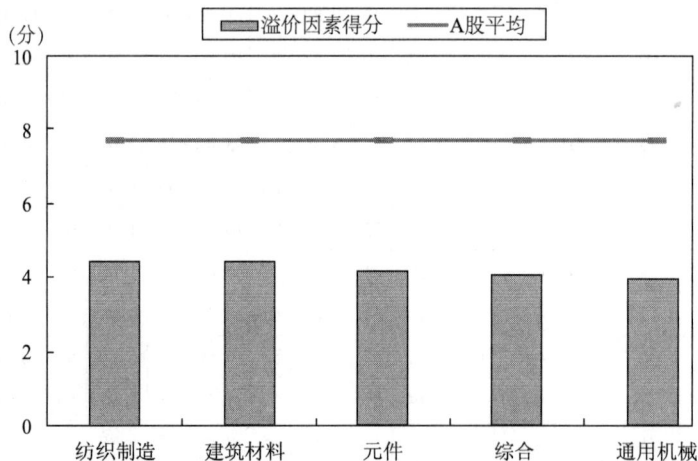

图 3 – 29　2012 年度落后行业溢价因素得分比较

2. 金牌董秘：铁路运输业榜上有名，通信运营业退居第三

优秀的上市公司董秘，在上市公司的日常管理中起着关键作用，有助于上市公司在市场上获得更多市场溢价。从 2012 年度金牌董秘得分排名前 5 的行业来看（图 3 – 30），铁路运输业、保险业、通信运营业分别以 75.25 分、67.00 分、50.5 分获得前 3

甲。2011年度排名第一的通信运营业在2012年度排名中退居第三位。

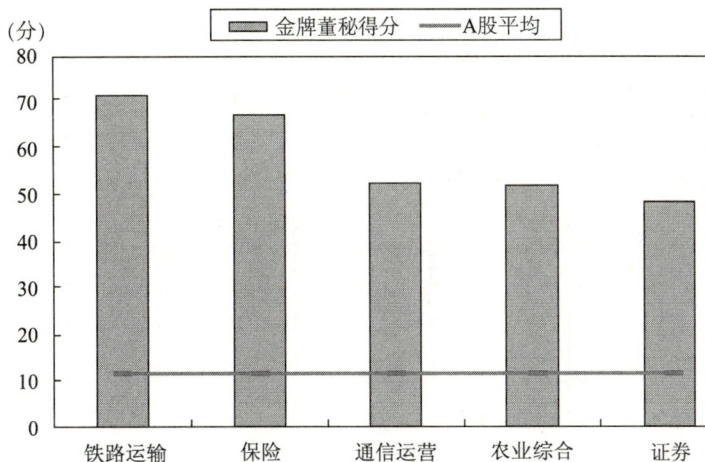

图3-30　2012年度领先行业金牌董秘得分比较

反观2012年度行业金牌董秘得分靠后的公交、橡胶、种植、物流、仪器仪表5个行业（图3-31），其得分显著低于A股平均水平，且在5个行业中均没有公司获得金牌董秘，应当引起显著关注。

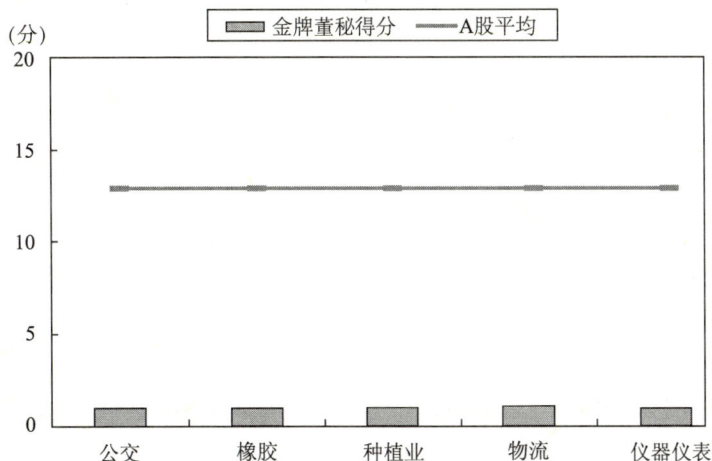

图3-31　2012年度落后行业金牌董秘得分比较

3. 公司治理：保险、石油开采业以满分并列榜首

从2012年度行业公司治理得分排名靠前的行业发现（图3-32），保险业、石油开采业表现突出，以满分100分摘得该项行业排名并列第一的宝座，银行业以67.00分位

居排名第二位，航运业、通信运营业分别位列第三、第四位。

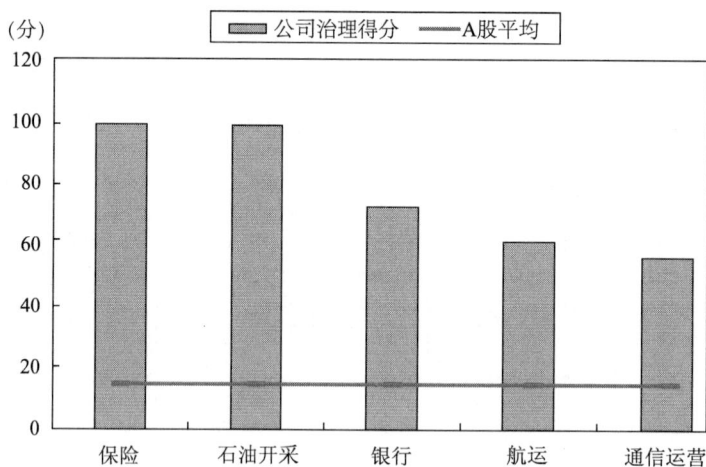

图3-32 2012年度领先行业公司治理得分比较

与之相反，从2012年度行业公司治理得分排名靠后的行业发现（图3-33），饲料业、环保工程及服务、燃气、仪器仪表、旅游综合均以较低得分位居84个行业的末尾，可见这些行业上市公司公司治理还需努力。

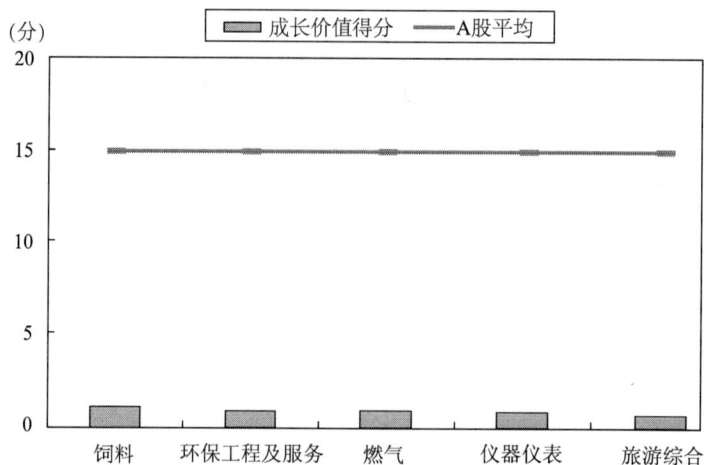

图3-33 2012年度落后行业公司治理得分比较

4. 股权激励：餐饮业欲望最强

2012年度行业股权激励排名结果显示（图3-34），餐饮业、环保工程及服务业、计算机应用业排第一、第二、第三名。2012年度，有46个行业股权激励得分低于A股

市场均值 12.46 分。值得表扬的是，餐饮业自 2011 年度奋起直追闯入前三甲后，2012 年度继续发力，位居股权激励得分排名第一位。另外，2010 年度、2011 年度连续两年摘得股权激励冠军的医疗服务业在本年度退出前 5 名。

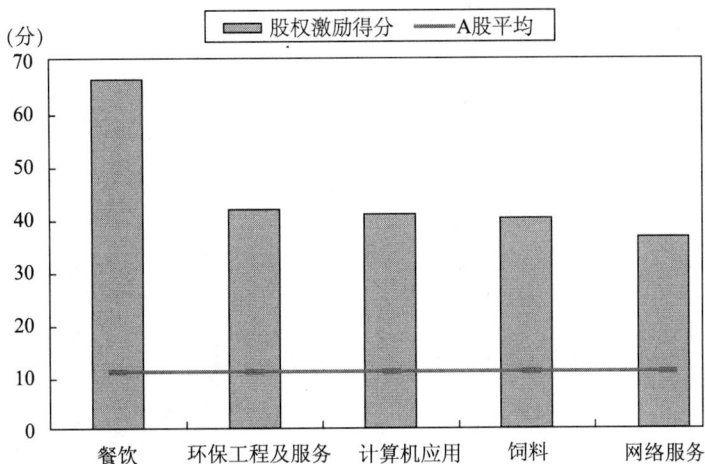

图 3 - 34　2012 年度领先行业股权激励得分比较

从 2012 年度行业股权激励排名落后 5 名来看（图 3 - 35），农业综合、景点、其他采掘、交通设备服务、旅游综合业得分与 A 股平均水平相差较大，上市公司股权激励意识需要唤醒，股权激励已是当今上市公司进行市值管理的重要措施，高管与股东利益的统一，可以让高管更好地为上市公司服务，实现股东价值。

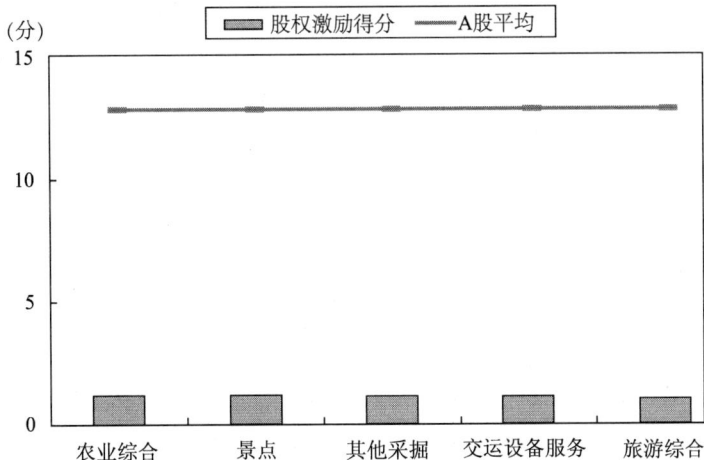

图 3 - 35　2012 年度落后行业股权激励得分比较

5. 沪深300指数：石油开采业首度以满分入选指数

通过分析（图3-36）发现，保险业、石油开采业、银行业、证券业均获满分100，说明3个行业内35家上市公司同属于沪深300成分股。另外，位居2012年度行业沪深300指数溢价得分第五位的航空运输业有5家上市公司。

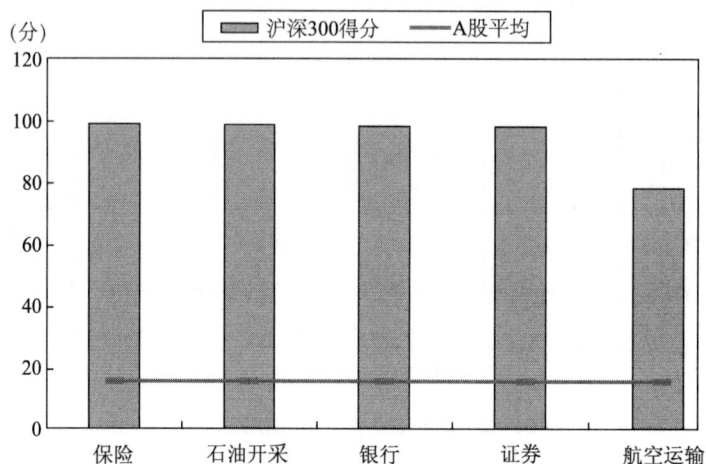

图3-36　2012年度领先行业沪深300指数溢价得分比较

与之相反，经过比较（图3-37）发现，酒店、造纸、医疗器械、景点、其他采掘等行业内并无上市公司获取到相应的指数溢价。

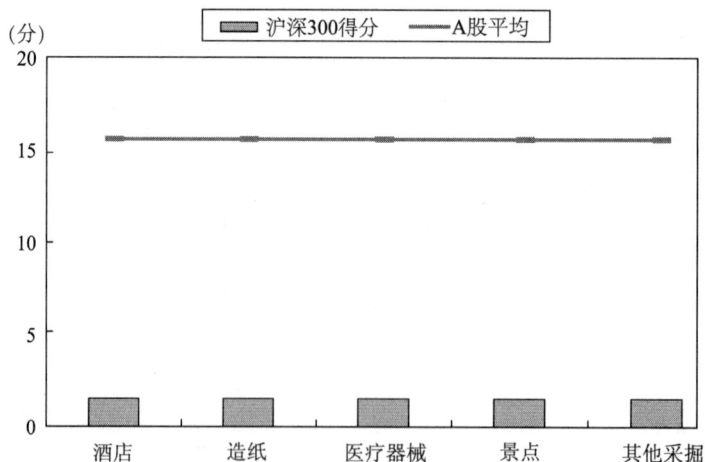

图3-37　2012年度落后行业沪深300指数溢价得分比较

6. 机构增减持：行业表现喜忧参半

从 2012 年度行业机构增减持得分排名发现（图 3－38），在 2012 年度整体 A 股市场持续低迷，即 A 股平均水平为负值的前提下，医疗服务业、采掘服务业、医疗器械业、景点及交通设备服务等服务性行业受到机构投资者的青睐。

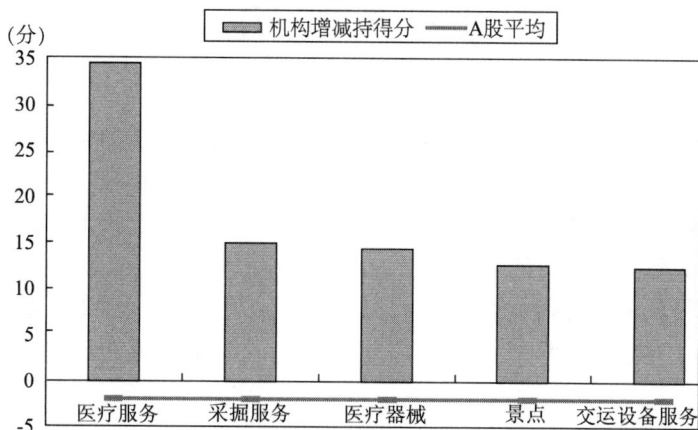

图 3－38　2012 年度领先行业机构增减持得分比较

反观 2012 年度行业机构增减持得分排名后 5 名的行业（图 3－39），白色家电业、畜禽养殖业、种植业、渔业、餐饮业得分均为负值。排名倒数第一的餐饮业有 3 家上市公司，其中湘鄂情、西安饮食得分为 －48 分、－26 分，可见这两家上市公司遭到机构减持最多，明显不被看好。

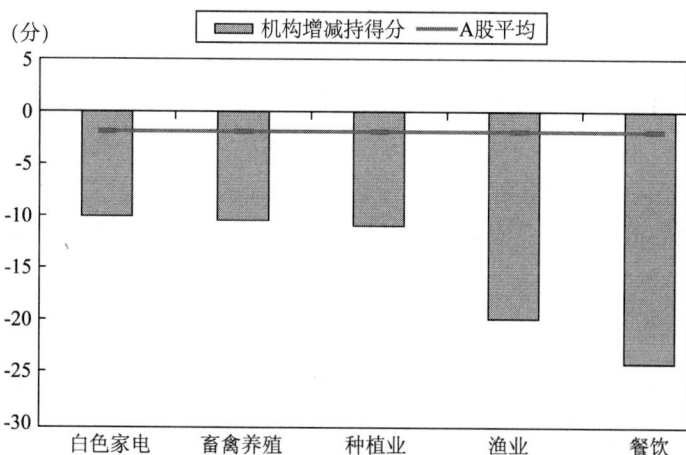

图 3－39　2012 年度领先行业机构增减持得分比较

第四章

2012 年度市值管理绩效评价：
区域分析

纵览全国从 31 个省、市、自治区，2012 年度区域市值管理绩效排名，既有意料之中，也有意外惊喜。在 2012 年度市值绩效考核中，山西由于其不可替代的资源优势蝉联榜首，其价值实现、价值关联度、溢价因素等多项绩效都遥遥领先与其他地区，为其夺冠奠定了坚实的基础。内蒙古出人意料跃居第二位，以不大的基数、优异的价值创造表现为其提供竞争力保障。北京仍利用其先天的区域优势在 2012 年度的总绩效排名中位居第三；西部和东北部分地区仍居榜末，表明这些地区有很大上升潜力。

一、总况：山西捧得三连冠

纵览全国 31 个省、市、自治区 2012 年度上市公司市值管理绩效总况，山西依然屹立榜首位置，总分为 48.28 分；内蒙古以 46.10 分排名第二位；北京则以 44.57 分跃居第三位。全国 31 个（区、市）市值管理绩效平均分数为 40.14 分。其中，只有 10 个省市位于平均分之上，约占 1/3，有 21 个省市低于平均分。

1. 地区结构：规模差距逐渐拉大

2012 年度地区市值管理绩效分析，涵盖了全国 31 个省区市中的 1952 家上市公司。从各省的上市公司家数来看（见表 4 - 1）。1952 家上市公司中，广东家数规模仍居首位，且增量第一；长三角（沪浙苏）和北京五大地区仍占优势明显，均在 100 家以上，山东家数也跃至 3 位数。这些拥有超过百家上市公司的省市，共有上市公司 1100 多家，占上市公司总数的近六成。而青海、西藏、宁夏三大区域则存在较大差距，上市公司家数均为 8 家，且增加缓慢。

表 4 - 1　　　　　2012 年度全国 31 省（区、市）市值管理绩效得分

省份	家数	占比（%）	总分	总排名	价值创造		价值实现		价值关联度		溢价因素	
					得分	排名	得分	排名	得分	排名	得分	排名
山西	21	1.32	48.28	1	48.84	2	39.21	1	82.16	1	15.16	1
内蒙古	19	1.19	46.10	2	51.10	1	35.71	4	76.92	9	11.06	4

续表

省份	家数	占比（％）	总分	总排名	价值创造		价值实现		价值关联度		溢价因素	
					得分	排名	得分	排名	得分	排名	得分	排名
北京	161	10.11	44.57	3	46.03	4	34.92	5	77.37	8	13.18	2
贵州	19	1.19	41.66	4	42.60	10	30.57	10	80.03	2	6.43	23
西藏	8	0.50	41.30	5	39.74	22	37.98	2	68.66	29	4.58	30
山东	123	7.73	40.84	6	43.39	6	28.46	19	78.56	4	7.21	15
河南	51	3.20	40.79	7	43.02	7	29.17	15	77.81	7	6.57	19
安徽	68	4.27	40.41	8	42.96	8	28.87	16	76.14	13	7.51	13
云南	23	1.44	40.31	9	39.80	20	31.38	7	73.02	22	12.21	3
浙江	194	12.19	40.21	10	42.90	9	27.66	26	78.16	6	6.49	20
上海	165	10.36	40.09	11	40.36	16	31.20	8	73.29	21	8.41	7
四川	71	4.46	39.89	12	40.86	14	30.44	11	74.58	17	5.43	28
福建	71	4.46	39.87	13	44.84	5	28.07	23	71.91	27	8.10	9
江西	26	1.63	39.85	14	46.29	3	29.20	14	68.20	30	6.44	22
海南	18	1.13	39.81	15	38.60	28	33.11	6	71.93	26	6.01	26
广东	296	18.59	39.64	16	40.26	18	28.73	17	76.36	12	8.00	10
广西	18	1.13	39.54	17	37.76	30	28.55	18	79.99	3	7.92	11
湖北	65	4.08	39.48	18	41.03	12	28.36	22	75.80	14	6.69	18
新疆	33	2.07	39.38	19	40.61	15	27.40	27	76.85	10	8.64	6
天津	33	2.07	39.33	20	40.30	17	30.06	12	72.63	24	6.96	17
河北	34	2.14	39.30	21	39.35	25	28.43	20	76.76	11	7.69	12
湖南	57	3.58	39.17	22	41.46	11	28.40	21	73.63	19	6.47	21
重庆	26	1.63	39.15	23	38.52	29	29.35	13	75.71	15	7.11	16
陕西	29	1.82	38.93	24	39.53	24	28.02	24	75.58	16	7.44	14
青海	8	0.50	38.56	25	38.88	27	36.78	3	55.91	31	10.04	5
吉林	30	1.88	38.54	26	40.92	13	27.85	25	71.48	28	8.28	8
甘肃	18	1.13	38.35	27	35.69	31	30.57	9	73.98	18	6.22	24
江苏	185	11.62	37.94	28	39.61	23	24.40	31	78.53	5	5.90	27
宁夏	8	0.50	37.37	29	40.21	19	25.67	30	73.32	20	3.81	31
辽宁	50	3.14	37.26	30	39.14	26	25.83	28	72.92	23	6.04	25
黑龙江	24	1.51	37.17	31	39.78	21	25.74	29	72.13	25	5.19	29

2. 总体表现：山西摘桂冠，东北地区待加强

从（图4-1）市值管理绩效总分比较，以平均分40.14分为参照对象，山西以超过平均分8.14分位列全国31个省区市上市公司市值管理绩效总分排名第一，这源于其价值实现、价值关联度和溢价因素三项绩效指标表现出色，均处于全国首位，价值创造绩效也排名第二，表现也较为突出。

黑龙江2012年度市值管理绩效总分为37.17分，低于平均分2.97分，排名被2011年度垫底的辽宁赶超，位居最后。辽宁总分倒数第二，吉林倒数第六，作为老工业基地的东北三省，排名显然靠后。

需要特别关注的是，我们通过对比2011年度的市值管理绩效总分图发现，2012年度地区的得分差距缩减，大部分地区都处于均值附近，前5名和后5名与均值的差距也愈见缩小，绩效总分的均衡现象日渐明晰。这说明上市公司已经认识到市值管理的重要性，并逐渐加强管理力度，使得综合能力有所提升。

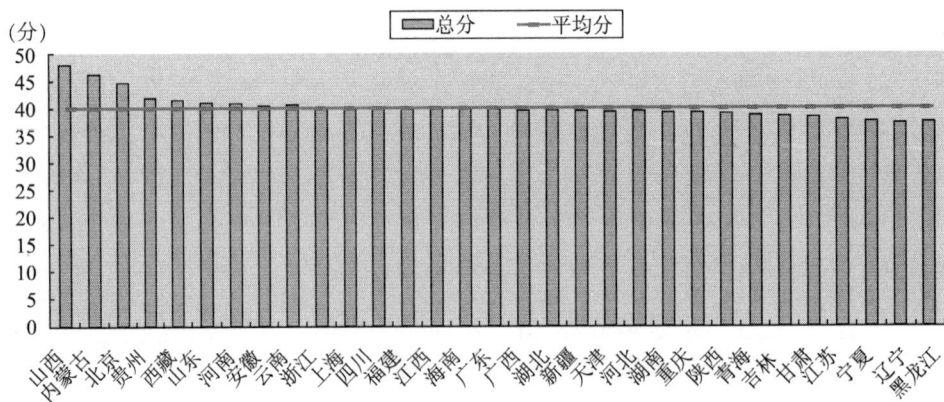

图4-1 2012年度全国31省（区、市）市值管理绩效总分

3. 近6个年度比较：本年度总体走低

以2007～2012年度作为比较周期（图4-2），分别选取市值管理绩效总分的前3名与倒数3名省市进行比较，我们可以发现几大特点：一是2012年度市值绩效总分总体走低，这也是受A股市场的表现低迷的直接影响导致绩效小幅下降；二是前3名的降幅比倒数3名的降幅稍小，这说明表现稍逊的公司在弱市环境下应提升其抗压能力；三是2007年度市值管理绩效总分仍居近6年度最高，2012年度较6年度历史最高点差距加大，这也和2007年度A股市场表现密不可分。

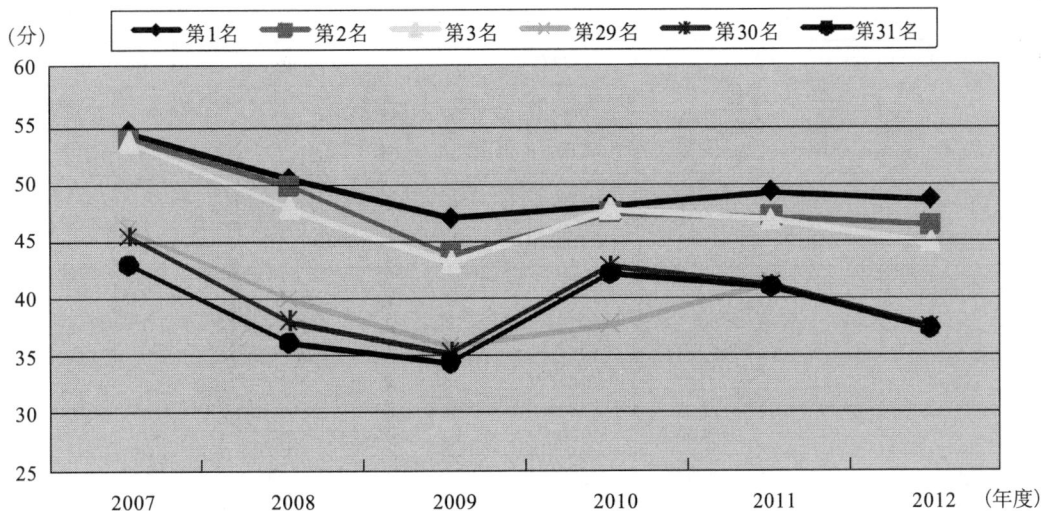

图4-2 近6个年度全国31省（区、市）市值管理绩效总分趋势

二、价值创造：部分地区重新洗牌

价值创造方面，从表4-2可以看出，内蒙古、山西、江西分别以51.10分、48.84分和46.29分位居前三名。值得注意的是，部分地区价值创造排名起起落落、重新洗牌，其中，2011年度夺冠的安徽地区由于价值创造、基础价值和成长价值均有所下降，导致价值创造排名跌落至第8位。广西更是从2011年度的第二名一路下滑至倒数第二名。反之，山西由于基础价值居于首位，拉动整体排名由2011年度的第11名升至第二名。天津由2011年度的倒数第三升至中间部位。

表4-2　　　　　　　　　　　　2012年度区域价值创造绩效排名

省份	家数	占比（%）	价值创造		基础价值		成长价值	
			得分	排名	得分	排名	得分	排名
内蒙古	19	1.19	51.10	1	51.39	2	50.66	1
山西	21	1.32	48.84	2	53.17	1	42.33	4
江西	26	1.63	46.29	3	45.54	8	47.43	2
北京	161	10.11	46.03	4	48.88	3	41.75	5
福建	71	4.46	44.84	5	47.13	4	41.41	6
山东	123	7.73	43.39	6	47.09	5	37.85	21
河南	51	3.2	43.02	7	44.21	10	41.22	7
安徽	68	4.27	42.96	8	46.14	6	38.19	20
浙江	194	12.19	42.90	9	45.62	7	38.82	16

省份	家数	占比（％）	价值创造		基础价值		成长价值	
			得分	排名	得分	排名	得分	排名
贵州	19	1.19	42.60	10	44.37	9	39.95	14
湖南	57	3.58	41.46	11	42.28	17	40.23	12
湖北	65	4.08	41.03	12	42.30	16	39.12	15
吉林	30	1.88	40.92	13	42.34	14	38.80	17
四川	71	4.46	40.86	14	43.27	12	37.23	25
新疆	33	2.07	40.61	15	40.58	22	40.64	10
上海	165	10.36	40.36	16	42.31	15	37.43	23
天津	33	2.07	40.30	17	40.47	23	40.03	13
广东	296	18.59	40.26	18	43.85	11	34.87	29
宁夏	8	0.5	40.21	19	39.69	25	40.98	8
云南	23	1.44	39.80	20	40.79	20	38.30	19
黑龙江	24	1.51	39.78	21	37.88	30	42.62	3
西藏	8	0.5	39.74	22	39.28	27	40.41	11
江苏	185	11.62	39.61	23	42.59	13	35.15	28
陕西	29	1.82	39.53	24	38.60	28	40.93	9
河北	34	2.14	39.35	25	40.67	21	37.37	24
辽宁	50	3.14	39.14	26	40.02	24	37.82	22
青海	8	0.5	38.88	27	42.00	18	34.20	30
海南	18	1.13	38.60	28	38.55	29	38.67	18
重庆	26	1.63	38.52	29	39.44	26	37.15	26
广西	18	1.13	37.76	30	41.28	19	32.48	31
甘肃	18	1.13	35.69	31	35.80	31	35.52	27

1. 近6个年度比较：区域两极分化加大

从图4-3可以看出，仍然以2007～2012年度为比较周期，分别选取价值创造总分的前3名与倒数3名省市进行比较，我们可以发现几大特点：一是近6个年度市值管理绩效总分两极分化现象逐渐拉大，前两名保持2011年度的增长态势继续上升，而倒数3名则成下降趋势，导致价值创造绩效两极分化愈见明显；二是随着前几名地区的上升劲头，带动价值创造绩效分数接近2008年度的最高值。

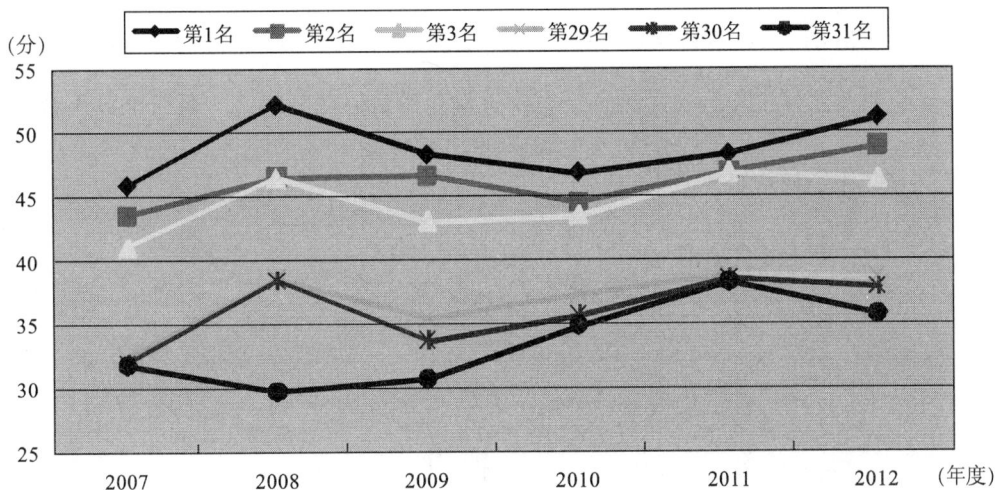

图4-3　近6个年度全国31省（区、市）价值创造得分趋势

2. 内蒙古居榜首，甘肃地区垫底

从图4-4全国省市价值创造绩效得分情况显示，由于2011年度的冠军安徽退居第八位，内蒙古则以51.10分，高于平均分9.67分稳居第一位。山西、江西和北京则以48.84分、46.29分和46.03分紧随其后。重庆、广西和甘肃以38.52分、37.76分和35.69分居倒数3位。在全国31个省市中，11个地区位于平均分41.43分之上，只占全部地区的1/3，而2/3的地区落于平均分数以下。可见，2012年度的价值创造得分不如2011年度稳定。

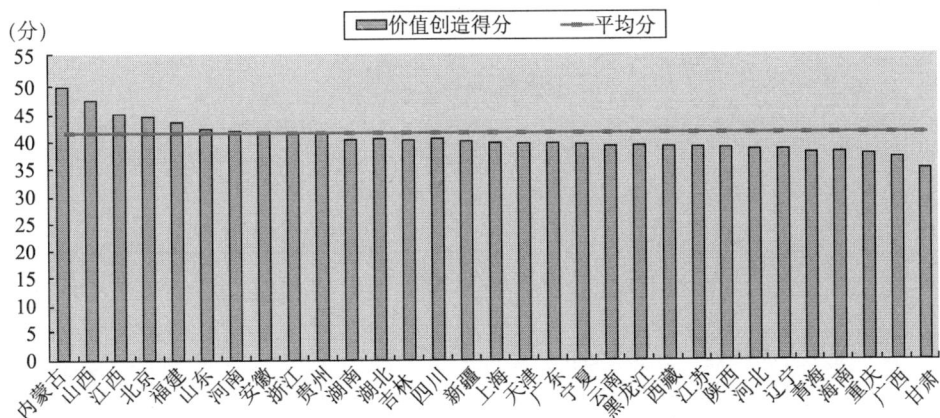

图4-4　2012年度全国31省（区、市）价值创造得分

3. 基础价值：总体趋势迎头上升，成为6年历史最高点

依然以近6个年度作为比较周期，分别选取基础价值总分的前3名与倒数3名省市进行比较，图4-5中分析我们发现：2012年度总体上升劲头充足，一路攀越往年最高，达到6年来的历史最高点。

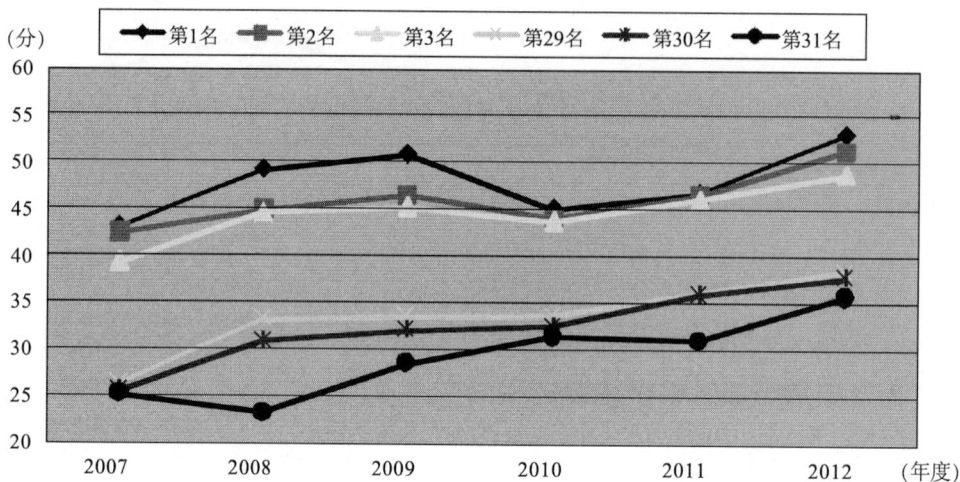

图4-5 近6个年度全国31省（区、市）基础价值得分趋势

从图4-6全国31个省区市市值管理基础价值得分来看，前三甲排名和2011年度的位置有所变动，但得主依然是山西、内蒙古和北京。倒数3位为海南、黑龙江和甘肃。值得注意的是，2011年度的垫底的青海，在2012年度的基础价值得分表现突出，跃居所有地区的中间位置。

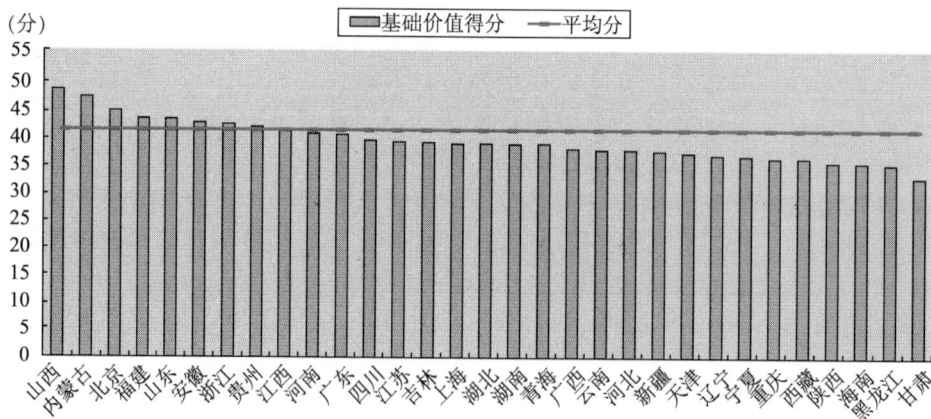

图4-6 2012年度全国31省（区、市）基础价值得分

4. 近6年比较：2012年度总体趋势不振，几近6年最低点

继续以近6年作为比较周期，分别选取成长价值总分的前3名与倒数3名省市进行比较，从图4-7我们可以发现几大特点：一是前3名与后3名均大幅下跌，反应了地区总体趋势不振；二是2012年度降幅稍大，几近跌破2009年度的最低点。

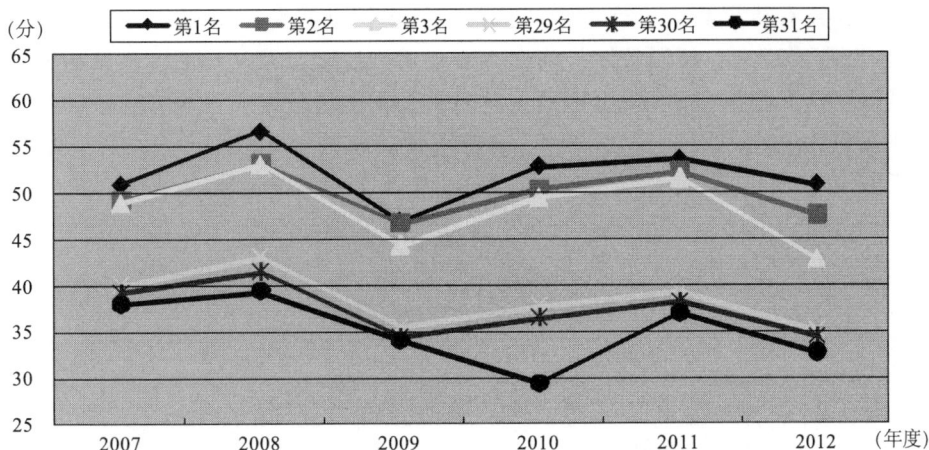

图4-7　近6个年度全国31省（区、市）成长价值趋势

5. 成长价值：广西一落千丈

从图4-8显示的成长价值绩效排名来看，内蒙古、江西、黑龙江以50.66分、47.43分、42.62分位于成长价值排名前3名。内蒙古以超越平均分11.32分稳坐第一。令人瞩目的是，黑龙江从2010年度和2011年度的中部排名，一路超越劲敌冲进前3。广东、青海和广西以34.87分、34.20分和32.48分位居倒数3位。其中，广西成长价值状况令人瞠目，摘了上年度的桂冠后，一年的时间内下滑至垫底，低于平均分6.86分。从图4-8总体状况看，2012年度成长价值约一半地区高于平均值，另一半地区低于平均值，最高与最低分数振幅较上年度未见缩小。

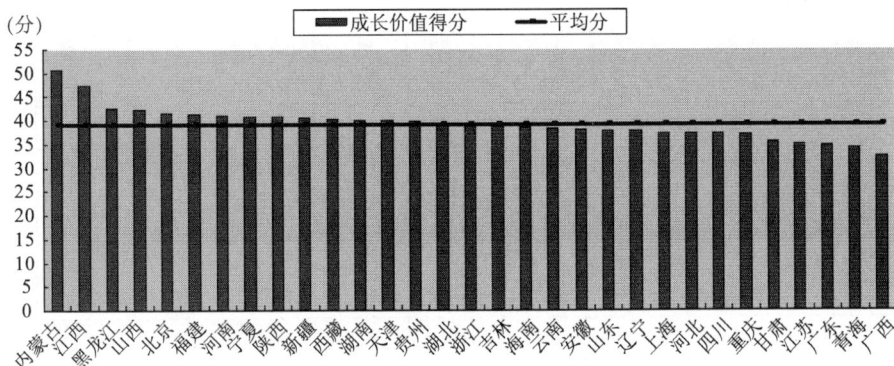

图4-8　2012年度全国31省（区、市）成长价值得分

三、价值实现：山西夺得桂冠

一览 2012 年度区域价值实现绩效排名总表（表 4 - 3）可见，山西在全国 31 个省市区中，经过几年的步步为营，超越 2011 年度的冠军西藏脱颖而出。由于地区资源优势，山西总市值蝉联第一位，这也奠定了良好价值实现表现的基础。但是，山西的托宾 Q 排名靠后，还有待提高。另外，西藏的总市值增长率排名夺得 2011 年度的王冠后，2012 年度下滑至 25 名，所以整体价值实现表现被拖后至亚军。价值实现绩效排名前 3 名中，西藏和青海都只有 8 家上市公司，但这些公司的价值实现、总市值和总市值增长率都表现良好，这也说明地区家数是不会影响价值实现排名的。全国 31 个省市中较 2011 年度的排名变化不大，价值实现靠后省市仍为部分东北和西部地区。其中，江苏由于总市值和总市值增长率的下降，从 2011 年度的第 24 名下滑至最后 1 位。

表 4 - 3　　　　　　　　　　2012 年度区域价值实现绩效排名

省份	家数	占比（%）	价值实现		总市值		总市值增长率		托宾 Q	
			得分	排名	得分	排名	得分	排名	得分	排名
山西	21	1.32	39.21	1	62.33	1	17.98	5	35.42	26
西藏	8	0.5	37.98	2	46.51	5	15.67	25	65.54	1
青海	8	0.5	36.78	3	51.76	2	19.19	1	42.00	11
内蒙古	19	1.19	35.71	4	49.86	3	19.02	3	40.79	16
北京	161	10.11	34.92	5	49.13	4	17.61	7	41.13	15
海南	18	1.13	33.11	6	40.97	7	16.24	21	51.15	2
云南	23	1.44	31.38	7	43.07	6	15.09	30	40.57	17
上海	165	10.36	31.2	8	40.07	9	16.69	12	42.47	9
甘肃	18	1.13	30.57	9	35.62	18	16.63	14	48.37	4
贵州	19	1.19	30.57	10	38.7	11	16.53	16	42.43	10
四川	71	4.46	30.44	11	34.84	20	16.71	11	49.09	3
天津	33	2.07	30.06	12	40.47	8	15.80	23	37.73	21
重庆	26	1.63	29.35	13	37.84	14	19.04	2	32.99	28
江西	26	1.63	29.2	14	39.04	10	15.77	24	36.36	25
河南	51	3.2	29.17	15	35.6	19	16.68	13	41.30	13
安徽	68	4.27	28.87	16	35.78	17	17.17	9	38.42	19
广东	296	18.59	28.73	17	32.96	23	16.80	10	44.12	7
广西	18	1.13	28.55	18	37.41	15	17.82	6	32.28	30
山东	123	7.73	28.46	19	34.14	22	16.39	18	41.26	14
河北	34	2.14	28.43	20	38.44	12	15.24	28	34.78	27

续表

省份	家数	占比（%）	价值实现		总市值		总市值增长率		拖宾Q	
			得分	排名	得分	排名	得分	排名	得分	排名
湖南	57	3.58	28.4	21	30.91	28	16.41	17	47.40	5
湖北	65	4.08	28.36	22	35.84	16	16.55	15	37.01	23
福建	71	4.46	28.07	23	31.12	27	17.33	8	43.47	8
陕西	29	1.82	28.02	24	31.15	26	16.39	19	45.03	6
吉林	30	1.88	27.85	25	34.5	21	15.60	26	39.06	18
浙江	194	12.19	27.66	26	31.85	25	16.39	20	41.82	12
新疆	33	2.07	27.4	27	38.1	13	14.24	31	32.35	29
辽宁	50	3.14	25.83	28	32.51	24	16.02	22	32.09	31
黑龙江	24	1.51	25.74	29	30.76	29	15.18	29	36.80	24
宁夏	8	0.5	25.67	30	26.75	31	18.23	4	38.37	20
江苏	185	11.62	24.4	31	26.82	30	15.32	27	37.72	22

1. 近6个年度比较：价值实现走势同步下落

纵观2007~2012年度近6个年度的价值实现得分趋势，从图4-9我们不难发现以下特点：一是全国省市价值实现走势延续同步状态，在2011年度前3名地区出现增降分歧后，2012年度的落点又几近重合；二是所有地区价值实现水平整体下滑，落点靠近6个年度来的最低值，但尚未跌破最低点。

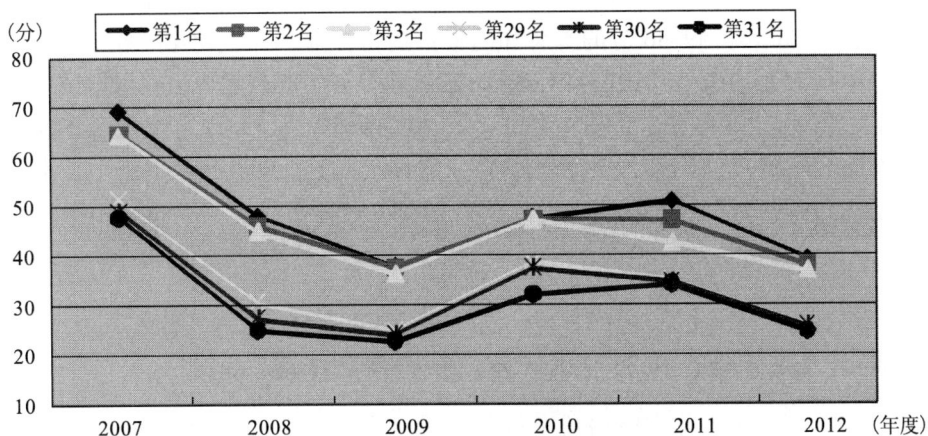

图4-9 近6个年度全国31省（区、市）价值实现得分趋势

2. 山西跑赢昔日冠军，江苏跑输全部省市

从图4-10中可以看出全国31个省市的价值实现绩效分数波动情况来看，2012年度为14.81分，较2011年度的16.91分的波动值略小。然而，2012年度只有12个省市超越价值实现绩效平均分数，其余均在平均值30.00分以下，而2011年度的状况略好，五成以上的地区都高于当年均值。其中，山西、西藏、青海分别以39.21分、37.98分、36.78分的分数位于前3位；黑龙江、宁夏和江苏则以25.74分、25.67分和24.40分垫底后3位。江苏以低于平均值18.7%的分数落后于其他地区。

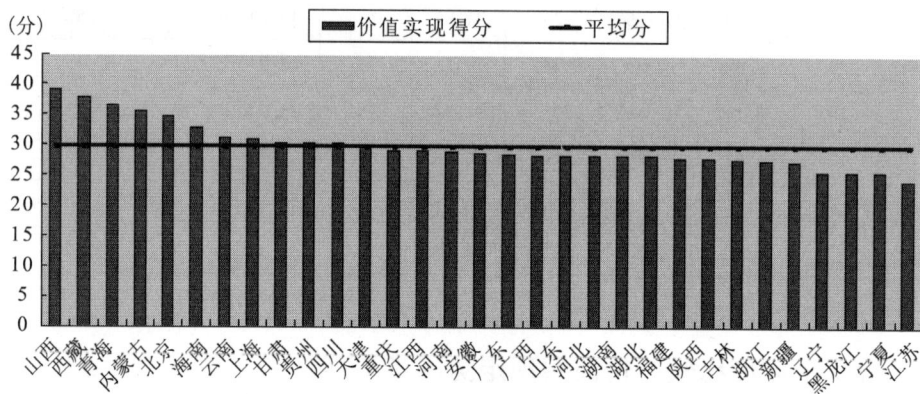

表4-10 2012年度全国31省（区、市）价值实现得分

3. 总市值：山西表现佳，一览众山小

从总市值的得分排名来看（图4-11），分数呈阶梯式，山西总市值尤为表现突出，超越分数为51.76分和49.86分的青海和内蒙古摘得桂冠，并且比第二位青海高10.57分之多，比平均分37.90分高出64.5%。山西以其丰富的资源优势，获得中国市场的青睐，市值表现凸显。位居第二的青海是2011年度的第16位，2012年度成长迅速，总市值增长率排名首位。位居第三的内蒙古家数只有8家，但总市值和总市值增长率都表现优异。反之，江苏和宁夏地区以总市值26.82分和26.75分排名后两位，与平均分相差11分上下。宁夏回族自治区连续多年总市值规模垫底，这与地区总体经济水平有直接的联系。

4. 总市值增长率：青海力压群芳，新疆退居末尾

从全国31个省区市总市值增长率得分来看（图4-12），青海、重庆、内蒙古以19.19分、19.04分、19.02分的优势占据前3位。青海省上市公司家数由5家加至8家，由于家数少，上市公司总市值增长率又表现优异，所以由2011年度的第六位成功跃至第一位。表现抢眼的省市还有重庆和北京，重庆由2011年度的倒数第二名跃至

2012年的正数第二名；北京由2011年的最末跃升为2012年前十强。

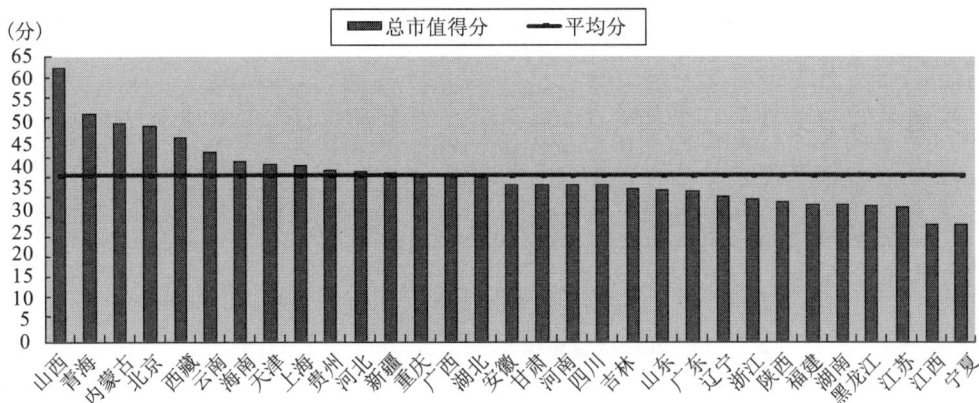

图4-11 2012年度全国31省（区、市）总市值得分

黑龙江、云南和新疆以15.18分、15.09分和14.24分位居倒数3名。新疆以与平均分2.4分的差距名落最末。

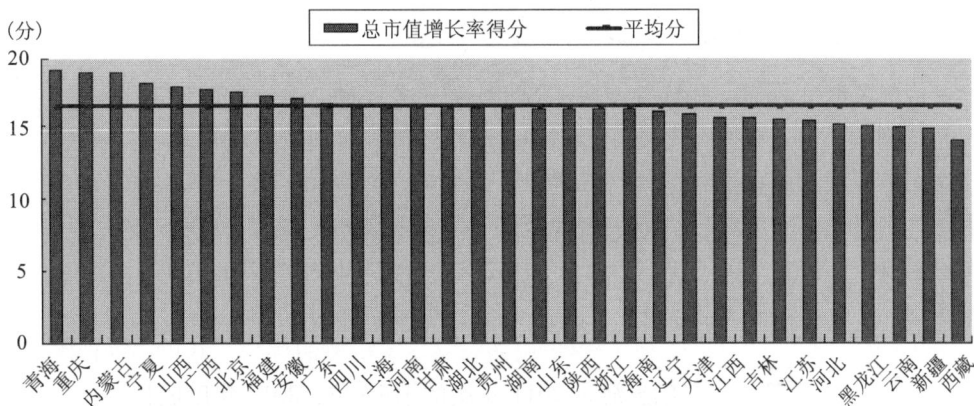

图4-12 2012年度全国31省（区、市）总市值增长率得分

5. 托宾Q：西藏地区一枝独秀，屹立不倒

在托宾Q绩效指标方面（图4-13），西藏又以65.54分再次获得冠军殊荣，海南和四川分别以51.15分和49.09分跟随其后。西藏与第二名的海南相差14.39分之多，高于平均值40.95分的60.1%，冠军优势非常明显。新疆、广西和辽宁则分别以32.35分、32.28分和32.09分居于倒数3位。其中，平均分上下地区的比例为1:1。

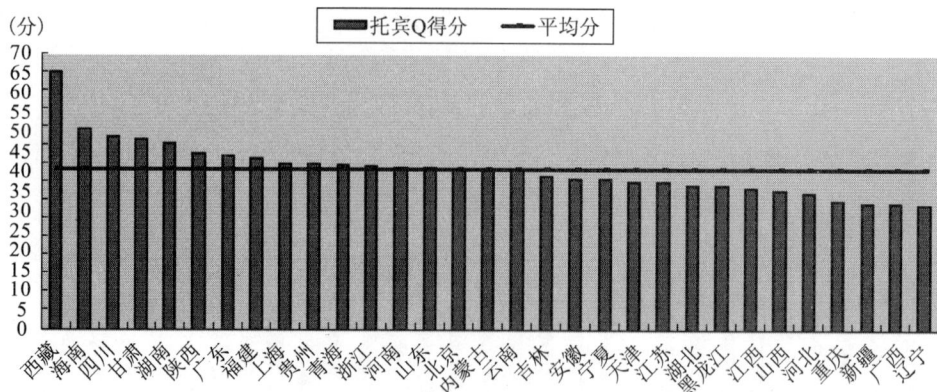

图4-13 2012年度全国31省（区、市）托宾Q得分

四、价值关联度：山西省荣获四连冠

价值关联度的表现方面，山西仍无悬念的稳居第一位。个别地区变化稍大，如2011年度前3名的安徽，2012年退居到第13位；青海下降幅度稍大，与上一名江西相差12.29分，排名垫底。

1. 近6个年度比较：两级区域多数下滑

在价值关联度方面，继续以近6个年度作为比较周期，分别选取价值关联度总分的前3名与倒数3名省市进行比较，图4-14中我们可以发现以下特点：一是前3名的省市在这6个年度期间，走势基本趋于平缓，但2011年度明显下滑，2012年度又出现平缓上行；二是山西省在此项指标中表现抢眼，在摘得2009～2011年度三连冠之后，又一次稳坐首位；三是2012年度各地区价值关联度分数均稳中有升，但第31名却大幅下跌，连续6个年度走势震荡颇大，也不符合全部地区总体走势。

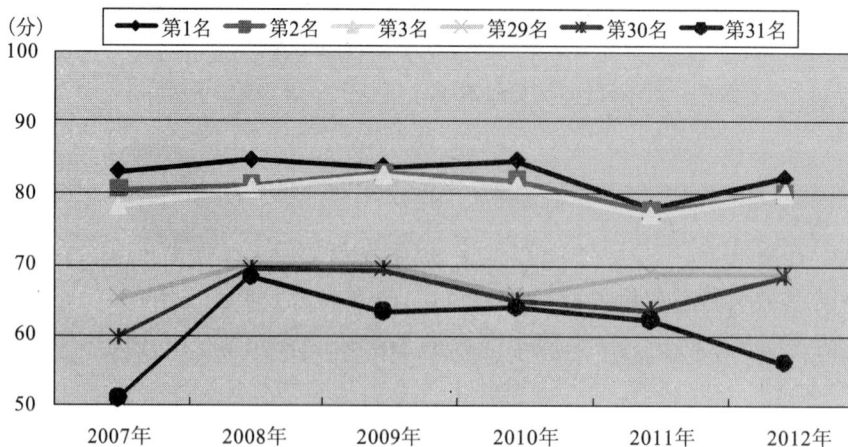

图4-14 近6个年度全国31省（区、市）价值关联度得分趋势

2. 山西稳夺四连冠，青海差距稍明显

价值关联得分排行比较方面，由图4-15中看出全国省市在平均分74.53分上下振幅不大，山西、贵州和广西以82.16分、80.03分和79.99分位居前3名；第一名与平均分74.53分相差7.63分，高于平均分10.24%。西藏、江西和青海则以68.66分、68.20分和55.91分位居倒数3名，其中青海省劣势明显，与平均分相差18.62分，降幅过大。

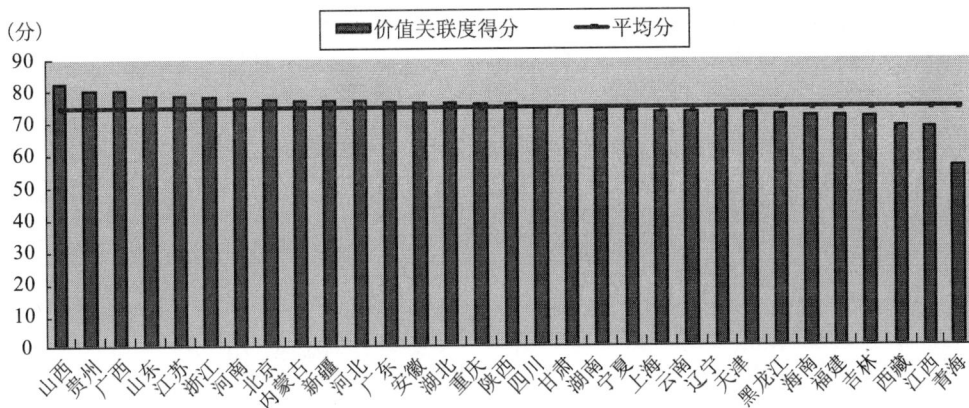

图4-15　2012年度全国31省（区、市）价值关联度得分

五、溢价因素：山西压倒蝉联冠军的北京

从全国31个省市溢价因素得分情况（图4-16）看出，山西赶超连续两年第一位的北京，以超过平均分数近1倍的15.16分荣登榜首。溢价因素分项绩效指标中表现出色，其中金牌董秘和沪深300等指标都属前列，冠军地位无可厚非。溢价因素得分波动较大，部分东北和西部地区垫压榜尾。

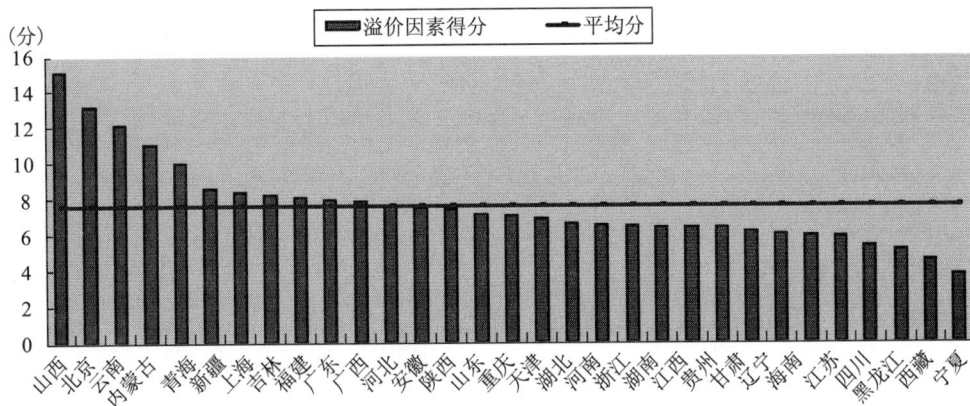

图4-16　2012年度全国31省（区、市）溢价因素得分

1. 首都优势凸显，西部地区水平落后

在溢价因素方面，表4-4显示山西以15.16分的成绩遥遥领先于其他省市，山西"前十强"的金牌董秘、公司治理、沪深300和机构增减持排名靠前，都为它的夺冠奠定了坚实的基础。北京由于金牌董秘排名降至第28位，拉下整体溢价因素排名至第二位，失掉了蝉联4年的冠军位置。黑龙江、西藏和宁夏则以5.19分、4.58分和3.81分位居倒数3名。西部地区12个省市溢价因素的平均分低于全国31个省市的平均分，西部地区的发展已经日益得到国家各方的大力支持与深切关注，但是自身水平仍存在起点低，成长慢等特点。

表4-4　　　　　　　　　2012年度全国31省（区、市）溢价因素得分

省份	溢价因素		金牌董秘		公司治理		股权激励		沪深300		行业龙头		机构增减持	
	得分	排名	得分	排名	得分	排名	得分	排名	得分	排名	得分	排名	得分	排名
山西	15.16	1	30.76	2	29.29	4	5.71	21	57.57	1	5.71	15	-0.05	8
北京	13.18	2	4.07	28	32.96	2	23.14	1	34.82	3	18.57	1	-0.63	10
云南	12.21	3	40.70	1	22.52	9	13.91	7	31.13	4	8.13	7	-11.83	29
内蒙古	11.06	4	19.89	8	6.21	28	1.00	28	37.47	2	9.63	5	1.63	5
青海	10.04	5	13.38	15	50.50	1	13.38	8	25.75	6	1.00	30	-10.00	28
新疆	8.64	6	28.76	4	18.94	11	4.00	25	19.00	9	4.00	23	-2.42	15
上海	8.41	7	9.55	21	24.39	6	9.40	14	16.60	14	11.56	3	1.78	4
吉林	8.28	8	18.43	10	7.47	25	10.90	9	20.80	7	4.30	21	-4.13	17
福建	8.10	9	14.82	12	16.34	12	19.13	2	12.15	22	4.23	22	-4.21	19
广东	8.00	10	20.23	7	10.01	20	18.39	3	12.37	21	7.76	10	-2.64	16
广西	7.92	11	28.17	5	23.00	7	1.00	27	12.00	23	6.50	13	-5.61	21
河北	7.69	12	11.65	17	15.50	13	6.82	17	27.21	5	10.65	4	-9.12	27
安徽	7.51	13	6.32	24	22.84	8	9.74	12	11.19	26	7.78	9	1.47	6
陕西	7.44	14	13.38	14	7.83	24	14.66	6	18.07	12	3.24	24	-7.59	25
山东	7.21	15	20.70	6	13.06	16	7.44	15	10.66	27	8.75	6	-2.19	14
重庆	7.11	16	18.73	9	12.42	18	1.00	31	12.42	20	4.81	18	5.27	1
天津	6.96	17	4.00	29	21.94	10	7.00	16	13.00	17	12.91	2	2.39	3
湖北	6.69	18	15.09	11	14.71	14	10.14	11	11.66	24	6.05	14	-4.18	18
河南	6.57	19	2.94	31	14.55	15	10.71	10	12.65	18	2.94	26	-1.53	13
浙江	6.49	20	10.11	20	9.64	21	15.80	4	9.68	28	2.68	27	-0.52	9
湖南	6.47	21	13.65	13	4.44	29	9.68	13	7.95	29	7.35	11	3.04	2
江西	6.44	22	7.31	22	27.65	5	4.81	24	12.42	19	7.31	12	-6.12	22
贵州	6.43	23	6.21	25	32.26	3	6.21	20	11.42	25	4.42	20	-8.26	26

续表

省份	溢价因素		金牌董秘		公司治理		股权激励		沪深300		行业龙头		机构增减持	
	得分	排名	得分	排名	得分	排名	得分	排名	得分	排名	得分	排名	得分	排名
甘肃	6.22	24	10.11	19	6.50	26	6.50	18	17.50	11	1.00	28	-6.94	24
辽宁	6.04	25	2.98	30	12.84	17	4.96	23	16.84	13	5.58	16	0.08	7
海南	6.01	26	6.50	23	6.50	27	6.50	19	17.50	12	4.61	19	-1.50	12
江苏	5.90	27	10.57	18	9.01	23	14.91	5	7.42	30	2.96	25	-1.49	11
四川	5.43	28	5.18	26	10.70	19	3.79	26	19.13	8	5.58	17	-5.51	20
黑龙江	5.19	29	5.13	27	9.25	22	5.13	22	13.38	15	7.83	8	-12.42	30
西藏	4.58	30	13.38	16	1.00	30	1.00	30	13.38	16	1.00	31	-6.63	23
宁夏	3.81	31	29.63	3	-11.63	31	1.00	29	1.00	31	1.00	29	-16.00	31

2. 金牌董秘：云南夺魁

目前，上市公司越来越重视董秘的重要性，也有越来越多的金牌董秘评选活动在各处举办，对于上市公司董秘的要求也日渐严格。董秘也是投资者关系的核心标志，它对于上市公司溢价因素起着不可忽视的作用。从2012年度全国31个省市金牌董秘得分（图4-17）来看，云南以40.70分的绝对优势位于首位，它以平均分14.27分的1.9倍摇摇领先于第二位。通过对地区的分析我们不难发现，金牌董秘得分前十强的地区家数属于31个省市中的后位，由于其具有公司家数少、基数小的特点，在绩效得分上占有一定优势。

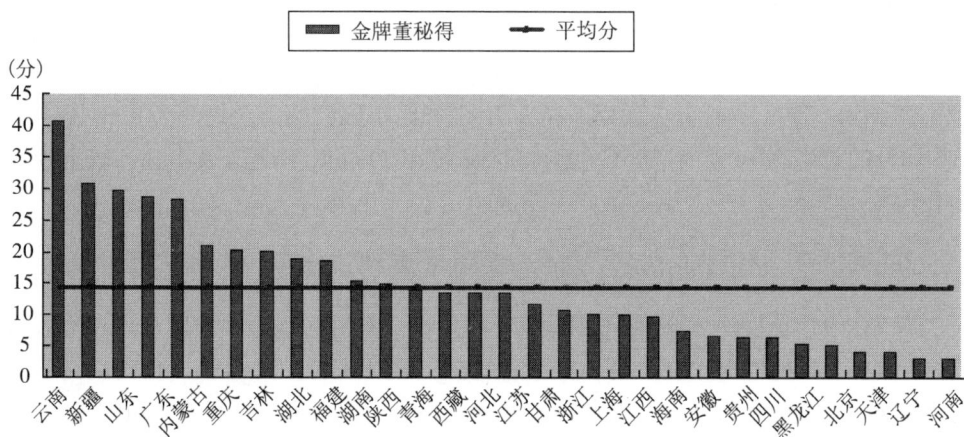

图4-17 2012年度全国31省（区、市）金牌董秘得分

3. 公司治理：青海、宁夏，"天上""地下"

公司治理作为溢价因素的重要指标，越来越多的被上市公司重视。从2012年度全国省市公司治理绩效分数（图4-18）来看，青海不但连续两次夺冠，还以17.54分的差距远远领先于位居第二名的北京，并且是平均分15.57分的2.24倍。北京和贵州则以32.96分和32.26分顺延至第二和第三位。西藏、宁夏、湖南也是2011年度的倒数3位，只是名次有些许变动。宁夏由2011年度的倒数第二位降为末位，并且大幅下滑。公司治理得分为 -11.63分，与平均分相差27.19分，跌破历史最低位。

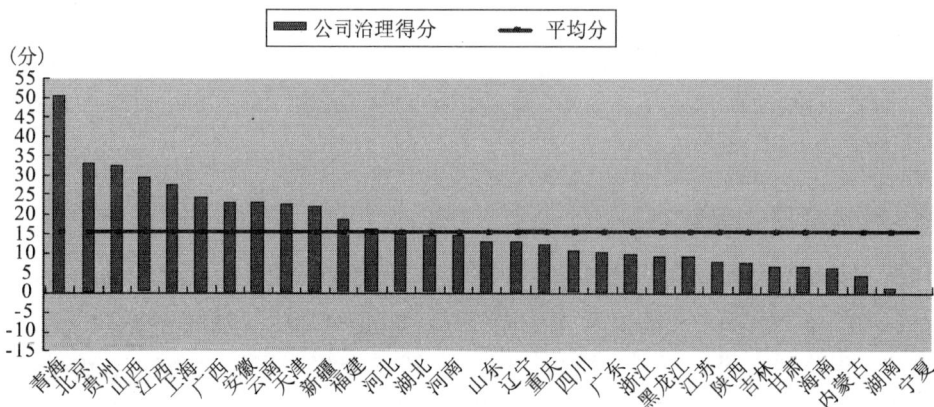

图例：■ 公司治理得分　━ 平均分

图4-18　2012年度全国31省（区、市）公司治理得分

4. 股权激励：北京奋起直追夺第一

从图4-19股权激励绩效得分看出，北京以23.14分、高于平均分14.50分的优势击败蝉联两年的冠军云南省。第二名和第三名分别为福建和广东。广西、内蒙古、宁夏、西藏和重庆都以1.00分位居后5位。31个省区市股权激励平均分为8.64分，其中高于平均分的省市有14个，17个省市股权激励的得分均低于全国平均分，较上年度相比变化不大。

5. 沪深300：榜首位优势凸显，榜后位波动甚小

沪深300指数是反映A股市场整体走势的指数，其目标是反映中国证券市场股票价格变动的概貌和运行状况。在沪深300指标得分（图4-20）排名中，山西以高于平均分40.02分的成绩稳居第一位。内蒙古和北京则以37.57分和34.47分排名第二和第三位。后16位的省市沪深300分数浮动变化不大，但宁夏地区只有1.00分，和平均分相差16.55分，位居最后一位。

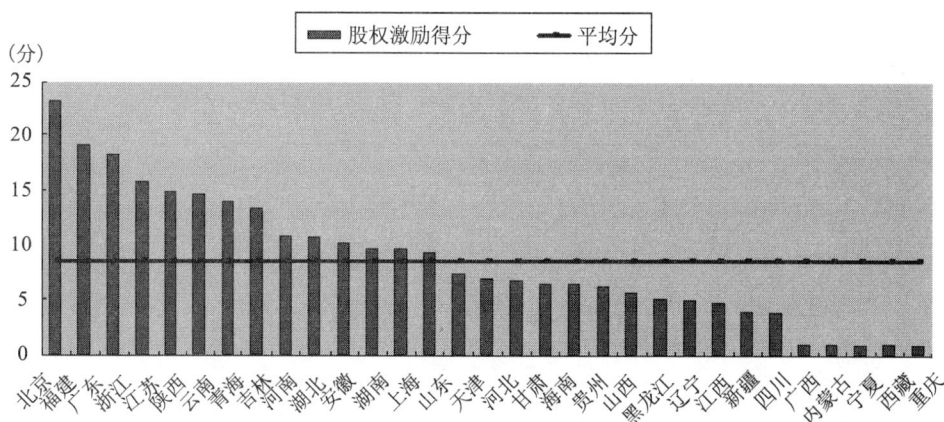

图 4 - 19　2012 年度全国 31 省（区、市）股权激励得分

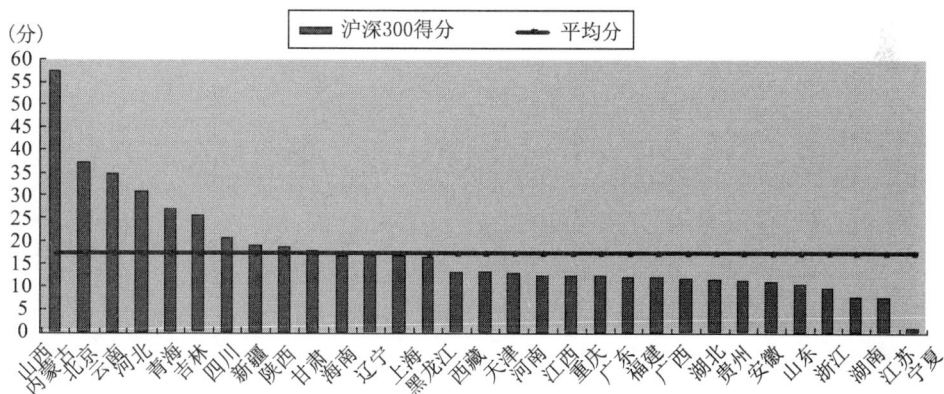

图 4 - 20　2012 年度全国 31 省（区、市）沪深 300 得分

6. 行业龙头：首都龙头优势显而易见

随着上市公司的日渐增多，行业龙头的低位也是炙手可热，成为公司的目标和争抢对象。在行业龙头指标得分（图 4 - 21）分析来看，北京市再次摘得此项桂冠。天津和上海以 12.91 分和 11.56 分紧随其后。

北京既是中国的首都，也是中国重要的经济中心，在 161 家上市公司中拥有众多的国有大中型企业和龙头企业，优势显而易见。西部地区由于经济状况落后，上市公司规模不大，基本位于榜末位置。

7. 机构增减持：重庆表现出色

从图 4 - 22 机构增减持得分来看，重庆、湖南和天津分别以 5.27 分、3.04 分和 2.39 分位居前 3 名，31 个省区市机构增减持的平均分为 - 3.74 分，较 2011 年同比下降 4.69 分，由 2011 年正均值又降为负值。从得分值来看，只有 7 个省市的得分为正值，

比2011年度的机构认可度稍弱。

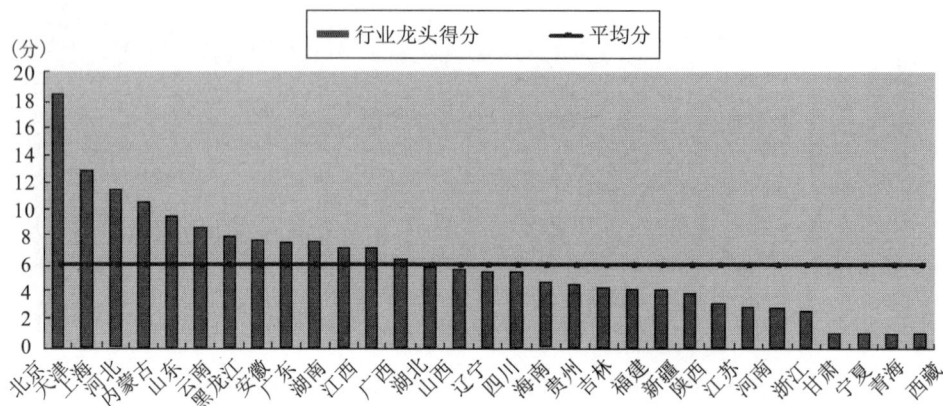

图4-21 2012年度全国31省（区、市）行业龙头得分

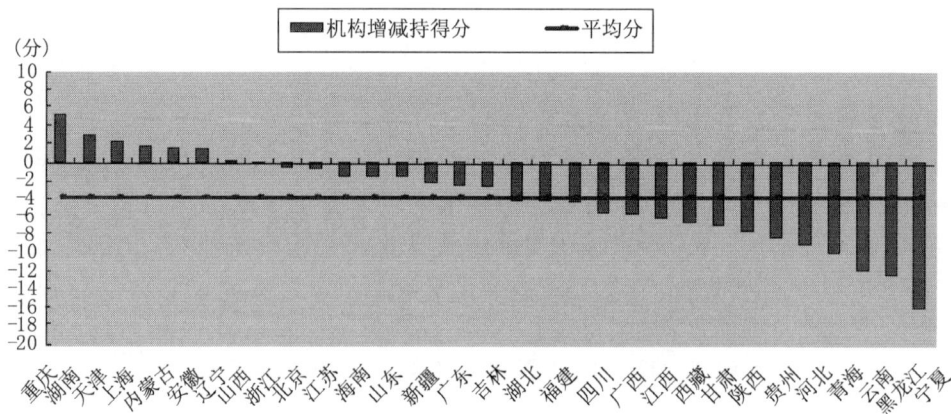

图4-22 2012年度全国31省（区、市）机构增减持得分

第五章

2012 年度市值管理绩效评价：
所有制分析

根据实际控制人性质的不同，本章将 A 股市场上市公司分为国有企业、民营企业和外资企业。其中国有企业又分为以国务院国资委和财政部直接控股的大型央企与地方国有企业。2012 年度共有 1952 家各所有制 A 股上市公司被纳入市值管理绩效评价，在剔除了其中 40 家无实际控制人的上市公司进行所有制上市公司分析比较。

2012 年度，各所有制 A 股上市公司市值管理综合绩效水平均都出现了较大幅度下降，平均综合绩效水平较 2011 年度下降 9.08%；外资控股综合绩效得分依然排名首位，但较 2011 年度下降幅度最大，达 13.78%，其在价值创造、价值实现能力和市场溢价各方面的优势在逐渐缩小；民营企业上市公司数量增幅最大，但在主要指标方面的表现仍然不尽如人意，许多重要指标排名垫底。

价值创造方面，各所有制上市公司综合绩效都有所整体下降，外资控股企业延续了2011 年度在成长价值方面的较差表现，价值创造综合绩效已经由 2011 年度的第一位下滑到第二位，地方国企已经超过外资控股企业，排名价值创造综合绩效首位；地方国企和央企在成长价值方面的优势，弥补了基础价值上的得分较低的不足，价值创造综合绩效得分较高。民营企业价值创造绩效最差。但是总体上，2012 年度，各所有制上市公司价值创造综合绩效差距在缩小。

价值实现方面，各所有制上市公司都出现了大幅下滑。其中外资控股下滑幅度最大，达到 31.42%，央企价值实现综合绩效下滑最少，但也达到了 21.23%。在市场溢价方面，央企有多家企业确立了行业龙头地位，并进入沪深 300 指数，在公司治理和投资者关系方面也表现优异，市场溢价能力较强；民营企业在股权激励方面表现较为活跃，受到机构投资者的青睐，在 2012 年度整个 A 股市场大幅减持的情况下，民营企业被减持比例最少，绩效得分最高，但在其他溢价因素方面表现较弱，溢价能力不强。

一、总况：各所有制综合绩效下滑明显

2012 年度各所有制 A 股上市公司市值管理综合绩效评价结果显示：整体上，2012 年度各所有制上市公司市值管理综合绩效水平都出现了较大幅度的下降，总体平均绩效水平较 2011 年度下降 9.08%；外资控股平均绩效下降幅度最大，达 13.78%；央企和民营企业居于第二、第三位；地方国企下滑幅度最少，但也达到了 7.73%；在 2011 年度整个 A 股

市场出现大幅回调的情况下，各所有制上市公司市值管理综合绩效下滑不可避免。

1. 所有制结构：上市民营企业数量增幅较大，占A股上市公司半壁江山

数据表明（表5-1）：2012年度，可以纳入市值管理绩效评价体系的A股上市公司样本数量从1655家上升到1952家，新增加297家；其中上市民营企业数量增幅最大，从2011年度的730家增加到2012年度的1024家，新增加294家，公司总数已经占据了所有A股上市公司数量的半壁江山；其他各所有制上市公司数量基本保持原有水平，变化不大。

表5-1　　　　　　　　　　2012年度各所有制上市公司市值管理综合绩效排名

所有制	家数	占比（%）	绩效总分	总排名	价值创造		价值实现		溢价因素		价值关联度	
					得分	排名	得分	排名	得分	排名	得分	排名
外资控股	10	0.51	42.33	1	41.66	2	34.2	1	8.55	2	76.49	2
央企	298	15.27	41.19	2	41.63	3	32.93	2	10.61	1	72.34	4
地方国企	580	29.71	40.58	3	42.49	1	29.61	3	8.02	3	75.94	3
民营企业	1024	52.46	39.31	4	40.93	4	27.47	4	6.48	4	76.96	1
A股平均	1952	100.00	40.14		41.7		29.17		7.78		75.93	

2. 市值管理综合绩效：整体下滑明显

通过比较2012年度各所有制上市公司市值管理综合绩效（图5-1，图5-2），各所有制A股上市公司市值管理综合绩效水平都出现了较大幅度下滑，平均综合绩效水平较上年度下降9.08%；外资控股上市公司市值管理综合绩效得分42.33分，依然占据首位，但外资控股综合绩效下降幅度最大，达到13.78%，其领先幅度不大，优势已经明显缩小；地方国企综合绩效下滑幅度最少，但也达到7.73%，央企、地方国企分别以41.19分、40.58分占据第二、第三位；央企和民营企业分别下滑8.02%和10.18%。

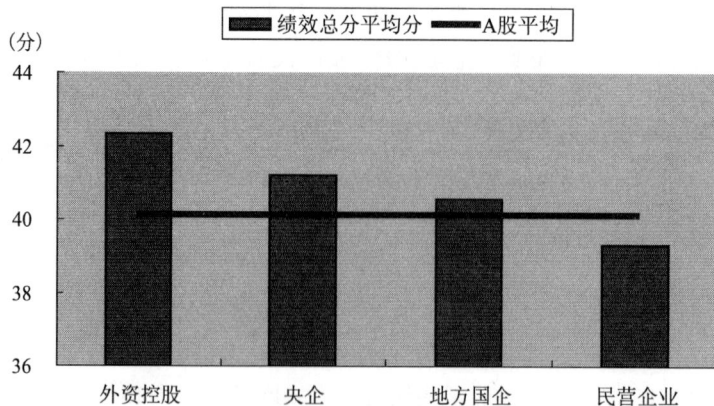

图5-1　2012年度不同所有制上市公司市值管理综合绩效比较

外资控股、央企和地方国企的市值管理综合绩效均高于 A 股平均水平；虽然 2012 年度民营企业上市公司数量大幅增加，但是民营企业综合绩效只得到 39.31 分，仍然低于 A 股平均水平，排名最后。

3. 外企优势明显缩小，民营企业仍然低于平均水平

从各所有制上市公司 7 年市值管理综合绩效变化趋势图（图 5 - 2）上看出，在前两个年度大幅领先后，2012 年度外资控股的市值管理综合绩效下滑较大，优势明显缩小；央企和地方国企综合绩效表现较为平稳；民营企业市值管理综合绩效仍然低于平均水平。

通过比较表 5 - 1 发现，民营企业在价值创造、价值实现和溢价因素三个方面得分都大大低于 A 股上市公司平均水平，排名都在最后。虽然民营企业上市公司数量上增幅很大，已经占据 A 股上市公司数量的半壁江山，但是其上市公司质量却参差不齐，总体上股本较小，市值规模大部分在百亿元以下，公司主业盈利能力不强，没有确立行业龙头地位，并且市值管理意识和投资者关系管理意识较为薄弱，造成其综合绩效低于平均水平。

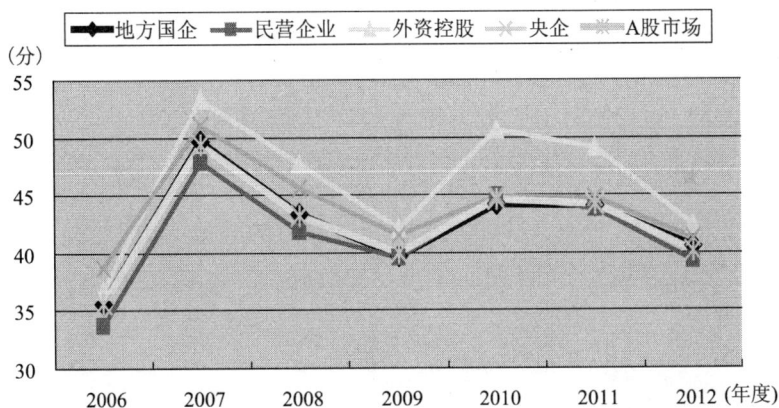

图 5 - 2　各所有制上市公司近 7 个年度市值管理综合绩效变化趋势

二、价值创造：地方国企表现优异

2012 年度，各所有制 A 股上市公司的价值创造综合绩效都出现了不同程度的下降，地方国企表现相对较好，超过 2011 年度排名第一的外资控股企业，获得榜首位置；民营企业依然排名最后，但各所有制综合绩效差距总体上在缩小。

1. 价值创造综合绩效：地方国企折桂，总体差距缩小

2012年度，各所有制A股上市公司价值创造综合绩效平均得分为41.70分，较2011年度下降4.16%（表5-2）。地方国企表现优异，获得42.49分，摘得桂冠；2011年度得分最高的外资控股企业综合得分41.66分，占据第二的位置；央企和民营企业继续排名后两位。外资控股上市公司的价值创造综合绩效下滑最严重，达到8.70%；其次是民营企业，下降5.34%；总体趋势上来看，各所有制企业的价值创造综合绩效差距在缩小（图5-3）。

表5-2 　　　　　　　　2012年度各所有制上市公司价值创造综合绩效排名

所有制	家数	占比（%）	价值创造得分	排名	基础价值得分	排名	成长价值得分	排名
地方国企	580	29.71	42.49	1	43.59	3	40.85	1
外资控股	10	0.51	41.66	2	44.5	1	37.4	3
央企	298	15.27	41.63	3	42.45	4	40.38	2
民营企业	1024	52.46	40.93	4	44.23	2	35.98	4
A股市场	1952	100.00	41.7		43.96		38.3	

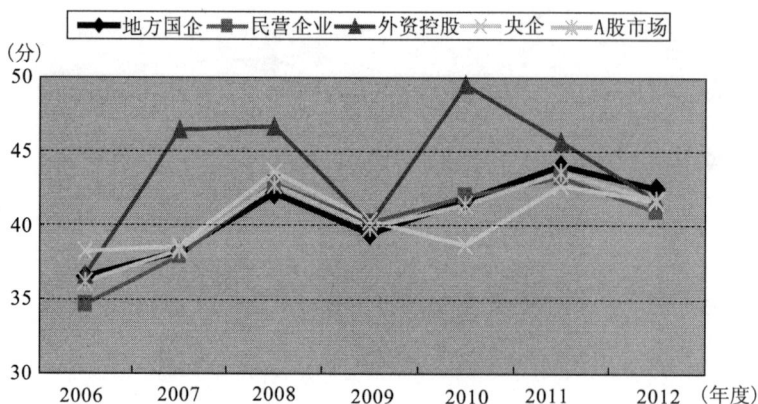

图5-3　各所有制上市公司近7个年度价值创造综合绩效变化趋势

2. 基础价值绩效：外资控股依然占据首位，央企继续垫底

2012年度基础价值综合绩效方面（图5-4），外资控股在每股收益、净资产收益率、营业利润和资本效率各个考核指标上都有不错表现，以44.5分继续保持第一名；民营企业以44.23分继续排名第二，与外资控股的差距不大；地方国企和央企基础价值

综合绩效依旧低于平均水平，排名第三、第四位。

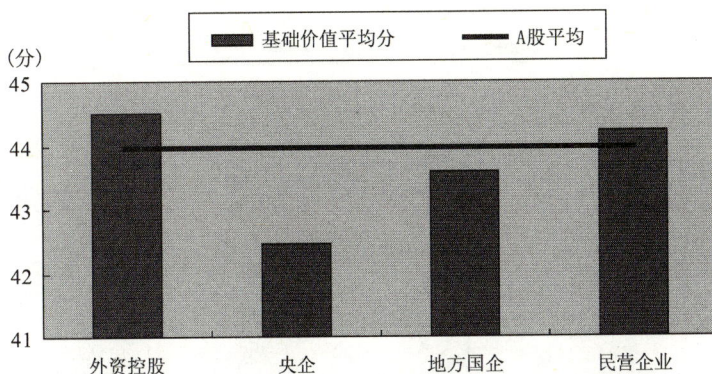

图5－4　2012年度各所有制上市公司基础价值综合绩效排名

从各所有制上市公司7年基础价值综合绩效变化趋势图（图5－5）可以看出，虽然外资控股企业基础价值综合绩效还是排在首位，但是其基础价值较上年度下滑了近8.07%，优势几乎已经丧失殆尽；民营企业基础综合绩效变化不大，而排名后两位的地方国企和央企较上年度反而分别增长了3.02%和1.01%。从各所有制上市公司近7个年度基础价值综合绩效趋势来看，各所有制上市公司基础价值综合绩效有趋同趋势。

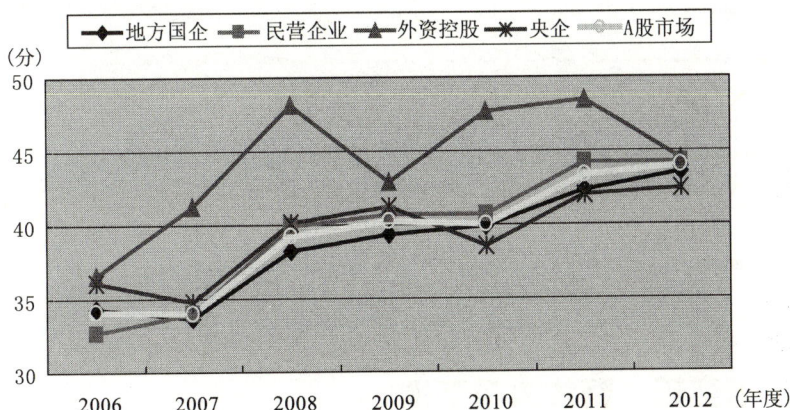

图5－5　各所有制上市公司近7个年度基础价值综合绩效变化趋势

3. 成长价值：央企和地方国企表现较好

成长价值综合绩效方面（图5－6，图5－7），2012年度，各所有制上市公司得分都出现了不同程度的大幅下滑，平均综合绩效较上年度下降12.41%；其中民营企业下滑最严重，只得到35.98分，较2011年度的41.下滑13.77%，成长价值综合绩效排在末尾；由于净资产收益率增长率和每股收益增长率及经济增加值增长率上的表现较好，地方国企和央企在成长价值综合绩效得分上占据了前两位；外资控股成长性依旧不好，

排名第三；外资控股和民营企业成长价值绩效依旧低于平均水平。

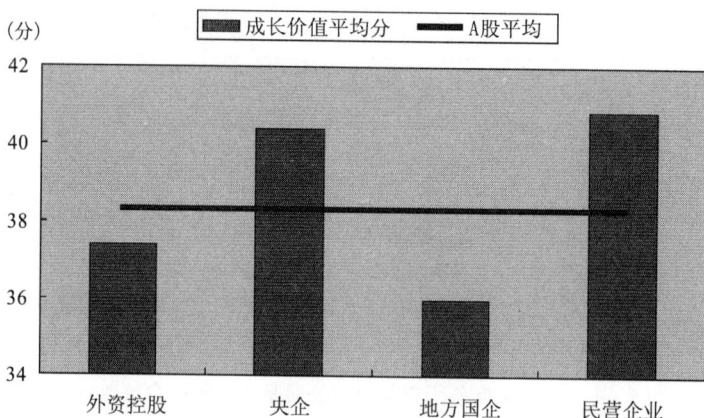

图5-6　2012年度各所有制上市公司成长价值综合绩效排名

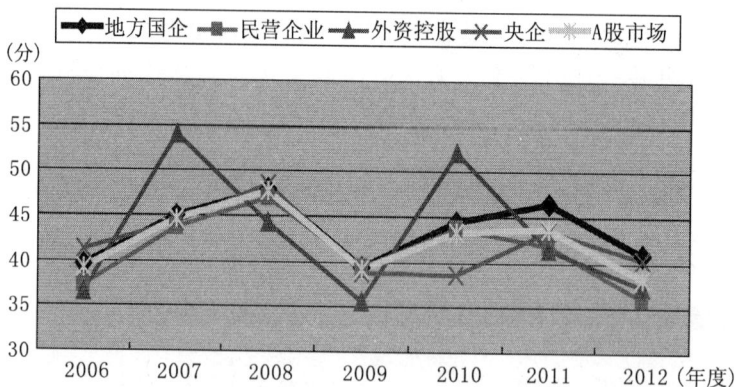

图5-7　各所有制上市公司近7个年度成长价值综合绩效变化趋势

三、价值实现：整体大幅下滑

价值实现方面（表5-3），2012年度，各所有制上市公司综合绩效均出现了大幅下滑，A股上市公司价值实现平均综合绩效下滑了24.65%，其中外资控股下滑幅度最大，达到31.42%，央企价值实现综合绩效下滑最少，但也达到了21.23%；虽然下滑明显，外资控股的价值实现综合绩效得分仍然排名榜首，民营企业排在最后一位。这主要是因为由于外资控股企业综合实力较强，市值规模较大，总资产溢价能力较强，导致外资企业在总市值和托宾Q方面得分较高，而大多数的民营企业在这些方面显然处于弱势地位（图5-8、图5-9）。

表5－3 2012 年度各所有制上市公司价值实现综合绩效比较

所有制	价值实现得分	排名	总市值		总市值增长率		托宾 Q	
			得分	排名	得分	排名	得分	排名
外资控股	34.2	1	49.84	1	14.58	4	42.15	2
央企	32.93	2	49.03	2	16.34	3	33.93	3
地方国企	29.61	3	41.37	3	16.63	1	32.02	4
民营企业	27.47	4	27.7	4	16.52	2	48.91	1
A 股平均	29.17		43.52		16.55		41.14	

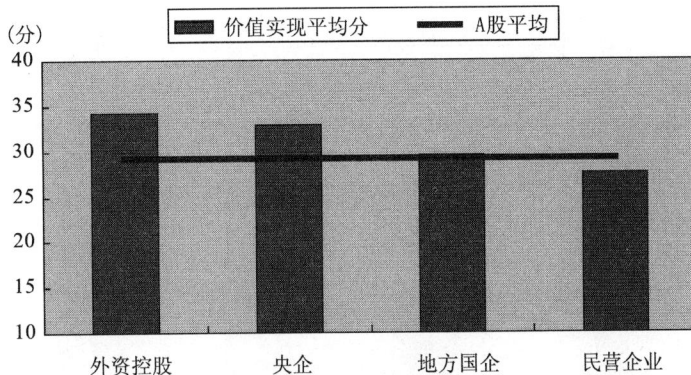

图5－8 2012 年度各所有制上市公司价值实现综合绩效比较

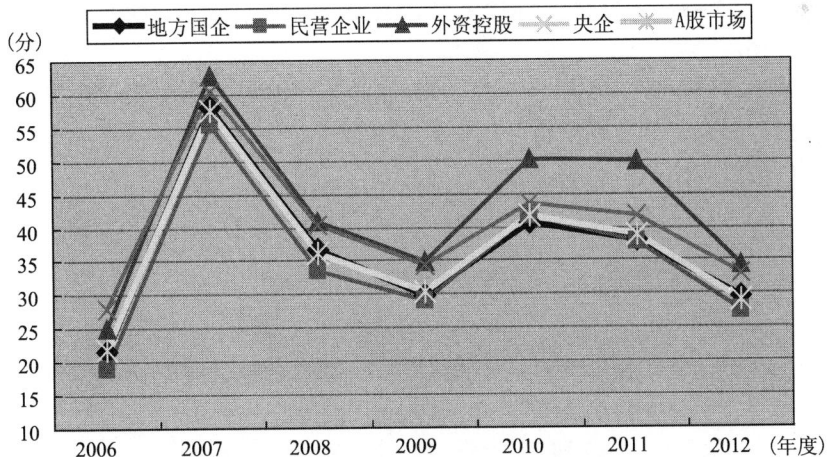

图5－9 不同所有制上市公司近7个年度价值实现综合绩效变化趋势

四、价值关联度：民营企业依然最佳

2012 年度，民营企业价值关联度得分最高，连续 4 年折桂，而央企的价值关联度

得分继续垫底。

一般来说，价值关联度反映价值创造和价值实现的匹配程度，两者间越匹配，上市公司的价值实现就越能真实的反映价值创造能力。

由图5-10可知，2012年度，由于A股市值大幅下降，各所有制上市公司的溢价空间均受到挤压，民营企业、外资控股和地方国企上市公司的价值关联度比较接近，只有央企上市公司价值关联度得分远远低于A股市场平均分。尽管民营企业的价值创造能力和价值实现能力较弱，但其价值实现能力与价值创造能力最为匹配，价值实现能力如实反映了价值创造能力。央企价值创造能力不足，导致其价值实现与价值创造不相匹配，2012年度排名末位。

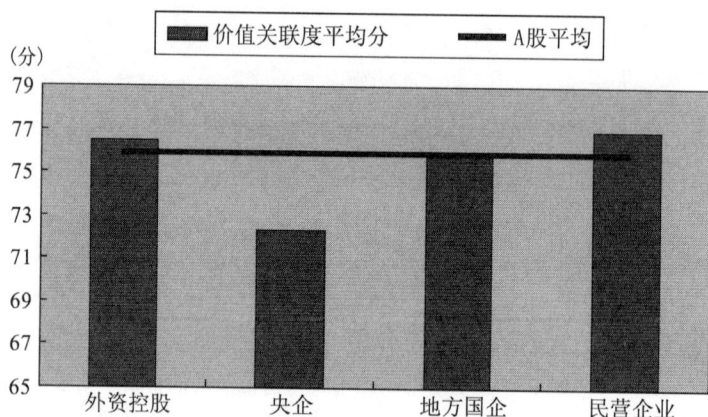

图5-10　2012年度不同所有制上市公司价值关联度综合绩效排名

各所有制上市公司近7个年度价值关联度综合绩效变化趋势图显示（图5-11），民营企业和地方国企价值关联度得分趋势较为平稳，关联度较高；外资企业价值关联度有所上升，价值得到回归，央企继续在低位徘徊。

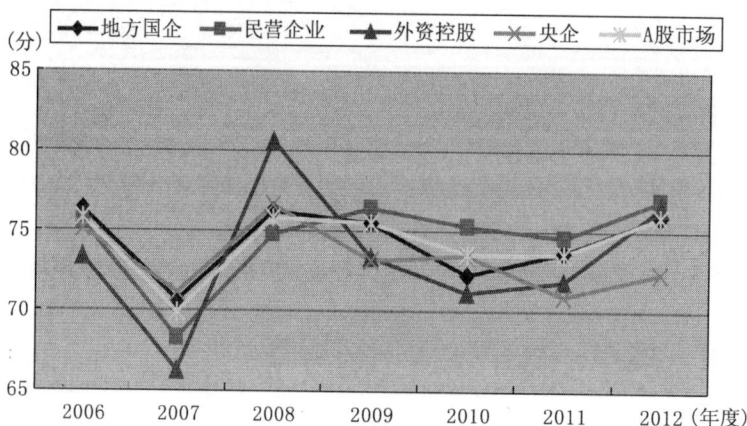

图5-11　各所有制上市公司近7个年度价值关联度综合绩效变化趋势

五、市场溢价因素：央企居榜首

2012 年度各所有制上市公司市场溢价因素综合绩效得分排名见表 5-4，央企和外企排名第一、第二位，而地方国企和民营企业则排名第三、第四位。

表 5-4   2012 年度各所有制上市公司市场溢价因素综合绩效排名

所有制	溢价因素得分	排名	金牌董秘		公司治理		股权激励		沪深300		行业龙头		机构增减持	
			得分	排名	得分	排名	得分	排名	得分	排名	得分	排名	得分	排名
央企	10.61	1	15.23	1	32.89	1	4.65	3	33.22	1	14.12	1	-3.28	2
外资控股	8.55	2	14	3	10.9	3	20.8	1	20.8	2	1	3	-1.8	4
地方国企	8.02	3	14.73	2	22.65	2	3.73	4	19.43	3	9.66	2	-4.26	3
民营企业	6.48	4	10.32	4	5.42	4	19.27	2	6.60	4	3.85	4	-0.22	1
A股平均			12.88		15.33		12.46		15.56		7.31		-1.99	

综合来看，央企和外资控股上市公司的公司治理和投资者关系管理水平较高，成为沪深 300 指数的成分股较多，多为行业龙头企业，深受投资者关注，其市场溢价能力较强。与此相反，民营企业由于数量较多，发展环境和背景各有不同，在公司治理、投资者关系管理等方面管理水平参差不齐，市场溢价程度偏低，不利于企业的成长。

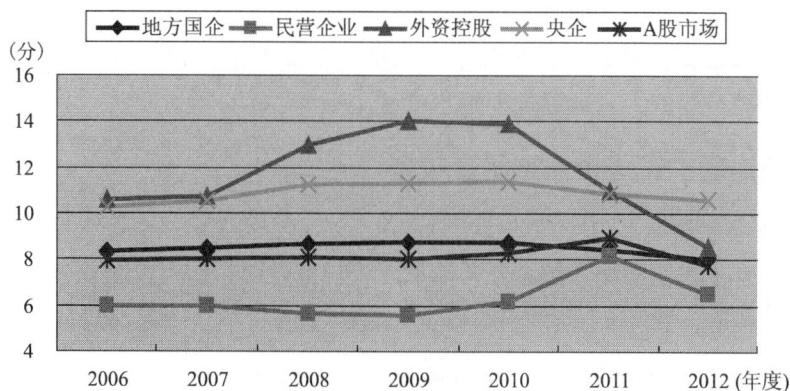

图 5-12   各所有制上市公司近 7 个年度市场溢价因素综合绩效变化趋势

由各所有制上市公司近 7 个年度市场溢价因素综合绩效变化趋势显示（见图 5-12），各所有制上市公司历年的得分都比较平稳，但是外资企业在最近两个年度出现大幅下滑，已经由遥遥领先的第一位下滑到第二位，落后央企；民营企业在 2011 年度出现大幅上升之后再次回落。

1. 金牌董秘：央企夺魁

2012 年度央企金牌董秘得分第一，地方国企和外资控股金牌董秘得分排名第二、三位，民营企业排名垫底（图 5 - 13）。

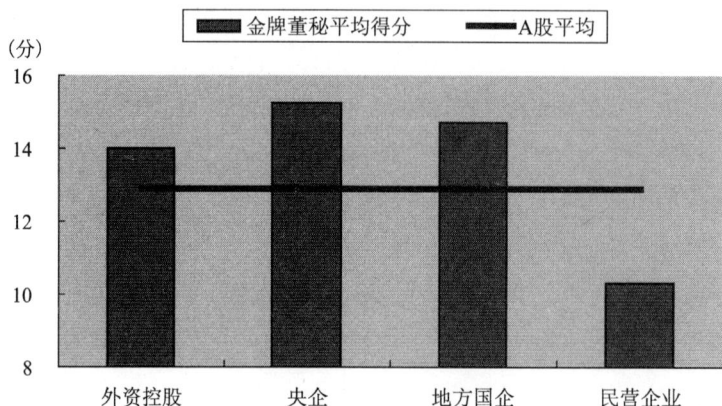

图 5 - 13 2012 年度各所有制上市公司金牌董秘得分比较

央企上市公司有 33 家企业拥有金牌董秘，占全部 A 股上市公司 133 个金牌董秘数量的 24.8%，地方国企表现也不错，有 43 家企业拥有金牌董秘，占金牌总数量的 32.3%，但是地方国企上市公司数量基数较大，影响其排名。这表明央企上市公司投资者关系较好，能与投资者进行良好的互动，增强公司的诚信表现，提高公司的价值表现，降低公司的融资成本，使公司更多的获得市场溢价能力。外资企业数量较少，有两家企业拥有优秀董秘，得分不具备典型性。民营企业上市公司数量较多，水平参差不齐，金牌董秘得分垫底，且远远低于平均水平。

2. 公司治理：民营企业透明度较差

2012 年度各所有制上市公司公司治理得分上，央企以 32.89 分排名第一，地方国企紧随其后。总体上央企和地方国企公司治理比较规范透明，而民营企业公司治理结构不完整，透明度较差（图 5 - 14）。

3. 股权激励：民营企业、外资控股表现活跃

股权激励是一种通过经营者获得公司股权形式给予企业经营者一定的经济权利，使他们能够以股东的身份参与企业决策、分享利润、承担风险，从而勤勉尽责地为公司的长期发展服务的一种激励方法。

2012 年度，外资控股、民营企业上市公司股权激励表现活跃，绩效得分较高，央企、地方国企得分差距较大（图 5 - 15）。2012 年度，民营企业有 189 家企业实施了股权激励，占所有 218 家实施股权激励的上市企业的 86.7%，10 家外资控股企业中也有 2

家企业实施了股权激励。央企和地方国企实施股权激励动力不足，其数量总和只占2012年度总数量的12%左右。

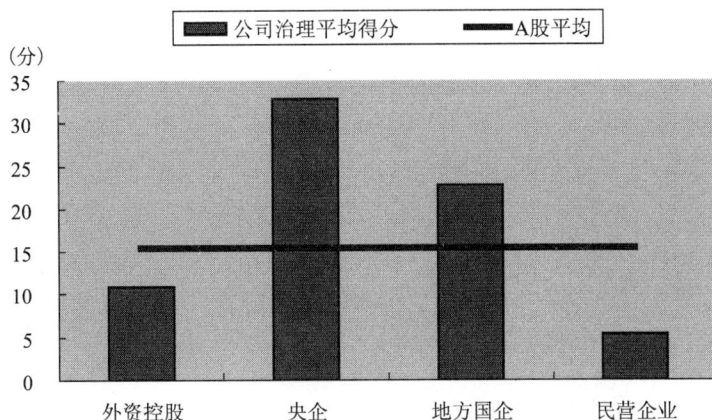

图5-14　2012年度不同所有制上市公司公司治理得分比较

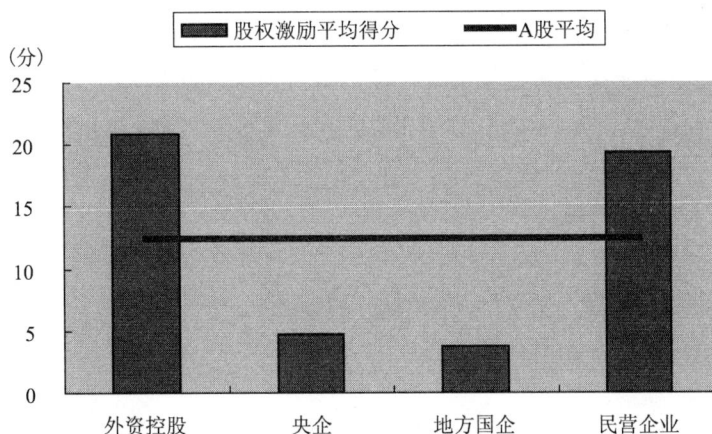

图5-15　2012年度不同所有制上市公司股权激励得分比较

4. 沪深300：央企依旧占优

沪深300指数剔除了ST股票、股价波动异常或者有重大违规行为的公司股票，集中了一批质地较好的公司。这些公司的净利润总额占市场净利润总额的比例达到83.55%，平均市盈率和市净率水平低于市场整体水平，是市场中主流投资的目标。因此，沪深300指数能够反映沪深市场主流投资的动向。入选沪深300指数，无疑为上市公司带来更高的市场溢价能力。

2012年度，入选沪深300指数绩效得分方面，央企排在第一，外资控股企业紧随其后，地方国企位列第三位，民营企业排在最后一位（图5-16）。在规模上，央企有97

家，外企有2家，国企有108家，民营企业有58家进入沪深300指数，民营企业上市公司数量最多，入选沪深300指数的公司数量却最少，说明民营企业上市公司的质量需要提升。

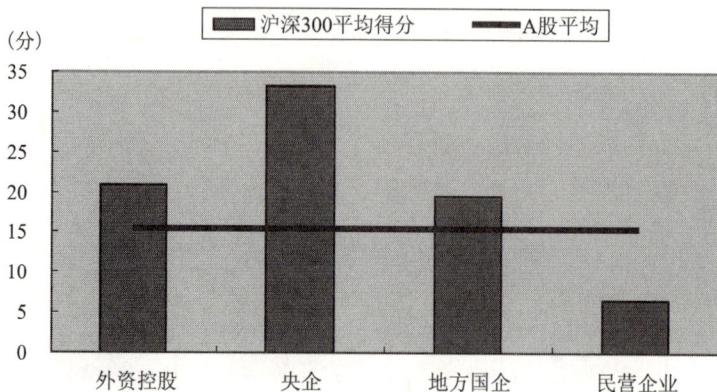

图5-16　2012年度各所有制上市公司沪深300得分比较

5. 行业龙头：央企优势明显

上市公司的行业龙头是最受投资者青睐的投资对象。2012年度，央企共有29家上市公司成为行业龙头，16家优秀企业；地方国企有35家行业龙头企业，24家优秀企业；民营企业有15家行业龙头企业，22家优秀企业。

从综合占比得分来看，2012年度各所有制上市公司行业龙头得分比较（图5-17），央企得分最高，其次是地方国企和民营企业，外资控股排名最后。央企和国企的优势地位难以撼动。

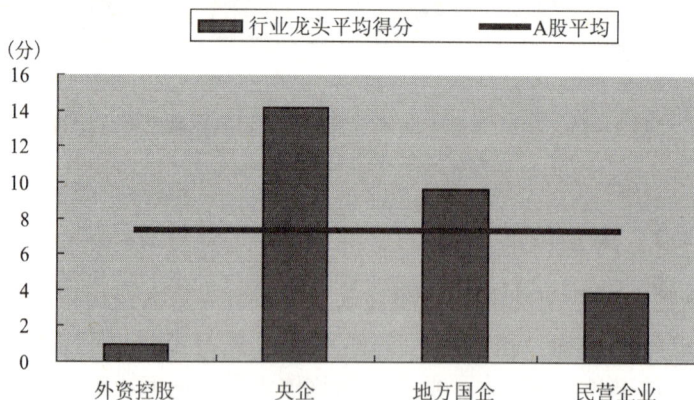

图5-17　2012年度各所有制上市公司行业龙头得分比较

6. 机构增减持：地方国企得分最低

从机构增减持情况来看（图 5 - 18），受到市场大环境的影响，2012 年度各所有制上市公司均受到机构的减持，绩效得分均为负数。总体来看，2012 年度，民营企业得分较高，有 363 家机构增持，418 家减持；外资控股得分排名第二，出现 3 家增持，5家减持；而央企和国企遭到减持最多。央企排名第三，99 家增持，134 家减持；地方国企得分最低，155 家增持，282 家减持，减持较为严重。

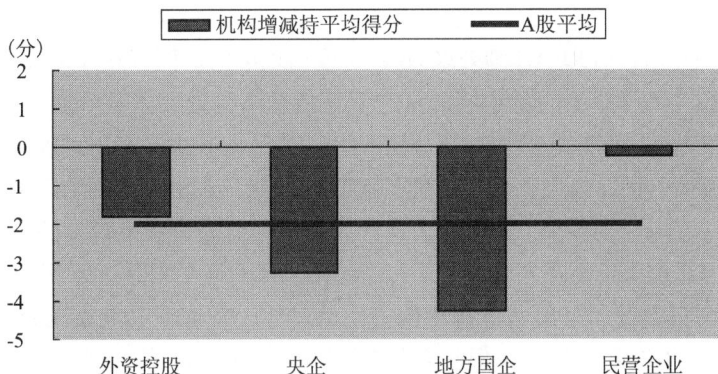

图 5 - 18　2012 年度各所有制上市公司机构增减持得分比较

第六章

2011 年度市值管理绩效评价：
国资委分析

  2012 年度国资市值管理整体绩效较 2011 年度出现下滑。国资总体绩效平均分为 41.56 分，逊色于 2011 年度 43.79 分的成绩。从市值管理总体绩效，以及价值创造、价值实现、价值关联度与市场溢价因素各项指标评分情况可以看出，下辖上市公司数量较少国资委市值管理绩效普遍处于最好与最差两端，如排名第一、第三位和末位的新疆维吾尔自治区、海南省和黑龙江省国资委各有 1 家上市公司；而下辖上市公司数量较多的国资委，如国务院、北京市、上海市国资委在各项评分中得分总体基本处于中等偏下水平。

  从国务院国资委及北京市、上海市国资委的具体比较来看，北京国资委市值管理绩效最好，较 2011 年度降幅最小，但排名从 2011 年度的第 11 位上升至 2012 年度的第 8 位。各项指标均名列前茅。深究国务院国资委及上海市国资委表现相对不佳的原因，我们可以发现二者价值创造得分排名均靠后，说明该区域国资委下辖上市公司价值创造乏力，整体创造利润能力有待提高。

一、总体表现：综合管理绩效略有下降

  2012 年度各省（自治区、直辖市）30 家（注：本书仅选取 30 家地方国资委作为样本）国资委市值管理综合绩效较 2011 年度得分下降。其中河南省国资委首次摘得市值管理总绩效得分桂冠，并较 2011 年度排名上升了 12 位，表现最为抢眼。海南省、新疆维吾尔自治区、西藏自治区、湖北省等"小级别"国资委绩效得分受个别上市公司影响较为显著，黑龙江省、吉林省、辽宁省等老工业基地表现不尽如人意。从 7 个年度表现来看，各地国资委也都呈现出小幅震荡的趋势，"大级别"国资波动较小。

1. 河南省国资委首次夺冠

  纵观 2012 年度市值管理总体绩效（表 6 - 1），河南省国资委以 52.12 分成绩首次摘得桂冠，较以 50.96 分居其次的新疆维吾尔自治区国资委仅高出 1.16 分；此外海南省国资委以 0.06 分的微小差距紧随其后列第三位，外加山西省国资委 50.63 的得分，总共有 4 家国资委是在此次评价中得分在 50 分以上的国资委。其中，山西省国资委下辖 10 家上市公司，取得如此好成绩实属不易。

  小级别国资绩效受个别上市公司影响显著。此次总体绩效评价得分在 35 分以下的

国资委共有 3 家，分别为吉林省国资委 31.12 分、湖北省国资委 30.67 分、黑龙江省国资委 29.12 分，位居全部国资委的倒数 3 名；究其原因，这些地方国资委下辖均不超过 3 家上市公司，单家上市公司总体绩效不佳，大大影响了该地区国资委总体绩效的得分排名。

海南省国资进步最快。2012 年度总体绩效评价结果与 2011 年度总体绩效评价结果相比，进步最快的当属海南省国资委，从 2011 年度的第 16 位跃升至 2012 年度的第 3 位，上升幅度达 13 位之多。河南省国资委和湖南省国资委紧随其后，较 2011 年度上升幅度分别为 12 位和 10 位。而西藏自治区国资委、云南省国资委和河北省国资委却成了落后最多的国资委，落后名次分别达 15 位、9 位、6 位之多。广西国资委曾在 2007 年度和 2010 年度排名榜首，而 2012 年度得分仅 40.38 分，在所有参与此次评价的 30 家国资委中总体绩效得分列第 17 位。

表 6-1　　　　　　2012 年度国资委控股公司市值管理综合绩效排名

国资委	下辖公司家数	绩效总分	排名	价值创造		价值实现		价值关联		溢价因素	
				得分	排名	得分	排名	得分	排名	得分	排名
河南省国资委	5	52.12	1	50.66	5	44.34	1	90.70	1	10.40	15
新疆维吾尔自治区国资委	1	50.96	2	48.19	10	40.59	5	89.62	2	23.41	2
海南省国资委	1	50.90	3	57.14	1	36.67	6	85.50	3	19.88	3
山西省国资委	10	50.63	4	49.36	6	42.82	3	85.01	4	16.95	6
陕西省国资委	6	48.35	5	51.76	4	41.83	4	76.10	12	8.70	20
贵州省国资委	4	45.89	6	52.64	3	31.68	18	81.67	7	10.86	13
安徽省国资委	13	45.52	7	46.59	12	9.48	30	23.63	30	18.18	5
北京市国资委	13	45.40	8	48.53	8	36.17	7	75.42	13	12.91	10
山东省国资委	16	45.18	9	48.89	7	32.31	14	81.99	6	11.87	12
湖南省国资委	10	43.92	10	46.70	11	31.70	17	82.51	5	7.30	21
江西省国资委	5	43.37	11	53.86	2	31.83	16	68.04	22	8.75	19
广东省国资委	8	42.44	12	40.59	19	34.63	9	76.72	10	10.61	14
浙江省国资委	6	42.10	13	48.28	9	31.22	20	72.73	18	5.83	23
上海市国资委	33	41.69	14	41.54	18	33.90	11	73.50	15	9.72	16
河北省国资委	5	40.69	15	37.13	24	34.59	10	68.86	21	19.44	4
青海省国资委	5	40.61	16	44.02	14	32.41	13	65.59	26	13.23	9
广西壮族自治区国资委	3	40.38	17	39.17	21	31.46	19	72.90	17	14.66	7
国务院国资委	125	40.25	18	39.63	20	33.45	12	68.93	20	11.96	11
云南省国资委	10	39.81	19	36.56	26	32.05	15	73.13	16	13.96	8
甘肃省国资委	5	39.14	20	37.80	23	34.42	10	65.76	25	8.79	18
天津市国资委	9	39.11	21	41.96	17	26.98	24	76.22	11	4.90	27

续表

国资委	下辖公司家数	绩效总分	排名	价值创造		价值实现		价值关联		溢价因素	
				得分	排名	得分	排名	得分	排名	得分	排名
四川省国资委	4	39.08	22	44.36	13	29.55	21	66.84	23	5.83	24
辽宁省国资委	5	38.78	23	42.35	16	28.02	23	71.82	19	5.05	26
江苏省国资委	7	38.60	24	38.51	22	25.37	26	79.70	8	9.61	17
重庆市国资委	7	38.08	25	36.72	25	26.77	25	78.95	9	5.65	25
福建省国资委	9	36.89	26	43.27	15	25.28	27	66.05	24	5.88	22
西藏自治区国资委	2	35.85	27	32.25	28	44.19	2	42.34	29	0.28	30
吉林省国资委	2	31.12	28	28.20	30	28.08	22	44.94	28	24.45	1
湖北省国资委	3	30.67	29	34.72	27	22.53	28	54.48	27	3.49	28
黑龙江省国资委	1	29.12	30	32.15	29	11.13	29	74.96	14	0.32	29

老工业基地省份表现较差。2012 年度市值管理绩效平均分 41.56 分，略低于 2011 年度 43.79 分的平均分，预示参与此次评价的 30 家国资委市值管理绩效有不同程度的下降。以 52.12 分的优异成绩摘得 2012 年度桂冠的河南省国资委超出平均分 25.41%，而居于末位的黑龙江省国资委较国资委平均分低 29.93%。值得注意的是，2012 年度仅有 14 家国资委得分超出平均分，占所有参与评价国资委家数的 46.67%，而居于平均分之下的 18 家国资委中，不乏浙江省、江苏省、福建省等经济强省（图 6 - 1）。

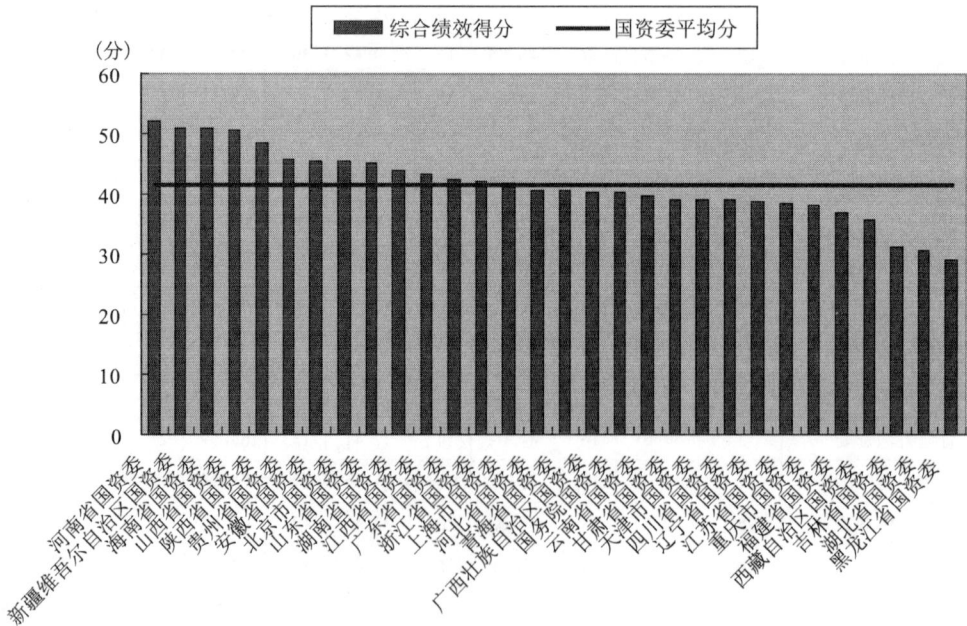

图 6 - 1　2012 年度国资委控股上市公司市值管理综合绩效比较

国务院国资委绩效位居中下。在此次评价中，国务院国资委、北京市国资委、上海市国资委分别以40.25分、45.40分、41.69分的成绩在总体绩效排名列居第18、第8、第14位。其中北京市国资委表现最优，相比2011年度进步最快，提升3位，而2011年度表现较好的上海市国资委2012年度排名却下降6位。这3家国资委在所有参评的30家国资委中综合绩效位列中游位置，说明其下辖上市央企、大型国企市值管理绩效总体良好，这也与3家国资委对市值管理的重视程度有着密切联系。

2. 大级别国资绩效波动较小

从总体绩效得分7个年度走势来看（图6-2），各地国资委也都呈现出小幅震荡的发展趋势，其得分情况也大多在2007年度达到顶峰，又在2009年度降到谷底，并于2010~2011年度触底反弹，2012年度则又有所回落。

以2012年度总体绩效排名第一的河南省国资委为例（下辖5家上市公司），其总体绩效得分在2007年度曾一度达到近7个年度的顶点54.56分，而受金融危机影响，在2009年度又急剧下降至41.35分，2011年度及2012年度总体绩效发展趋势则是稳中有升。国务院国资委、北京市国资委、上海市国资委综合绩效得分除2012年度有所下降外，与其走势大致相同，由此可以见得，拥有较多上市公司的国资委总体绩效变化走势趋于缓和。

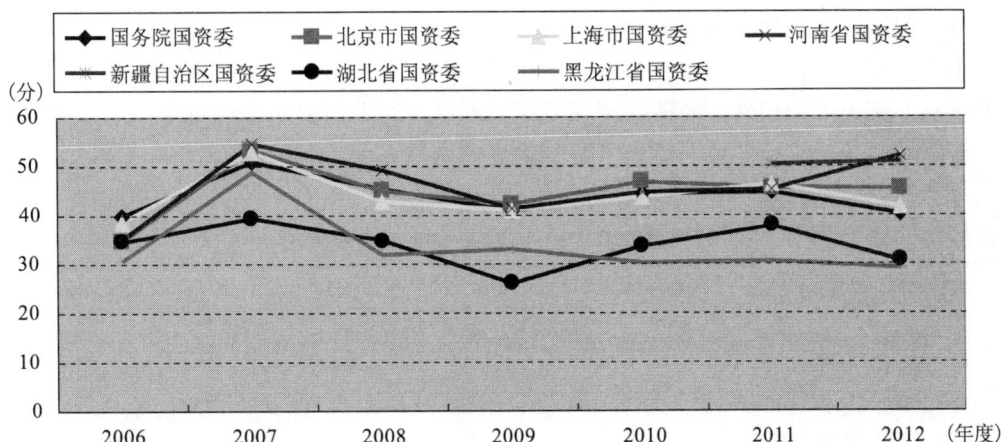

注：新疆维吾尔自治区国资委2006~2010年相关数据丢失，下同。

图6-2 国资委控股上市公司近7个年度市值管理综合绩效变化趋势

二、价值创造：中等级别省份优势明显

纵观2012年度市值管理绩效评价结果，30家国资委价值创造绩效较2011年度略有提高，平均分较2011年度高出0.29分，达43.12分。价值创造绩效评价中，中等级别省份优势更为明显，其中，海南省国资委受益于基础价值得分的一枝独秀，雄踞30家

国资委之首。另外，从价值创造得分7年趋势来看，各地国资委价值创造绩效受其下辖公司数量影响显著，规模越大者变化趋势较平稳。

1. 海南省、江西省、贵州省折桂前三

在2012年度价值创造绩效排行中，海南省国资委脱颖而出，以57.14分占据30家国资委排行榜之首。而2011年度以45.32分仅位列第10位的江西省国资委以53.86分的成绩紧随其后。贵州省国资委、陕西省国资委、河南省国资委分别居第三、第四和第五位，其得分依次为52.64分、51.76分和50.66分。以上5个国资委占据了价值创造得分50以上的全部席位。而西藏自治区、黑龙江省、吉林省国资委则以32.25分、32.15分、28.19分排名后3位（表6-2）。

基础价值得分独占鳌头造就海南省排名飙升。浙江省国资委基础价值得分高达57.92分，分列30家国资委第一位，加上成长价值得分也排名第三位，因此在价值创造得分排名中高居首位。而吉林省国资委则因其在基础价值及成长价值两项指标得分分别为27.98分和28.51分，分列倒数第一位和第二位，引致其价值创造绩效得分仅为28.19分，列居最后一名。

湖南省国资委进步最大。在参与本次市值管理绩效评价的30家国资委中，湖南省国资委进步最为显著，由2011年度的第27位提升至第11位；此外，河南省、天津省、辽宁省、四川省和福建省国资委进步幅度均均达10余位之上，表现喜人。而西藏自治区、黑龙江省、吉林省国资委在市值创造得分排名中分列倒数3位，除黑龙江省国资委旗下仅有1家上市公司外，另两家国资委旗下均有2家上市公司，可见单家上市公司价值创造绩效不佳，直接导致了该地区国资委价值创造绩效排名的落后。

表6-2　　　　　　　　　2012年度国资委控股公司价值创造绩效排名

国资委	下辖公司家数	价值创造		基础价值		成长价值	
		得分	排名	得分	排名	得分	排名
海南省国资委	1	57.14	1	57.92	1	55.97	3
江西省国资委	5	53.86	2	51.47	6	57.45	2
贵州省国资委	4	52.64	3	57.78	2	44.93	11
陕西省国资委	6	51.76	4	50.11	9	54.22	4
河南省国资委	5	50.66	5	54.21	4	45.34	9
山西省国资委	10	49.36	6	56.72	3	38.33	19
山东省国资委	16	48.89	7	52.72	5	43.15	14
北京市国资委	13	48.53	8	50.28	8	45.91	7
浙江省国资委	6	48.28	9	48.74	10	47.58	6
新疆维吾尔自治区国资委	1	48.19	10	41.74	19	57.85	1
湖南省国资委	8	46.7	11	45.18	13	48.99	5

续表

国资委	下辖公司家数	价值创造		基础价值		成长价值	
		得分	排名	得分	排名	得分	排名
安徽省国资委	13	46.59	12	51.33	7	39.48	18
四川省国资委	4	44.36	13	44.61	14	43.98	12
青海省国资委	5	44.02	14	45.92	12	41.16	16
福建省国资委	9	43.27	15	41.52	22	45.89	8
辽宁省国资委	5	42.35	16	41.54	21	43.57	13
天津市国资委	9	41.96	17	42.36	18	41.37	15
上海市国资委	33	41.54	18	42.39	17	40.27	17
广东省国资委	8	40.59	19	42.73	16	37.39	21
国务院国资委	125	39.63	20	40.65	23	38.1	20
广西壮族自治区国资委	3	39.17	21	47.55	11	26.6	30
江苏省国资委	7	38.51	22	43.16	15	31.55	26
甘肃省国资委	5	37.8	23	33	27	45	10
河北省国资委	5	37.13	24	41.73	20	30.24	27
重庆市国资委	7	36.72	25	37.16	25	36.07	23
云南省国资委	10	36.55	26	36.86	26	36.1	22
湖北省国资委	3	34.72	27	38.77	24	28.64	28
西藏自治区国资委	2	32.25	28	32.52	28	31.83	25
黑龙江省国资委	1	32.15	29	29.71	29	35.81	24
吉林省国资委	2	28.19	30	27.98	30	28.51	29

　　整体国资价值创造绩效有所上升。纳入2012年度市值管理绩效评价的30家国资委，价值创造绩效平均分为43.12分，较2011年度42.83分的平均分略高0.29分，由此可得，各地区国资委控股上市公司价值创造能力在稳步提升。以57.14分的成绩位居价值创造得分首位的海南省国资委较国资委平均分高出32.51%；而吉林省国资委价值创造得分仅28.19分，较国资委价值创造平均分低34.62%，各地方国资委价值创造得分差异较大（图6-3）。

　　以43.12分的国资委控股上市公司价值创造平均分为限，可将各地区国资委分为三组：海南省、江西省、贵州省、陕西省、河南省、山西省、山东省、北京市、浙江省、新疆维吾尔自治区、湖南省、安徽省、四川省、青海省和福建省国资委的价值创造得分均高于平均分；而辽宁省国资委价值创造得分在平均分附近徘徊；其余14家国资委得分则低于价值创造平均分，占30家国资委的46.67%。

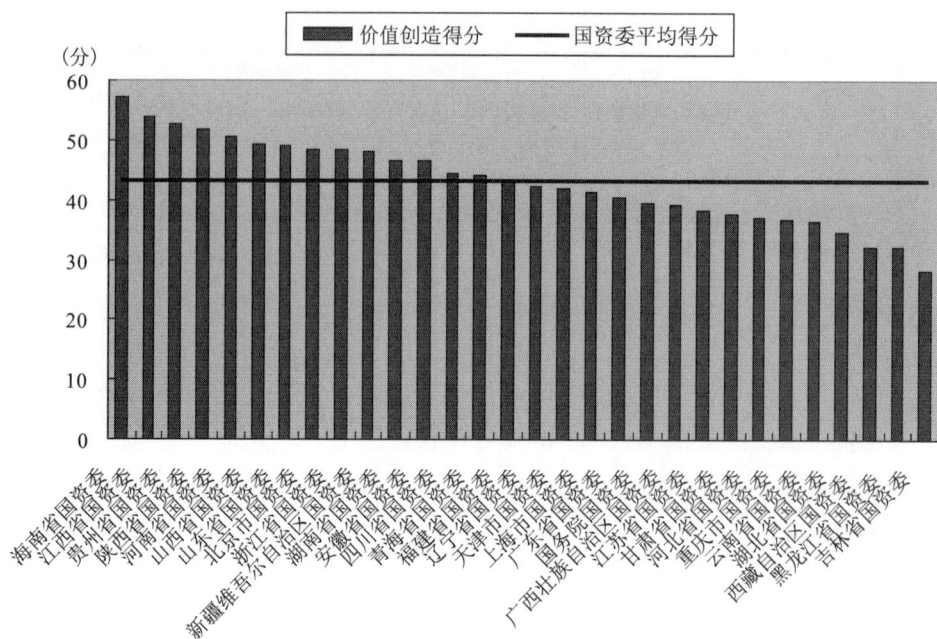

图6－3　2012年国资委控股上市公司价值创造绩效比较

2. 大小国资呈现不同特点

以价值创造得分7年趋势来看（图6－4），海南省国资委依然受下辖仅1家上市公司影响，起伏较大，连续4年呈上升趋势，由2006年度的排名垫底升至2012年度摘得桂冠；此外，北京市国资委在规模较大国资委中表现最为优异，以48.53分居30家国资委价值创造得分第八位，并且连续4年得分高于国务院国资委和上海市国资委。

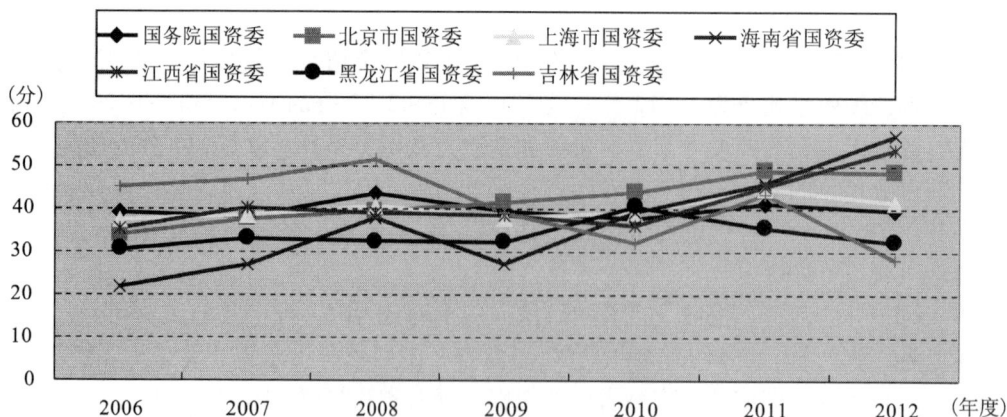

图6－4　国资委控股上市公司价值创造绩效变化趋势

各地国资委价值创造绩效受其下辖公司数量影响显著。具体呈现波动的特点：国务院国资委、北京市国资委、上海市国资委均拥有较多上市公司，其价值创造得分变化趋势趋于缓和，2006～2012年度平均振幅仅在15%左右；拥有较少上市公司的国资委，其绩效得分变化受单家上市公司得分的剧烈变化而波动较大，以2012年度价值创造绩效排名第一的海南省国资委为例（下辖1家上市公司），其价值创造绩效得分在2012年度达到57.14分的峰值，而2006年度得分仅21.90分，波动幅度高达110.23%。

3. 基础价值表现：整体表现提高，黑龙江省亟待加强

从2012年度国务院及全国各省（自治区、直辖市）国资委市值管理基础价值得分来看，海南省国资委以57.92分排名居首，贵州省、山西省位列第二、第三位，基础价值得分分别为57.78分、56.72分。相较于2011年度仅4家国资委得分超过50分，2012年度则有9家。黑龙江省和吉林省国资委得分均低于30分，分别为29.71分和27.98分，再加上得分32.51分的西藏自治区国资委分列倒数后3位（图6-5）。

2012年度市值管理绩效评价中，国资委基础价值平均分44.28分，高于2011年度39.55分的平均分，高出此平均分的共有14家国资委，占所有参与评价国资委家数的46.67%。此外，国务院、北京市、上海市国资委则分别以40.65分、50.28分和42.39分排名第23、第8、第17位，总体处于中等偏下水平，表现逊于2011年度，其中北京市国资委仍比其他两个国资委胜出较多。

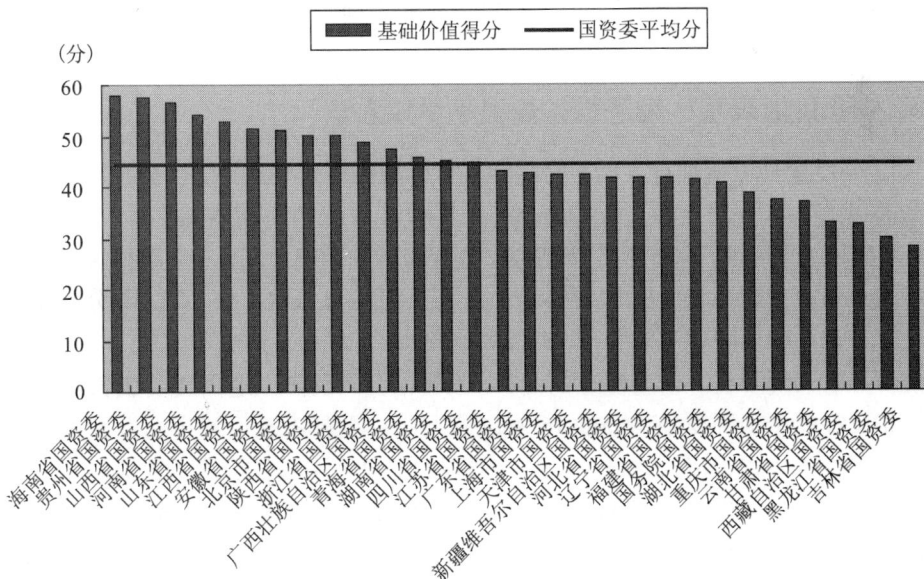

图6-5 2012年度国资委控股上市公司基础价值绩效比较

4. 基础价值变化：北京市、上海市连续 6 年得分上升

从基础价值得分 7 年趋势来看（图 6-6），北京市和上海市市国资委连续 6 年始终保持平稳上升的势头；而海南省和黑龙江省国资委基础价值得分也连续 4 年保持上升态势，其中海南省国资委更是节节攀升，2012 年度得分 57.92 分，夺得第一。而黑龙江省基础价值得分虽逐年平稳上升，但整体表现乏善可陈，已连续多年排名倒数。

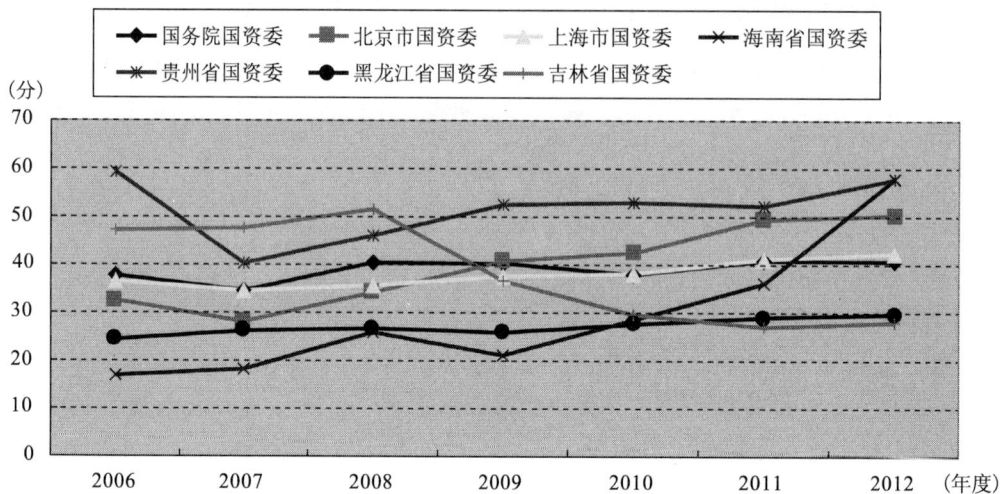

图 6-6　国资委控股上市公司基础价值绩效变化趋势

5. 成长价值表现：经济强省表现不尽如人意

2012 年度成长价值排行方面，新疆维吾尔自治区国资委以 57.85 分拔得头筹，江西省国资委以 57.45 分居次位，而以 1.48 分落后江西省的海南省排名第三位。三者较 41.38 分的国资委平均分分别高出 39.80%、38.84% 和 35.26%。而湖北省、吉林省、广西壮族自治区三地国资委则排名靠后，得分分别仅为 28.64 分、28.51 分与 26.6 分，广西壮族自治区国资委较平均分低 35.72%（图 6-7）。

经济强省表现不佳。值得注意的是，从家数上看仅有 14 地国资委成长价值高于平均分，相反在低于国资委平均分的 16 家国资委中，更是不乏天津市、上海市、广东省和江苏省等经济大省、市，这显示出经济强省的上市公司成长价值亟须提高。另外，国务院国资委成长价值得分仅有 38.1 分，较 41.38 分的平均水平低 7.93%，在参与此次绩效评价的 30 家国资委中排名第 20 位。

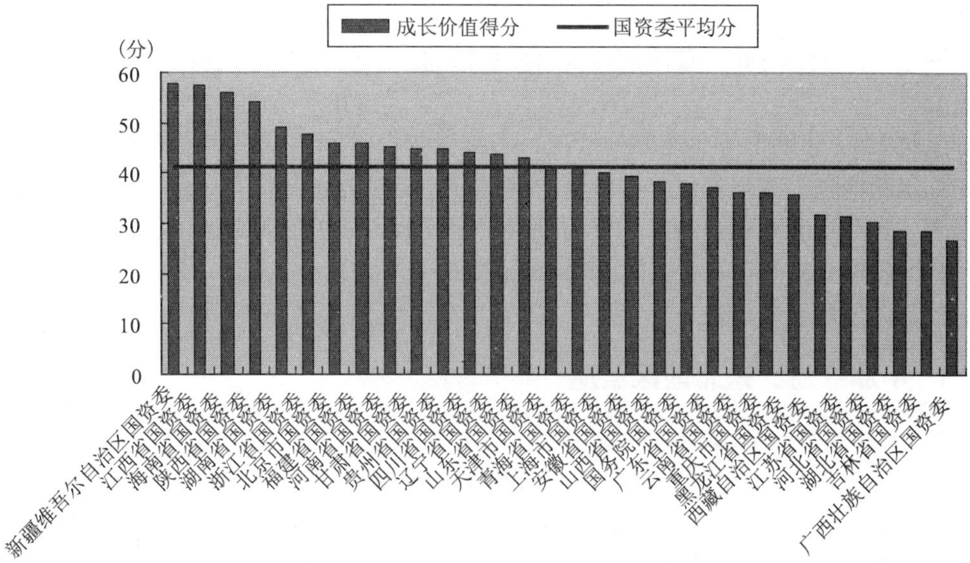

图6-7 2012年度国资委控股上市公司成长价值绩效比较

6. 成长价值变化：整体退步，江西省抢眼

从成长价值7年得分趋势来看，2012年度成长价值得分整体退步，仅有8家国资委较2011年度实现增长。其中，天津市国资委增幅逾三成，从2011年度的倒数第二名跃升至2012年度的第15名；另外，吉林省国资委当属2012年度成长价值得分降幅最大的国资委，2012年度得分28.51分，较2011年度68.19分的成绩减少58.19%；而广西壮族自治区同样由2011年度的62.45分减少为2012年度的26.6分，与吉林省同列成长价值得分倒数两名，应引起当地国资部门重视（图6-8）。

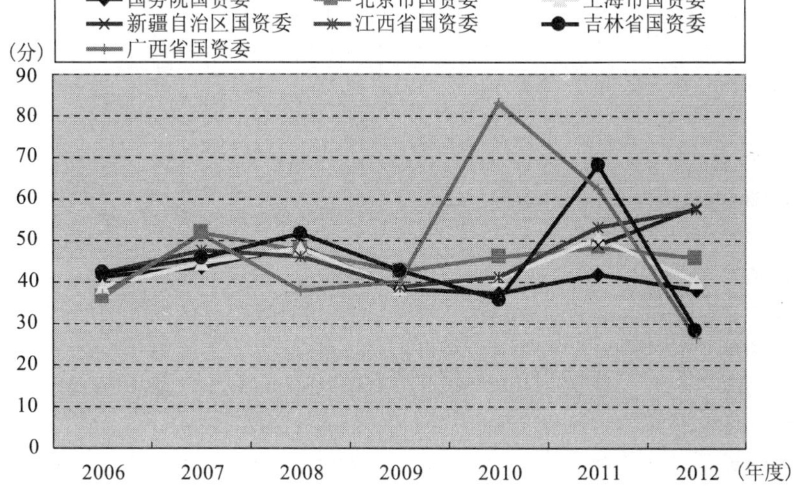

图6-8 国资委控股上市公司成长价值绩效变化趋势

三、价值实现：中原地区表现抢眼，整体得分偏低

纵观2012年度价值实现得分情况，不难发现以河南省、山西省和陕西省为代表的中原地区国资委表现最优，在价值实现得分评定中名列前茅。另外，西部地区的新疆维吾尔自治区和西藏自治区国资委价值实现排名也处于前5名的位置。与价值创造得分情况不同，参与本次评价的30家国资委价值实现得分虽也有15家位于平均分之上，但最高分和最低分的差距接近3倍。

1. 中原夺魁，东北地区居尾

在2012年度价值实现得分比较中，中原地区表现突出。河南省国资委以44.34分的得分力压众多对手，将此前四夺第一的西藏自治区国资委挤下榜首的位置；其总市值得分、总市值增长率、托宾Q得分排名分别为第5、第1、第14名。西藏自治区、山西省和陕西省三地国资委则紧随其后，分部以44.18分、42.82分和41.83分获价值实现得分第二、第三和第四位。此外，央企与大型国企聚集的国务院国资委、北京市国资委、上海市国资委排名也相对靠前，其得分分别为33.45分、36.17分、33.90分，排名第12、第7、第11位（表6-3）。

在2012年度价值实现评分中，得分低于30分的则有四川省、吉林省、辽宁省、天津市、重庆市、江苏省、福建省、湖北省和黑龙江省国资委，东北三省均在其中，整体表现欠佳。

表6-3 　　　　　　　　2012年度国资委控股公司价值实现绩效排名

所属国资委	下辖公司家数	价值实现		总市值		总市值增长率		托宾Q	
		得分	排名	得分	排名	得分	排名	得分	排名
河南省国资委	5	44.34	1	64.36	5	31.72	1	29.55	14
西藏自治区国资委	2	44.18	2	54.85	9	16.65	14	77.93	1
山西省国资委	10	42.82	3	74.75	3	17.05	11	30.52	12
陕西省国资委	6	41.83	4	51.34	12	22	2	62.47	2
新疆维吾尔自治区国资委	1	40.59	5	80.16	2	14.32	26	14	24
海南省国资委	1	36.67	6	81.65	1	9.53	31	1	30
北京市国资委	13	36.17	7	57.17	7	18.72	4	29.07	17
广东省国资委	8	34.63	8	48.82	15	17.97	6	39.55	6
河北省国资委	5	34.59	9	65.41	4	15.28	21	11.58	26
甘肃省国资委	5	34.42	10	42.61	21	17.63	9	51.61	3
上海市国资委	33	33.9	11	48.45	16	17.86	8	36.84	9
国务院国资委	125	33.45	12	52.48	10	16	17	30.29	13
安徽省国资委	13	33.2	13	56.05	8	17.94	7	18.02	23
青海省国资委	5	32.41	14	49.14	14	14.28	27	35.24	10

续表

所属国资委	下辖公司家数	价值实现		总市值		总市值增长率		托宾Q	
		得分	排名	得分	排名	得分	排名	得分	排名
山东省国资委	16	32.31	15	45.83	19	15.12	22	39.66	5
云南省国资委	10	32.05	16	48.05	17	14.96	23	34.21	11
江西省国资委	5	31.83	17	44.27	20	15.75	20	39.13	8
湖南省国资委	8	31.7	18	40.22	22	16.41	15	45.23	4
贵州省国资委	4	31.68	19	39.62	23	19.84	3	39.49	7
广西壮族自治区国资委	3	31.46	20	61	6	13.94	28	7.39	28
浙江省国资委	6	31.22	21	50.63	13	18.32	5	18.21	22
四川省国资委	4	29.55	22	51.41	11	17.29	10	10.37	27
吉林省国资委	2	28.08	23	47.5	18	12.97	29	19.47	20
辽宁省国资委	5	28.02	24	39.48	24	15.86	19	29.43	15
天津市国资委	9	26.98	25	38.33	26	14.57	24	29.09	16
重庆市国资委	7	26.77	26	39.21	25	14.35	25	26.75	18
江苏省国资委	7	25.37	27	38.26	27	15.89	18	18.54	21
福建省国资委	9	25.28	28	34.66	29	16.72	12	23.62	19
湖北省国资委	3	22.53	29	36.8	28	12.58	30	13.88	25
黑龙江省国资委	1	11.13	30	10.94	30	16.06	16	1.65	29

整体得分偏低。2012年度市值管理绩效评价中，国资委价值实现平均分32.31分，与2011年度平均37.82分的得分相比下降了14.57%，各地国资委在价值实现层面表现退步明显。由图6-9可以看出，价值实现平均分在40分以上的国资委仅有河南省、西藏自治区、山西省、陕西省和新疆维吾尔自治区5地国资委；海南省、北京市、广东省等16地的国资委价值实现得分在平均分附近徘徊，占全部国资委家数的53.33%。另有9地国资委得分在30分以下，其中黑龙江省国资委仅11.13分居倒数第一（图6-9）。

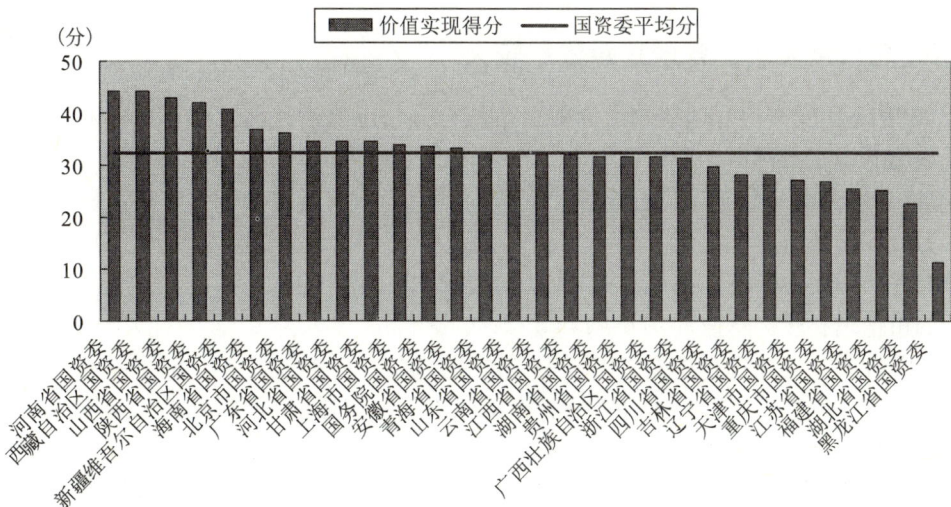

图6-9 2012年度国资委控股上市公司价值实现绩效比较

2. 2012 年度成长绩效降幅明显

从价值实现 7 年得分趋势来看，各地国资委均呈现出较大的起伏。如排名第一的河南省国资委其 2006 年度得分仅为 17.1 分，但在 2007 年度又迅速攀升至 60.21 分，此后冲高回落，2009 年度以后呈现小幅震荡的走势，2012 年度以微弱优势占据榜首位置。2012 年度 30 家参与市值管理绩效评价的国资委中，仅有 3 地国资委得分较上年度提高，为河南省、吉林省和海南省国资委，得分较上年度分别提高了 13.98%、11.38% 和 3.76%。其余 27 地国资委价值实现得分均出现回落，其中天津市国资委由 2011 年度的 39.01 分降低至 26.98 分，回落幅度达 30.84%，堪称"变脸"最快的国资委。（图 6 - 10）。

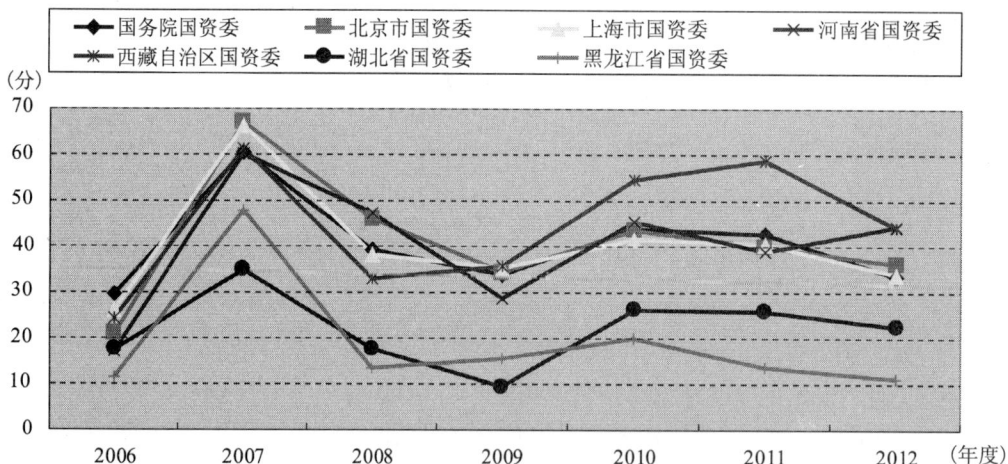

图 6 - 10　2012 年度国资委控股上市公司价值实现绩效比较

3. 总市值表现：各地差距依然较大

从 2012 年度市值管理绩效评价中总市值得分情况来看，海南省国资委得分大幅增长，超越新疆自治区国资委，并以 81.65 分博得头筹，较 49.78 分的国资委平均水平高 64.02%，但其得分仅领先得分为 80.16 分的第二名——新疆维吾尔自治区国资委 1.49 分；另外，山西省、河北省、河南省排名靠前，以 74.75 分、65.41 分、64.36 分的成绩分获总市值得分第三、第四、第五名，这体现出 2012 年度该部分地国资委控股上市公司的市值增长较为迅速（图 6 - 11）。

黑龙江省、福建省和湖北省国资委，得分分别为 10.94 分、34.66 分和 36.8 分，分列最后 3 名，较接近国资委 46.74 分的平均分水平，但最好与最差得分差距高达 70.71 之多，可见各地国资委总市值表现差距颇大。

此外，广西壮族自治区国资委表现喜人，以 61 分的成绩列居第六位。北京市国资委、安徽省国资委同样紧随其后，分别以 57.17 分和 56.05 分列居第七位和第八位。

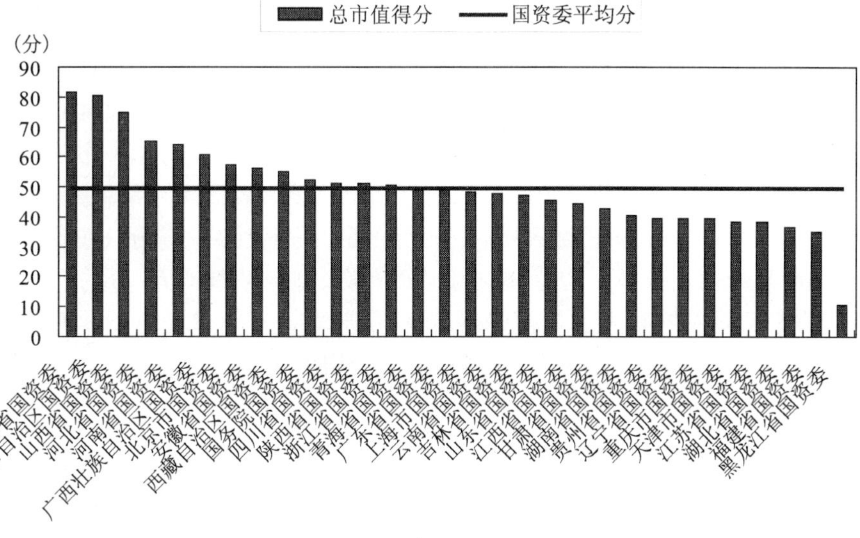

图 6－11 2012 年度国资委控股上市公司总市值得分比较

4. 总市值变化：海南国资一枝独秀

从市值管理绩效评价中总市值表现五年得分来看，2006～2012 年度绝大多数国资委总市值得分均以 2009 年度为临界点，呈现出了先抑后扬再抑的趋势。从总市值得分变化幅度来看，在表现较为优异的海南省、新疆维吾尔自治区，以及具有代表性的国务院国资、北京市、上海市等 5 个国资委中，仅海南省和北京市国资委市值得分较 2011 年度有所增长，其中海南省国资得分大幅增长 47.88%，其他如国务院国资、上海市及新疆维吾尔自治区国资委总市值得分分别下降 11.13%、15.89%、0.92%（图 6－12）。

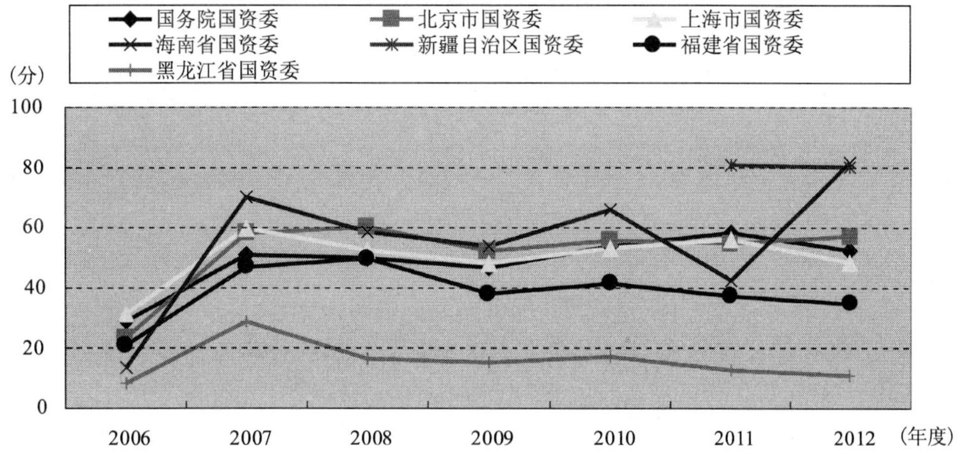

图 6－12 2012 年度国资委控股上市公司总市值得分比较

5. 总市值增长率表现：2012 年度继续走低

从 2012 年度总市值增长率表现来看，河南省、山西省和贵州省国资委分别以 31.72 分、22 分和 19.84 分的成绩位居 30 家国资委总市值增长率绩效排名的前 3 名。而 2011 年度摘取冠亚军的浙江省及西藏自治区国资委，2012 年度却名落孙山，市值增长率得分仅 18.32 分和 16.65 分，排名居第 5 和第 14 位，而总市值表现优秀的海南省国资委总市值增长率却令人大跌眼镜的位列倒数第一名，得分不足 10 分仅为 9.53 分（图 6－13）。

2012 年度市值增长率平均分仅 16.59 分，较 2011 年度 25.64 分的平均成绩明显下降。以 2012 年度 30 家国资委该指标得分情况与 2011 年度进行对比，不难发现，除河南省国资委增加 10.44 分之外，其余各地国资委均出现不同程度下降。

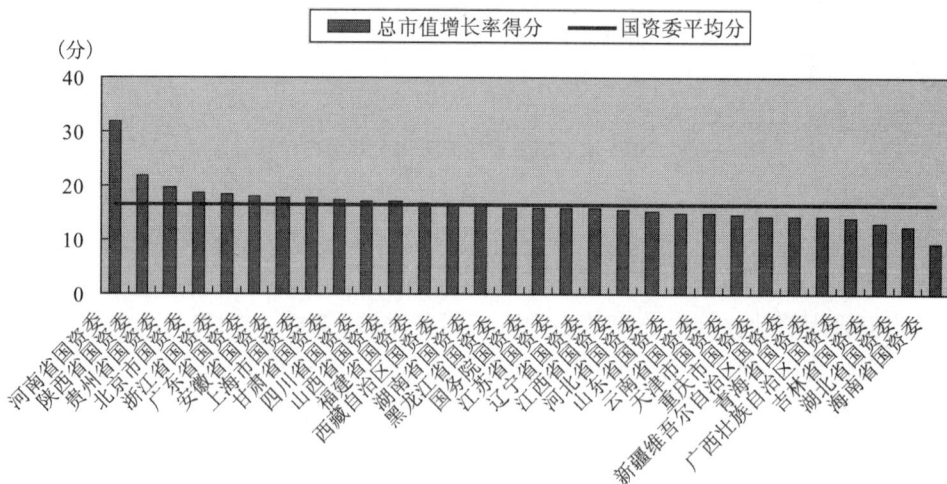

图 6－13　2012 年度国资委控股上市公司总市值增长率得分比较

6. 总市值增长率变化：呈现倒"M"形发展

从市值管理绩效评价之总市值增长率近 7 年变化趋势来看，受市场状况影响，各地国资委均呈现出倒"M"形发展趋势，总市值增长率均在 2007 年度达到峰顶，而又在 2009 年度下探谷底，2010 年度又出现一定的回升，出现近 7 个年度的第二个峰值，而 2011～2012 年度受市场估值情况影响又分别呈现出不同程度回落（图 6－14）。

7. 托宾 Q 表现：西北地区表现优异

纵观 2012 年度托宾 Q 得分，西藏自治区国资委依然一枝独秀，以 77.93 分连续两年排名第一，而陕西和甘肃国资委以 62.47 和 51.61 分位列第二和第三位。该三地国资委托宾 Q 得分较国资委 28.97 分的平均分分别高出 170.68%、116.99% 和 79.26%（图 6－15）。

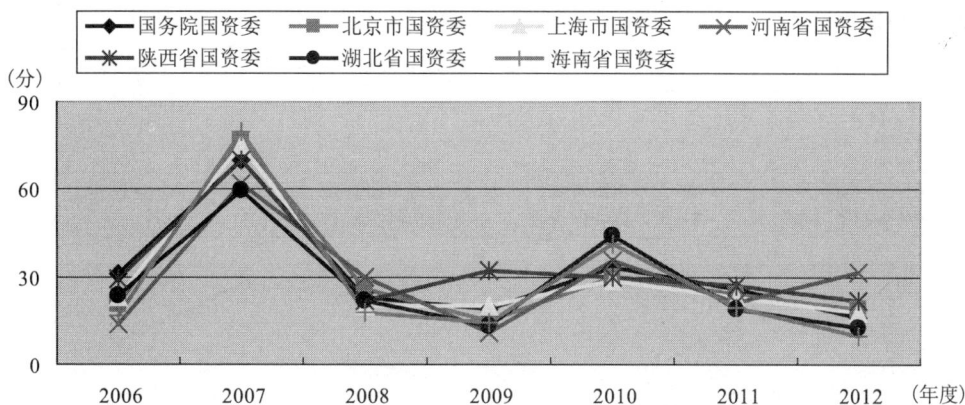

图6－14　国资委控股上市公司市值增长率得分变化趋势

相比进步最快的河南省国资委，退步最快的当属海南省国资委，2011年度曾以52.54分的优异成绩列31家国资委第10位，而2012年度托宾Q得分仅有1分，位列倒数第一位。另外，广西壮族自治区和黑龙江省国资委表现不佳，以7.39和1.65分排名倒数第二、第三位，且得分均低于10分。

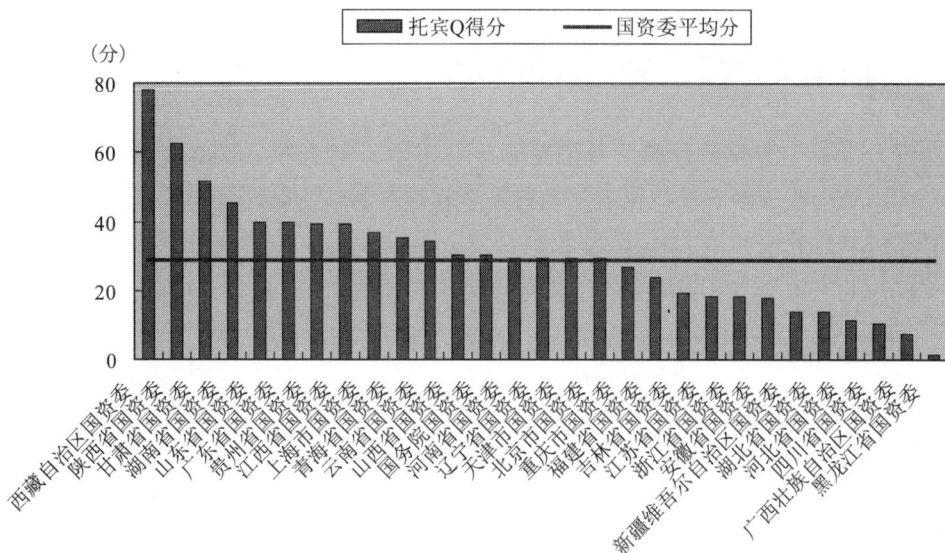

图6－15　2012年度国资委控股上市公司托宾Q得分比较

8. 托宾Q变化：黑龙江省连续5年下滑

从托宾Q得分7年趋势来看，经过2011年度得分冲高后，各地国资委托宾Q得分

均出现不同程度的下滑，仅有河南省国资委一地较2011年度增长了21.36%。另外，海南省国资委2012年度托宾Q得分严重滑坡，黑龙江省国资委则连续5年均呈下降趋势（图6–16）。

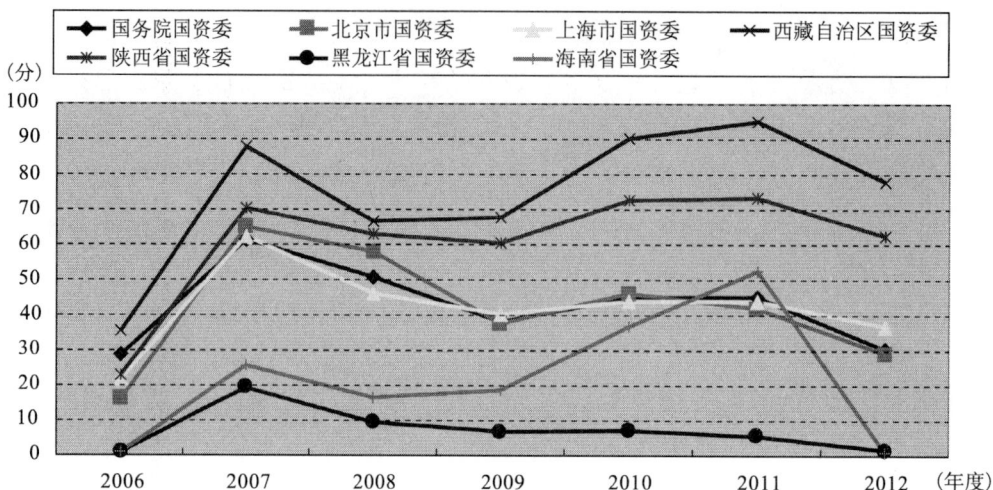

图6–16 国资委控股上市公司托宾Q得分变化趋势

四、价值关联度：分化程度加剧

2012年市值管理绩效评价之价值关联度分析中，河南省、新疆维吾尔自治区、海南省三地国资委成为新一批佼佼者，尤其是新疆维吾尔自治区国资委，仅一年的时间价值关联度得分排名便从第11位跃升至第二位。但应引起相关部门注意的是，国务院国资委得分却低于平均分，价值创造与价值实现出现背离。

1. 浙江省国资委进步最大

在2012年度价值关联度得分比较中，河南省、新疆维吾尔自治区、海南省国资委分别以90.7分、89.62分、85.5分稳居关联度排名的前3名。其中，浙江省国资委可谓"华丽转身"，其在2011年度该项指标排名中居倒数第二位，得分仅有53.08分，一年间增长37.02%，排名升至第19位，表现惊人（图6–17）。

在2012年度价值关联度评分中，得分低于60分的则仅有湖北省、吉林省和西藏自治区3地国资委，其得分分别为54.48分、44.93分和42.34分，排名也居倒数3位。此外，国务院、北京市和上海市国资委排名则均在10名开外，排名分别居第21、第14和第16位，得分为68.93分、75.42分和73.5分。

各地国资委关联度得分与该项均分73.19分相比较，明显低于平均分的国资委共有10家，分别为国务院、河北等地国资委，且得分均低于70分，说明这些区域国资委下

辖上市公司价值创造情况与价值实现情况出现背离，应引起适当关注。

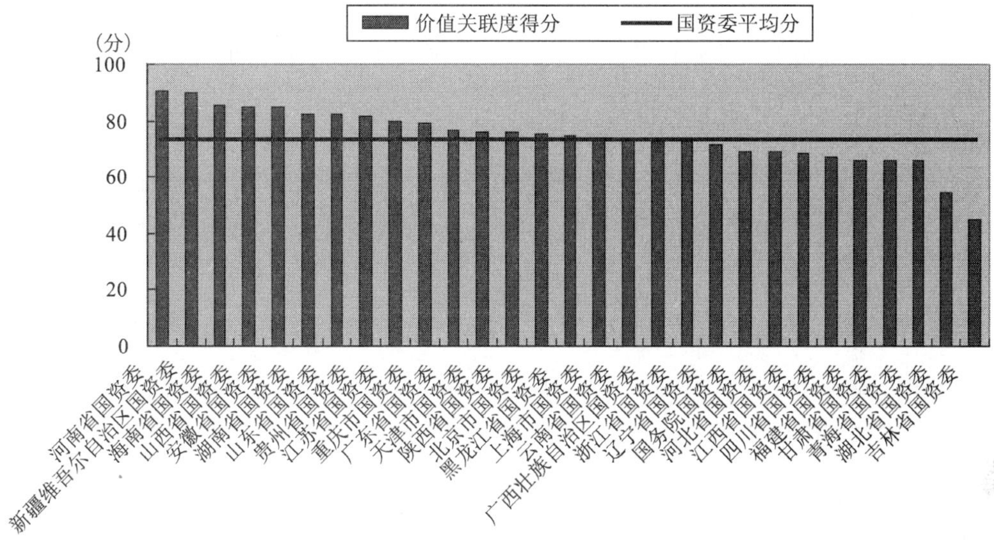

图6－17　2012年国资委控股上市公司价值关联得分变化趋势

2. 西藏自治区连续5年下滑

分析各国资委价值关联得分的7年走势，我们可以发现，该项指标得分分化程度较大。河南省国资委在该项得分连续2年攀升，由2011年度第七位获得较大幅度提升，摘得2012年该项得分的桂冠；北京市国资委则近两年来得分保持稳中有升态势，而国务院、上海市国资委则呈现小幅下降。西藏自治区国资委2012年度仍没有太大起色，其价值关联得分已连续5年下滑（图6－18）。

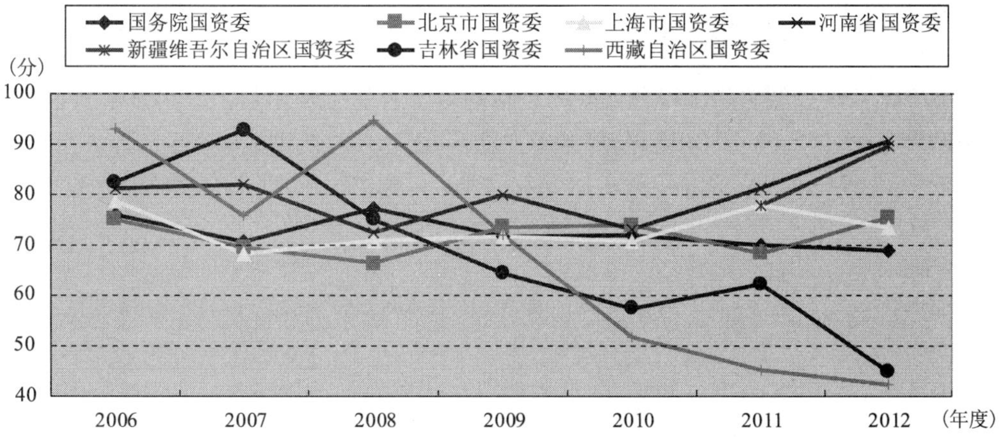

图6－18　国资委控股上市公司价值关联变化趋势

五、市场溢价因素：新兴地区仍有优势

从 2012 年度参加市值管理绩效评价的 30 家国资委溢价因素得分情况来看，小规模国资得分占据首尾两端，差距较大，较大规模国资委得分情况较为集中，且相对稳定。小规模国资中，吉林省、新疆维吾尔自治区、海南省和湖北省表现最优，高出整体平均分将近 1 倍，而黑龙江省、西藏自治区表现较差，得分均不超过 1 分，拉低了整体平均分。从公司治理、股权激励、沪深 300、行业龙头、机构增减持等各项指标来看，新兴地区渐有崛起趋势。

1. 吉林省、新疆维吾尔自治区、海南省国资委排名前三

在 2012 年度市场溢价因素的得分比较中（表 6 - 4），吉林省、新疆维吾尔自治区、海南省国资委分别以 24.45 分、23.41 分、19.88 分排名前 3 名。其中，吉林省国资委在股权激励、行业龙头指标中排名均获第一名；而新疆国资委则将金牌董秘、沪深 300 和机构增减持排名首位收入囊中。

而从市场溢价因素排名靠后的国资委来看，除去垫底两家得分均不到 1 分外，天津市、浙江省等地国资委得分竟也排名靠后，应引起适当关注。

此外，国务院、北京市、上海市国资委在市场溢价因素得分排名中获得第 11、第 10 和第 17 位，说明这些地区国资委下属上市公司在市场溢价方面表现尚可。

表 6 - 4　　　　　　　　2012 年度国资委控股公司溢价因素比较

所属国资委	下辖公司家数	市场溢价		金牌董秘		公司治理		股权激励		沪深300		行业龙头		机构增减持	
		得分	排名	得分	排名	得分	排名	得分	排名	得分	排名	得分	排名	得分	排名
吉林省国资委	2	24.45	1	66.00	2	50.50	5	50.50	1	50.50	5	50.50	1	-2.50	14
新疆维吾尔自治区国资委	1	23.41	2	100.00	1	1.00	25	1.00	25	100.00	1	1.00	17	8.00	1
海南省国资委	1	19.88	3	1.00	22	1.00	28	1.00	28	100.00	2	1.00	18	-6.00	21
河北省国资委	5	19.44	4	33.80	5	60.40	3	1.00	19	80.20	3	27.00	5	-2.20	13
山西省国资委	10	16.95	5	27.30	7	20.80	18	1.00	19	80.20	4	1.00	19	-10.00	27
广西壮族自治区国资委	3	14.66	6	66.00	3	34.00	12	1.00	14	34.00	13	1.00	23	-1.00	9
云南省国资委	10	13.96	7	46.80	4	30.70	14	1.00	16	50.50	6	17.40	6	-12.90	30
安徽省国资委	13	13.26	8	1.00	23	61.92	2	1.00	7	39.08	11	16.23	8	-4.38	18
青海省国资委	5	13.23	9	20.80	11	80.20	1	1.00	1	40.60	8	1.00	20	-8.00	24
北京市国资委	13	12.91	10	8.62	20	46.69	7	1.00	11	46.69	7	21.23	4	-9.38	26
国务院国资委	125	11.96	11	13.35	15	40.60	10	6.54	4	37.43	12	17.04	7	-3.26	15

续表

所属国资委	下辖公司家数	市场溢价		金牌董秘		公司治理		股权激励		沪深300		行业龙头		机构增减持	
		得分	排名	得分	排名	得分	排名	得分	排名	得分	排名	得分	排名	得分	排名
山东省国资委	16	11.87	12	29.63	6	25.75	15	1.00	17	31.94	15	19.56	5	-4.50	20
贵州省国资委	4	10.86	14	25.75	8	50.50	6	1.00	10	25.75	16	1.00	24	-1.50	11
广东省国资委	8	10.61	15	21.50	10	13.38	23	1.00	23	25.75	18	1.00	26	7.63	2
河南省国资委	5	10.40	16	1.00	24	20.80	19	1.00	20	40.60	9	1.00	21	-8.60	25
上海市国资委	33	9.72	17	10.94	18	25.00	17	7.00	3	16.00	24	27.91	2	-0.55	7
江苏省国资委	7	9.61	18	19.57	11	43.43	7	1.00	15	15.14	25	15.14	11	-4.43	19
甘肃省国资委	5	8.79	19	1.00	25	1.00	29	1.00	29	40.60	10	1.00	22	0.20	4
江西省国资委	5	8.75	20	14.00	14	60.40	4	1.00	9	20.80	20	14.00	12	-19.20	31
陕西省国资委	6	8.70	21	11.83	16	17.50	21	17.50	2	17.50	22	11.83	14	-7.17	23
湖南省国资委	8	7.30	22	1.00	26	13.38	24	1.00	24	25.75	19	9.13	15	-1.00	8
福建省国资委	9	5.88	23	8.22	21	45.00	8	1.00	12	12.00	27	1.00	28	-10.11	28
浙江省国资委	6	5.83	24	11.83	15	1.00	27	1.00	27	17.50	23	1.00	27	-0.50	6
四川省国资委	4	5.83	25	1.00	27	25.75	16	1.00	18	25.75	17	1.00	25	-3.50	16
重庆市国资委	7	5.65	26	10.29	19	15.14	22	1.00	22	15.14	26	15.14	10	1.86	3
辽宁省国资委	5	5.05	27	1.00	28	20.80	20	1.00	21	20.80	21	14.00	13	-10.80	29
天津市国资委	9	4.90	28	1.00	29	34.00	13	1.00	15	1.00	28	8.22	16	-6.44	22
湖北省国资委	3	3.49	29	22.67	9	1.00	26	1.00	26	1.00	29	1.00	29	-1.67	12
黑龙江省国资委	1	0.32	30	1.00	30	1.00	30	1.00	30	1.00	30	1.00	30	0.00	5
西藏自治区国资委	2	0.28	31	1.00	31	1.00	31	1.00	31	1.00	31	1.00	31	-1.00	10

2012年度参加市值管理绩效评价的30家国资委溢价因素平均分为10.60分，共有15家国资委该项得分高出此平均分，其中吉林省、新疆维吾尔自治区国资委表现最优，分别高出平均分130.65%和120.88%。除上海市和江苏省国资委外，其余13家国资委溢价因素得分明显低于平均分，其中，黑龙江省和西藏自治区国资委得分还不到1分，拖了整体后腿（图6-19）。

2. 金牌董秘：11家国资委榜上有名

从2012年度金牌董秘得分情况来看，有11家国资委榜上有名，就数量而言，较2011年度减少4家。新疆维吾尔自治区国资委因旗下仅辖1家上市公司，获金牌董秘荣誉的上市公司比例达到了100%，其余地区国资委下辖的上市公司获金牌董秘的比例都

不足30%（图6-20）。

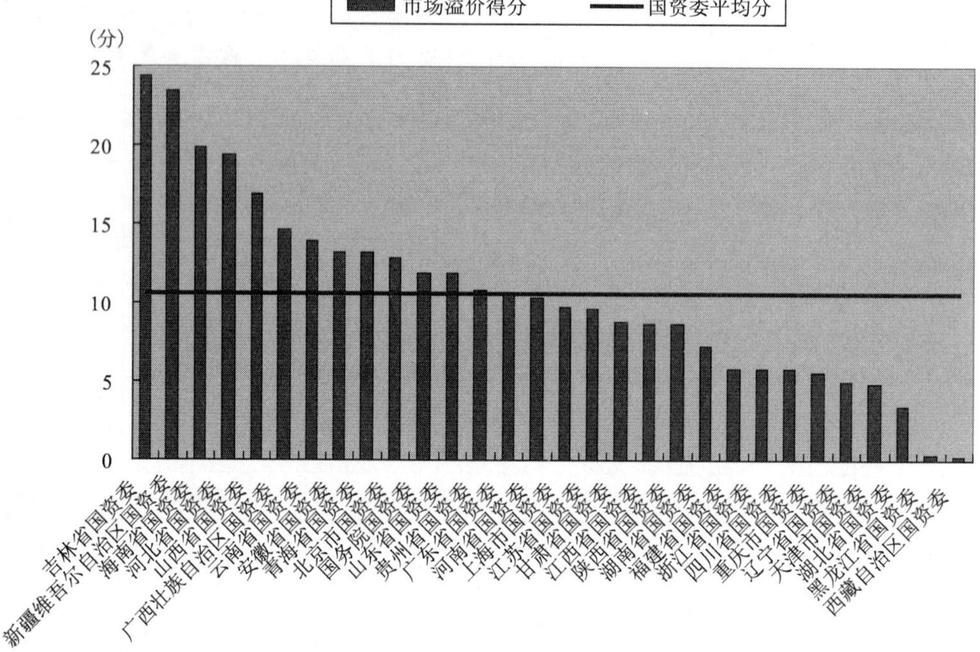

图6-19　2012年国资委控股上市公司溢价因素比较

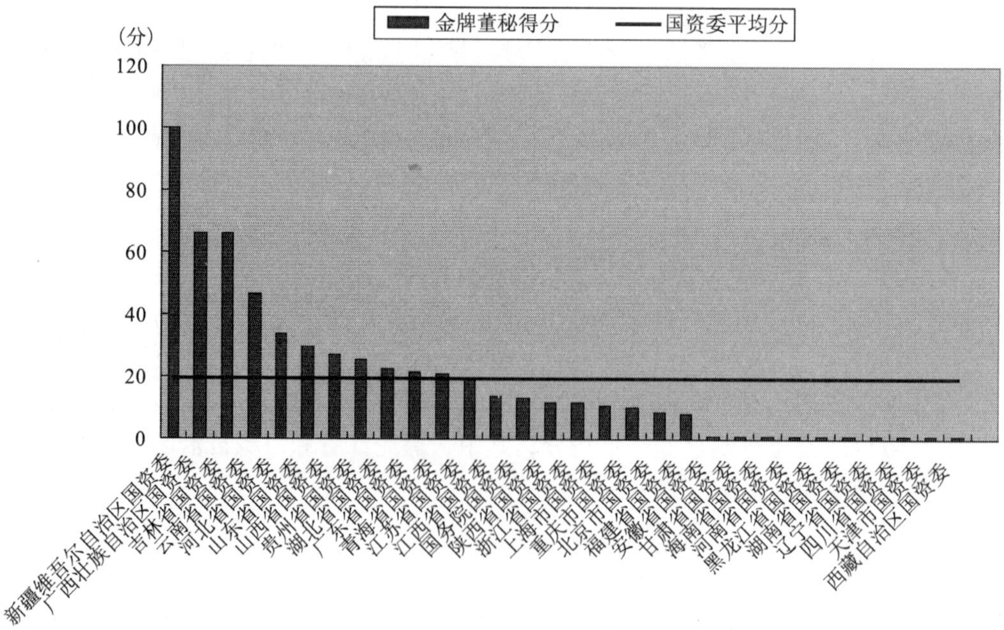

图6-20　2012年国资委控股上市公司金牌董秘得分比较

3. 公司治理：无国资公司受罚

从 2012 年度公司治理得分来看，青海省、安徽省等 6 家国资委得分均超过了 50 分，高于 2011 年度的 4 家水平，其中青海省国资委以 80.20 分位居榜首，领先第二名的安徽省国资委 18.28 分。由此可以说明，这 6 家国资委旗下有半数上市公司已入选治理指数。而在 2011 年度曾出现有国资委得分在 0 以下的情况在 2012 年度没有发生，说明无国资委公司受罚，公司治理情况得到改善（图 6-21）。

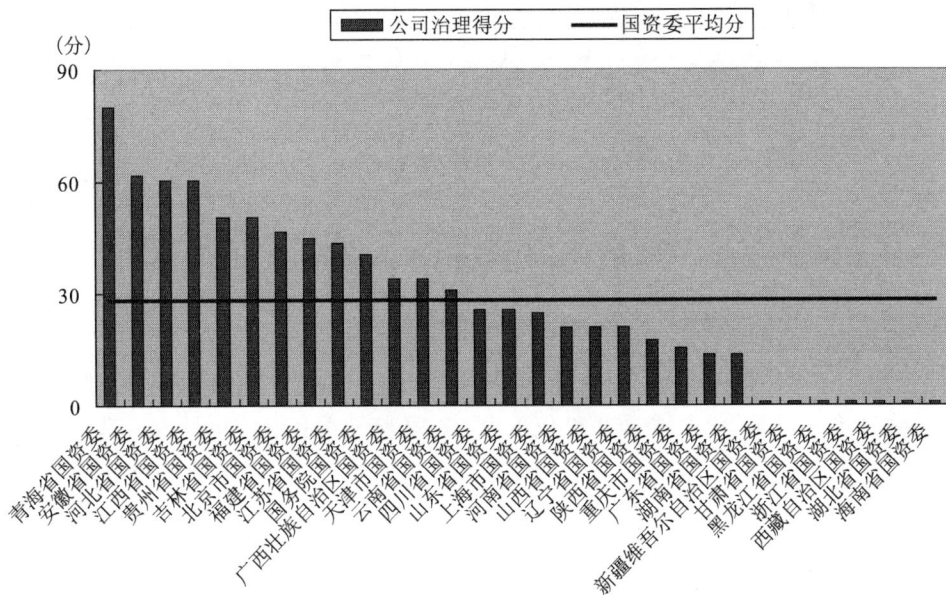

图 6-21　2012 年度国资委控股公司公司治理得分比较

4. 股权激励：4 家推出股权激励

从 2012 年度股权激励得分来看，推出股权激励的国资委下属上市公司全部集中在吉林省、陕西省、上海市和国务院 4 家国资委。其中，吉林省国资委下属 2 家上市公司（吉林森工和吉恩镍业），其中吉林森工推出了股权激励方案，促使吉林成为得分最高的国资委；从绝对数量上来看，国务院国资委则无可置疑排名第一，其旗下共有 7 家上市公司在 2012 年度推出或实施了股权激励计划（图 6-22）。

5. 沪深 300：天津市国资委无一入选

从 2012 年度各地国资委沪深 300 得分情况来看，新疆维吾尔自治区、海南省两地国资委得分较高，均为 100.00 分成绩列 30 家国资委榜首，河北省和山西省国资委也不甘示弱，以 80.20 分列居并列第二位，吉林省和云南省以 50.50 分获并列第三位。这 6 家国资委中，新疆省和海南省国资委均仅有 1 家上市公司，吉林省有 2 家上市公司，河

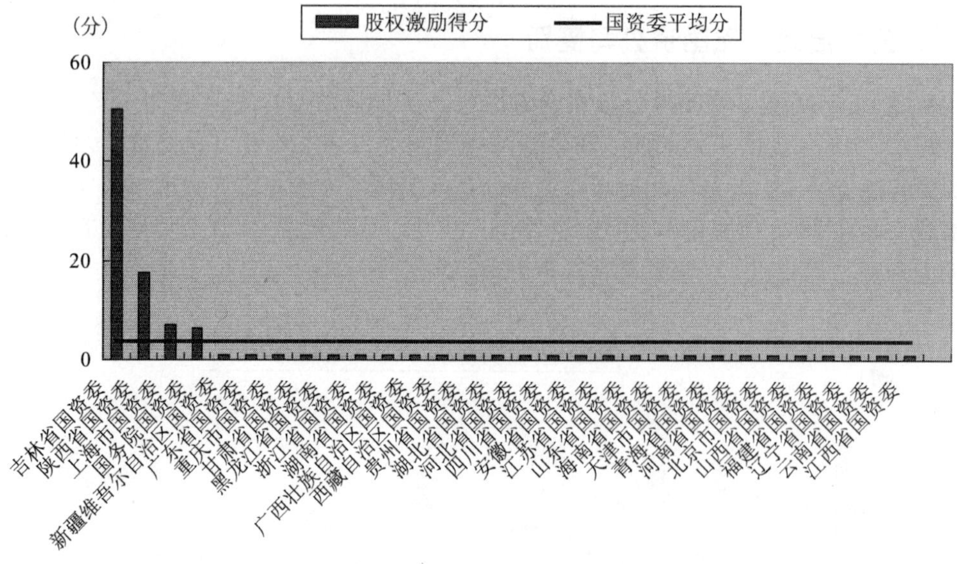

图 6 – 22　2012 年度国资委控股公司股权激励得分比较

北省、山西省和云南省国资委旗下分别有 5 家、10 家和 10 家上市公司，这说明其旗下上市公司入选沪深 300 指数比例较高，均达半数以上；但是值得关注的是，除去黑龙江省、西藏自治区和湖北省国资委下辖仅 1 家、2 家和 3 家上市公司且未入选沪深 300 指数外，天津市国资委下辖 9 家上市公司竟无一家入选沪深 300，于理不通（图 6 – 23）。

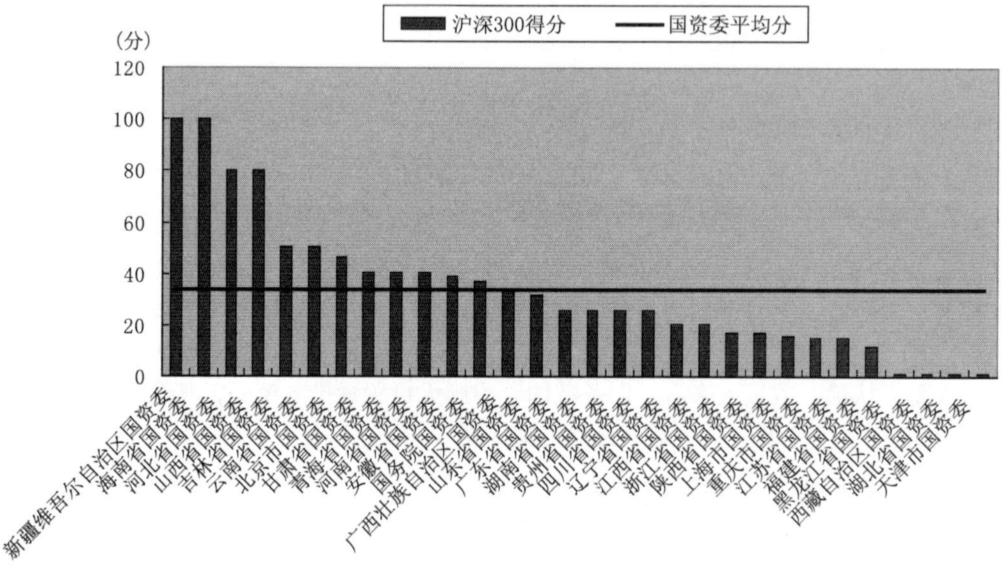

图 6 – 23　2012 年度国资委控股公司沪深 300 指数溢价得分比较

6. 行业龙头：大级别国资龙头溢价明显

从2012年度市值管理绩效评价之行业龙头得分情况来看，吉林省国资委和上海市国资委分别以50.50分和27.91分摘取冠亚军；国务院国资委和北京市国资委也相对较优，分别以17.04分和21.23分位列30家国资委第七和第四位。经分析可得，行业龙头公司主要分布在大级别国资委旗下。相比之下，新疆维吾尔自治区和广东省等15家下辖多家上市公司的国资委表现不尽如人意，无一家入选行业龙头（图6-24）。

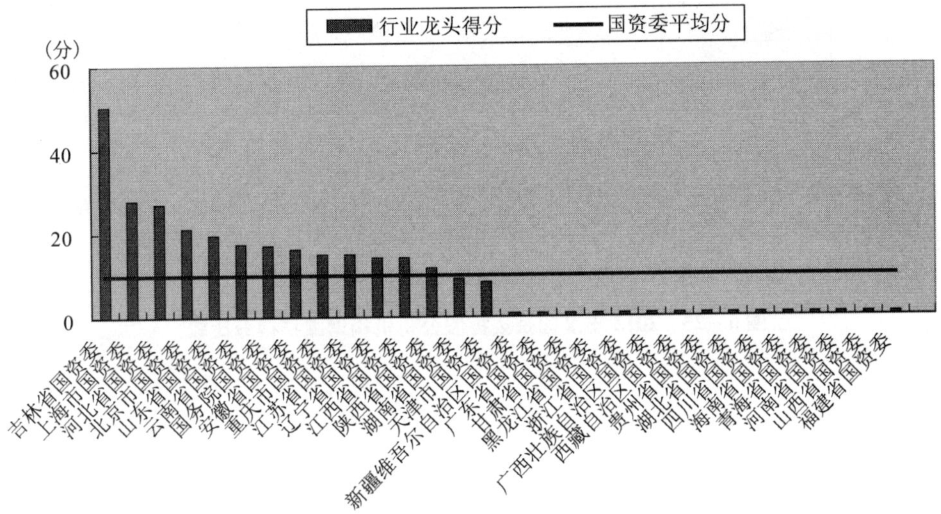

图6-24 2012年度国资委控股公司行业龙头溢价得分比较

7. 机构增减持：减持速度加剧

从机构增减持情况来看，2012年度各家国资委得分较2011年度更为不乐观。其中得分为正的仅有新疆维吾尔自治区、广东省、重庆市和甘肃省国资委，其中新疆维吾尔自治区和广东省国资委分别以8.00分和7.63分列参选30家国资委前两位，获机构增持较多。而得分为零的国资委仅有黑龙江省国资委，说明其旗下上市公司总体来看机构持股不增不减。而得分小于零的国资委达25家之多，国务院、北京市、上海市、江苏省等国资委均列其中，辽宁省、云南省和江西省国资委得分最低，分别为-10.80分、-12.90分、-19.20分，这说明其旗下上市公司被机构整体减持最多（图6-25）。

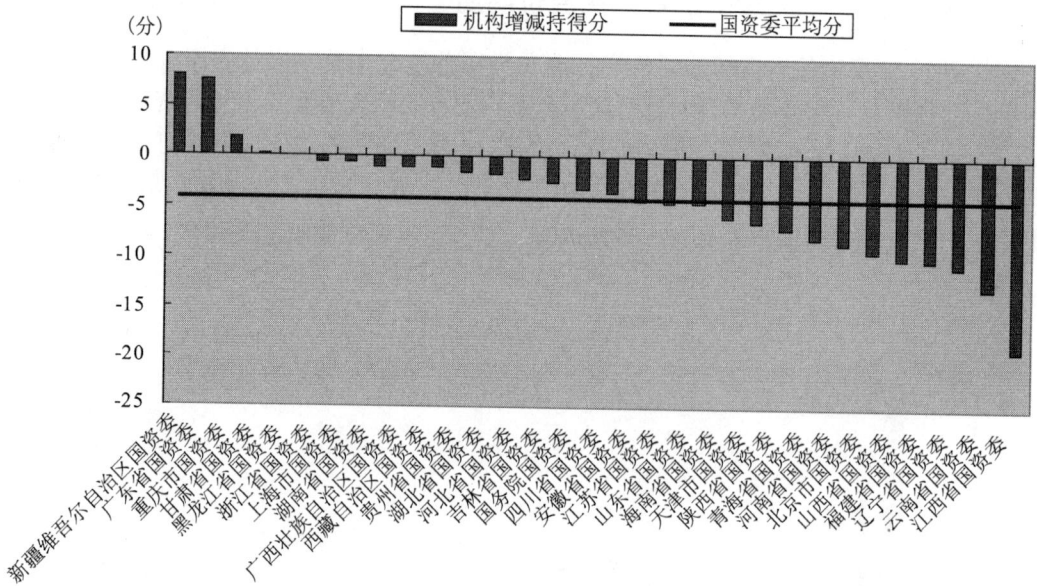

图 6-25　2012 年度国资委控股公司机构增减持得分比较

第七章

2012 年度市值管理绩效评价：
派系分析

在 2012 年度绩效评价中，我们按照上市公司实际控制人进行分类，总共归纳出 40 个资本市场主要派系，合计共 162 家上市公司，与 2011 年度相比略有减少。本次上市公司派系市值管理绩效评价结果显示，以中央汇金、华润系代表的央企派系在市值管理绩效评价中表现突出；涌金系与万象系作为民营控股派系的代表在此次评价中也有不俗的成绩，这也表明了民营企业在 2012 年度资本市场中焕发的勃勃生机。

具体来看，中央汇金作为中国目前最大的金融投资集团，因其特殊背景，在总市值、价值创造、价值实现等方面稳居首位。以地产龙头万科为代表的华润系，虽然很少有指标在前三甲，但其凭借各项指标得分的均衡分布，夺得了本次市值管理派系绩效总分的榜眼，而大唐集团、华电系、泰达系或许由于其特殊的行业周期等因素，在这次市值管理绩效评价中，各项指标得分排名都比较靠后。

一、总况：中央汇金雄踞首位

在 2012 年度绩效评价中，我们按上市公司实际控制人来进行分类，归纳出 40 个资本市场主要派系，合计共有 162 家上市公司，并就其市值管理绩效进行评价（表 7 - 1）。40 个派系市值管理绩效平均分为 40.61 分，较 2011 年度平均分 45.42 分下降 10.59%。

1. 主要派系结构：央企派系明显占优

在 40 个资本市场主要派系中，央企控股派系有着较多的上市公司家数，其中中航系与兵器工业系纳入本次评价体系的上市公司均在 10 家以上，占派系上市公司总数的 14.2%。华润系、航天科工以及兵器装备系都有 6 家公司进入评价。相对于央企控股派系，此次纳入评价的民营派系上市公司相对数量较少。

从 40 个派系下属上市公司数量来看，21 个派系控股 3 家上市公司，占派系总数的 52.5%；控股 4 家上市公司的派系共有 12 个，占派系总数的 30%；控股 5 家上市公司的派系则有 2 个，占派系总数的 5%；而控股 6 家及以上上市公司的派系合计只有 5 个，占派系总数的 12.5%。

表 7-1　　　　　　　2012 年度主要派系控股公司市值管理综合绩效排名

资本市场主要派系	家数	总分	排名	价值创造		价值实现		价值关联		溢价因素	
				得分	排名	得分	排名	得分	排名	得分	排名
中央汇金	4	59.03	1	62.01	1	46.90	1	96.32	1	24.00	2
华润系	6	51.00	2	48.37	10	39.30	7	94.35	3	18.99	3
涌金系	3	48.08	3	51.96	5	37.20	10	84.77	5	6.57	31
中信系	5	47.68	4	53.57	4	38.79	8	72.46	20	16.03	8
上海华谊	3	47.35	5	55.48	2	43.44	3	63.13	30	7.07	28
南车系	3	47.17	6	45.23	14	36.36	12	89.28	4	12.00	15
万象系	4	46.84	7	54.27	3	35.87	13	77.43	8	7.22	26
国电系	4	46.69	8	45.35	13	32.10	21	94.58	2	13.28	13
复星系	3	46.24	9	43.68	16	40.76	5	74.87	14	18.63	5
财政部	4	45.50	10	49.04	8	37.03	11	75.88	12	8.03	24
中材系	4	44.11	11	47.91	11	30.70	27	81.90	7	10.70	18
中船系	3	44.02	12	42.54	19	46.45	2	57.71	34	11.33	17
中石化系	4	43.39	13	41.24	22	39.83	6	71.84	22	7.21	27
上海电气	4	42.78	14	42.68	18	33.51	19	77.14	10	11.46	16
招商局	4	42.61	15	48.82	9	35.61	14	63.92	29	9.34	20
中铁系	3	42.56	16	37.66	26	42.47	4	58.78	32	25.17	1
宝钢系	3	42.49	17	41.25	21	35.43	15	71.98	21	15.54	10
珠海国资委	3	42.31	18	50.73	6	29.33	31	73.53	16	6.52	33
航天科工	6	41.56	19	41.70	20	33.39	20	71.82	23	13.35	12
中石油系	3	41.03	20	36.09	29	31.79	24	83.07	6	8.67	22
西川电力	3	40.22	21	49.72	7	25.85	35	74.40	15	0.81	37
国投系	3	40.17	22	33.89	30	34.21	17	73.31	17	16.56	6
宝安系	3	39.66	23	46.06	12	33.78	18	53.57	36	16.18	7
中国化工	5	39.33	24	43.31	17	25.60	36	75.89	11	9.25	21
上海仪电	4	38.70	25	40.68	23	29.89	29	72.55	19	0.29	39
中航系	12	38.56	26	38.61	25	31.89	23	67.84	25	6.56	32
航天科技	4	37.85	27	36.92	28	34.42	16	57.04	35	15.97	9
清华系	3	37.50	28	37.47	27	24.99	37	77.36	9	7.91	25
中电投	3	36.89	29	33.79	32	27.85	32	72.82	18	10.47	19
中电信息	4	36.82	30	40.48	24	23.42	39	75.21	13	2.67	36
正和系	3	36.33	31	33.82	31	31.35	26	68.07	24	0.32	38
中粮系	3	35.32	32	30.19	36	32.04	22	59.56	31	15.34	11
兵器装备	6	35.23	33	30.20	35	30.56	28	66.25	27	6.95	29

续表

资本市场主要派系	家数	总分	排名	价值创造		价值实现		价值关联		溢价因素	
				得分	排名	得分	排名	得分	排名	得分	排名
兵器工业	11	34.02	34	44.26	15	26.33	33	48.31	39	5.42	34
一汽系	3	33.03	35	33.51	33	38.09	9	35.36	40	6.65	30
长虹系	3	31.50	36	30.73	34	20.88	40	65.38	28	8.51	23
中海系	3	31.21	37	20.56	40	31.71	25	52.30	38	18.94	4
大唐集团	3	31.20	38	24.94	37	29.37	30	53.57	37	12.59	14
华电系	3	29.97	39	21.49	38	24.32	38	66.66	26	4.67	35
泰达系	4	28.29	40	20.83	39	25.91	34	58.23	33	0.25	40

2. 总体绩效：两极分化趋势更为明显

以2006~2012年度作为比较周期（图7-1），分别选取市值管理绩效总分前三名和倒数三名派系进行比较，我们可以发现资本市场主要派系在2007年度达到一个峰值，后呈现先抑后扬的趋势。值得注意的是市值管理绩效排名靠后的派系，其2012年度得分较2011年度得分出现大幅下降，两极分化现象更为明显。

此外，中央汇金派系自2007~2012年度一直位居首位，由于其强大的政府金融背景，促使其控股公司较其他派系公司具有更好的抗波动性。

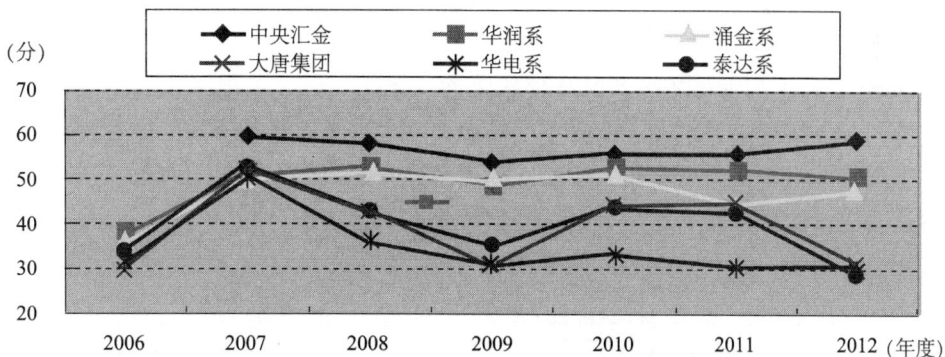

图7-1　主要派系控股公司市值管理综合绩效变化趋势

3. 中央汇金系遥遥领先

纵观资本市场主要派系2012年度市值管理总体绩效（图7-2），中央汇金系以59.03分遥遥领先于其他派系，其价值创造、价值关联、价值实现得分排名均为第一，称霸优势无可撼动。此外在此次评价中，绩效总分超过50分的派系仅有中央汇金与华润系两家，与2011年度8家相比存在较大差距，市值管理绩效平均40.61分也较上年度45.42分有所下降，这也说明了在愈加严格的国家宏观政策调控下，我国上市公司面

临着更大的挑战。

华电系与泰达系市值管理绩效总分均低于 30 分，远远落后于平均水平而排名末位，说明在市值管理绩效方面仍与其他派系存在较大差距。

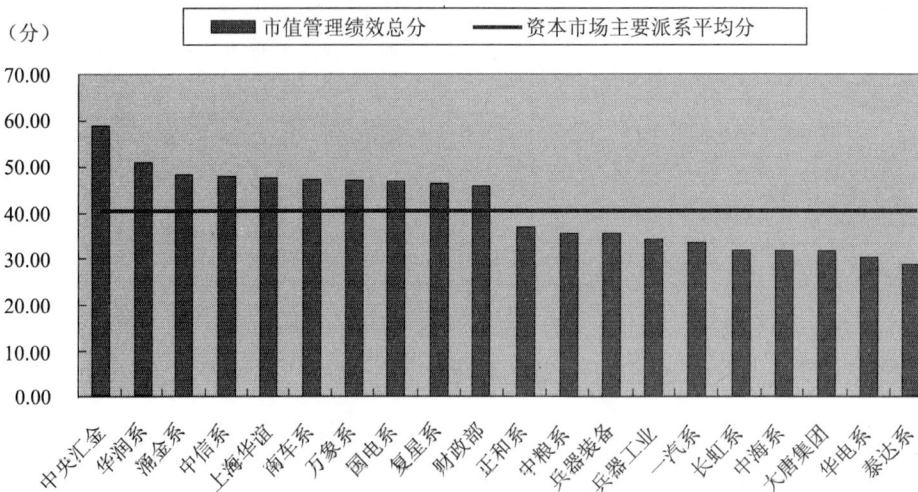

图 7 – 2　2012 年度主要派系控股公司市值管理综合绩效比较

二、价值创造：民营控股万象系优势明显

1. 强者更强，弱者更弱

以 2006～2012 年度价值创造得分趋势来看（图 7 – 3），不同派系间得分趋势两极分化更为明显，呈现强者更强、弱者更弱趋势。中央汇金系再夺头筹，继续保持其领先地位，上海华谊系则成为所有派系中的一匹黑马，一跃而起获得第二名的好成绩；华电系、泰达系以及中海系排名靠后，其走势较上年度大幅下滑。

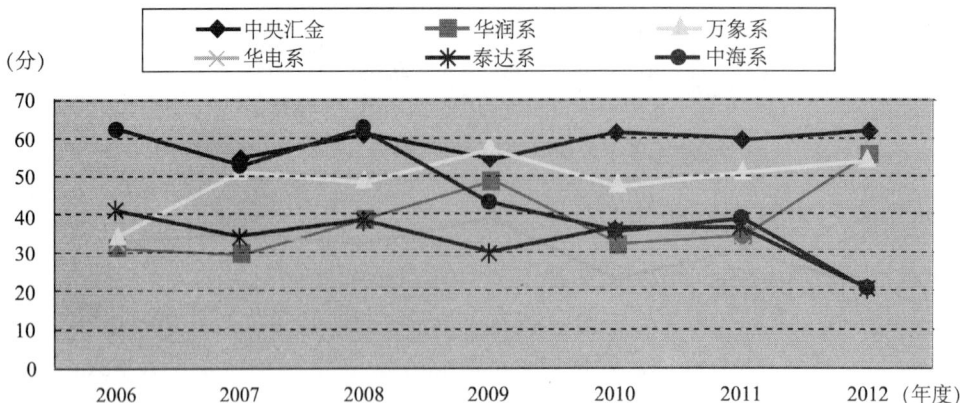

图 7 – 3　主要派系控股公司价值创造绩效变化趋势

2. 汇金系优势明显，中海系排名垫底

2012年度价值创造排行方面（表7-2），中央汇金系以62.01分的好成绩继续保持其领先的地位；以化工行业为主的上海华谊系脱颖而出，以成长价值第一的优势助其位列榜单第二位；作为民营企业控股的万象系，其基础价值与成长价值均衡增长，助其获得价值创造排名第三名的优秀成绩。

得分30分以下的派系共有4个，其中中海系得分仅有20.56分位居榜单倒数第一位。

表7-2　　　　　　　2012年度主要派系控股公司价值创造绩效排名

资本市场派系	公司家数	价值创造		基础价值		成长价值	
		得分	排名	得分	排名	得分	排名
中央汇金	4	62.01	1	68.02	1	53	5
上海华谊	3	55.48	2	53.06	9	59.1	1
万象系	4	54.27	3	54.34	5	54.16	4
中信系	5	53.57	4	58.96	2	45.47	11
涌金系	3	51.96	5	50.34	10	54.38	3
珠海国资委	3	50.73	6	54.63	4	44.88	13
西川电力	3	49.72	7	54.23	6	42.94	17
财政部	4	49.04	8	47.31	13	51.64	6
招商局	4	48.82	9	53.97	7	41.11	20
华润系	6	48.37	10	53.75	8	40.31	21
中材系	4	47.91	11	55.5	3	36.54	26
宝安系	3	46.06	12	46.13	17	45.97	10
国电系	4	45.35	13	48.84	11	40.1	22
南车系	3	45.23	14	44.28	18	46.67	9
兵器工业	11	44.26	15	39.56	24	51.32	7
复星系	3	43.68	16	46.56	15	39.36	23
中国化工	5	43.31	17	39.22	25	49.44	8
上海电气	4	42.68	18	42.42	19	43.08	16
中船系	3	42.54	19	48.62	12	33.41	30
航天科工	6	41.7	20	46.23	16	34.9	28
宝钢系	3	41.25	21	46.57	14	33.26	31
中石化系	4	41.24	22	39.15	26	44.37	14
上海仪电	4	40.68	23	40.1	23	41.54	19
中电信息	4	40.48	24	30.83	34	54.95	2

续表

资本市场派系	公司家数	价值创造		基础价值		成长价值	
		得分	排名	得分	排名	得分	排名
中航系	12	38.61	25	38.66	27	38.53	24
中铁系	3	37.66	26	42.34	20	30.64	32
清华系	3	37.47	27	33.68	30	43.16	15
航天科技	4	36.92	28	32.98	31	42.83	18
中石油系	3	36.09	29	36.98	28	34.75	29
国投系	3	33.89	30	42.34	21	21.22	38
正和系	3	33.82	31	31.74	33	36.94	25
中电投	3	33.79	32	26.25	37	45.11	12
一汽系	3	33.51	33	40.11	22	23.61	35
长虹系	3	30.73	34	27.94	35	34.92	27
兵器装备	6	30.2	35	31.98	32	27.52	33
中粮系	3	30.19	36	34.45	29	23.8	34
大唐集团	3	24.94	37	26.62	36	22.42	37
华电系	3	21.49	38	20.36	40	23.18	36
泰达系	4	20.83	39	22.2	39	18.78	39
中海系	3	20.56	40	23.85	38	15.63	40

从价值创造得分分布上来看（图7-4），50分以上的派系共有6个，占派系总数的15%；得分在40~50分的派系共有18个，占派系总数的45%；30~40分的派系共有12个，占派系总数的30%；而得分30分以下的派系有4个，占派系总数的10%。

通过数据来看，43个派系的价值创造平均分是40.78分，其中高于平均分的派系共有22个，占比55%。

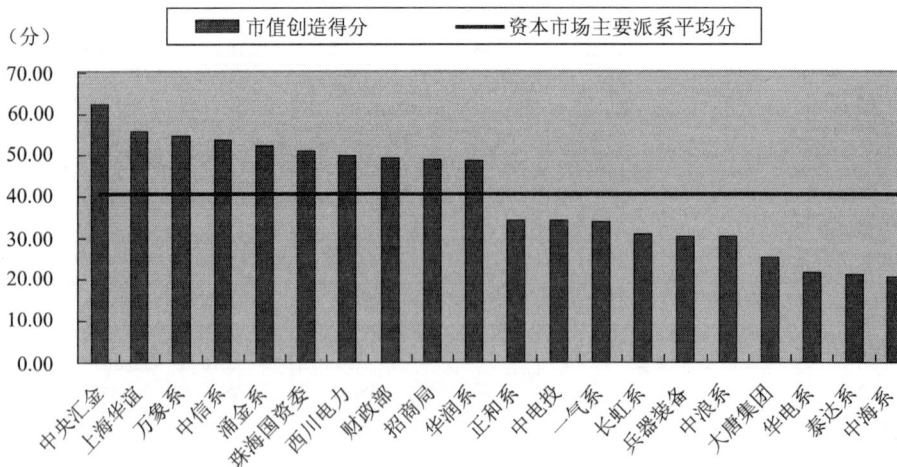

图7-4 2012年度主要派系控股公司价值创造绩效比较

3. 基础价值变化: 中海系落差明显

以 2006~2012 年度作为比较周期 (图 7-5), 分别选取基础价值总分前 3 名与倒数 3 名派系进行比较。基础价值居前 3 的派系中只有中材系较上年度出现下滑趋势; 反观倒数 3 名派系泰达系与华电系一直保持着低位震荡, 而中海系 2012 年度基础价值得分相对于 2006 年度的高分则出现了较大落差。

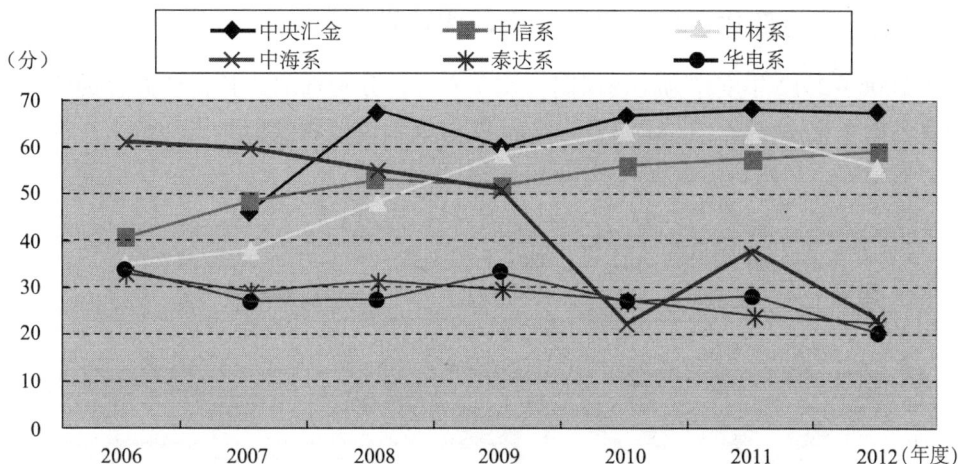

图 7-5　主要派系控股公司基础价值绩效变化趋势

4. 基础价值表现: 汇金独占鳌头, 华电继续垫底

从 2012 年度资本市场主要派系市值管理绩效基础价值得分来看 (图 7-6), 中央汇金独占鳌头, 以 68.02 分的高分稳坐该项评价头把交椅, 这也是唯一一个在此项评价中得分超过 60 分的派系。而华电系在基础价值评分中仅获 20.36 分, 排名垫底。

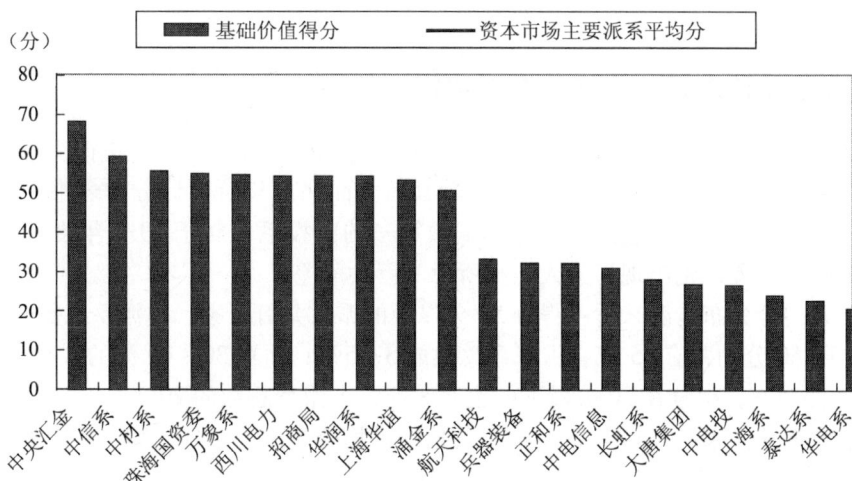

图 7-6　2012 年度主要派系控股公司基础价值绩效比较

从派系得分分布情况来看，得分50分以上的派系共有10个，占派系总数的25%；而得分在40~50分（图7-6）的共有13个，占派系总数的32.5%；得分在30~40分的共有11个派系，占总数的27.5%；而得分在30分以下的仅有6个，占派系总数的15%。

通过数据来看，40个派系基础价值的平均分是41.88分，其中高于平均分的派系共有21家，占比52.5%。

5. 成长价值变化：各个派系均有较大波动

以2006~2012年度作为比较周期（图7-7），分别选取成长价值总分的前3名与倒数3名派系进行比较，我们发现2012年度的成长价值得分前3甲均较上年度有大幅提升，而最后三家派系则出现大幅回落，需引起注意。

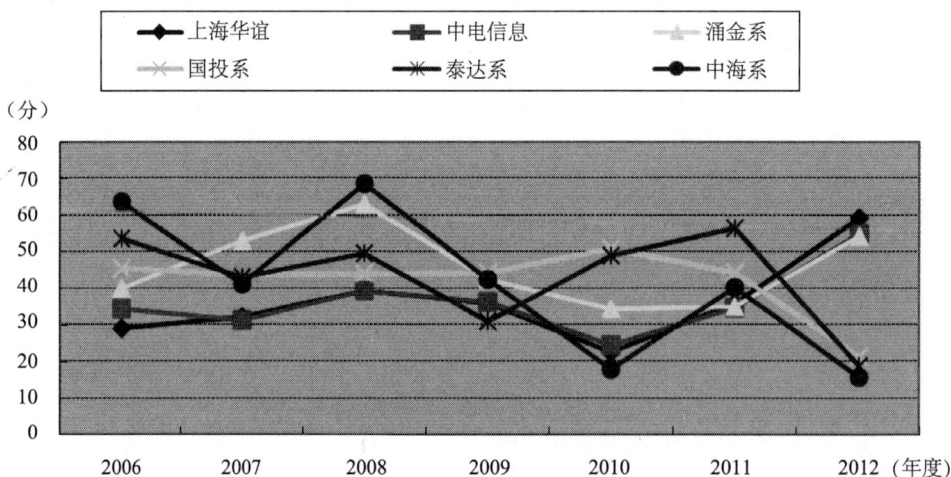

图7-7　主要派系控股公司成长价值绩效变化趋势

6. 成长价值表现：上海华谊系拔得头筹

在2012年度成长价值排行方面（图7-8），上海华谊以59.1分拔得头筹，中电信息与涌金系分别以54.95分、54.38分紧随其后。而在成长价值评分排名中，泰达以及中海系排名最后。值得注意的是，位于倒数第三的国投系相对于2011年度其成长价值得分排名前十位置，则出现了让人匪夷所思的巨大落差。

从派系得分分布情况来看：得分50分以上的派系共有7家，占派系总数的17.5%；得分在40~50分的共有15家，占派系总数的37.5%；而在30~40分的共有10家，占派系总数的25%；得分在30分以下的也有8家，占派系总数的20%。

通过数据整体来看，43个派系成长价值的平均分是39.12分，其中高于平均分的派系共有23个，占比57.5%。

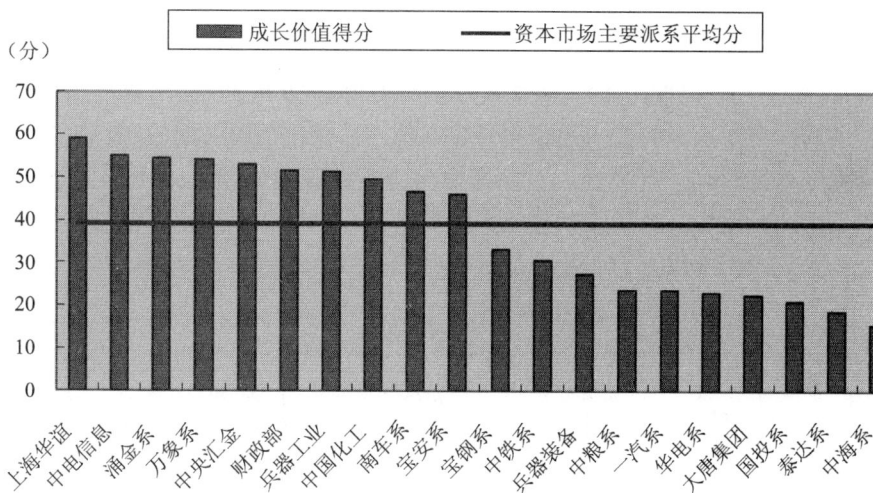

图 7 - 8　2012 年度主要派系控股公司成长价值绩效比较

三、价值实现：各个派系较上年度均有所下滑

1. 总体走势趋于下降

纵观 2006 ~ 2012 年度派系价值实现绩效变化趋势（图 7 - 9），各派系均呈现出震荡起伏的趋势，但总体来看各个派系价值实现得分较上年度均有所下降。

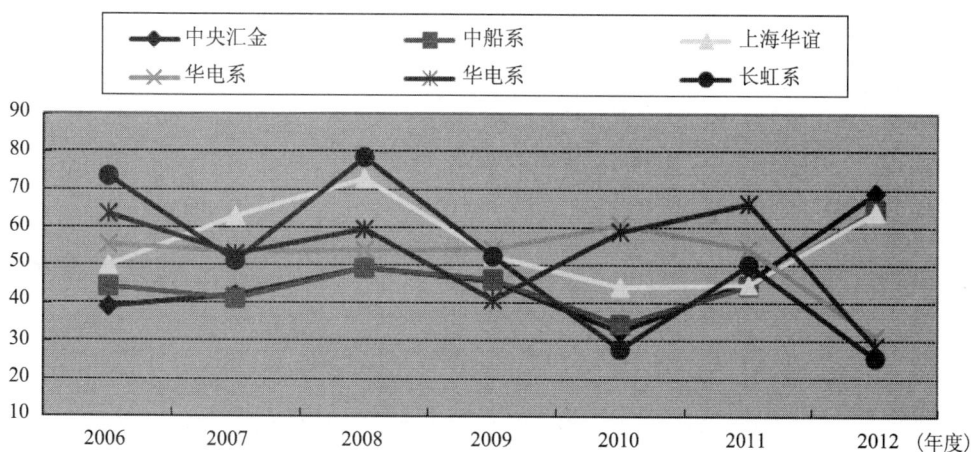

图 7 - 9　主要派系控股公司价值实现绩效变化趋势

2. 电力派系表现不佳

在价值实现方面（图7－10、表7－3），中央汇金以46.90分的得分力压众多对手再次夺得头魁，分析原因，其总市值得分排名第一，总市值得分增长率排名第三，为其价值实现得分夺冠起到了重要作用。同样作为央企控股的中船系以46.45分紧随其后。反观排名倒数的派系中，电力派系依然占主要地位，华电系以及中电信息排名倒数第三和第二位；长虹系得分仅有20.88分，位于榜单中最后一位。

表7－3　　　　　　　2012年度主要派系控股公司价值实现绩效排名

资本市场派系	公司家数	价值实现		总市值		总市值增长率		托宾Q	
		得分	排名	得分	排名	得分	排名	得分	排名
中央汇金	4	46.90	1	94.15	1	19.7	3	40.54	16
中船系	3	46.45	2	77.7	4	17.86	10	18.54	30
上海华谊	3	43.44	3	71.61	5	14.38	30	39.51	17
中铁系	3	42.47	4	79.28	3	13.23	40	37.56	19
复星系	3	40.76	5	80.65	2	14.14	32	8.75	35
中石化系	4	39.83	6	47.13	22	17.7	11	41.01	14
华润系	6	39.3	7	59.69	11	15.7	22	45.25	9
中信系	5	38.79	8	67.98	6	17.44	12	36.4	20
一汽系	3	38.09	9	64.8	7	17.07	15	38.15	18
涌金系	3	37.20	10	44.59	26	19.52	4	52.84	4
财政部	4	37.03	11	51.19	20	19.47	5	43.81	11
南车系	3	36.36	12	56.46	15	15.36	23	26.71	24
万象系	4	35.87	13	45.99	24	18.51	8	14.21	33
招商局	4	35.61	14	60.83	10	19.8	2	22.28	28
宝钢系	3	35.43	15	62.32	8	15.11	26	45.44	8
航天科技	4	34.42	16	53.24	17	14.61	29	6.75	37
国投系	3	34.21	17	59.11	12	17.14	14	45.7	7
宝安系	3	33.78	18	44.51	27	16.58	17	23.4	26
上海电气	4	33.51	19	56.26	16	15.82	20	34.74	21
航天科工	6	33.39	20	44.94	25	18.03	9	23.47	25
国电系	4	32.1	21	51.48	19	17.04	16	18.5	31
中粮系	3	32.04	22	58.53	13	14.9	28	41.12	13
中航系	12	31.89	23	41.5	29	17.34	13	1	40
中石油系	3	31.79	24	43.24	28	15.81	21	50.33	5
中海系	3	31.71	25	60.95	9	13.95	35	69.48	1

续表

资本市场派系	公司家数	价值实现		总市值		总市值增长率		托宾Q	
		得分	排名	得分	排名	得分	排名	得分	排名
正和系	3	31.35	26	32.65	37	23	1	46.72	6
中材系	4	30.7	27	51.86	18	14.08	33	41.81	12
兵器装备	6	30.56	28	36.12	32	13.87	36	40.86	15
上海仪电	4	29.89	29	33.11	36	15.12	25	16.8	32
大唐集团	3	29.37	30	58.47	14	13.87	37	27.35	23
珠海国资委	3	29.33	31	35.83	33	18.71	7	2.15	39
中电投	3	27.85	32	47.52	21	18.72	6	3.15	38
兵器工业	11	26.33	33	29.07	38	16.49	18	45.24	10
泰达系	4	25.91	34	33.38	34	14.04	34	13.35	34
西川电力	3	25.85	35	27.65	39	14.35	31	31.32	22
中国化工	5	25.6	36	33.29	35	15.04	27	21.63	29
清华系	3	24.99	37	37.94	30	15.29	24	57.79	2
华电系	3	24.32	38	46.87	23	13.42	39	6.84	36
中电信息	4	23.42	39	22.33	40	16.47	19	52.98	3
长虹系	3	20.88	40	37.13	31	13.49	38	23.1	27

从派系价值实现得分分布情况来看（图7-10），得分在40分以上的派系共有5个，占派系总数的12.5%；得分在30~40分的派系占有多数，合计23个，占总数的57.5%；得分在30分以下的共有12个，占派系总数的30%。

综合数据来看，40个派系成长价值的平均分是33.22分，较2011年度的平均41.32分下降19.60%，其中高于平均分的派系共有20个，占比50%。

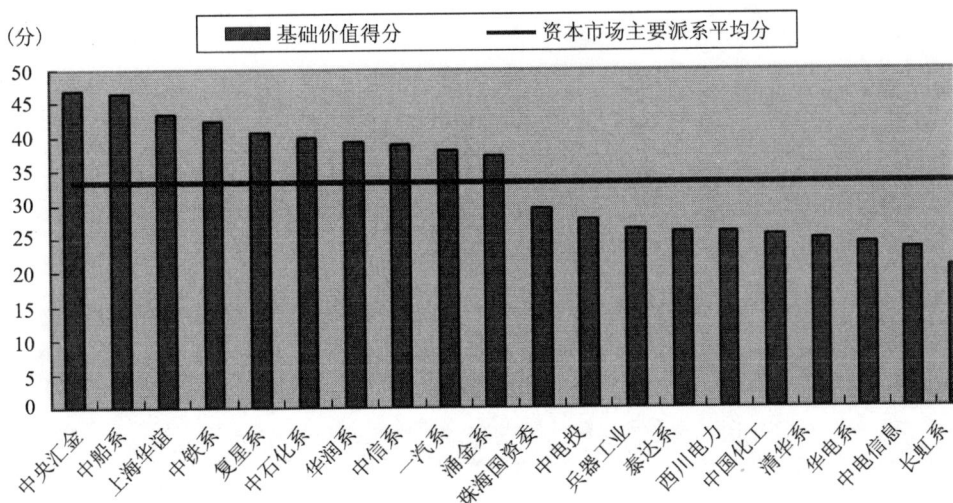

图7-10 2012年度主要派系控股公司价值实现绩效比较

3. 总市值变化：派系得分基本保持稳定

在总市值方面，以2006～2012年度作为比较周期（图7–11），分别选取总市值得分的前三名与倒数三名派系进行比较，各个派系自2007年度以来得分基本保持稳定。

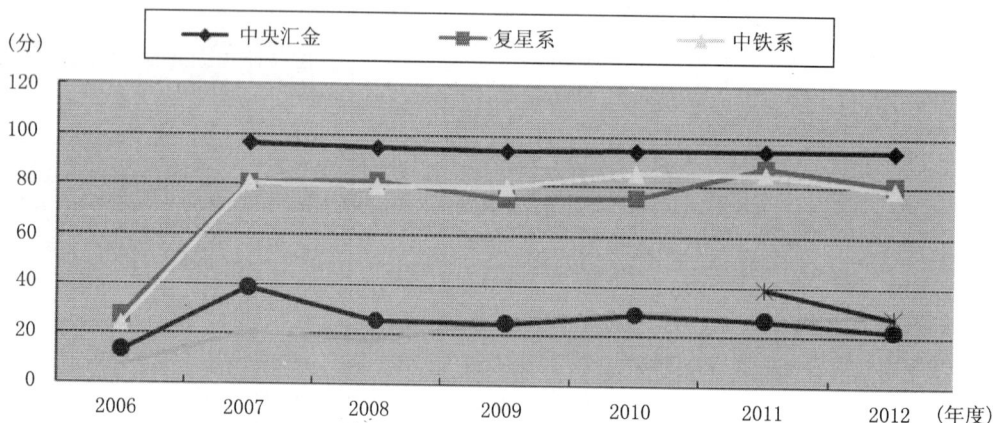

图7–11 主要派系控股公司A股市值得分变化趋势

4. 总市值表现：中央汇金无人匹敌

从2012年度总市值得分来看（图7–12），中央汇金优势明显，其94.15分的得分将第二名拉开近10分左右的差距。复星与中铁系以80.65分与79.28分的绩效得分，分获第二、第三名。

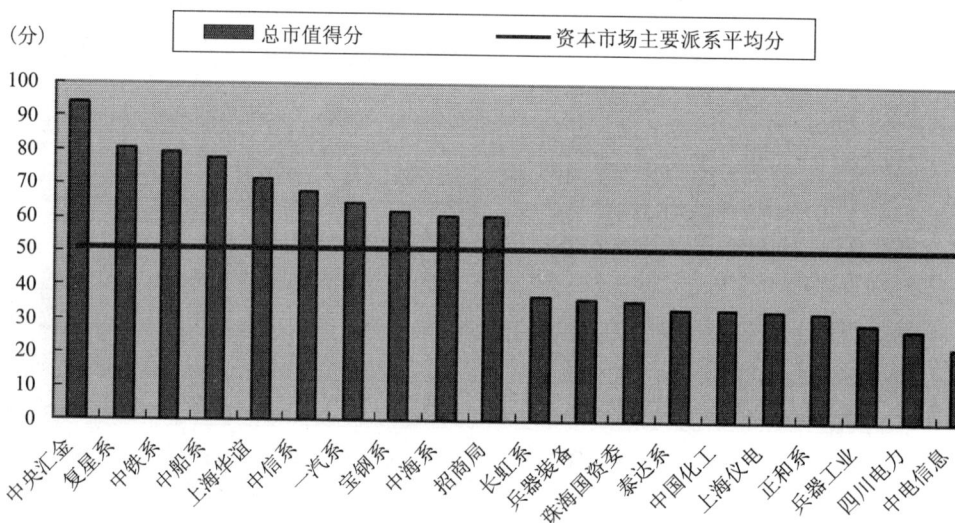

图7–12 2012年度主要派系控股公司A股市值得分比较

与中央汇金进行对比，总市值得分靠后的派系与其差距显得尤为巨大。以排名最后的中电信息为例，其总市值得分仅为22.33分，与中央汇金相差近4倍。

从派系总市值得分分布情况来看，得分60分以上的派系共有10个，占派系总数的25%，并以大型央企控股派系为主；得分在60～40分的共有19个，占派系总数的47.5%；而得分在40分以下的共有11个，占派系总数的27.5%。

通过数据来看，40个派系总市值的平均分是分51.03分，其中高于平均分的派系共有20个，占比50%。

5. 总市值增长率变化："之"字形走势趋同

纵观2006～2012年度市值增长率绩效变化趋势（图7-13），我们可以发现以下特点：一是所选取的排名派系总体趋势基本持平，均呈现"之"字形走势；二是各派系总市值增长率均在2007年度达到峰顶，而又在2008～2009年度下探谷底，并在接下来的2010年度开始呈现不同幅度的回升；三是2012年度各家派系总市值增长率相较于2011年度略有下滑。

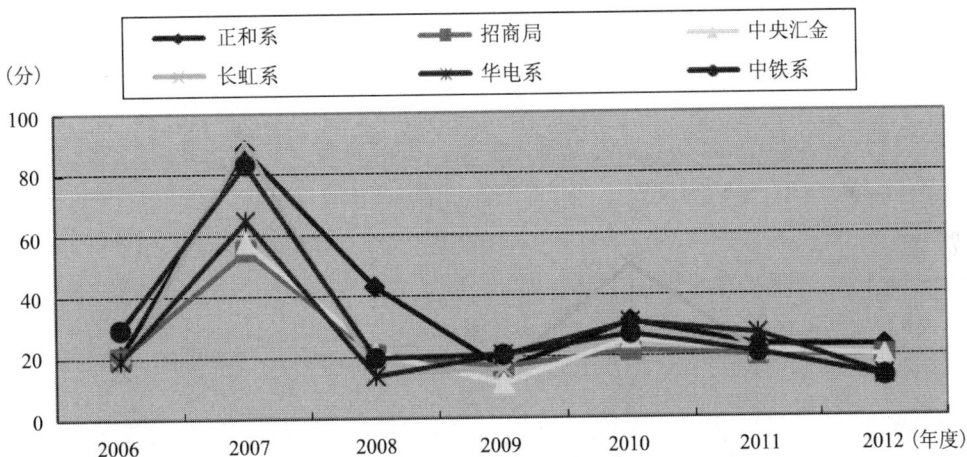

图7-13　主要派系控股公司市值增长率得分变化趋势

6. 总市值增长率表现：正和系一举夺魁

从40个派系总市值增长率得分来看（图7-14），正和系以其绝对优势力压群芳，招商局和中央汇金系分获总市值增长率排名第二和第三位，长虹系与华电系依然垫底。

从得分分布来看，20分以上派系仅有正和系一个，其他派系分值均分布在10～20分这个区间。

通过数据来看，40个派系总市值的平均分为16.3分，其中高于平均分的派系共有19个，占比47.5%。

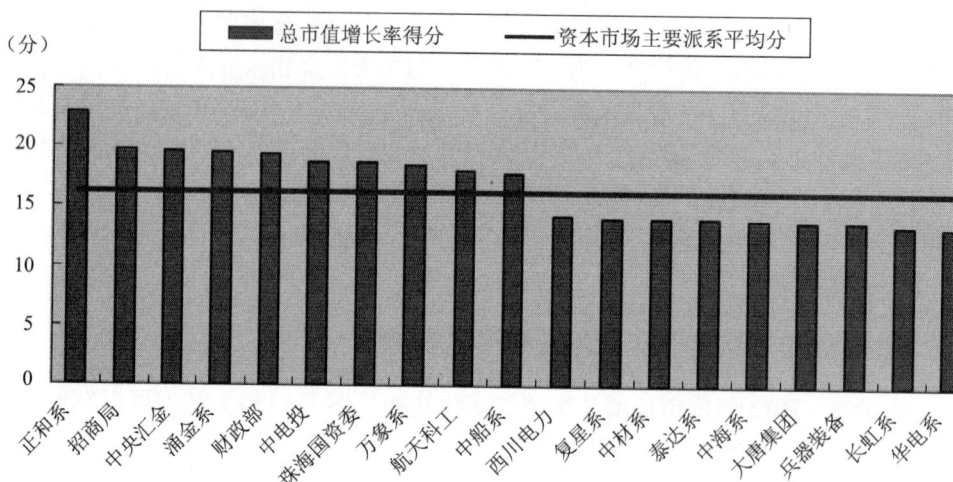

图 7 - 14　2011 年度主要派系控股公司市值增长率得分比较

7. 托宾 Q 变化：得分较上年度下降明显

从托宾 Q 得分趋势来看（图 7 - 15），近 3 年该项指标得分总体平稳，相比较于 2011 年度托宾 Q 得分，2012 年度总体呈现下滑趋势，并且得分排名前 3 与最后 3 名之间有大幅度的落差，华电系在该项得分中仅有 1 分。

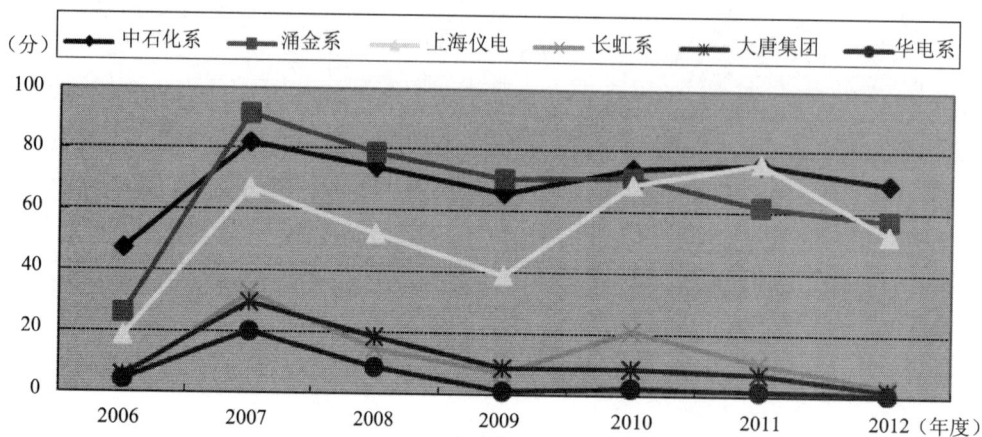

图 7 - 15　主要派系控股公司托宾 Q 得分变化趋势

8. 托宾 Q 表现：中石化系优势明显

在托宾 Q 绩效指标对比中（图 7 - 16），中石化系以 69.48 分获得冠军殊荣，涌金系和上海仪电分别以 57.79 分和 52.98 分跟随其后，长虹系、大唐集团、华电系为最后 3 名。全部 40 个派系的托宾 Q 平均分为 30.44 分，其中 22 个派系高于平均分，占比 55%。

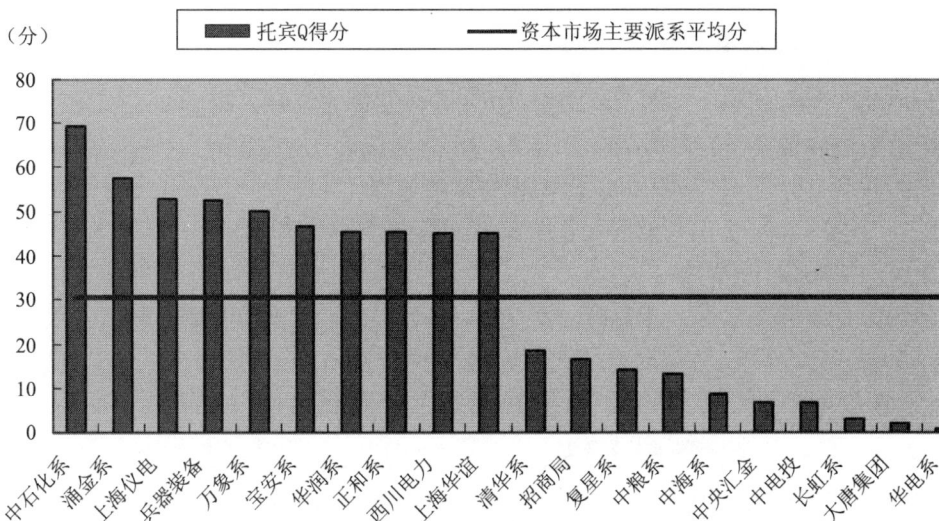

图7-16　2012年度主要派系控股公司托宾Q得分比较

四、价值关联度：2012年度分化严重加剧

1. 2012年度呈明显分化趋势

从2006~2012年度各派系价值关联度得分的走势，我们发现，2012年度该项指标得分分化程度较大。2011年度派系关联度得分基本相对集中，而在2012年度则出现了相反走势，中央汇金系依然一马当先成为佼佼者，国电系与华润系紧随其后。反观一汽系则出现了较大幅度的回落（图7-17）。

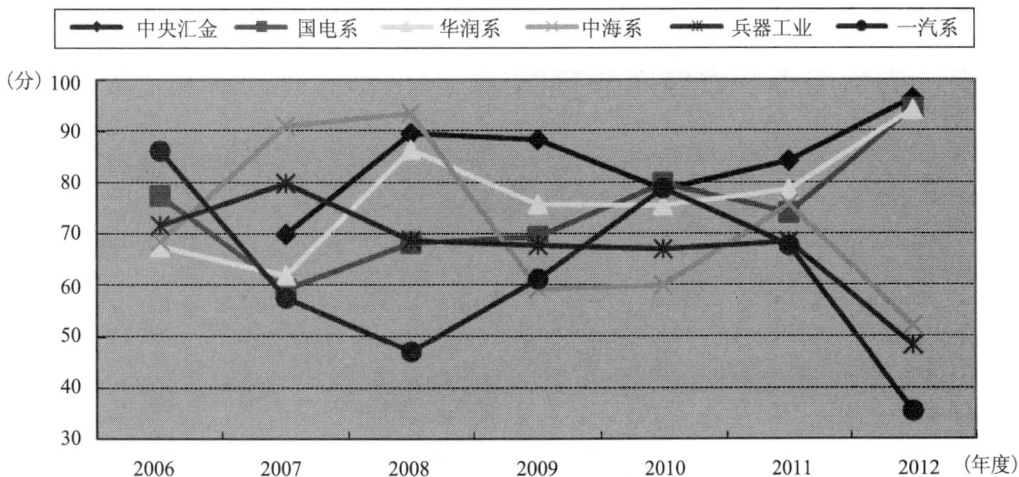

图7-17　主要派系控股公司价值关联度绩效变化趋势

2. 一汽系大幅落差居于末位

价值关联度得分显示（图7－18），中央汇金系排名第一，得分96.32分，而国电系和华润系也表现突出，以94.58分与94.35分分获第二、第三名，一汽系2012年度在价值关联度得分仅35.36分，以较大落差排名末位。

除前三甲外，20个派系价值关联绩效得分高于平均分70.21分，其余18个派系得分低于价值关联绩效平均分。

从得分分布情况来看，多数派系集中在60分以上，合计30家派系，占派系总数的75%。

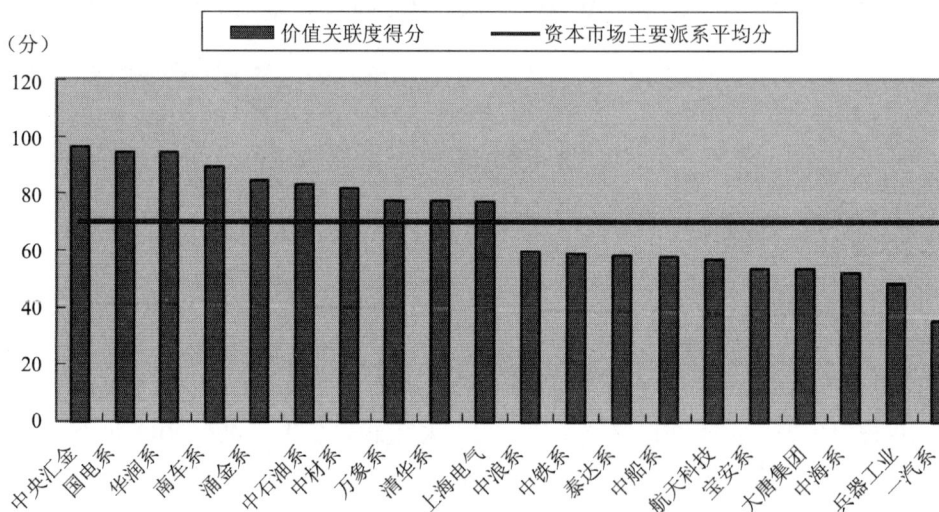

图7－18　2012年度主要派系控股公司价值关联度绩效比较

五、溢价因素：中铁系表现突出

1. 中铁系、中央汇金、华润系排名前三

在溢价因素方面（表7－4），中铁以25.17分遥遥领先于其他派系，蝉联三年冠军。中央汇金和华润系分别以24.00分和18.99分位居第二、第三位。其中中铁系在金牌董秘、公司治理、沪深300排名中皆获第一，为此次溢价因素夺魁奠定了基础。

表 7-4　2012 年度主要派系控股公司溢价因素比较

资本市场派系	公司家数	溢价因素 得分	排名	金牌董秘 得分	排名	公司治理 得分	排名	股权激励 得分	排名	沪深300 得分	排名	行业龙头 得分	排名	机构增减持 得分	排名
中铁系	3	25.17	1	67.00	1	100.00	1	1.00	4	100.00	1	34.00	3	-5.67	32
中央汇金	4	24.00	2	25.75	8	75.25	3	1.00	6	100.00	2	42.00	2	0.25	18
华润系	6	18.99	3	50.50	5	67.00	6	17.50	3	67.00	4	17.50	19	-3.67	28
中海系	3	18.94	4	1.00	22	100.00	2	1.00	5	67.00	5	22.67	12	-1.00	24
复星系	3	18.63	5	1.00	23	67.00	11	1.00	11	67.00	6	34.00	4	-3.67	27
国投系	3	16.56	6	34.00	6	67.00	7	1.00	9	34.00	11	1.00	23	19.33	1
宝安系	3	16.18	7	55.67	4	0.33	40	34.00	2	34.00	10	1.00	22	2.00	10
中信系	5	16.03	8	14.00	19	40.60	14	1.00	15	60.40	7	20.80	17	1.20	14
航天科技	4	15.97	9	1.00	24	75.25	4	1.00	7	75.25	3	1.00	20	-17.25	39
宝钢系	3	15.54	10	22.67	11	67.00	8	1.00	10	34.00	12	34.00	5	3.33	7
中粮系	3	15.34	11	34.00	7	34.00	16	1.00	16	34.00	15	34.00	6	-5.00	29
航天科工	6	13.35	12	17.50	16	50.50	13	1.00	14	34.00	14	44.83	1	-0.33	22
国电系	4	13.28	13	17.25	18	25.75	26	1.00	26	50.50	8	1.00	21	3.50	6
大唐集团	3	12.59	14	22.67	12	34.00	16	1.00	17	34.00	16	22.67	14	9.33	2
南车系	3	12.00	15	1.00	25	67.00	10	34.00	1	34.00	9	22.67	13	-17.67	40
上海电气	4	11.46	16	1.00	26	75.25	5	1.00	8	25.75	22	25.75	9	-5.25	30
中船系	3	11.33	17	1.00	27	67.00	11	1.00	12	34.00	13	1.00	24	5.33	4
中材系	4	10.70	18	58.25	3	25.75	23	1.00	24	25.75	25	1.00	28	-16.50	38
中电投	3	10.47	19	67.00	2	1.00	30	1.00	31	1.00	35	1.00	36	7.00	3
招商局	4	9.34	20	25.75	9	50.50	12	1.00	13	25.75	23	1.00	27	2.50	9
中国化工	5	9.25	21	20.80	15	20.80	28	1.00	29	20.80	28	20.80	18	0.60	16
中石油系	3	8.67	22	1.00	28	34.00	19	1.00	18	34.00	17	34.00	7	-5.67	33
长虹系	3	8.51	23	1.00	29	34.00	20	1.00	21	34.00	18	22.67	15	1.67	12
财政部	4	8.03	24	25.75	10	25.75	25	1.00	25	25.75	24	25.75	10	0.25	19
清华系	3	7.91	25	1.00	30	34.00	21	1.00	22	34.00	19	22.67	16	-13.33	37
万象系	4	7.22	26	1.00	31	0.50	39	1.00	40	25.75	27	1.00	29	0.00	20
中石化系	4	7.21	27	1.00	32	25.75	26	1.00	27	25.75	26	25.75	11	1.25	13
上海华谊	3	7.07	28	1.00	33	1.00	32	1.00	33	1.00	36	34.00	8	1.00	15
兵器装备	6	6.95	29	11.83	20	17.50	29	1.00	30	17.50	29	1.00	30	1.83	11
一汽系	3	6.65	30	1.00	34	1.00	33	1.00	34	34.00	20	1.00	25	-12.00	36
涌金系	3	6.57	31	1.00	35	1.00	34	1.00	35	34.00	21	1.00	26	-8.67	35
中航系	12	6.56	32	17.50	17	1.00	31	1.00	32	17.50	30	1.00	31	-5.33	31

资本市场派系	公司家数	溢价因素		金牌董秘		公司治理		股权激励		沪深300		行业龙头		机构增减持	
		得分	排名	得分	排名	得分	排名	得分	排名	得分	排名	得分	排名	得分	排名
珠海国资委	3	6.52	33	22.67	13	34.00	17	1.00	18	1.00	32	1.00	33	−7.67	34
兵器工业	11	5.42	34	6.91	21	28.00	22	1.00	23	10.00	31	1.00	32	3.91	5
华电系	3	4.67	35	22.67	14	34.00	18	1.00	19	1.00	33	1.00	34	2.67	8
中电信息	4	2.67	36	1.00	36	25.75	27	1.00	28	1.00	34	1.00	35	−2.75	26
西川电力	3	0.81	37	1.00	37	1.00	35	1.00	36	1.00	37	1.00	37	0.33	17
正和系	3	0.32	38	1.00	38	1.00	36	1.00	37	1.00	38	1.00	38	0.00	21
上海仪电	4	0.29	39	1.00	39	1.00	37	1.00	38	1.00	39	1.00	39	−0.75	23
泰达系	4	0.25	40	1.00	40	1.00	38	1.00	39	1.00	40	1.00	40	−1.75	25

通过数据来看（图7-19），40个派系在溢价因素方面的平均分是10.44分，有19个派系溢价因素得分高于平均分，占比47.5%。

从溢价因素得分分布情况来看，15分以上派系共有11个，占派系总数的27.5%；而5~15分派系共有23个，占派系总数的57.5%；得分低于5分的派系共有6个，占派系总数的48%。

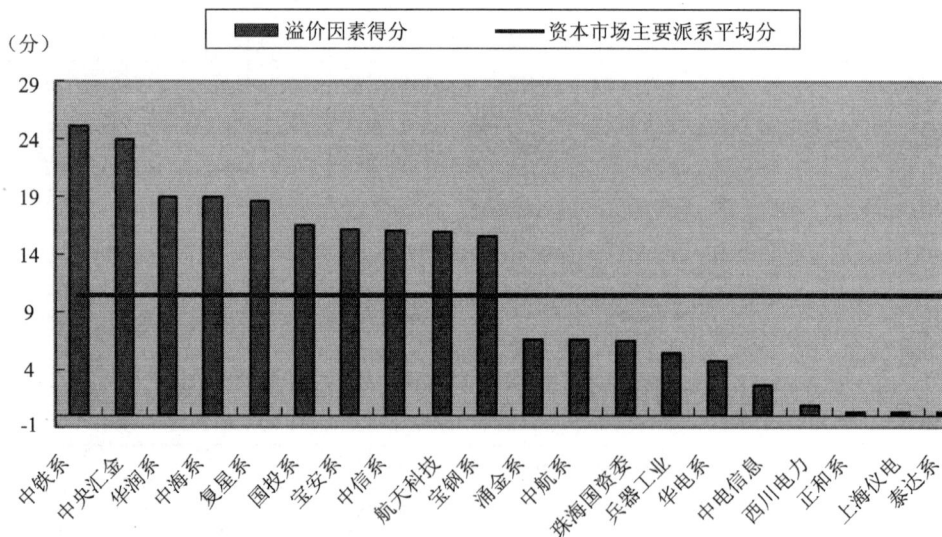

图7-19 2012年度主要派系控股公司溢价因素比较

2. 金牌董秘：超出半数派系榜上有名

从2012年度金牌董秘得分情况来看，共有21个派系榜上有名，分别是中电投、中

铁系、中材系、宝安系、华润系、国投系、中粮系、招商局、中央汇金、财政部、大唐集团、宝钢系、华电系、珠海国资委、中国化工、航天科工、中航系、国电系、中信系、兵器装备以及兵器工业。其中中电投控股上市公司金牌董秘获奖比例最高。

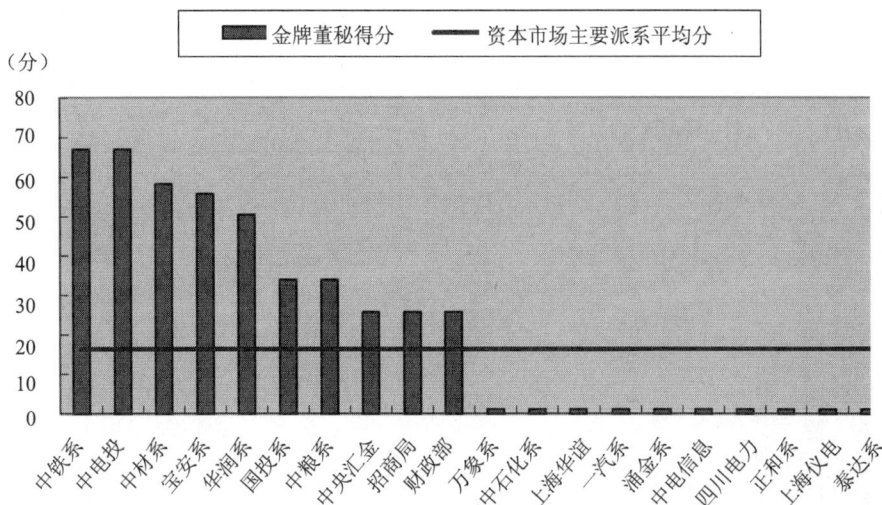

图 7 – 20 **2012 年度主要派系控股公司金牌董秘得分比较**

3. 公司治理：29 个派系均有公司获得溢价

在市值意识日渐被唤醒的今天，越来越多的上市公司也更加注重公司治理的规范运作。从 2012 年度公司治理得分来看（图 7 – 21），有 29 个派系有控股公司入选治理指数，占派系总数的 72.5%。其中中铁系和中海系旗下 3 家上市公司全部入选治理指数，因此该项得分也为满分，宝安系则以 0.33 分排名垫底。

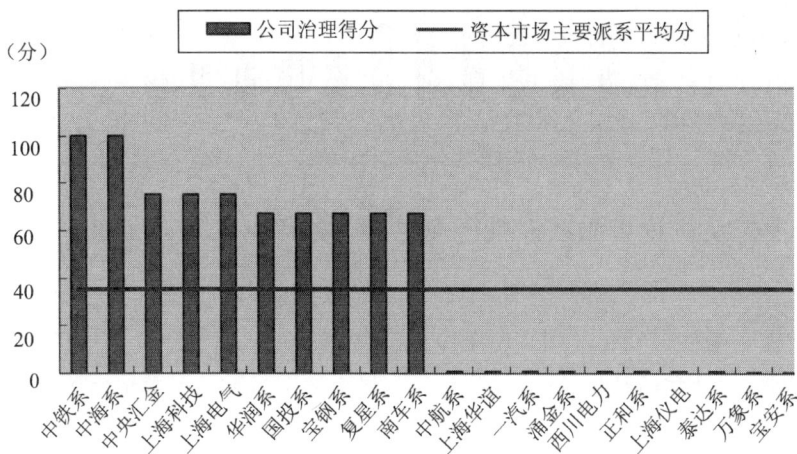

图 7 – 21 **2012 年度主要派系控股公司公司治理得分比较**

4. 股权激励：进展缓慢，仅 3 个派系 4 家公司参与

从 2012 年度股权激励得分来看（图 7 – 22）。控股上市公司推出股权激励的派系仅有 3 个，为别为南车系、宝安系、华润系。其中南车系 3 家上市公司中有 2 家推出了股权激励，得分居前。

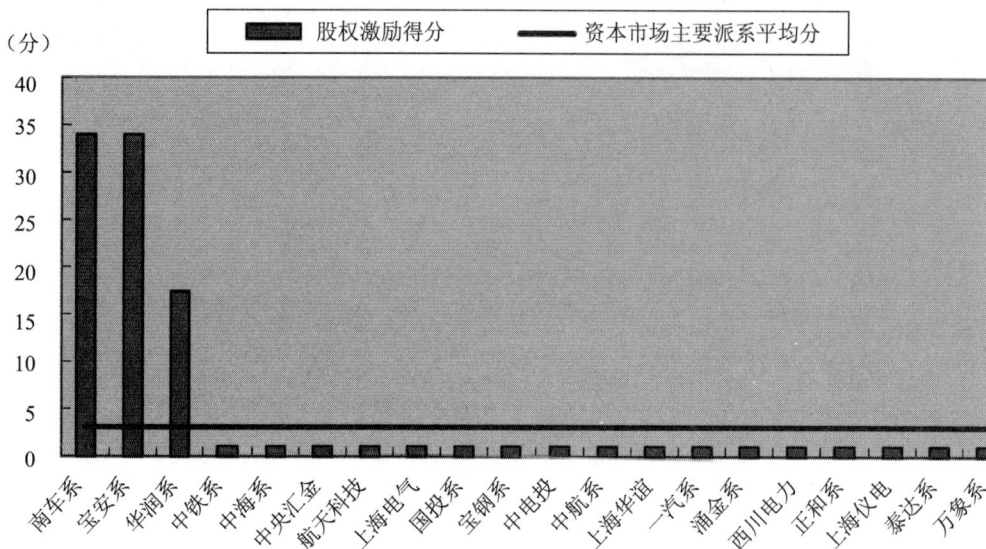

图 7 – 22　2012 年度主要派系控股公司股权激励比较

5. 沪深 300 指数：中铁系、中央汇金得满分

沪深 300 指数是反映 A 股市场整体走势的指数，其目的是反映中国证券市场股票价格变动的概貌运行情况，为指数化投资和指数衍生产品创新提供基础条件。

从 2012 年度沪深 300 得分情况来看（图 7 – 23），中铁系、中央汇金、航天科技为前三甲。其中中铁系、中央汇金得分都为满分，说明其控股上市公司全部入选沪深 300 指数。除此三个以外，31 个派系都有上市公司入选沪深 300 指数，占派系总数的 77.5%。

6. 行业龙头：近半派系控股行业龙头，航天科工表现最佳

各行业之间的竞争日益激烈，作为行业的龙头企业在行业中的比较优势已日渐凸显。从行业龙头指标得分看（图 7 – 24），40 个派系中，有 19 个派系控股上市公司中有行业龙头企业，其中排名前三位的分别是航天科工、中央汇金以及中铁系。

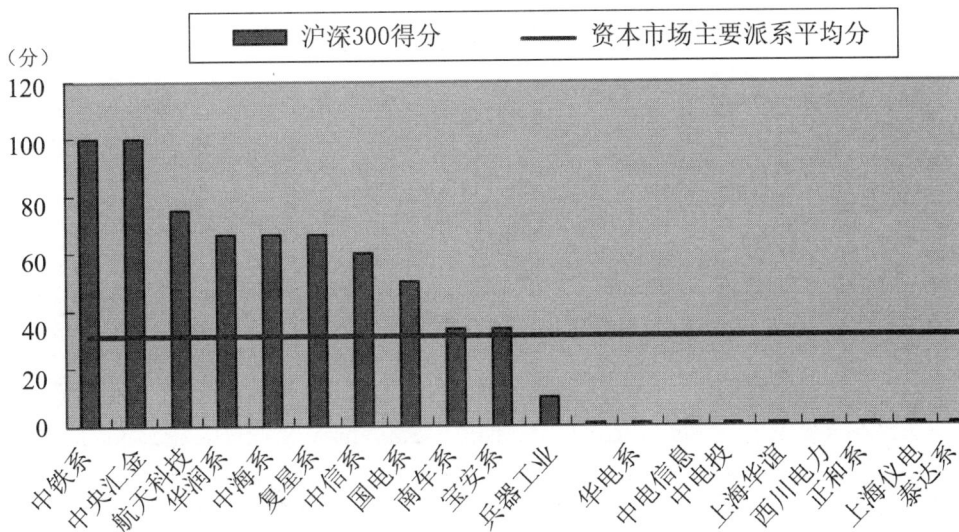

图 7 – 23 2012 年度主要派系控股公司沪深 300 指数溢价得分比较

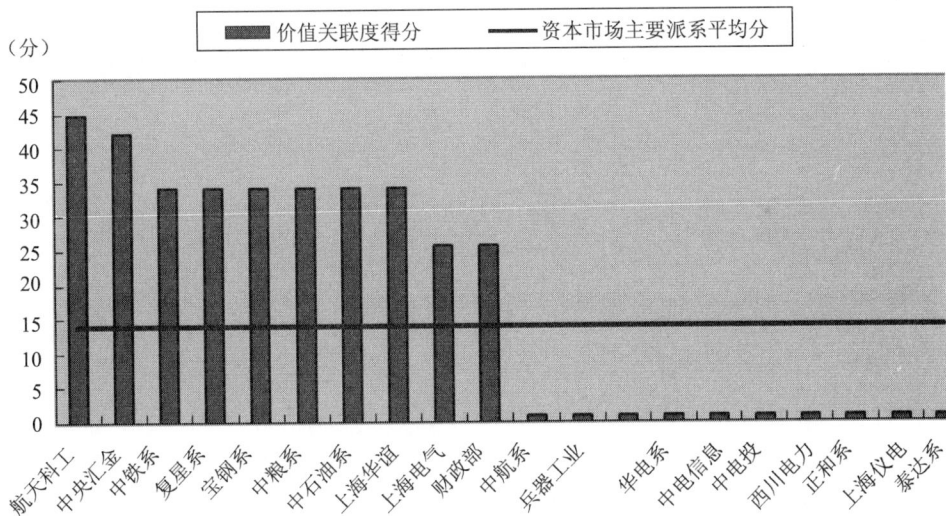

图 7 – 24 2012 年度主要派系控股公司行业龙头一家得分比较

7. 机构增减持: 国投系受机构追捧

从机构增减持得分来看（图 7 – 25），2012 年度资本市场各派系得分两极分化情况依旧明显，其中得分为正的仅有 19 个。国投系、大唐集团和中电投分别为前三名，40 个派系机构增减持平均分为 – 1.67 分，航天科技和南车系得分最低，机构减持数量也在一定程度上说明机构对上市公司的认可度，各派系在日后的投资者沟通工作中有待加强。

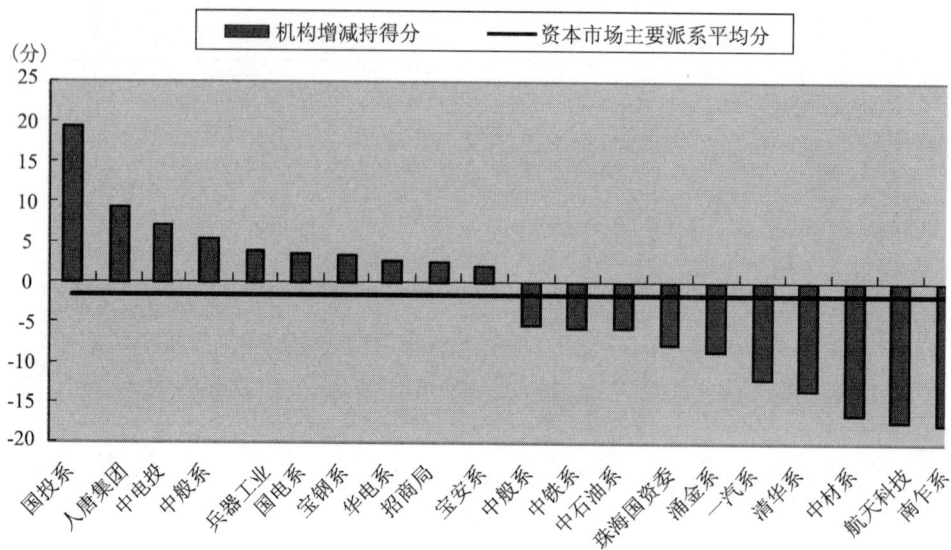

图7-25 2012年度主要派系控股公司机构增减持得分比较

第八章

2012 年度市值管理绩效评价：
市场板块分析

2012 年度各市场板块市值管理绩效评价中，沪市 A 股不负众望，以 41.25 分的成绩领先深市 A 股，夺得综合绩效排名冠军。沪市 A 股的领先主要得益于价值实现与价值创造绩效的较好表现，这令深市上市公司难以超越。虽然在价值关联度方面均未能拔得头筹，但是受益于价值创造、价值实现的优异表现，将冠军收入囊中。此外，深市中小板在价值关联度方面明显好于沪市 A 股公司，但在价值溢价方面却远远落后。而 2011 年度在价值创造方面排名第一的深市创业板跌幅巨大，排名垫底，说明创业板公司应加强对自身盈利能力的管理。

从 2006～2012 年度各市场板块市值管理综合绩效得分趋势来看，各板块得分在 2007 年度达到顶峰以后逐年下降，并于 2009 年度探底回升。各板块得分自 2007 年以后都较为接近，走势趋同。此外，除沪市 A 股 2011 年度表现略有提升外，其他板块均出现不同程度下降。而深市中小板走势最为稳定，并在 2010～2011 年度领跑各板块。创业板则下跌，并于 2012 年度领跌各板块。

一、总体表现：沪市 A 股夺冠，深市各板走低

在 2012 年度市值管理综合绩效评价中，深市中小板与创业板上市公司数量大幅增长。受此影响，在 A 股上市公司数量分布上，沪市上市公司占比首次低于 4 成，下降至 39.40%。从市值管理绩效总分看，各板块得分总体走低，沪市 A 股表现较好夺得冠军，得分远超其他版块，而深市各板的绩效得分同比落差很大。

1. 市场结构：深市数量上远超沪市，创业板与中小板增幅明显

2006～2012 年度以来，随着中国资本市场持续发展，特别是 2009 年末创业板市场的成功开板，参与绩效评价的上市公司样本不断增加。在各市场板块上市公司数量分布中，创业板与中小板加速扩容，而深市创业板年度表现最为抢眼，2012 年度创业板公司总家数已同比上升 158.51%，至 243 家（图 8-1、图 8-2）。

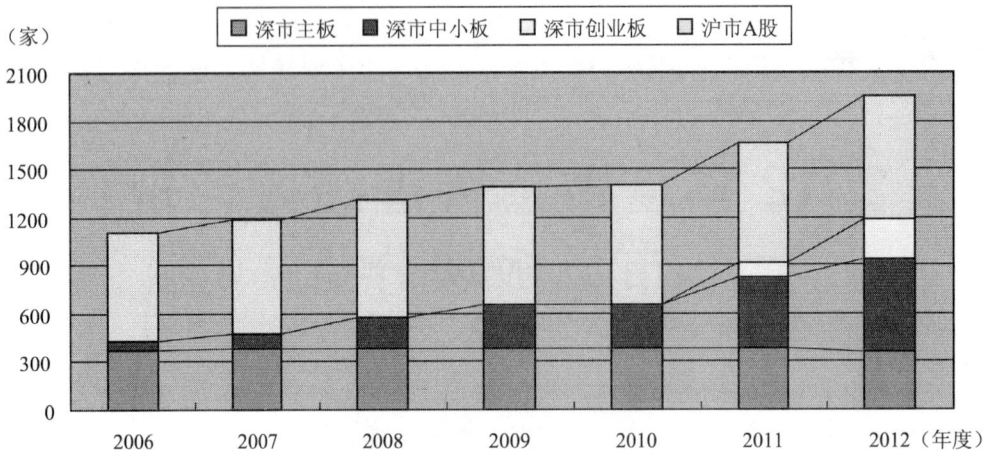

图 8-1　不同市场上市公司数量变化

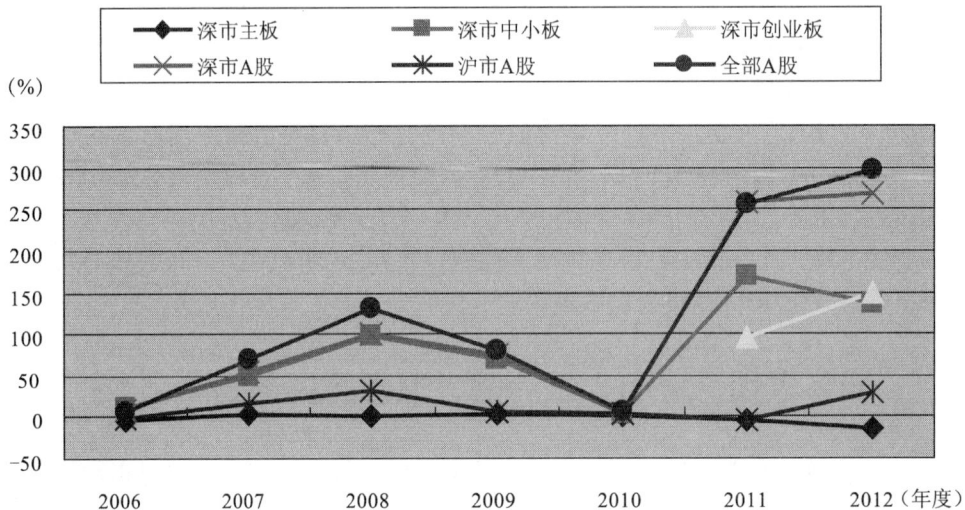

图 8-2　不同市场上市公司数量增长比较

　　2012 年度合计 1952 家上市公司参与市值管理绩效评价（图 8-3）。其中深市主板、深市中小板、深市创业板、深市 A 股和沪市 A 股分别有 365 家、575 家、243 家、1183 家和 769 家公司参选。随着深市中小板与创业板的快速扩容，深市 A 股家数大幅领先沪市 A 股，市场结构转化成深市扩容大发展的局面。

2. 沪市 A 股再次领先

　　2006～2012 年度，各市场板块上市公司绩效得分呈现出一定波动。2006～2009 年度，受国际金融危机影响，各板块得分持续走低，相比之下沪市 A 股表现较好。深市中小板 2010 年度首次超过沪市 A 股得分，排名榜首，并创出近 5 年最高得分。

深市中小板在2011年度继续保持领先, 但相比2010年度, 只有沪市A股得分同比上升, 其他板块得分均有下降。2012年度, 板块得分全面走低, 沪市A股降幅最小, 再次领先。(图8 – 4)。

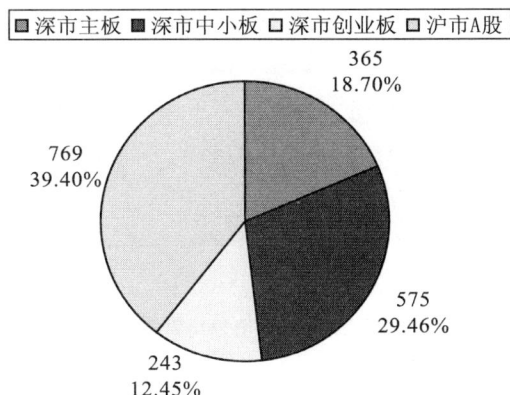

图 8 – 3 2012 年度不同市场上市公司数量占比

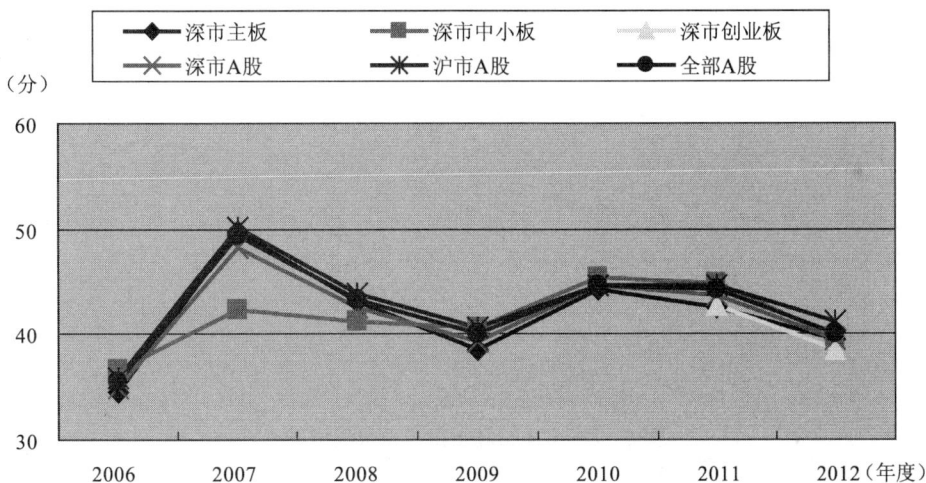

图 8 – 4 不同市场上市公司市值管理综合绩效变化趋势

3. 各市场差异增大

不同市场板块2012年度市值管理综合绩效得分差距较2011年度有所增大。沪市A股以41.25分的平均得分排名榜首, 深市各板得分同比大幅走低, 致使深市A股以39.42分落后于沪市A股。(图8 – 5)。

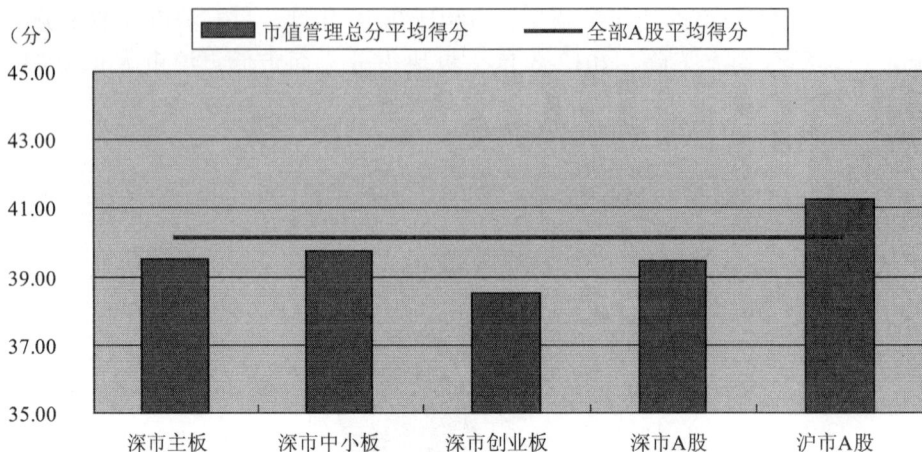

图8-5 2012年度不同市场上市公司市值管理综合绩效比较

二、价值创造：沪强深弱

2012年度，沪市A股赶超深市各板块，以42.33分拔得头筹。虽然在基础价值得分上并不占优，但受益于成长价值得分远超其他板块的优异表现，沪市A股仍将价值创造桂冠揽入囊中。

1. 沪市A股终登榜首

从2006~2012年度价值创造得分趋势图看，2012年沪市A股摆脱了得分低于深市板块的阴影，并以42.33分排名第一。各板块2012年度价值创造绩效得分，均较2011年度有所下降，其中创业板降幅最大（图8-6）。

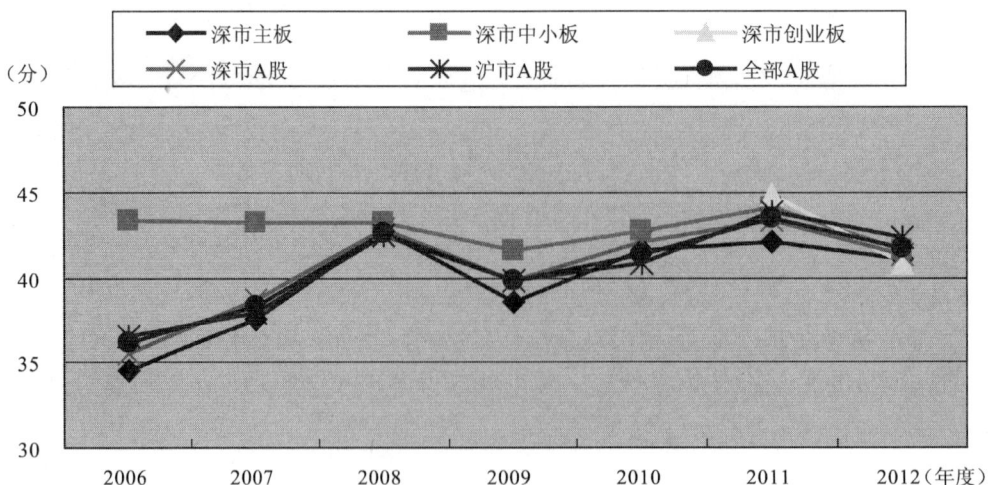

图8-6 不同市场上市公司价值创造绩效变化趋势

从 2012 年度价值创造角度看（表 8-1），沪市 A 股表现较好，以 42.33 分领跑各板块，并高出全部 A 股均值 0.63 个百分点，表现出沪市 A 股公司优于整体市场盈利水平。此外，深市各板块均低于全部 A 股平均分。而深市创业板则明显拖累深市 A 股成绩，以 40.87 分排名末位，低于全部 A 股得分 0.83 个百分点。

表 8-1　　　　　　　2012 年度不同市场上市公司价值创造绩效比较

市场板块	数量	数量占比（%）	价值创造平均得分	基础价值平均得分	成长价值平均得分
深市主板	365	18.70	41.11	42.07	39.67
深市中小板	575	29.46	41.57	44.94	36.52
深市创业板	243	12.45	40.87	46.56	32.34
深市 A 股	1183	60.60	41.29	44.39	36.64
沪市 A 股	769	39.40	42.33	43.31	40.86
全部 A 股	1952	100.00	41.70	43.96	38.30

2. 基础价值：创业板领先，中小板稳定

基础价值代表了上市公司在过去的一年中的盈利能力。在 2006～2012 年度基础价值评分趋势方面，创业板与中小板 2012 年度得分均较 2011 年度减小。但创业板仍占优势，排名第一，深市中小板表现稳定，各板块差距缩小。（图 8-7）。

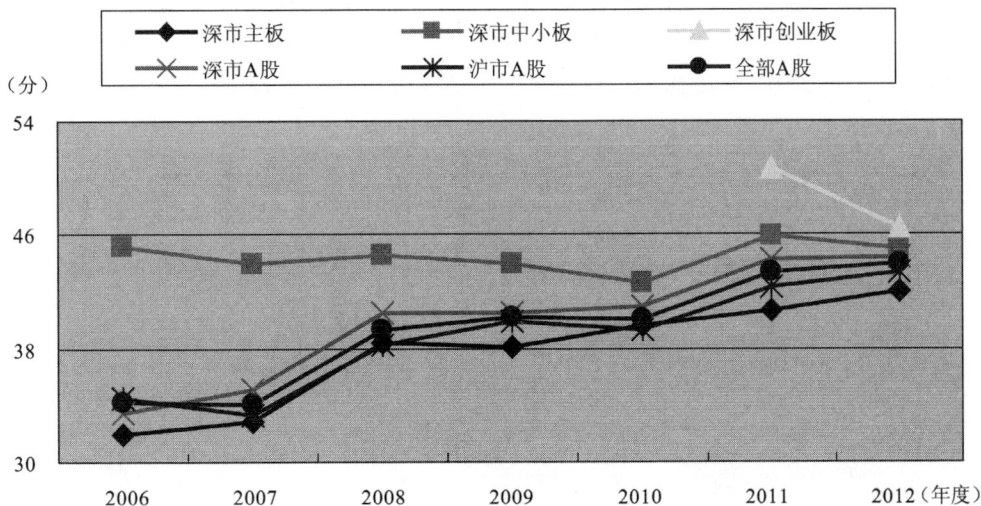

图 8-7　不同市场上市公司基础价值绩效变化趋势

2011 年度深市创业板基础价值绩效得分以微弱优势高于其他市场板块，其 46.56 分高出全部 A 股水平 2.6 个百分点，价值创造能力相对较高（图 8-8）。与之相对应的，

深市主板 42.07 分和沪市 A 股 43.31 分的表现均低于整个市场，分居倒数第一、第二位。

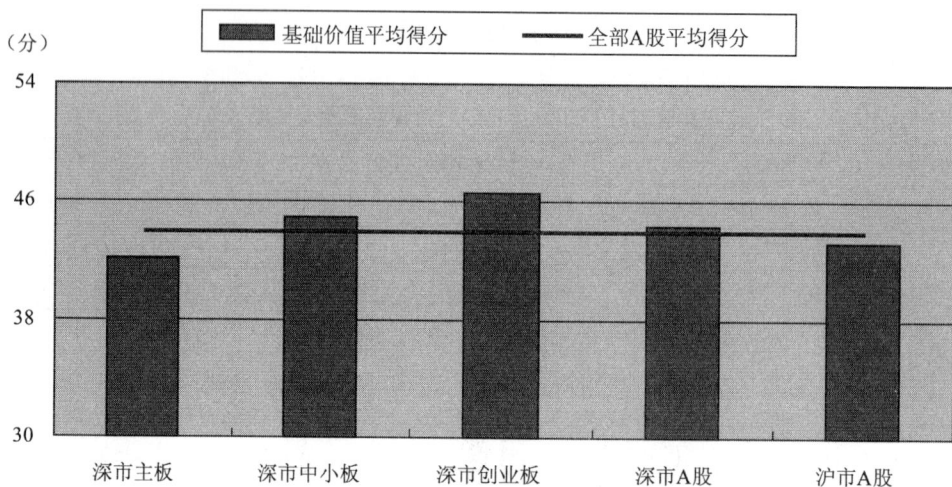

图 8-8　2011 年度不同市场上市公司基础价值绩效比较

3. 成长价值：沪市超深市，创业板垫底

在成长价值得分趋势变化中（图 8-9），各市场板块波动性明显。深市主板在 2008 年度达到历史评分高点，并在此后的 2009～2012 年度中有所起伏，波动性最大。深市中小板虽波动性最小，但在 2007～2010 年度连续 4 年成长绩效排名都垫底。相较基础价值的优秀表现，2012 年度深市创业板成长价值得分最低，排名垫底。

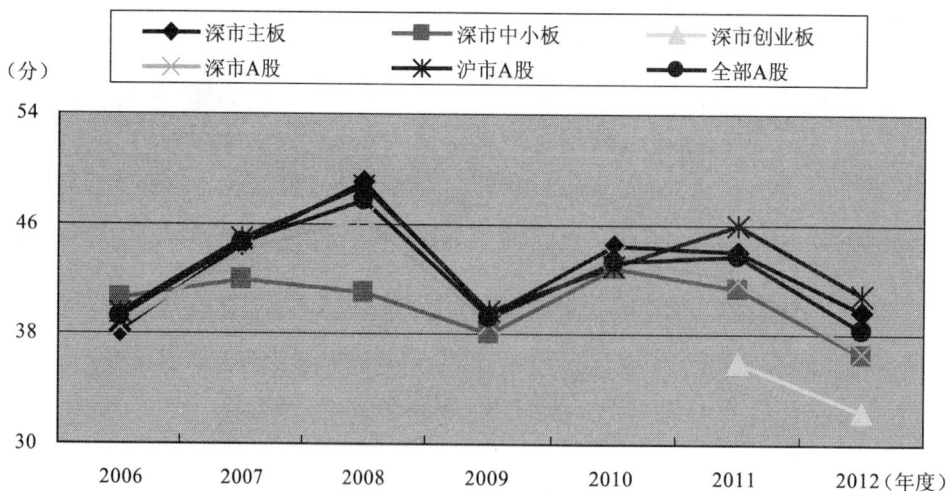

图 8-9　不同市场上市公司成长价值绩效变化趋势

成长价值体现了上市公司成长性的强弱。与在基础价值荣登榜首的表现大相径庭，创业板以32.34分，和低于全部A股平均得分5.96个百分点的表现垫底。而在基础价值得分中列倒数第二的沪市A股成长价值得分40.86分，排名各板块第一（图8-10）。

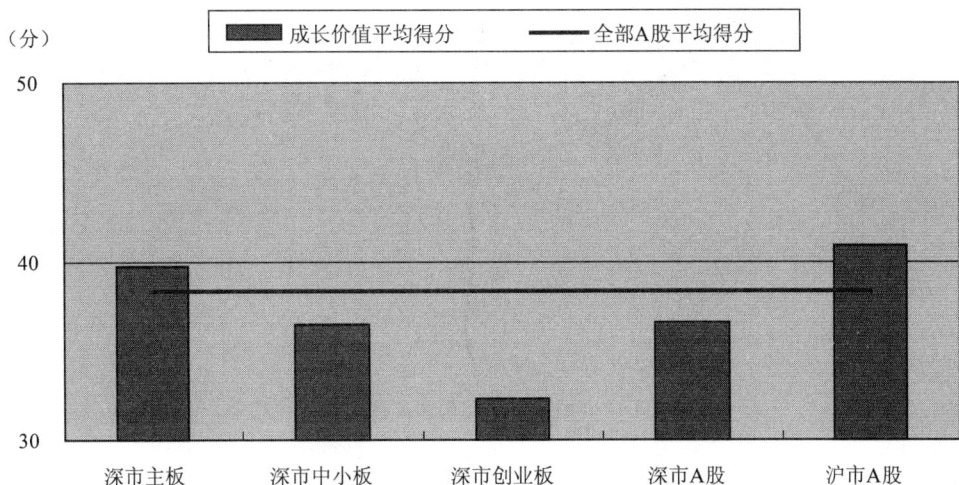

图 8-10　2012 年度不同市场上市公司成长价值绩效比较

三、价值实现：整体下降，沪市表现相对较好

在价值实现得分方面，2012年度各板块表现较2011年度出现整体下滑。其中沪市A股在价值实现平均得分和总市值得分方面累计了较大的优势，以46.25分问鼎榜首。创业板则在托宾Q得分明显高于其他板块的情况下，总市值得分表现不佳，这也导致其价值实现得分最终垫底。

1. 沪市表现较好，创业板低迷

2006~2012年度各市场板块上市公司在价值实现评分方面差异明显（图8-11），总体评分呈现出"抑扬抑"的变化趋势。价值实现绩效得分在2007年度达到高峰后急转直下，连续两年度下跌，直到2009年度后才有所回升，但好景不长，各板块2010~2012年度整体表现依然呈下降趋势。

在2012年度价值实现评分中（表8-2），沪市A股以46.25分的得分问鼎榜首。沪市A股的成功表现主要来自价值实现平均得分和总市值得分，该两项得分明显优于其他板块表现。除深市主板外各深市板块的价值实现平均得分均低于A股平均得分，显示出相应提升空间较大。创业板在托宾Q得分明显高于其他板块的情况下，总市值得分远低于其他板块，这也导致其价值实现平均得分最终垫底。

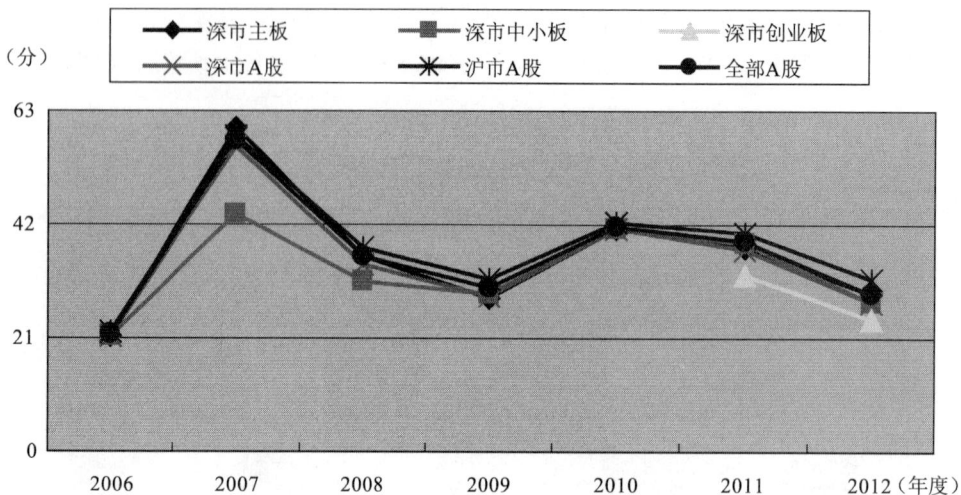

图 8 – 11　不同市场上市公司价值实现绩效变化趋势

表 8 – 2　　　　　　　　　　　2012 年度不同市场上市公司价值实现绩效比较

市场板块	数量	数量占比（％）	价值实现平均得分	总市值得分	总市值增长率得分	托宾 Q 得分
深市主板	365	18.70	29.32	39.26	16.91	34.25
深市中小板	575	29.46	27.65	27.79	16.22	50.23
深市创业板	243	12.45	24.31	16.45	16.24	56.15
深市 A 股	1183	60.60	27.48	29.00	16.44	46.52
沪市 A 股	769	39.40	31.76	46.25	16.71	32.88
全部 A 股	1952	100.00	29.17	35.80	16.55	41.14

2. 总市值：创业板垫底

在总市值评分方面（图 8 – 12），沪深两市主板得分高于其他板块，且各板块间差距有扩大趋势。除 2011 年度参与评选的创业板外，2006～2012 年度以来各板块的总体评分趋势也呈现先扬、后抑、再扬的三段式上升特点。

2012 年度沪市 A 股总市值得分表现优异，以 46.25 分高居榜首，高出全部 A 股平均得分 10.45 个百分点，是表现最差的创业板得分的 2.81 倍。深市主板得分紧随沪市 A 股排名第二，略高于全部 A 股平均水平。深市中小板和深市 A 股与排名前两位的成绩相差较大，且都低于全部 A 股平均得分（图 8 – 13）。

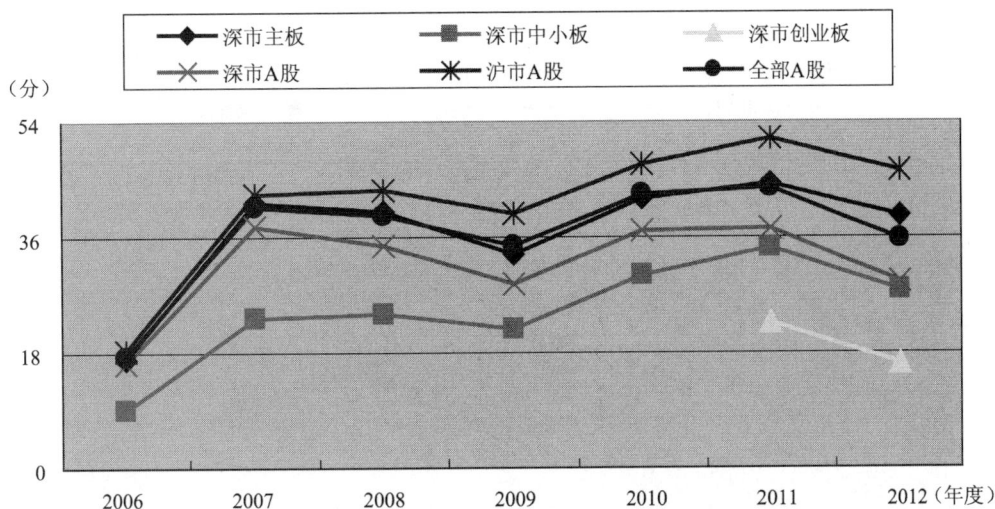

图 8-12　不同市场上市公司 A 股市值得分变化趋势

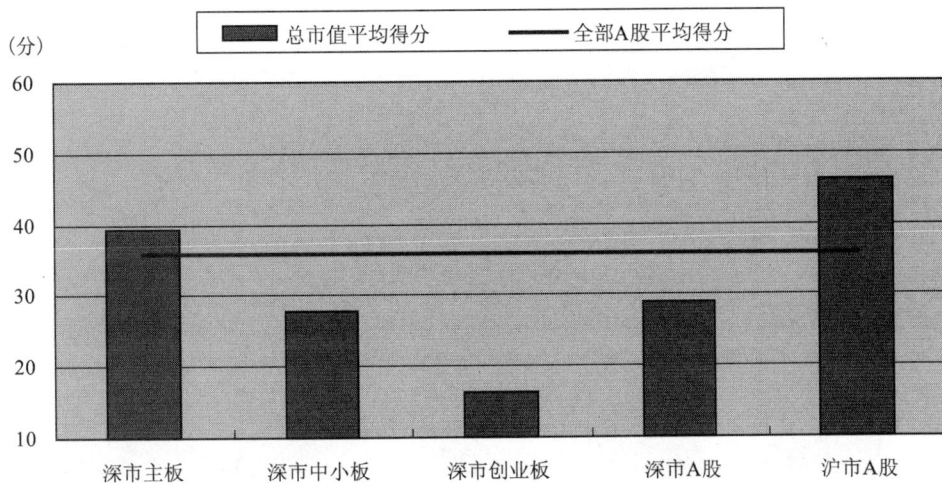

图 8-13　2012 年度不同市场上市公司 A 股市值得分比较

3. 总市值增长率：整体下降，板块间差距缩小

总市值增长率评分分布曲线走势与价值实现绩效基本一致，各市场板块评分自 2008 年度以后极为接近，波动幅度均较大（图 8-14）。

在 2012 年度市值增长率方面（图 8-15），各板块得分较为相近。其中深市主板以 16.91 分的得分略胜一筹，排名各板块首位，沪市 A 股屈居次位。前两名略高于全部 A 股平均得分，而后三者则低于整体水平。

（分）

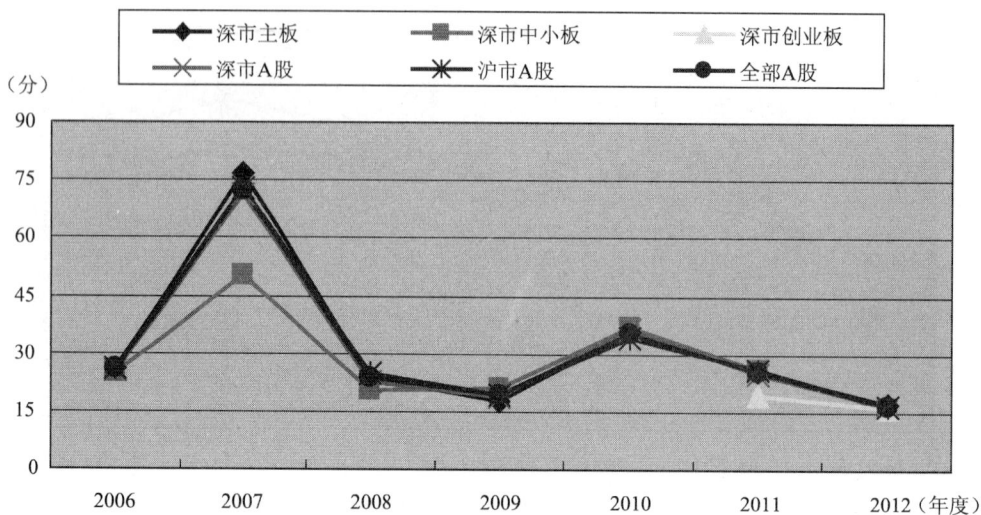

图 8–14　不同市场上市公司市值增长率得分变化趋势

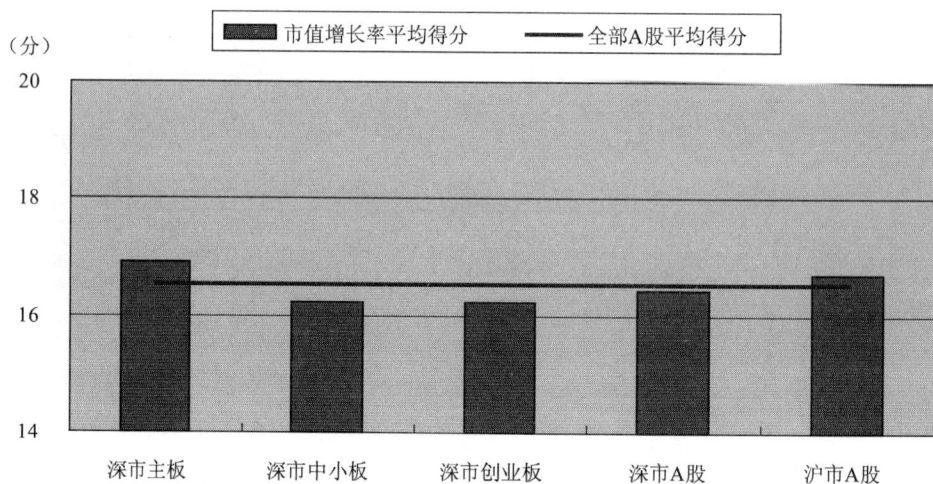

图 8–15　2011 年度不同上市公司市值增长率得分比较

4. 托宾 Q：创业板优势巨大，中小板表现稳定

托宾 Q 是衡量单位资本的价值创造能力指标。在托宾 Q 评分 2006～2012 年度趋势中，深市中小板表现稳定，自 2006～2010 年度连续 4 年排名都居榜首，显示出了良好的价值创造能力，2011～2012 年度，新纳入评价体系的深市创业板连续得分第一（图 8–16）。

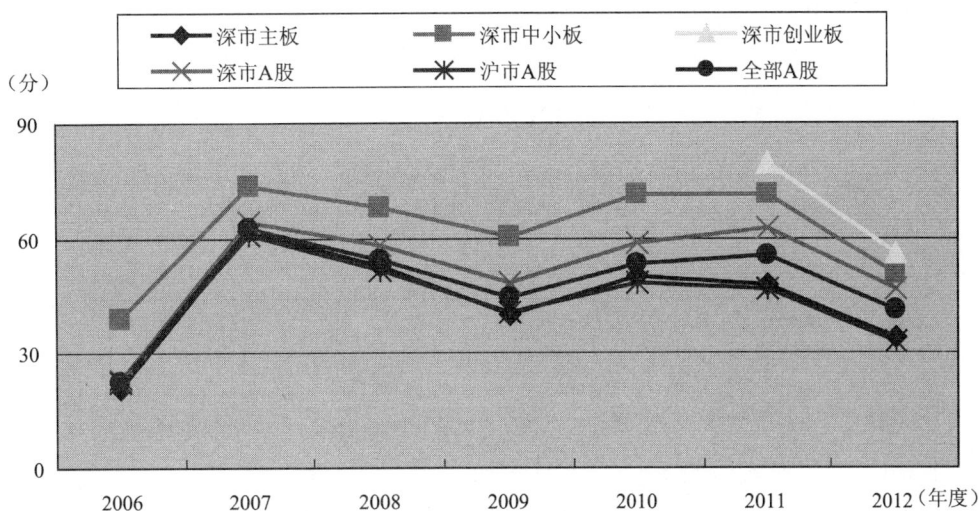

图 8-16　不同市场上市公司托宾 Q 得分变化趋势

2012 年度托宾 Q 评分结果表明，各板块市场差距明显（图 8-17）。深市创业板以 56.15 分的高分蝉联第一。深市中小板紧随其后。而深市主板和沪市 A 股的平均得分自 2009 年度以来连续 4 年低于 50 分，沪市 A 股则自 2010 年度以来连续第三年排名垫底。

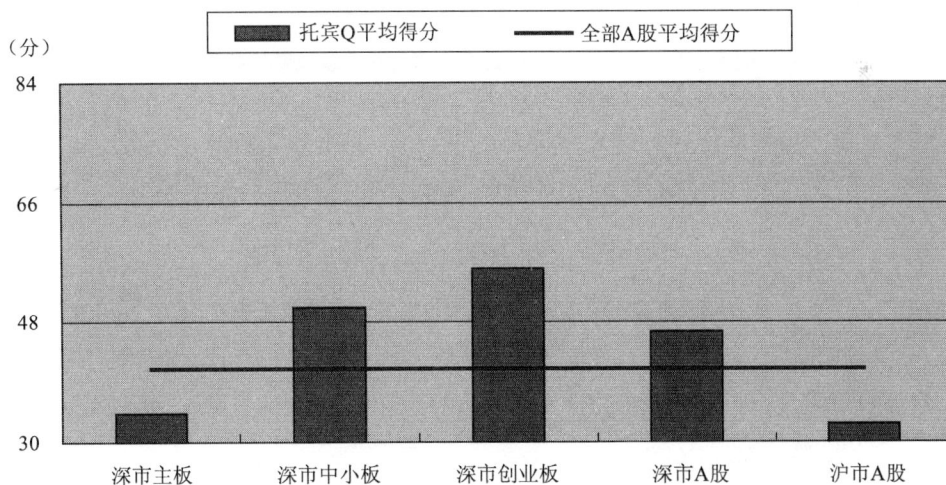

图 8-17　2012 年度不同市场上市公司托宾 Q 得分比较

四、价值关联度：深市创业板荣登榜首

2012 年度价值关联度评分结果显示，创业板以 79.32 分荣登榜首。深市中小板以 77.98 分位居第二。从历年数据看，各板块中深市中小板波动性最大。

在 2006～2012 年度价值关联度得分趋势图中（图 8-18），创业板价值关联度上升较大，荣登榜首。深市中小板波动性最大，最低下探至 56.26 分，最高曾达到 80.01 分，中小板"领涨杀跌"，凸显"投机色彩"。各板块 2012 年度较 2011 年度得分均有小幅上涨。

结合 2006～2012 年度价值实现得分趋势图不难发现，在价值实现得分较高的年份，价值关联度较低，反之亦然。

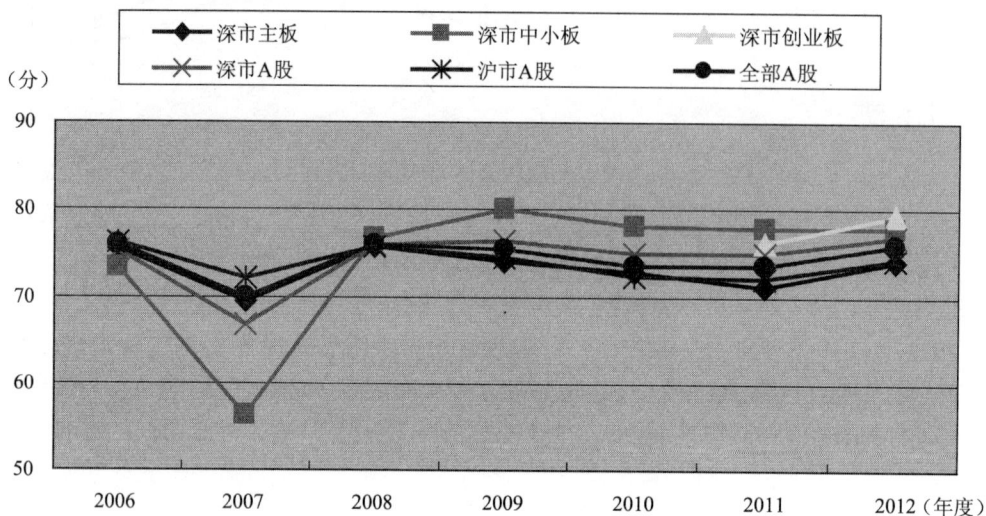

图 8-18　不同市场上市公司价值关联度绩效变化趋势

2012 年度价值关联度评分结果显示（表 8-3），深市创业板得分最高，以 79.32 分位居各板块榜首。深市主板和沪市 A 股平均得分均低于全部 A 股平均水平，分列倒数第一、第二位。

表 8-3　　　　　　　　2012 年度不同市场上市公司价值关联度绩效比较

市场板块	数量	数量占比	价值关联度得分
深市主板	365	18.70%	73.89
深市中小板	575	29.46%	77.98
深市创业板	243	12.45%	79.32
深市 A 股	1183	60.60%	76.99
沪市 A 股	769	39.40%	74.29
全部 A 股	1952	100.00%	75.93

五、市场溢价因素：沪市 A 股连续 7 年位居第一

溢价因素是连接价值创造与价值实现的一组关键因素。它与上市公司市值并无直接联系，但对市值却有不可忽视的影响。沪市 A 股自 2006 年度以来连续七年把持榜首的位置。

1. 沪市 A 股稳居榜首，创业板跌幅最大

从 2006～2012 年度溢价因素趋势图可以看出（图 8－19），2012 年度沪市 A 股以 9.89 分居各板块首位，且其自 2006 年度以来已连续 7 年居首位。这反映出沪市 A 股上市公司在公司治理、投资者关系管理、股权激励和行业地位等领域的优异表现。此外，各板块 2012 年度得分均较 2011 年度有所下降，其中创业板下降幅度最大，表明各市场上市公司对溢价因素管理的重视程度需要继续提升。

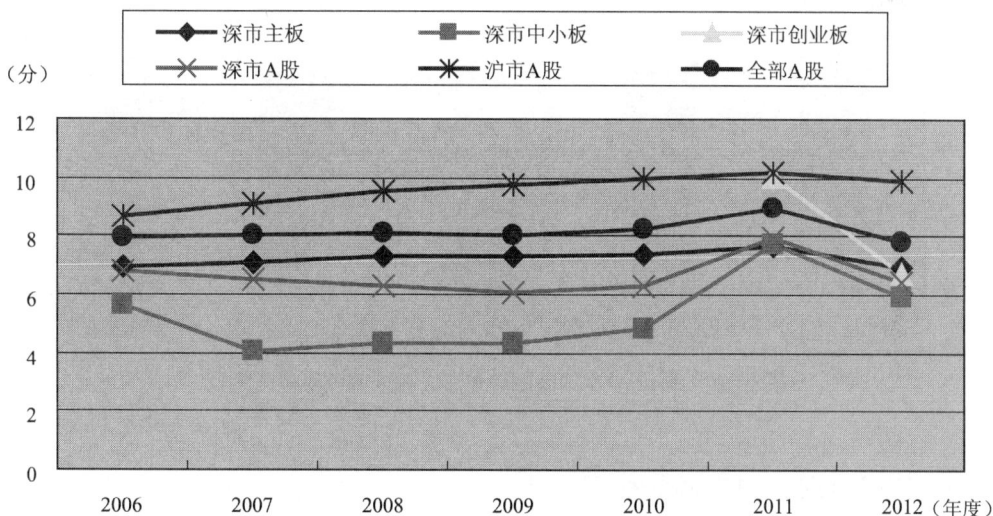

图 8－19 不同市场上市公司市场溢价因素绩效变化趋势

与 2011 年度中小板市场平均分好于深市主板市场的情况不同，2012 年度深市中小板和创业板得分再次低于深市主板。此举表明，中、小型民营企业在企业内部管理机制和外部投资者关系管理上的意识和经验方面任重道远（表 8－4）。

2. 金牌董秘：深市主板最高，创业板最低

在 2011 年度金牌董秘评分中（图 8－20），深市主板平均得分 17.91 分，连续第三年居首位。深市中小板和沪市 A 股紧随其后，得分均超过了全部 A 股平均得分。而创业板仅得 4.78 分，明显拖累深市 A 股整体水平。

表8-4　　　　　　　　　　　　**2011年度不同市场上市公司溢价因素比较**

市场板块	数量	数量占比	溢价因素平均得分	金牌董秘平均得分	公司治理平均得分	股权激励平均得分	沪深300平均得分	行业龙头平均得分	机构增减持平均得分
深市主板	365	18.70%	6.91	17.91	7.47	5.07	17.27	9.55	-3.06
深市中小板	575	29.46%	5.94	12.97	1.67	18.22	5.99	2.82	-3.77
深市创业板	243	12.45%	6.75	4.78	1.00	25.04	1.00	1.94	7.52
深市A股	1183	60.60%	6.41	12.81	3.32	15.56	8.45	4.71	-1.23
沪市A股	769	39.40%	9.89	12.98	33.80	7.69	26.49	11.30	-3.16
全部A股	1952	100.00%	7.78	12.88	15.33	12.46	15.56	7.31	-1.99

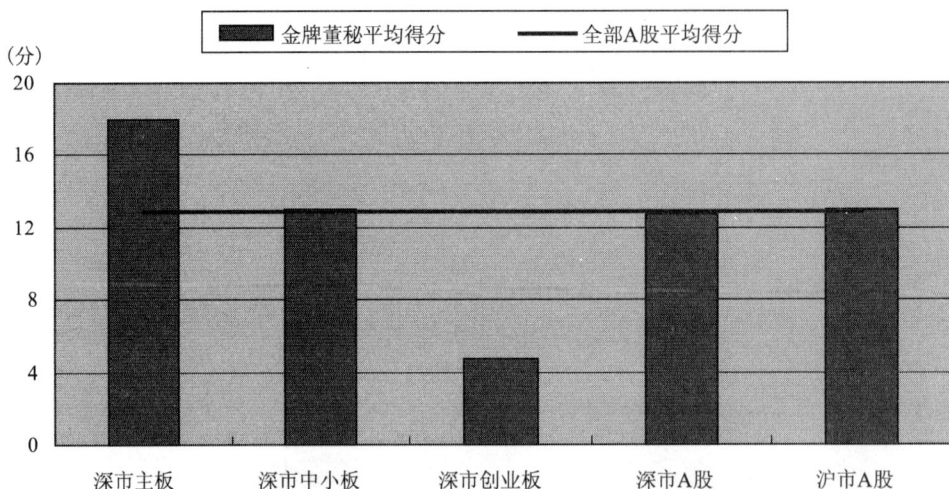

图8-20　2012年度不同市场上市公司金牌董秘得分比较

3. 公司治理：沪市领先优势巨大

2012年度公司治理得分图显示（图8-21），沪市A股表现同2011年度相同，领先程度较大，是排名第二位的深市主板得分的4.52倍，深市创业板评分连续两年垫底。沪市公司治理表现良好与其板块内含大量改制进程迅速的央企和国企有关。而中小板及创业板中新上市公司较多，公司治理仍有待改善。

4. 股权激励：创业板一枝独秀，沪深差距扩大

2012年度创业板在股权激励指标上一枝独秀，以25.04分，分别高出全部A股和深市A股100.96%和60.93%，位列首位。两市主板得分差距不大，但均低于A股平均得分。而深市A股得分明显高于沪市A股，其原因在于沪市主板上市公司多为国企，受相关政策影响，在股权激励的推进方面，明显落后于民营企业集中的深圳市场（图8-22）。

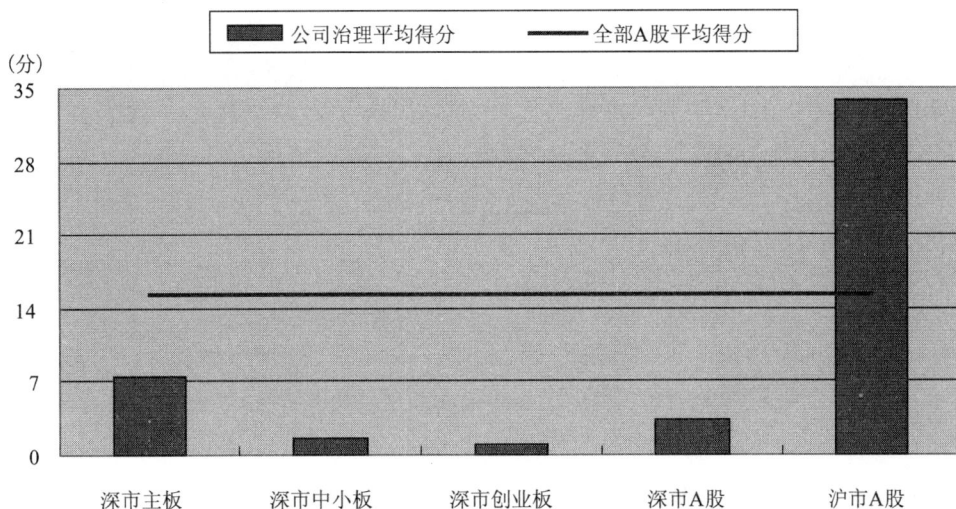

图 8-21　2012 年度不同市场上市公司公司治理得分比较

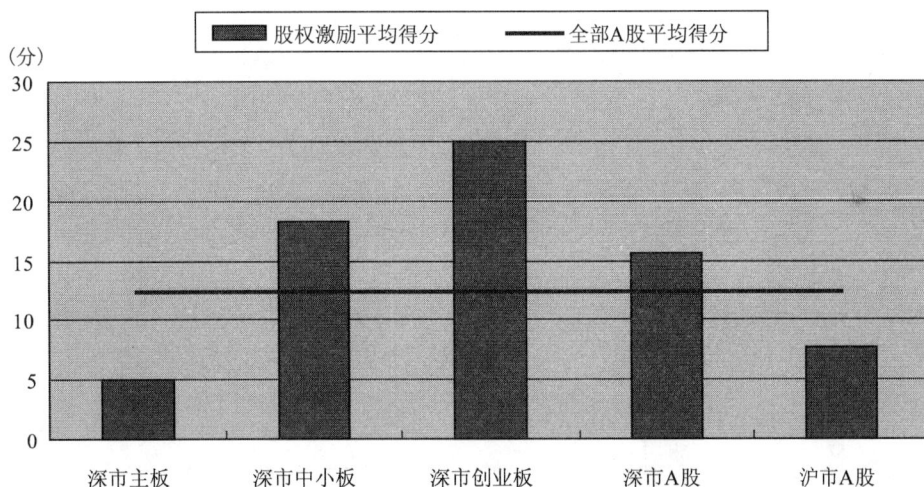

图 8-22　2012 年度不同市场上市公司股权激励得分比较

5. 沪深 300 指数：沪深主板发威，创业板明显落后

2012 年度两市主板在沪深 300 得分图中显示出强大的实力（图 8-23），尤其是沪市 A 股，更以 26.49 分超过全部 A 股平均得分 70.24% 的成绩夺冠，深市主板以高于全部 A 股平均线 1.71 分的成绩居次位。而深市创业板和中小板在这一指标中明显落后，与前两者差距明显。

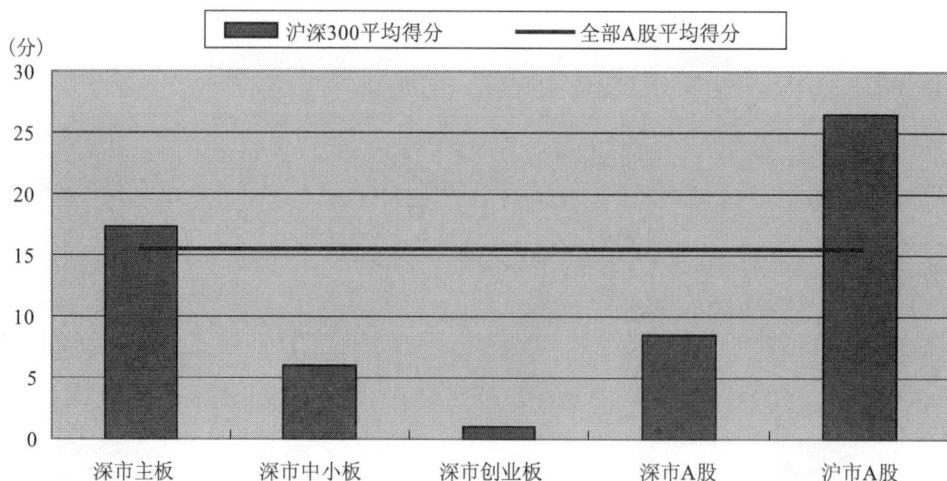

图8-23 2012年度不同市场上市公司沪深300指数溢价得分比较

6. 行业龙头：沪深主板逞强，中小板创业板乏力

2011年度行业龙头评分结果与沪深300指数评价结果类似（图8-24），沪深两市主板得分均超过全部A股平均得分线，深市中小板和创业板望尘莫及。这种结果也反应了现实状况：行业龙头企业多在主板市场集中上市。

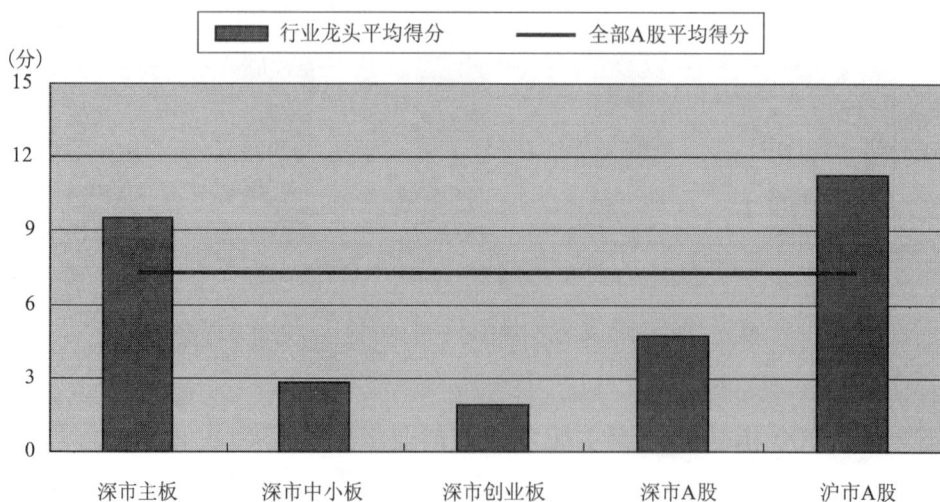

图8-24 2012年度不同市场上市公司行业龙头溢价得分比较

7. 机构增减持：创业板备受青睐

2012年度机构增减持评分结果显示（图8-25），创业板备受机构青睐，以7.52分

的高分大幅领先其他板块，受大市影响，其他各板块得分全部为负。

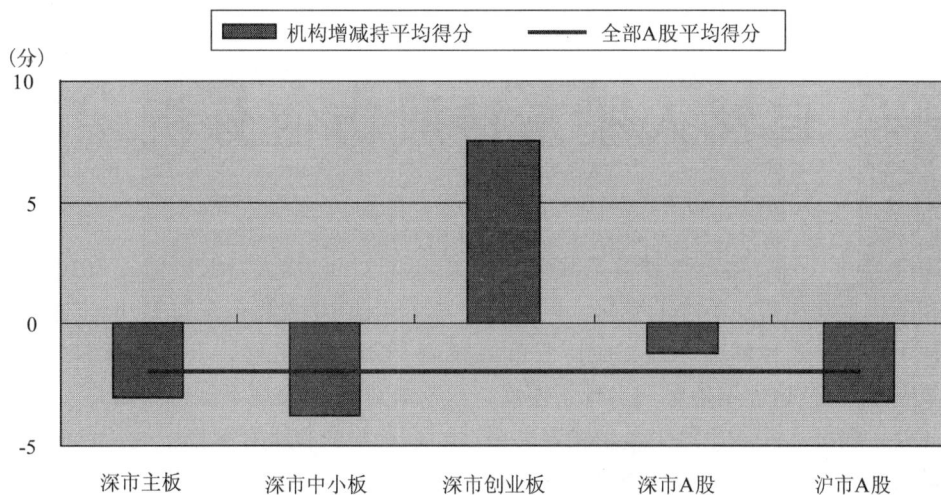

图 8 – 25　2012 年度不同市场上市公司机构增减持得分比较

第九章

自然人股东持股市值分析

2011 年度（注：本章统计数据截至 2011 年年末），自然人持股市值较 2010 年度在规模和结构上均出现了不小的变化。同时，上市公司前 10 大股东及前 10 大流通股东中共出现了 11446 名自然人，其相应持股市值高达 12948.68 亿元，人均持有 1.13 亿元。相比 2010 年度，这三项指标均出现了缩水，这与 A 股市场表现不佳密切相关。

此外，自然人持股市值也呈现明显的行业、市场板块和所有制集中度。自然人持有市值最高的行业分别是机械设备、医药生物和信息服务等行业；而从板块分布来看，自然人持有市值主要集中于中小板和创业板企业；从所有制角度分析，民营企业中有自然人股东的人数以及持有市值均居首位。

一、个人持有市值总量小幅缩水

通过近 5 年 A 股自然人股东持股市值变化图（图 9-1）可以看出，2011 年度 A 股上市公司中，个人持有市值总量较 2010 年小幅下降了 0.73%，约为 12948.68 亿元，仍超万亿大关，从近 5 年的整体趋势上来看，整体上个人持有市值总量处于稳定上升的趋势。2011 年度，A 股上市公司前 10 大自然人股东总人数再次超过万人大关，继 2010 年度的大幅增长后，自然人股东人数增幅达 21.86%，增长稳定。

近 5 年来，相比于个人持有市值总量和自然人股东总数的较快增长趋势，自然人持有上市公司家数一直保持着稳步增长的态势。2011 年度前 10 大股东中出现自然人的公司家数为 1882 家，较 2010 年度提升了 17 个百分点，主要是由于 2011 年度增量上市公司主要为民营企业。

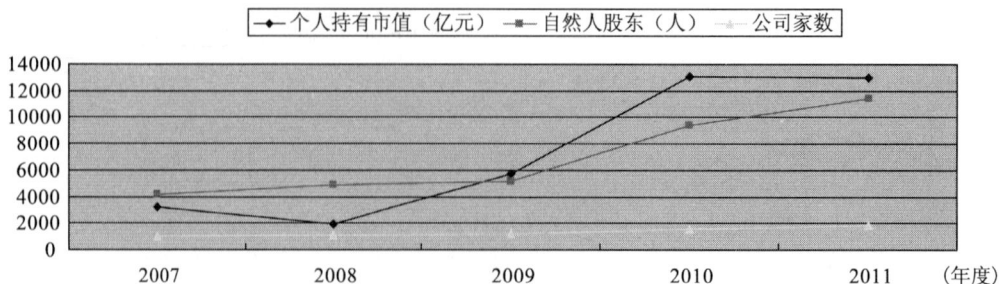

图 9-1 A 股自然人股东近 5 年持股市值变化趋势

　　根据 2011 年度 A 股自然人股东持股市值排名表（表 9 - 1），张近东因持有苏宁电器，其持股市值高达 164.733 亿元，连续 7 年蝉联自然人持股市值榜首，但是相比 2010 年的 255.69 亿元，市值减少了 35.57%。比亚迪董事长王传福和海康威视董事长龚虹嘉凭借个人持股市值 130.107 亿元、103.007 亿元，分列第二、第三位。值得一提的是，王传福因比亚迪 2011 年 IPO 首次进入前 3 名，而 2010 年度排名第三的何巧女则跌落到了第五名。在自然人持股市值排名前 100 名的公司中，同 2010 年度情况大致相同，前 3 名持股超过百亿元。另外，民营企业依旧为自然人持股大户，前 100 名的公司中，97 家均为民营企业，比 2010 年度增加了 2 家。

表 9 - 1　　　　　　　　　　　　2011 年度 A 股自然人持股市值排名

排名	持股人	持有总市值（亿元）	持股公司家数	各股市值（亿）	持股公司	地区	行业	所有制
1	张近东	164.733	1	164.733	苏宁电器	江苏	零售	民营企业
2	王传福	130.107	1	130.107	比亚迪	广东	汽车整车	民营企业
3	龚虹嘉	103.007	1	103.007	海康威视	浙江	计算机设备	央企
4	孟庆山	71.061	1	71.061	梅花集团	西藏	食品加工制造	民营企业
5	何巧女	70.147	1	70.147	东方园林	北京	建筑装饰	民营企业
7	傅利泉	61.077	1	61.077	大华股份	浙江	计算机设备	民营企业
8	蒋仁生	60.443	1	60.443	智飞生物	重庆	生物制品	民营企业
9	邵根伙	57.953	1	57.953	大北农	北京	饲料	民营企业
10	吕向阳	54.544	1	54.544	比亚迪	广东	汽车整车	民营企业
11	刘革新	53.762	1	53.762	科伦药业	四川	化学制药	民营企业
12	蔡东青	52.496	1	52.496	奥飞动漫	广东	传媒	民营企业
13	李仲初	49.719	1	49.719	石基信息	北京	计算机应用	民营企业
14	梁允超	48.98	1	48.980	汤臣倍健	广东	生物制品	民营企业
15	张轩松	48.166	1	48.166	永辉超市	福建	零售	民营企业
16	姜滨	44.064	1	44.064	歌尔声学	山东	电子制造	民营企业
17	孙伟杰	42.454	1	42.454	杰瑞股份	山东	专用设备	民营企业
18	张长虹	42.028	1	42.028	大智慧	上海	计算机应用	民营企业
19	庞庆华	41.909	1	41.909	庞大集团	河北	交运设备服务	民营企业
20	杜江涛	41.395	1	41.395	内蒙君正	内蒙古	化学原料	民营企业
21	郑效东	39.265	1	39.265	东富龙	上海	医疗器械	民营企业
22	荀建华	39.004	1	39.004	亿晶光电	浙江	电气设备	民营企业
23	吴相君	36.517	1	36.517	以岭药业	河北	中药	民营企业
24	袁志敏	36.473	1	36.473	金发科技	广东	塑料	民营企业
25	姜伟	36.459	1	36.459	贵州百灵	贵州	中药	民营企业

续表

排名	持股人	持有总市值（亿元）	持股公司家数	各股市值（亿）	持股公司	地区	行业	所有制
26	梁稳根	35.937	1	35.937	三一重工	湖南	专用设备	民营企业
27	张轩宁	34.404	1	34.404	永辉超市	福建	零售	民营企业
28	文剑平	34.13	1	34.130	碧水源	北京	水务	民营企业
29	陈清州	33.751	1	33.751	海能达	广东	通信设备	民营企业
30	申东日	31.631	1	31.631	朗姿股份	北京	服装家纺	民营企业
31	吴培服	30.771	1	30.771	双星新材	江苏	包装印刷	民营企业
32	胡继军	30.734	1	30.734	梅花集团	西藏	食品加工制造	民营企业
33	沈锦华	29.529	1	29.529	焦点科技	江苏	网络服务	民营企业
34	贾跃亭	29.214	1	29.214	乐视网	北京	网络服务	民营企业
34	牟金香	29.214	1	29.214	联化科技	浙江	化学制品	民营企业
36	王坤晓	29.047	1	29.047	杰瑞股份	山东	专用设备	民营企业
37	侯建芳	28.529	1	28.529	雏鹰农牧	河南	畜禽养殖	民营企业
38	夏佐全	28.495	1	28.495	比亚迪	广东	汽车整车	民营企业
39	吴冠江	28.272	1	28.272	智飞生物	重庆	生物制品	民营企业
40	徐明波	28.157	1	28.157	双鹭药业	北京	生物制品	民营企业
41	阙文彬	27.504	1	27.504	独一味	甘肃	中药	民营企业
42	吴建龙	26.449	1	26.449	向日葵	浙江	电气设备	民营企业
43	倪开禄	26.444	1	26.444	超日太阳	上海	电气设备	民营企业
44	刘振国	25.597	1	25.597	碧水源	北京	水务	民营企业
45	林国芳	25.578	1	25.578	富安娜	广东	服装家纺	民营企业
46	王柏兴	25.216	1	25.216	中利科技	江苏	电气设备	民营企业
47	刘水	25.131	1	25.131	铁汉生态	广东	建筑装饰	民营企业
48	许晓明	24.995	1	24.995	南国置业	湖北	房地产开发	民营企业
49	王忠军	24.991	1	24.991	华谊兄弟	浙江	传媒	民营企业
51	马鸿	24.709	1	24.709	搜于特	广东	服装家纺	民营企业
52	耿建明	24.376	1	24.376	荣盛发展	河北	房地产开发	民营企业
53	黄红云	24.323	1	24.323	金科股份	重庆	房地产开发	民营企业
54	鲁楚平	24.061	1	24.061	大洋电机	广东	电气设备	民营企业
55	徐子泉	23.628	1	23.628	捷成股份	北京	计算机应用	民营企业
56	胡佳佳	23.373	1	23.373	美邦服饰	上海	服装家纺	民营企业
57	傅梅城	22.952	1	22.952	华策影视	浙江	传媒	民营企业
58	刘贞峰	22.715	1	22.715	杰瑞股份	山东	专用设备	民营企业
59	刘国本	22.094	1	22.094	骆驼股份	湖北	汽车零部件	民营企业

续表

排名	持股人	持有总市值（亿元）	持股公司家数	各股市值（亿）	持股公司	地区	行业	所有制
60	潘慧	21.998	1	21.998	科伦药业	四川	化学制药	民营企业
61	包士金	21.901	1	21.901	吉鑫科技	江苏	电气设备	民营企业
62	阮加根	21.84	1	21.840	闰土股份	浙江	化学制品	民营企业
63	袁仲雪	21.747	1	21.747	软控股份	山东	计算机应用	民营企业
64	商晓波	21.277	1	21.277	鸿路钢构	安徽	建筑装饰	民营企业
65	宋子明	21.169	1	21.169	金发科技	广东	塑料	民营企业
66	张桂平	21.128	1	21.128	苏宁环球	吉林	房地产开发	民营企业
67	孙毅	20.839	2	20.819	浙富股份	浙江	电气设备	民营企业
			2	0.019	银信科技	北京	计算机应用	民营企业
68	刘载望	19.801	1	19.801	江河幕墙	北京	建筑装饰	民营企业
69	林海峰	19.774	1	19.774	东方日升	浙江	电气设备	民营企业
70	刘德群	19.656	1	19.656	壹桥苗业	辽宁	渔业	民营企业
71	周儒欣	19.599	1	19.599	北斗星通	北京	非汽车交运设备	民营企业
72	陈福成	19.512	1	19.512	松芝股份	上海	汽车零部件	民营企业
73	韩汇如	19.492	1	19.492	东方铁塔	山东	电气设备	民营企业
74	郑钟南	19.478	1	19.478	南洋股份	广东	电气设备	民营企业
75	徐玉锁	19.397	1	19.397	远望谷	广东	其他电子	民营企业
76	周和平	19.171	1	19.171	沃尔核材	深圳	金属非金属新材料	民营企业
77	曹仁贤	19.07	1	19.070	阳光电源	安徽	电气设备	民营企业
78	陈邦	19.002	1	19.002	爱尔眼科	湖南	医疗服务	民营企业
79	杨文江	18.594	1	18.594	御银股份	广东	计算机设备	民营企业
80	李力	18.511	4	9.647	神州泰岳	北京	计算机应用	民营企业
				5.717	爱尔眼科	湖南	医疗服务	民营企业
				1.846	辉煌科技	河南	计算机应用	无实际控制人
				1.302	新研股份	新疆	专用设备	民营企业
81	万连步	18.383	1	18.383	金正大	山东	化学制品	民营企业
82	张康黎	18.263	1	18.263	苏宁环球	吉林	房地产开发	民营企业
83	王栋	18.251	3	16.996	大禹节水	甘肃	农业综合	民营企业
				1.235	华丽家族	上海	房地产开发	民营企业
				0.021	新宁物流	江苏	物流	民营企业
84	邱光和	18.211	1	18.211	森马服饰	浙江	服装家纺	民营企业
85	陈玉忠	18.192	1	18.192	张化机	江苏	专用设备	民营企业
86	杨龙忠	17.949	1	17.949	比亚迪	广东	汽车整车	民营企业

排名	持股人	持有总市值（亿元）	持股公司家数	各股市值（亿）	持股公司	地区	行业	所有制
87	李莉	17.896	3	17.669	长荣股份	天津	专用设备	民营企业
				0.204	新开源	河南	化学制品	民营企业
				0.023	大连热电	辽宁	电力	地方国企
88	刁志中	17.776	1	17.776	广联达	北京	计算机应用	民营企业
89	王海鹏	17.757	1	17.757	美盈森	广东	包装印刷	民营企业
90	赖振元	17.74	1	17.740	龙元建设	浙江	建筑装饰	民营企业
91	郭信平	17.481	1	17.481	合众思壮	北京	计算机设备	民营企业
92	郭现生	17.446	1	17.446	林州重机	河南	专用设备	民营企业
93	曹积生	17.368	1	17.368	益生股份	山东	畜禽养殖	民营企业
94	杜成城	17.064	1	17.064	万顺股份	广东	包装印刷	民营企业
95	蔡小如	17.059	1	17.059	达华智能	广东	其他电子	民营企业
96	林秀浩	17.044	1	17.044	黑牛食品	广东	饮料制造	民营企业
97	钟烈华	16.92	1	16.920	塔牌集团	广东	建筑材料	民营企业
98	梁补增	16.873	1	16.873	世荣兆业	广东	房地产开发	民营企业
99	陈金凤	16.554	1	16.554	苏宁电器	江苏	零售	民营企业
100	赵继增	16.539	1	16.539	北京利尔	北京	建筑材料	民营企业

二、中小板的盛宴

从 2011 年度 A 股自然人股东持股公司所属板块（图 9 - 2）来看，2011 年度仍旧是中小板上市公司的盛宴。中小板上市公司中自然人股东持股市值总量达到 3874.76 亿元，占到自然人持股市值总量的 60%，远远超过其他三个板块，再次成为 2011 年度自然人持股市值总量的冠军。

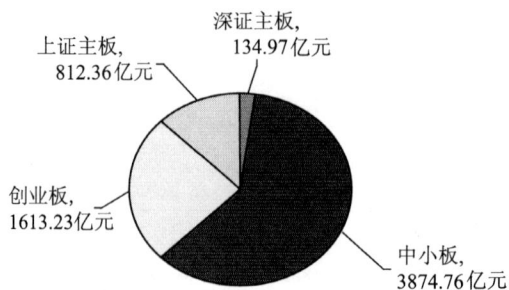

上证主板，812.36亿元
深证主板，134.97亿元
创业板，1613.23亿元
中小板，3874.76亿元

图 9 - 2　2011 年度 A 股上市公司自然人股东持股市值比较

从 2011 年度 A 股上市公司自然人股东板块分布（图 9 - 3）来看，中小板的上市公司的数量依然保持快速增长态势，以 47% 的占有率排在了第一位，相比于 2010 年度的占有率提高了 17 个百分点。而创业板上市公司占有率也迅速增至 26%，排在第二位。相反，上证主板的上市公司占有率跌落到了第三位，为 19%。另外，深证主板的上市公司占有率下降到 8%，相比于 2010 年度的 22%，跌幅较大。

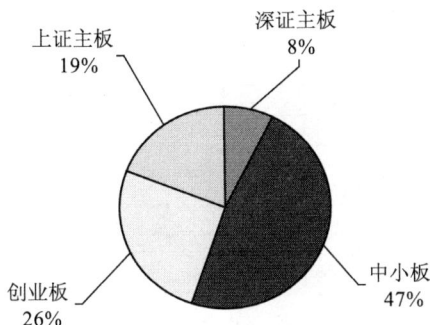

图 9 - 3　2011 年度 A 股上市公司自然人股东板块比例

2007 ~ 2011 年度，自然人股东持有各板块的上市公司家数整体呈现逐年递增的态势。但是由于板块发展速度不同，自然人持有各板块上市公司的增速也不相同。2011 年度，随着市场扩容的继续，中小板和创业板仍然是新股 IPO 的热点，因此自然人股东持有上市公司家数的增长点主要体现在创业板和中小板。其中，自然人股东持有创业板和中小板的上市公司数量分别增加了 125 家和 110 家。由于创业板上市公司基数小，创业板 2011 年度增幅达 83%，而中小板虽然只比创业板少了 15 家，但增幅仅有 23%。自然人持有上证主板上市公司家数增加了 41 家，主要由民营企业新股 IPO 所致，而自然人持有深证主板上市公司数量仅仅增加了 4 家，与 2010 年度持平。

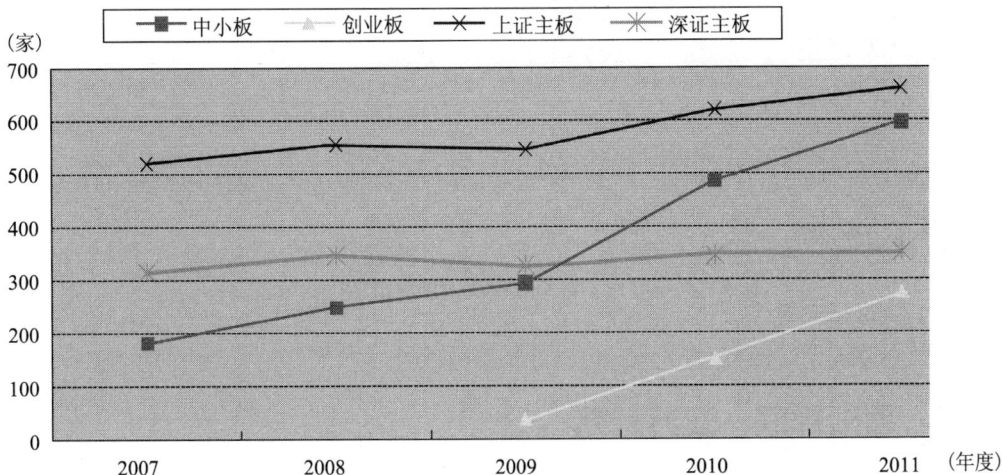

图 9 - 4　A 股自然人股东近 5 年持股板块公司家数变化趋势

三、机械设备居榜首，房地产跌落较大

从自然人股东持股的市值行业排名（图9-5）来看，机械设备行业成为2011年度的冠军行业，共计176家上市公司的自然人股东、持有市值总量达到1205.23亿元，比2010年度的冠军——电气设备行业的自然人股东持有市值总量减少了5.89%。

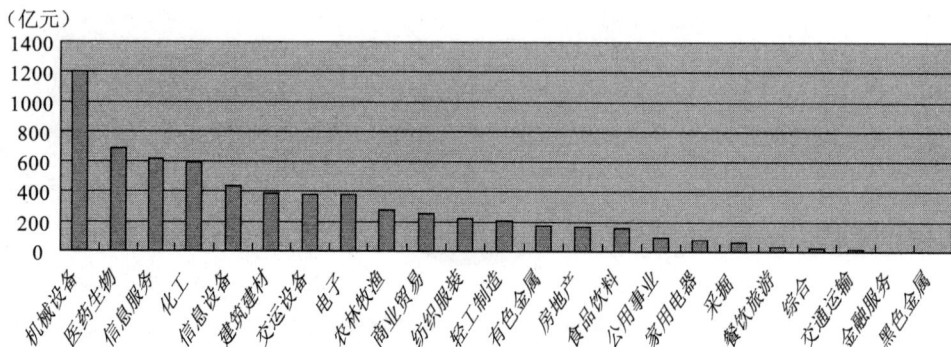

（亿元）

图9-5　2011年度A股自然人持股市值行业排名

2011年A股上市公司上市公司自然人持股市值的行业分布（图9-6）显示，2011年自然人持股上市公司行业前3名行业依次为机械设备（176家）、化工（104家）和信息服务（74家）。房地产行业受到政策影响，从2010年的第一位跌落到了第12位，持股家数仅为27家，跌幅达72.17%。

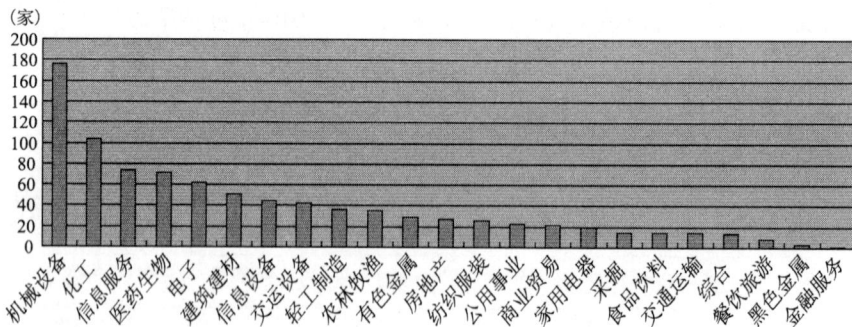

（家）

图9-6　2011年度A股自然人持股市值行业分布

四、粤浙蝉联，江苏崛起

2011年，自然人股东持股市值最高的3个省份分别是广东、浙江和江苏。其中，

广东和浙江在自然人持有市值总量及上市公司家数均蝉联排名榜前两位。广东省自然人持股市值总量为 1252.81 亿元，拥有 154 家上市公司；浙江省自然人持股市值总量为 968.58 亿元，拥有 142 家上市公司（表 9-2）。

广东和浙江继 2010 年后，继续蝉联前两位，主要是由于 2011 年中小板和创业板 IPO 发展迅猛，而这些上市公司很大一部分来自于广东和浙江。

江苏在 2010 年跌落前 3 名后，在 2011 年又重新回归到第三位。其自然人股东所持市值为 757.03 亿元，拥有 101 家上市公司。而 2010 年排名第三的北京则跌落到第四名，其自然人股东所持市值为 739.61 亿元，拥有 82 家上市公司。

表 9-2　　　　　　　　2011 年 A 股自然人持股市值区域分布

区域	市值	排名	家数	排名
广东	1252.81	1	154	1
浙江	968.58	2	142	2
江苏	757.03	3	101	3
北京	739.61	4	82	4
山东	412.57	5	57	5
上海	345.68	6	52	6
福建	228.64	7	34	7
河南	203.13	8	26	10
四川	168.85	9	34	7
河北	159.19	10	17	14
湖南	150.71	11	24	11
安徽	135.74	12	27	9
重庆	129.76	13	10	17
湖北	112.82	14	20	13
辽宁	108.04	15	21	12
西藏	71.65	16	4	27
吉林	60.90	17	11	16
深圳	60.32	18	12	15
贵州	57.71	19	4	27
甘肃	46.94	20	5	25
天津	45.22	21	6	22
内蒙古	44.73	22	5	25
广西	31.18	23	8	19
山西	26.99	24	8	19
陕西	24.75	25	9	18

续表

区域	市值	排名	家数	排名
江西	19.83	26	6	22
云南	17.52	27	3	29
青海	13.16	28	3	29
海南	11.36	29	6	22
新疆	8.72	30	8	19
黑龙江	7.68	31	3	29
宁夏	5.04	32	3	29
广东	2.99	33	3	29
天津	2.26	34	1	34
四川	1.89	35	1	34
湖北	1.22	36	1	34
上海	0.10	37	1	34

五、五连冠——民营企业

2011 年，民营企业依旧保持了迅猛的发展态势，连续 5 年蝉联冠军，将其他所有制的上市公司远远地甩在身后，是当之无愧的王者。

从 2011 年度 A 股自然人持股市值所有制的分布来看（图 9 - 7），持有民营企业的市值达到了 6078.10 亿元，虽然由于市场因素导致市值较 2010 年度的 11811.89 亿元下降了 48.54%，但是从占有比例方面，民营企业市值占有率从 2010 年度的 90.55% 上升到 94.45%，将其他所有制公司远远地甩在了后面。

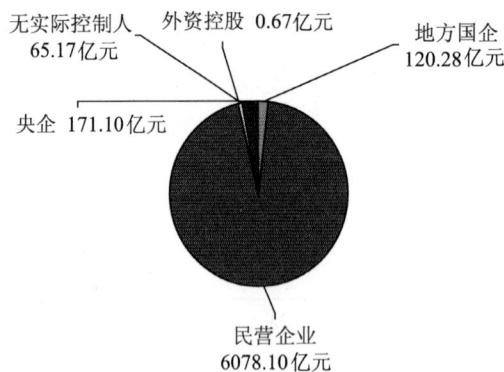

图 9 - 7 2011 年度 A 股自然人股东持股市值所有制比例

从 2011 年度 A 股自然人股东持股所有制分布可以看出（图 9 - 8），民营企业中有 764

166

家上市公司的前 10 大股东中出现了自然人股东持有市值在 1 亿元以上，较 2010 年减少了 13.67%。另外，地方国企的前 10 大股东中仅有 88 家拥有自然人股东，较 2010 年的 485 家跌幅达 81.86%。外资控股企业中，自然人股东持股市值达 1 亿元以上的企业仅有 3 家。

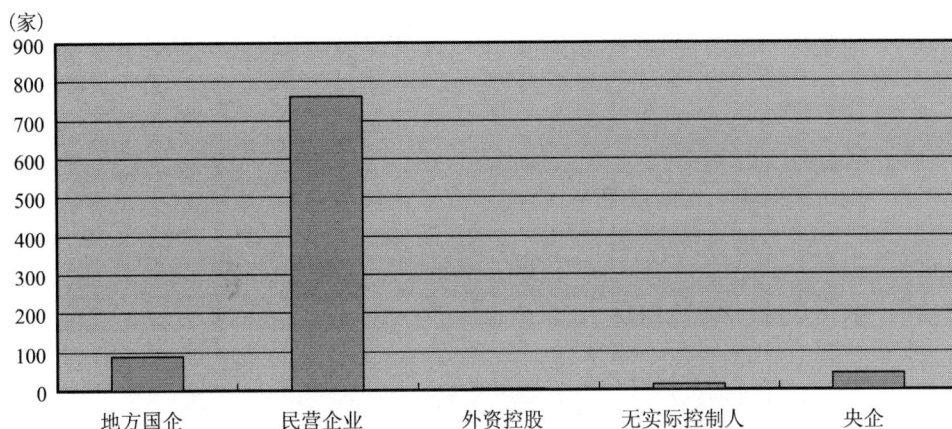

图 9－8　2011 年 A 股自然人股东持股所有制数量

六、2011 年度自然人持股 TOP10

从 2011 年度自然人持股来看（表 9－3），苏宁电器董事长张近东连续 7 年蝉联榜首；比亚迪的董事长王传福和副董事长吕向阳均在 TOP10 榜单中；2010 年度前 10 中的石基信息和焦点科技被挤出，其余 8 家仍然出现在 2010 年度的 TOP10 的榜单中。

从所有制来看，除海康威视属于央企外，其余均为民营企业；其中，8 家来自中小板，1 家上证主板，1 家创业板，这与 2010 年度上市公司自然人股东分布大体一致。

表 9－3　　　　　　　　　2011 年 A 股持股市值排行（TOP10）

排名	持股人	持有总市值（亿元）	年龄	职务	证券代码	持股公司	地区	行业	所有制
1	张近东	164.733	49	董事长	002024	苏宁电器	江苏	商业贸易	民营企业
2	王传福	130.107	47	董事长	002594	比亚迪	广东	交运设备	民营企业
3	龚虹嘉	103.007	46	副董事长	002415	海康威视	浙江	信息设备	央企
4	孟庆山	71.061	61	董事长	600873	梅花集团	西藏	食品饮料	民营企业
5	何巧女	70.147	64	董事长	002310	东方园林	北京	建筑建材	民营企业
6	傅利泉	61.077	49	董事长兼总经理	002236	大华股份	浙江	信息设备	民营企业
7	蒋仁生	60.443	59	董事长兼总经理	300122	智飞生物	重庆	医药生物	民营企业
8	邵根伙	57.953	47	董事长兼总裁	002385	大北农	北京	农林牧渔	民营企业
9	吕向阳	54.544	45	副董事长	002594	比亚迪	广东	交运设备	民营企业
10	刘革新	53.762	45	董事长	002422	科伦药业	四川	医药生物	民营企业

从 2007～2011 年个人持股市值 TOP10 持股市值总量对比可以看出（图 9 - 9），个人持股前 10 名的市值总量较 2010 年有小幅下降，为 826.83 亿元，减少了 18.39%。

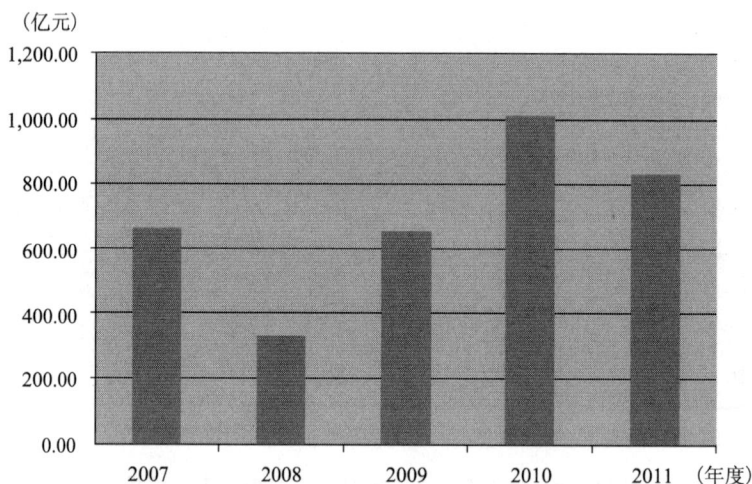

图 9 - 9　近 5 年个人持股市值前 10 名所持市值总量对比

分析 2011 年的自然人持股市值 TOP10 的榜单可以看出 2011 年度 TOP10 的上市公司中出现了几个明显的特点：一是苏宁电器董事长七连冠；二是比亚迪 IPO 造就两位高管跻身 TOP10；三是自然人持股市值普遍下跌；四是傅利泉成为唯一持股市值增加的自然人股东。

1. 苏宁张近东七连冠

2011 年，张近东以个人持股 164 亿元再次成为 2011 年度的冠军，比位列第二名的比亚迪董事长王传福持股市值高出 30 亿元。但是从张近东近 5 年的个人持股市值走势图（图 9 - 10）可以看出，对比其 2010 年度个人持股市值的 255.69 亿元，蒸发了 92 亿元，跌幅高达 35.57%。

2011 年苏宁电器的市值跌幅为 35%，居于这一年 A 股涨跌幅排行榜的中位，但由于张近东个人持有股数高达 19.5 亿股，远远高于其他自然人股东，因此损失巨大也不足为奇。

2. 比亚迪 IPO 成就两位高管跻身 TOP10

2011 年，比亚迪的 IPO 使其董事长王传福和副董事长吕向阳均跻身个人持股市值前 10 榜单。截至 2011 年年底，比亚迪股价虽然较上市之初下跌三成，但是这并未影响王传福成为 A 股市场新股首富、总排名第二的地位。作为比亚迪的总裁，王传福持有比亚迪 5.7 亿股 A 股，截至 2011 年年底，比亚迪股价为 22.8 元，其持股市值为 130.107 亿元。持股市值位居第九名的新晋富翁也来自比亚迪，这个人就是该公司的副董事长吕

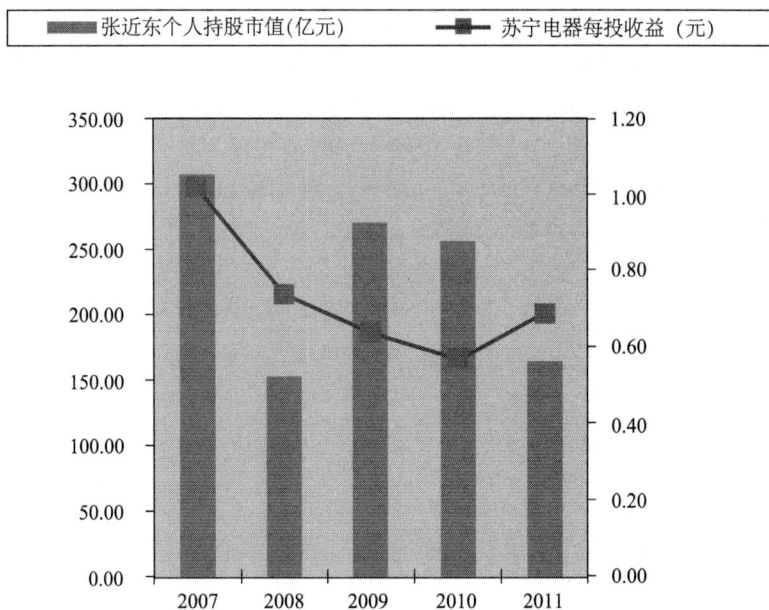

图 9－10　近 5 年苏宁张近东个人持股市值走势

向阳。其持有 2. 39 亿股的比亚迪股份，年底持股市值达到 54. 544 亿元。

3. 持股市值普遍下跌

A 股 2011 年度以 22% 的跌幅收官，为历史上第三大年度跌幅。市场的低迷，不仅让散户伤痕累累，上市公司的大股东们一样得眼睁睁看着"让金钱飞"的戏码不断上演。除去新跻身 TOP10 榜单中的比亚迪的王传福和吕向阳、大华股份的傅利泉以外，其他人所持有的市值较 2010 年度均下跌。

科伦药业 2010 年度上市半年市值涨幅达 90%，让刘革新家族成为该年 IPO 催生的九大百亿家族之一，然而今年科伦药业的跌幅达到了 45%，加上该股股价较高，2011 年度蒸发市值达到 89 亿元，蒸发市值额仅次于张近东。

4. 一枝独秀：傅利泉

非新股上市公司中，持有市值增加最多的自然人股东为大华股份的傅利泉。在 2010 年，大华股份完成了对高管股权激励的限制性股票的授予，其董事长傅利泉得到了 51. 65 亿元的个人持股市值，并且跻身了 2010 年度的 TOP10 榜单。在 2011 年度大华股份涨幅为 19%，在 2011 年度上涨股票不足一成的市场中，表现已算上佳。这也使得傅利泉成为 TOP10 榜单中持股市值唯一增长的自然人股东，达到 61. 077 亿元。

5. 女中豪杰：何巧女再次入围 TOP10

东方园林董事长何巧女，TOP10 榜单中唯一的一位女性，虽然由于 2011 年度股市大跌，其所持市值缩水了 41 亿元，但其 TOP10 地位仍无人能撼。

东方园林于 2009 年年底登陆 A 股以来，一直深得投资者的喜爱。2010 年，东方园林以资本公积转增股本的形式进行了两次资本扩张，将股本提升至 15，024.39 万股，同期，东方园林的市值在 2010 年年底增长了 273.35%，而何巧女的个人持股市值也达到了 111.48 亿元。但是，在 2011 年度 A 股市场普遍表现不佳，东方园林的股价从 2010 年年底的 138.37 元跌落至 2011 年年底的 85 元，跌幅较 2010 年年底达 38.5%，这也使得何巧女的持股市值缩水了 37%，并跌出前 3 名，位列第五位。

附录一：

中国上市公司市值管理绩效评价指标体系（第六版）

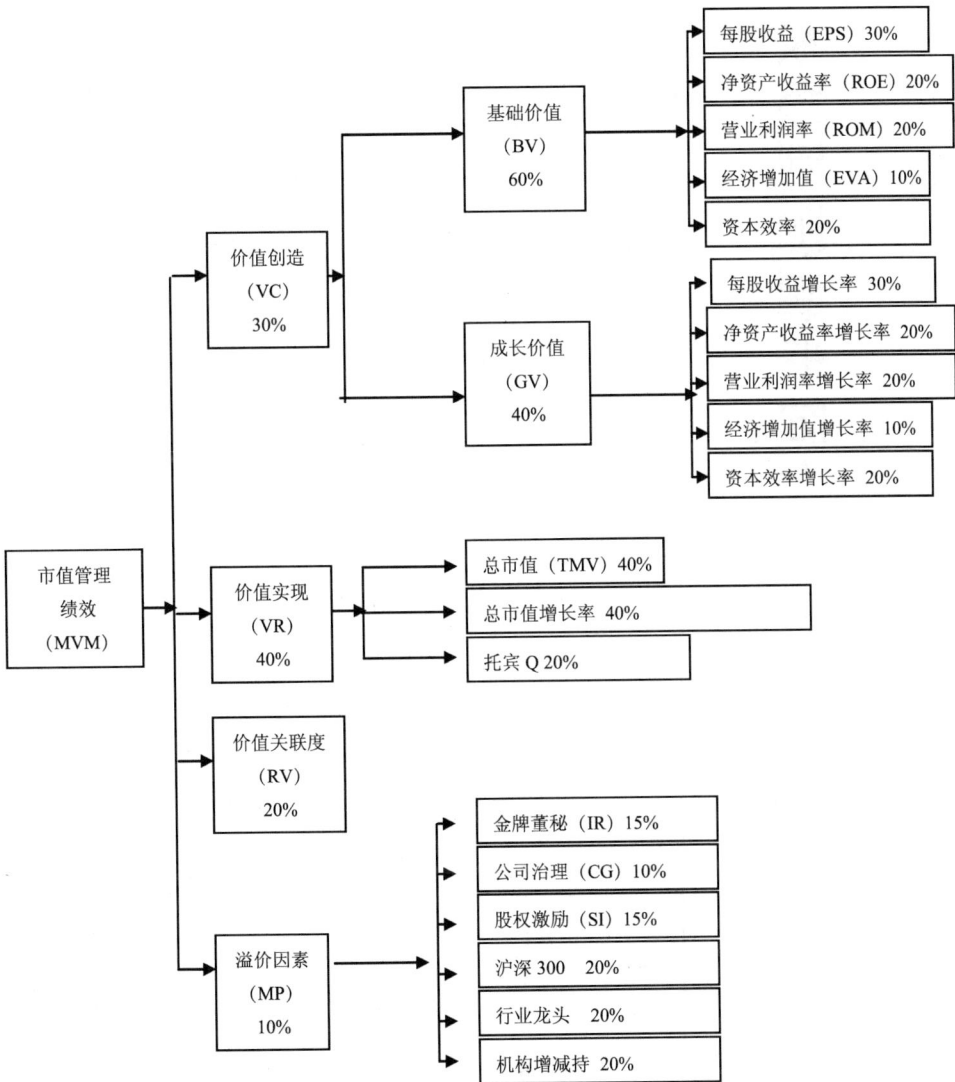

市值管理绩效（MVM）

- 价值创造（VC）30%
  - 基础价值（BV）60%
    - 每股收益（EPS）30%
    - 净资产收益率（ROE）20%
    - 营业利润率（ROM）20%
    - 经济增加值（EVA）10%
    - 资本效率 20%
  - 成长价值（GV）40%
    - 每股收益增长率 30%
    - 净资产收益率增长率 20%
    - 营业利润率增长率 20%
    - 经济增加值增长率 10%
    - 资本效率增长率 20%
- 价值实现（VR）40%
  - 总市值（TMV）40%
  - 总市值增长率 40%
  - 托宾 Q 20%
- 价值关联度（RV）20%
- 溢价因素（MP）10%
  - 金牌董秘（IR）15%
  - 公司治理（CG）10%
  - 股权激励（SI）15%
  - 沪深300 20%
  - 行业龙头 20%
  - 机构增减持 20%

2012 年度上市公司市值管理绩效百佳榜

证券代码	证券简称	总排名 2012 年	总排名 2011 年	价值创造排名 2012 年	价值创造排名 2011 年	价值实现排名 2012 年	价值实现排名 2011 年	价值关联度排名 2012 年	价值关联度排名 2011 年	溢价因素排名 2012 年	溢价因素排名 2011 年	基础价值排名 2012 年	基础价值排名 2011 年	成长价值排名 2012 年	成长价值排名 2011 年
600111	包钢稀土	1	2	1	12	9	6	27	17	133	64	1	14	27	125
600403	大有能源	2	—	33	—	1	—	114	—	925	—	36	—	113	—
600519	贵州茅台	3	12	14	20	5	21	30	5	132	150	2	4	217	658
002304	洋河股份	4	4	34	8	4	12	112	10	129	339	4	3	567	197
000970	中科三环	5	27	7	54	26	45	75	26	224	1556	16	510	24	2
000563	陕国投 A	6	636	23	130	8	791	56	1305	1079	1436	83	444	29	48
000568	泸州老窖	7	8	26	11	19	30	20	67	53	244	3	1	513	446
000869	张裕 A	8	22	27	14	16	53	43	135	111	1640	5	2	428	444
600809	山西汾酒	9	21	32	55	17	40	53	46	162	296	8	10	290	729
002477	雏鹰农牧	10	—	12	—	37	—	97	—	476	—	53	—	11	—
000858	五粮液	11	16	44	36	11	38	118	6	229	159	13	12	356	455
002038	双鹭药业	12	66	13	103	52	106	151	7	237	1442	6	29	128	887
600259	广晟有色	13	356	22	1011	27	5	16	1534	312	1001	177	997	4	868

续表

证券代码	证券简称	总排名		价值创造排名		价值实现排名		价值关联度排名		溢价因素排名		基础价值排名		成长价值排名	
		2012年	2011年	2012年	2011年	2012年	2011年	2012年	2011年	2012年	2011年	2012年	2011年	2012年	2011年
000703	恒逸石化	14	—	87	—	6	—	285	—	294	—	46	—	438	—
600549	厦门钨业	15	116	8	415	85	34	275	926	97	206	29	474	13	402
600366	宁波韵升	16	884	3	1175	69	317	238	1465	965	647	19	660	6	1501
000423	东阿阿胶	17	15	40	18	28	54	44	125	89	86	15	44	300	92
600160	巨化股份	18	5	6	50	92	1	304	164	323	969	10	111	28	124
002155	辰州矿业	19	169	20	496	57	51	137	1030	245	301	96	673	14	321
600783	鲁信创投	20	197	25	519	50	25	95	1099	319	961	14	39	158	1647
002415	海康威视	21	77	88	208	10	126	279	236	222	103	42	79	500	1093
300146	汤臣倍健	22	—	153	—	3	—	469	—	440	—	155	—	380	—
600547	山东黄金	23	26	57	120	44	29	49	255	139	161	31	82	264	520
600887	伊利股份	24	126	39	285	79	310	157	90	51	37	105	309	48	404
600199	金种子酒	25	226	60	613	21	31	152	1204	893	518	175	484	49	844
600816	安信信托	26	—	15	—	73	—	207	—	1678	—	40	—	31	—
002344	海宁皮城	27	46	72	101	30	116	170	50	359	289	66	172	218	187
600066	宇通客车	28	99	70	41	43	288	102	664	180	242	35	35	379	287
002310	东方园林	29	29	82	85	38	74	175	37	76	387	62	37	317	641
600395	盘江股份	30	34	71	106	55	62	66	151	210	357	34	33	392	909
000596	古井贡酒	31	6	74	5	12	26	222	77	1692	643	51	24	344	7
600030	中信证券	32	208	36	110	109	446	263	838	43	15	18	34	211	981

续表

证券代码	证券简称	总排名 2012年	总排名 2011年	价值创造排名 2012年	价值创造排名 2011年	价值实现排名 2012年	价值实现排名 2011年	价值关联度排名 2012年	价值关联度排名 2011年	溢价因素排名 2012年	溢价因素排名 2011年	基础价值排名 2012年	基础价值排名 2011年	成长价值排名 2012年	成长价值排名 2011年
600031	三一重工	33	1	83	29	66	3	67	94	6	21	20	16	680	381
000656	金科股份	34	—	265	—	2	—	768	—	412	—	321	—	342	—
000538	云南白药	35	23	112	69	36	84	272	53	15	8	77	55	446	337
002353	杰瑞股份	36	97	118	286	14	46	344	643	772	747	79	108	451	1173
002029	七匹狼	37	79	103	87	29	182	267	273	403	469	81	123	351	230
002128	露天煤业	38	25	63	15	88	131	99	321	256	326	12	8	652	210
000780	平庄能源	39	85	56	232	91	111	126	327	247	292	93	319	95	298
002269	美邦服饰	40	74	52	210	90	66	147	391	571	393	45	193	164	460
601088	中国神华	41	52	76	70	94	167	69	276	10	5	39	30	454	523
600123	兰花科创	42	106	67	114	101	267	122	423	59	94	41	43	319	816
600739	辽宁成大	43	98	28	236	153	217	394	68	120	253	21	85	114	1146
600436	片仔癀	44	51	84	42	23	117	220	222	1938	914	55	68	355	159
600535	天士力	45	64	151	207	47	83	339	341	5	17	148	245	388	358
002293	罗莱家纺	46	78	66	212	72	65	19	404	932	534	82	110	159	845
600585	海螺水泥	47	19	35	84	169	27	426	182	44	20	22	65	154	411
601888	中国国旅	48	306	164	688	32	80	412	1236	92	192	287	471	184	1113
000623	吉林敖东	49	142	49	330	144	218	318	313	151	341	11	92	458	1368
600779	水井坊	50	291	176	589	22	159	476	1001	164	271	214	322	323	1264
000581	威孚高科	51	3	139	2	49	13	311	34	320	374	44	11	943	12

续表

证券代码	证券简称	总排名		价值创造排名		价值实现排名		价值关联度排名		溢价因素排名		基础价值排名		成长价值排名	
		2012年	2011年	2012年	2011年	2012年	2011年	2012年	2011年	2012年	2011年	2012年	2011年	2012年	2011年
600406	国电南瑞	52	20	161	86	33	19	400	206	302	179	117	119	554	236
600016	民生银行	53	212	42	105	159	428	371	806	170	194	54	144	100	267
002236	大华股份	54	11	198	26	18	14	544	39	376	300	94	77	858	86
002081	金螳螂	55	14	142	46	39	18	335	103	382	415	78	47	610	266
600271	航天信息	56	48	141	133	81	127	215	15	35	36	92	122	525	410
600060	海信电器	57	254	21	383	187	465	511	237	667	486	89	328	21	646
600636	三爱富	58	452	2	1234	320	4	889	1607	1108	1422	7	1152	7	1138
601101	昊华能源	59	56	69	156	136	69	240	250	205	237	47	97	296	650
002241	歌尔声学	60	24	223	61	15	47	629	44	584	630	213	275	417	25
600276	恒瑞医药	61	50	217	147	25	86	589	192	138	151	116	53	828	1005
600362	江西铜业	62	61	81	185	139	103	210	238	86	26	140	227	143	331
002378	章源钨业	63	600	183	936	35	115	461	1437	243	1214	270	794	254	1084
000157	中联重科	64	121	62	421	161	42	324	924	190	84	80	195	145	1202
600612	老凤祥	65	—	97	—	124	—	101	—	305	—	119	—	228	—
600143	金发科技	66	140	80	434	157	85	277	871	29	34	282	626	46	283
601006	大秦铁路	67	90	144	127	122	227	85	285	12	52	106	113	506	412
600516	方大炭素	68	73	91	218	133	57	169	443	343	261	267	648	58	57
600702	沱牌舍得	69	571	246	914	13	620	695	762	676	638	543	1189	138	468
600309	烟台万华	70	58	92	178	174	108	290	214	7	13	110	154	223	512

续表

证券代码	证券简称	总排名 2012年	总排名 2011年	价值创造排名 2012年	价值创造排名 2011年	价值实现排名 2012年	价值实现排名 2011年	价值关联度排名 2012年	价值关联度排名 2011年	溢价因素排名 2012年	溢价因素排名 2011年	基础价值排名 2012年	基础价值排名 2011年	成长价值排名 2012年	成长价值排名 2011年
002153	石基信息	71	36	162	56	64	112	321	179	461	418	91	75	642	214
000799	酒鬼酒	72	346	320	619	7	339	882	736	974	470	458	886	285	346
601699	潞安环能	73	17	152	32	108	43	176	32	159	189	49	32	971	231
002001	新和成	74	54	93	132	160	123	247	25	125	212	25	15	674	1386
000651	格力电器	75	103	106	193	168	252	221	187	24	100	95	72	326	1080
002385	大北农	76	620	225	1021	40	213	559	1426	203	147	192	604	516	1436
000792	盐湖股份	77	—	111	—	143	—	113	—	242	—	43	—	690	—
000024	招商地产	78	315	64	356	205	583	445	606	60	66	113	175	127	1097
601717	郑煤机	79	—	85	—	152	—	239	—	363	—	74	—	294	—
600036	招商银行	80	189	48	66	242	437	592	909	68	68	27	27	197	478
600000	浦发银行	81	181	51	104	241	402	577	767	69	71	33	26	183	898
601398	工商银行	82	174	107	189	172	381	232	514	40	44	120	133	271	613
000917	电广传媒	83	—	55	—	224	—	517	—	115	—	103	—	76	—
300070	碧水源	84	96	201	237	46	221	478	57	551	130	164	96	532	1075
600489	中金黄金	85	60	182	163	80	88	333	223	313	337	144	145	552	499
002294	信立泰	86	38	193	21	59	150	423	354	462	342	76	23	964	192
002458	益生股份	87	—	10	—	341	—	910	—	595	—	61	—	2	—
600600	青岛啤酒	88	81	219	202	70	187	465	49	108	46	142	114	655	723
600188	兖州煤业	89	10	158	6	147	58	41	171	96	119	58	19	890	11

续表

证券代码	证券简称	总排名		价值创造排名		价值实现排名		价值关联度排名		溢价因素排名		基础价值排名		成长价值排名	
		2012年	2011年	2012年	2011年	2012年	2011年	2012年	2011年	2012年	2011年	2012年	2011年	2012年	2011年
600216	浙江医药	90	57	121	64	162	168	166	294	144	95	26	7	981	1103
000002	万科A	91	175	174	201	182	408	24	558	1	2	181	215	394	391
002311	海大集团	92	355	329	693	20	254	870	1016	152	102	573	582	201	891
601166	兴业银行	93	151	68	60	233	387	502	818	80	82	24	20	424	547
601939	建设银行	94	190	115	186	189	389	268	550	84	97	112	118	345	652
601169	北京银行	95	324	54	77	240	582	561	1116	285	356	37	41	222	538
601998	中信银行	96	248	90	117	208	486	375	906	160	196	124	126	181	355
300204	舒泰神	97	——	212	——	31	——	549	——	1016	——	111	——	850	——
600348	阳泉煤业	98	63	172	166	131	90	165	227	290	331	88	71	765	967
300003	乐普医疗	99	87	166	143	63	140	337	9	1145	1610	107	67	622	775
601328	交通银行	100	236	96	172	225	463	403	760	67	177	86	105	303	674

说明："——"代表不在当年排名样本内，即无当年排名数据。

附录三：

2012 年度上市公司价值创造百强榜

证券代码	证券简称	总排名		价值创造排名		价值实现排名		价值关联度排名		溢价因素排名		基础价值排名		成长价值排名	
		2012 年	2011 年	2012 年	2011 年	2012 年	2011 年	2012 年	2011 年	2012 年	2011 年	2012 年	2011 年	2012 年	2011 年
600111	包钢稀土	1	2	1	12	9	6	27	17	133	64	1	14	27	125
600636	三爱富	58	452	2	1234	320	4	889	1607	1108	1422	7	1152	7	1138
600366	宁波韵升	16	884	3	1175	69	317	238	1465	965	647	19	660	6	1501
600318	巢东股份	705	407	4	640	1323	280	1901	895	943	975	23	880	5	379
000789	江西水泥	588	317	5	82	1158	524	1838	1022	1890	786	28	742	1	1
600160	巨化股份	18	5	6	50	92	1	304	164	323	969	10	111	28	124
000970	中科三环	5	27	7	54	26	45	75	26	224	1556	16	510	24	2
600549	厦门钨业	15	116	8	415	85	34	275	926	97	206	29	474	13	402
600525	长园集团	122	333	9	616	481	563	1181	175	430	432	38	597	12	643
002458	益生股份	87	—	10	—	341	—	910	—	595	—	61	—	2	—
002006	精功科技	164	13	11	154	542	2	1283	420	469	1008	30	378	23	121
002477	雏鹰农牧	10	—	12	—	37	—	97	—	476	—	53	—	11	—
002038	双鹭药业	12	66	13	103	52	106	151	7	237	1442	6	29	128	887

续表

证券代码	证券简称	总排名		价值创造排名		价值实现排名		价值关联度排名		溢价因素排名		基础价值排名		成长价值排名	
		2012年	2011年	2012年	2011年	2012年	2011年	2012年	2011年	2012年	2011年	2012年	2011年	2012年	2011年
600519	贵州茅台	3	12	14	20	5	21	30	5	132	150	2	4	217	658
600816	安信信托	26	—	15	—	73	—	207	—	1678	—	40	—	31	—
000537	广宇发展	609	1028	16	696	1096	1155	1796	1052	1051	982	84	639	9	738
000411	英特集团	1698	1556	17	719	1867	1521	1952	1423	1605	1359	115	803	8	549
600784	鲁银投资	540	1098	18	153	1052	1131	1770	1525	764	708	100	641	10	22
600106	重庆路桥	544	1442	19	665	1005	1403	1748	1379	1005	1450	132	602	3	737
002155	辰州矿业	19	169	20	496	57	51	137	1030	245	301	96	673	14	321
600060	海信电器	57	254	21	383	187	465	511	237	667	486	89	328	21	646
600259	广晟有色	13	356	22	1011	27	5	16	1534	312	1001	177	997	4	868
000563	陕国投A	6	636	23	130	8	791	56	1305	1079	1436	83	444	29	48
600883	博闻科技	527	849	24	126	988	958	1737	1441	827	1017	69	303	36	128
600783	鲁信创投	20	197	25	519	50	25	95	1099	319	961	14	39	158	1647
000568	泸州老窖	7	8	26	11	19	30	20	67	53	244	3	1	513	446
000869	张裕A	8	22	27	14	16	53	43	135	111	1640	5	2	428	444
600739	辽宁成大	43	98	28	236	153	217	394	68	120	253	21	85	114	1146
000877	天山股份	155	86	29	215	402	104	1003	309	769	537	65	161	44	601
000939	凯迪电力	161	308	30	602	455	386	1092	572	347	80	57	384	50	1140
002393	力生制药	330	290	31	473	647	480	1417	20	1776	898	73	185	40	1343
600809	山西汾酒	9	21	32	55	17	40	53	46	162	296	8	10	290	729

续表

证券代码	证券简称	总排名		价值创造排名		价值实现排名		价值关联度排名		溢价因素排名		基础价值排名		成长价值排名	
		2012年	2011年	2012年	2011年	2012年	2011年	2012年	2011年	2012年	2011年	2012年	2011年	2012年	2011年
600403	大有能源	2	—	33	—	1	—	114	—	925	—	36	—	113	—
002304	洋河股份	4	4	34	8	4	12	112	10	129	339	4	3	567	197
600585	海螺水泥	47	19	35	84	169	27	426	182	44	20	22	65	154	411
600030	中信证券	32	208	36	110	109	446	263	838	43	15	18	34	211	981
600668	尖峰集团	526	802	37	463	881	951	1645	1088	1194	1386	219	727	17	242
002142	宁波银行	147	343	38	151	404	575	991	983	296	423	48	109	98	561
600887	伊利股份	24	126	39	285	79	310	157	90	51	37	105	309	48	404
000423	东阿阿胶	17	15	40	18	28	54	44	125	89	86	15	44	300	92
000666	经纬纺机	320	1441	41	1526	608	417	1339	1573	1720	811	227	838	19	1642
000016	民生银行	53	212	42	105	159	428	371	806	170	194	54	144	100	267
000685	中山公用	132	282	43	516	294	439	738	230	1640	529	17	150	268	1502
000858	五粮液	11	16	44	36	11	38	118	6	229	159	13	12	356	455
000973	佛塑科技	731	230	45	309	1149	418	1816	307	640	579	168	703	30	111
600867	通化东宝	179	271	46	225	392	407	941	490	928	1496	171	579	33	85
601009	南京银行	129	341	47	204	389	593	935	933	66	203	56	103	118	826
600036	招商银行	80	189	48	66	242	437	592	909	68	68	27	27	197	478
000623	吉林敖东	49	142	49	330	144	218	318	313	151	341	11	92	458	1368
600805	悦达投资	259	72	50	3	511	291	1163	754	1703	909	9	13	473	14
600000	浦发银行	81	181	51	104	241	402	577	767	69	71	33	26	183	898

续表

证券代码	证券简称	总排名		价值创造排名		价值实现排名		价值关联度排名		溢价因素排名		基础价值排名		成长价值排名	
		2012年	2011年	2012年	2011年	2012年	2011年	2012年	2011年	2012年	2011年	2012年	2011年	2012年	2011年
002269	美邦服饰	40	74	52	210	90	66	147	391	571	393	45	193	164	460
600507	方大特钢	564	289	53	308	983	473	1705	452	394	704	301	857	15	63
601169	北京银行	95	324	54	77	240	582	561	1116	285	356	37	41	222	538
000917	电广传媒	83	—	55	—	224	—	517	—	115	—	103	—	76	—
000780	平庄能源	39	85	56	232	91	111	126	327	247	292	93	319	95	298
600547	山东黄金	23	26	57	120	44	29	49	255	139	161	31	82	264	520
000043	中航地产	896	1647	58	95	1176	1625	1818	1653	1025	796	136	235	60	113
601678	滨化股份	230	382	59	721	489	99	1106	1260	835	846	135	430	62	1258
600199	金种子酒	25	226	60	613	21	31	152	1204	893	518	175	484	49	844
600568	中珠控股	431	1636	61	864	730	1639	1492	1402	1225	1561	101	797	115	885
000157	中联重科	64	121	62	421	161	42	324	924	190	84	80	195	145	1202
002128	露天煤业	38	25	63	15	88	131	99	321	256	326	12	8	652	210
000024	招商地产	78	315	64	356	205	583	445	606	60	66	113	175	127	1097
300127	银河磁体	271	—	65	—	501	—	1118	—	1069	—	218	—	45	—
002293	罗莱家纺	46	78	66	212	72	65	19	404	932	534	82	110	159	845
600123	兰花科创	42	106	67	114	101	267	122	423	59	94	41	43	319	816
601166	兴业银行	93	151	68	60	233	387	502	818	80	82	24	20	424	547
601101	昊华能源	59	56	69	156	136	69	240	250	205	237	47	97	296	650
600066	宇通客车	28	99	70	41	43	288	102	664	180	242	35	35	379	287

续表

证券代码	证券简称	总排名		价值创造排名		价值实现排名		价值关联度排名		溢价因素排名		基础价值排名		成长价值排名	
		2012年	2011年	2012年	2011年	2012年	2011年	2012年	2011年	2012年	2011年	2012年	2011年	2012年	2011年
600395	盘江股份	30	34	71	106	55	62	66	151	210	357	34	33	392	909
002344	海宁皮城	27	46	72	101	30	116	170	50	359	289	66	172	218	187
600794	保税科技	1173	474	73	503	1333	741	1884	635	1291	726	134	426	125	660
000596	古井贡酒	31	6	74	5	12	26	222	77	1692	643	51	24	344	7
600067	冠城大通	346	902	75	344	663	1063	1381	1360	358	434	90	253	193	704
601088	中国神华	41	52	76	70	94	167	69	276	10	5	39	30	454	523
601818	光大银行	117	——	77	——	262	——	557	——	361	——	174	——	91	——
600195	中牧股份	217	93	78	169	472	185	1045	58	154	771	71	186	259	390
600015	华夏银行	118	146	79	65	280	354	605	755	208	266	70	58	260	295
600143	金发科技	66	140	80	434	157	85	277	871	29	34	282	626	46	283
600362	江西铜业	62	61	81	185	139	103	210	238	86	26	140	227	143	331
002310	东方园林	29	29	82	85	38	74	175	37	76	387	62	37	317	641
600031	三一重工	33	1	83	29	23	3	67	94	6	21	20	16	680	381
600436	片仔癀	44	51	84	42	66	117	220	222	1938	914	55	68	355	159
601717	郑煤机	79	——	85	——	152	——	239	——	363	——	74	——	294	——
600425	青松建化	584	339	86	587	833	121	1571	1064	1799	1650	228	478	66	784
000703	恒逸石化	14	——	87	——	6	——	285	——	294	——	46	——	438	——
002415	海康威视	21	77	88	208	10	126	279	236	222	103	42	79	500	1093
600521	华海药业	140	769	89	1101	318	441	686	1304	338	445	577	1039	16	1056

续表

证券代码	证券简称	总排名		价值创造排名		价值实现排名		价值关联度排名		溢价因素排名		基础价值排名		成长价值排名	
		2012年	2011年	2012年	2011年	2012年	2011年	2012年	2011年	2012年	2011年	2012年	2011年	2012年	2011年
601998	中信银行	96	248	90	117	208	486	375	906	160	196	124	126	181	355
600516	方大炭素	68	73	91	218	133	57	169	443	343	261	267	648	58	57
600309	烟台万华	70	58	92	178	174	108	290	214	7	13	110	154	223	512
002001	新和成	74	54	93	132	160	123	247	25	125	212	25	15	674	1386
002313	日海通讯	243	556	94	405	426	834	913	998	913	287	224	353	89	614
000609	绵世股份	1282	670	95	363	1381	835	1892	1074	1085	1247	201	670	103	180
601328	交通银行	100	236	96	172	225	463	403	760	67	177	86	105	303	674
600612	老凤祥	65	——	97	——	124	——	101	——	305	——	119	——	228	——
002327	富安娜	115	281	98	206	235	522	434	790	416	67	133	231	196	378
002037	久联发展	845	591	99	333	1061	792	1735	1053	1544	813	138	347	192	453
000900	现代投资	666	522	100	72	906	827	1614	1390	1697	322	32	25	679	579

说明："——"代表不在当年排名样本内，即无当年排名数据。

2012 年度上市公司价值实现百优榜

证券代码	证券简称	总排名		价值创造排名		价值实现排名		价值关联度排名		溢价因素排名		基础价值排名		成长价值排名	
		2012年	2011年	2012年	2011年	2012年	2011年	2012年	2011年	2012年	2011年	2012年	2011年	2012年	2011年
600403	大有能源	2	—	33	—	1	—	114	—	925	—	36	—	113	—
000656	金科股份	34	—	265	—	2	—	768	—	412	—	321	—	342	—
300146	汤臣倍健	22	—	153	—	3	—	469	—	440	—	155	—	380	—
002304	洋河股份	4	4	34	8	4	12	112	10	129	339	4	3	567	197
600519	贵州茅台	3	12	14	20	5	21	30	5	132	150	2	4	217	658
000703	恒逸石化	14	—	87	—	6	—	285	—	294	—	46	—	438	—
000799	酒鬼酒	72	346	320	619	7	339	882	736	974	470	458	886	285	346
000563	陕国投A	6	636	23	130	8	791	56	1305	1079	1436	83	444	29	48
600111	包钢稀土	1	2	1	12	9	6	27	17	133	64	1	14	27	125
002415	海康威视	21	77	88	208	10	126	279	236	222	103	42	79	500	1093
000858	五粮液	11	16	44	36	11	38	118	6	229	159	13	12	356	455
000596	古井贡酒	31	6	74	5	12	26	222	77	1692	643	51	24	344	7
600702	沱牌舍得	69	571	246	914	13	620	695	762	676	638	543	1189	138	468

续表

证券代码	证券简称	总排名		价值创造排名		价值实现排名		价值关联度排名		溢价因素排名		基础价值排名		成长价值排名	
		2012年	2011年	2012年	2011年	2012年	2011年	2012年	2011年	2012年	2011年	2012年	2011年	2012年	2011年
002353	杰瑞股份	36	97	118	286	14	46	344	643	772	747	79	108	451	1173
002241	歌尔声学	60	24	223	61	15	47	629	44	584	630	213	275	417	25
000869	张裕A	8	22	27	14	16	53	43	135	111	1640	5	2	428	444
600809	山西汾酒	9	21	32	55	17	40	53	46	162	296	8	10	290	729
002236	大华股份	54	11	198	26	18	14	544	39	376	300	94	77	858	86
000568	泸州老窖	7	8	26	11	19	30	20	67	53	244	3	1	513	446
002311	海大集团	92	355	329	693	20	254	870	1016	152	102	573	582	201	891
600199	金种子酒	25	226	60	613	21	31	152	1204	893	518	175	484	49	844
600779	水井坊	50	291	176	589	22	159	476	1001	164	271	214	322	323	1264
600436	片仔癀	44	51	84	42	23	117	220	222	1938	914	55	68	355	159
000602	金马集团	478	—	1060	—	24	—	1774	—	859	—	217	—	1925	—
600276	恒瑞医药	61	50	217	147	25	86	589	192	138	151	116	53	828	1005
000970	中科三环	5	27	7	54	26	45	75	26	224	1556	16	510	24	2
600259	广晟有色	13	356	22	1011	27	5	16	1534	312	1001	177	997	4	868
000423	东阿阿胶	17	15	40	18	28	54	44	125	89	86	15	44	300	92
002029	七匹狼	37	79	103	87	29	182	267	273	403	469	81	123	351	230
002344	海宁皮城	27	46	72	101	30	116	170	50	359	289	66	172	218	187
300204	舒泰神	97	—	212	—	31	—	549	—	1016	—	111	—	850	—
601888	中国国旅	48	306	164	688	32	80	412	1236	92	192	287	471	184	1113

续表

证券代码	证券简称	总排名		价值创造排名		价值实现排名		价值关联度排名		溢价因素排名		基础价值排名		成长价值排名	
		2012年	2011年	2012年	2011年	2012年	2011年	2012年	2011年	2012年	2011年	2012年	2011年	2012年	2011年
600406	国电南瑞	52	20	161	86	33	19	400	206	302	179	117	119	554	236
601566	九牧王	136	—	439	—	34	—	1069	—	121	—	202	—	1194	—
002378	章源钨业	63	600	183	936	35	115	461	1437	243	1214	270	794	254	1084
000538	云南白药	35	23	112	69	36	84	272	53	15	8	77	55	446	337
002477	雏鹰农牧	10	—	12	—	37	—	97	—	476	—	53	—	11	—
002310	东方园林	29	29	82	85	38	74	175	37	76	387	62	37	317	641
002081	金螳螂	55	14	142	46	39	18	335	103	382	415	78	47	610	266
002385	大北农	76	620	225	1021	40	213	559	1426	203	147	192	604	516	1436
601933	永辉超市	224	—	584	—	41	—	1301	—	364	—	643	—	520	—
002292	奥飞动漫	516	368	1010	655	42	261	1739	941	1075	542	929	572	1018	798
600066	宇通客车	28	99	70	41	43	288	102	664	180	242	35	35	379	287
600547	山东黄金	23	26	57	120	44	29	49	255	139	161	31	82	264	520
002065	东华软件	124	—	337	—	45	—	840	—	510	—	264	—	668	—
300070	碧水源	84	96	201	237	46	221	478	57	551	130	164	96	532	1075
600535	天士力	45	64	151	207	47	83	339	341	5	17	148	245	388	358
002069	獐子岛	144	18	444	27	48	70	1051	147	31	33	256	86	1025	69
000581	威孚高科	51	3	139	2	49	13	311	34	320	374	44	11	943	12
600783	鲁信创投	20	197	25	519	50	25	95	1099	319	961	14	39	158	1647
600645	中源协和	148	—	315	—	51	—	773	—	1039	—	946	—	69	—

续表

证券代码	证券简称	总排名		价值创造排名		价值实现排名		价值关联度排名		溢价因素排名		基础价值排名		成长价值排名	
		2012年	2011年	2012年	2011年	2012年	2011年	2012年	2011年	2012年	2011年	2012年	2011年	2012年	2011年
002038	双鹭药业	12	66	13	103	52	106	151	7	237	1442	6	29	128	887
600113	浙江东日	220	610	516	813	53	942	1167	356	726	742	846	781	257	777
600256	广汇股份	185	47	508	142	54	73	1147	212	213	99	366	246	856	208
600395	盘江股份	30	34	71	106	55	62	66	151	210	357	34	33	392	909
002450	康得新	412	602	916	988	56	174	1657	1431	565	378	744	829	1082	1121
002155	辰州矿业	19	169	20	496	57	51	137	1030	245	301	96	673	14	321
600588	用友软件	116	1111	343	1434	58	191	818	1610	73	117	490	822	289	1591
002294	信立泰	86	38	193	21	59	150	423	354	462	342	76	23	964	192
601958	金钼股份	670	437	1298	947	60	39	1877	1485	110	219	1267	1252	1168	436
600381	贤成矿业	965	——	1487	——	61	——	1923	——	513	——	1194	——	1631	——
002007	华兰生物	190	43	484	43	62	143	1088	283	334	247	158	5	1486	1125
300003	乐普医疗	99	87	166	143	63	140	337	9	1145	1610	107	67	622	775
002153	石基信息	71	36	162	56	64	112	321	179	461	418	91	75	642	214
600841	上柴股份	273	363	609	257	65	578	1303	801	736	691	973	1184	310	9
600031	三一重工	33	1	83	29	66	3	67	94	6	21	20	16	680	381
600118	中国卫星	374	467	875	941	67	101	1618	1451	218	101	977	753	723	1147
600844	丹化科技	1439	1404	1687	1493	68	220	1948	1617	983	1165	1942	1519	442	1165
600366	宁波韵升	16	884	3	1175	69	317	238	1465	965	647	19	660	6	1501
600600	青岛啤酒	88	81	219	202	70	187	465	49	108	46	142	114	655	723

续表

证券代码	证券简称	总排名 2012年	总排名 2011年	价值创造排名 2012年	价值创造排名 2011年	价值实现排名 2012年	价值实现排名 2011年	价值关联度排名 2012年	价值关联度排名 2011年	溢价因素排名 2012年	溢价因素排名 2011年	基础价值排名 2012年	基础价值排名 2011年	成长价值排名 2012年	成长价值排名 2011年
002167	东方锆业	360	688	712	1016	71	226	1458	1418	1648	759	878	970	497	960
002293	罗莱家纺	46	78	66	212	72	65	19	404	932	534	82	110	159	845
600816	安信信托	26	—	15	—	73	—	207	—	1678	—	40	—	31	—
002230	科大讯飞	380	202	843	566	74	48	1587	1130	528	139	662	397	1039	1004
002152	广电运通	103	68	213	83	75	110	437	98	691	1622	99	52	907	510
600157	永泰能源	177	124	412	211	76	163	920	160	489	1649	520	500	384	103
600085	同仁堂	291	117	710	370	77	79	1444	759	192	171	566	387	880	469
002299	圣农发展	267	137	664	317	78	142	1377	475	126	603	528	356	863	409
600887	伊利股份	24	126	39	285	79	310	157	90	51	37	105	309	48	404
600489	中金黄金	85	60	182	163	80	88	333	223	313	337	144	145	552	499
600271	航天信息	56	48	141	133	81	127	215	15	35	36	92	122	525	410
000536	华映科技	255	156	485	352	82	172	1061	484	1925	449	416	270	648	695
300015	爱尔眼科	236	270	612	573	83	178	1276	944	32	155	575	443	653	861
600125	铁龙物流	286	62	707	158	84	124	1428	120	88	142	461	188	1079	352
600549	厦门钨业	15	116	8	415	85	34	275	926	97	206	29	474	13	402
601899	紫金矿业	130	118	340	238	86	264	742	93	181	377	249	200	718	528
601118	海南橡胶	464	—	1006	—	87	—	1697	—	127	—	1234	—	617	—
002128	露天煤业	38	25	63	15	88	131	99	321	256	326	12	8	652	210
000999	华润三九	166	82	399	131	89	207	876	226	130	38	231	90	985	519

续表

证券代码	证券简称	总排名		价值创造排名		价值实现排名		价值关联度排名		溢价因素排名		基础价值排名		成长价值排名	
		2012年	2011年	2012年	2011年	2012年	2011年	2012年	2011年	2012年	2011年	2012年	2011年	2012年	2011年
002269	美邦服饰	40	74	52	210	90	66	147	391	571	393	45	193	164	460
000780	平庄能源	39	85	56	232	91	111	126	327	247	292	93	319	95	298
600160	巨化股份	18	5	6	50	92	1	304	164	323	969	10	111	28	124
300027	华谊兄弟	281	273	543	468	93	292	1138	478	906	824	567	483	534	472
601088	中国神华	41	52	76	70	94	167	69	276	10	5	39	30	454	523
600072	中船股份	1293	1437	1565	1554	95	78	1930	1647	1042	1080	1660	1416	1260	1548
300124	汇川技术	107	——	200	——	96	——	343	——	776	——	125	——	694	——
600570	恒生电子	150	460	341	757	97	186	719	1191	329	960	433	457	348	1245
000541	佛山照明	351	220	713	474	98	138	1416	840	815	645	776	649	580	312
300104	乐视网	227	——	488	——	99	——	1032	——	537	——	448	——	597	——
601002	晋亿实业	1629	1014	1753	1520	100	9	1950	1651	929	1075	1543	729	1816	1649

说明："——"代表不在当年排名样本内，即无当年排名数据。

附录五：

2011 年底中国行业 A 股市值总表

2011年市值排名	证监会行业	2011年A股市值（亿元）	2011年A股股本（亿股）	股本排名	上市公司家数	家数排名	2010年A股市值（亿元）	2010年市值排名	2011年市值增量（亿元）	增量排名	2011年市值增幅（%）	增幅排名
1	金融、保险业	50520.89	10571.83	1	41	19	55745.68	1	-5224.79	19	-9.37%	5
2	采掘业	34692.85	3270.23	2	54	14	42157.47	2	-7464.62	21	-17.71%	10
3	机械、设备、仪表	24058.14	2499.19	3	438	1	31809.52	3	-7751.38	22	-24.37%	17
4	金属、非金属	13551.86	1908.16	4	191	3	18850.67	4	-5298.81	20	-28.11%	18
5	食品、饮料	10656.07	462.27	14	91	9	11252.34	7	-596.27	8	-5.30%	3
6	石油、化学、塑胶、塑料	9350.45	997.19	9	248	2	11739.91	5	-2389.46	14	-20.35%	14
7	医药、生物制品	8287.63	575.12	13	142	5	11582.13	6	-3294.5	17	-28.44%	19
8	信息技术业	7891.32	756.76	10	177	4	10427.04	9	-2535.72	15	-24.32%	16
9	房地产业	7684.15	1261.18	6	131	7	9398.5	10	-1714.35	13	-18.24%	11
10	交通运输、仓储业	7417.32	1699.78	5	73	10	10813.02	8	-3395.7	18	-31.40%	20
11	批发和零售贸易	6928.51	689.31	12	124	8	8582.47	11	-1653.96	12	-19.27%	12

续表

2011年市值排名	证监会行业	2011年A股市值（亿元）	2011年A股股本（亿股）	股本排名	上市公司家数	家数排名	2010年A股市值（亿元）	2010年市值排名	2011年市值增量（亿元）	增量排名	2011年市值增幅（%）	增幅排名
12	电力、煤气及水的生产和供应业	6692.98	1222.5	7	73	10	8053.52	13	-1360.54	10	-16.89%	9
13	电子	5772.53	722.79	11	136	6	8445.46	12	-2672.93	16	-31.65%	21
14	建筑业	4964.51	1065.5	8	47	16	6503.99	14	-1539.48	11	-23.67%	15
15	社会服务业	3496.51	362.02	16	71	13	3820.43	16	-323.92	6	-8.48%	4
16	综合类	2544.2	452.93	15	53	15	3847.37	15	-1303.17	9	-33.87%	22
17	纺织、服装、皮毛	2423.69	282.81	17	73	10	2768.45	17	-344.76	7	-12.45%	7
18	传播与文化产业	2008.96	171.81	19	31	20	1775.53	19	233.43	1	13.15%	2
19	农、林、牧、渔业	1992.44	198.31	18	43	17	2226.79	18	-234.35	4	-10.52%	6
20	造纸、印刷	1223.47	165.36	20	42	18	1520.96	20	-297.49	5	-19.56%	13
21	其他制造业	1144.83	104.79	21	27	21	986.14	21	158.69	2	16.09%	1
22	木材、家具	291.04	44.75	22	11	22	343.53	22	-52.49	3	-15.28%	8
—	A股市场	213594.35	29484.59	—	2317	—	262650.92	—	-49056.57	—	-18.68%	—

附录六：

2011 年底中国区域 A 股市值总表

2011年市值排名	省份	2011年A股市值（亿元）	2011年A股股本（亿股）	股本排名	上市公司家数	家数排名	2010年A股市值（亿元）	2010年市值排名	2011年市值增量（亿元）	增量排名	2011年市值增幅（%）	增幅排名	省份GDP（亿）	GDP排名	2011年证券化率（%）	证券化率排名
1	北京	78000.61	14268.34	1	192	4	87195.4	1	-9194.79	31	-10.55%	3	16011.43	13	650.25%	1
2	广东	23717.48	2431.62	3	339	1	31532.42	2	-7814.94	30	-24.78%	19	52673.59	1	50.47%	6
3	上海	19275.53	2812.23	2	189	5	23827.26	3	-4551.73	29	-19.10%	9	19195.69	11	116.65%	2
4	江苏	10660.53	1063.74	5	212	3	13202.77	4	-2542.24	28	-19.26%	10	48604.26	2	22.45%	15
5	浙江	10263.63	1066.4	4	223	2	12760.77	5	-2497.14	27	-19.57%	11	32000.1	4	32.12%	10
6	山东	8358.73	778.34	6	142	6	10596.55	6	-2237.82	26	-21.12%	16	45429.2	3	20.89%	19
7	四川	5815.33	513.32	9	87	7	7479.88	7	-1664.55	25	-22.25%	17	21026.68	8	28.18%	13
8	福建	5313.87	627.46	7	80	8	6514.89	8	-1201.02	19	-18.44%	8	17410.21	12	31.84%	11
9	山西	4595.91	462.42	11	34	19	6249.14	9	-1653.23	24	-26.46%	22	11100.18	21	41.40%	8
10	安徽	4208.59	428.56	13	77	10	5314.91	10	-1106.32	17	-20.82%	14	15110.3	14	30.15%	12
11	湖南	4057.86	455.59	12	68	11	4964.37	12	-906.51	14	-18.26%	7	19635.19	9	21.23%	16
12	湖北	3766.85	497.03	10	80	8	5103.3	11	-1336.45	21	-26.19%	21	19594.19	10	19.50%	22
13	河南	3520.72	313.42	16	63	12	4394.29	13	-873.57	13	-19.88%	13	27232.04	5	12.98%	29

续表

2011年市值排名	省份	2011年A股市值（亿元）	2011年A股股本（亿股）	股本排名	上市公司家数	家数排名	2010年A股市值（亿元）	2010年市值排名	2011年市值增量（亿元）	增量排名	2011年市值增幅（%）	增幅排名	省份GDP（亿）	GDP排名	2011年证券化率（%）	证券化率排名
14	辽宁	3231.21	558.06	8	63	12	4363.21	14	-1132	18	-25.94%	20	22025.9	7	15.21%	24
15	河北	3119.38	398.35	14	46	14	3417.37	17	-297.99	7	-8.72%	2	24228.2	6	13.43%	28
16	贵州	2911.48	100	28	20	28	3093.94	18	-182.46	3	-5.90%	1	5701.84	26	51.06%	5
17	天津	2576.42	356.09	15	37	16	3946.72	15	-1370.3	22	-34.72%	27	11190.99	20	26.55%	14
18	新疆	2194.97	226.78	19	37	16	3596.61	16	-1401.64	23	-38.97%	30	6474.54	25	34.50%	9
19	内蒙古	2058.39	195.88	23	21	27	2465.29	23	-406.9	9	-16.51%	6	14246.11	15	14.80%	26
20	江西	1959.29	177.67	24	31	21	2948.78	20	-989.49	16	-33.56%	25	11583.8	19	20.13%	20
21	重庆	1923.52	246.26	17	34	19	2522.91	22	-599.39	10	-23.76%	18	10011.13	23	19.77%	21
22	陕西	1854.68	223.81	20	37	16	3057.97	19	-1203.29	20	-39.35%	31	12391.3	17	14.97%	25
23	云南	1845.34	167.3	25	28	24	2777.66	21	-932.32	15	-33.56%	25	8750.95	24	21.18%	17
24	吉林	1513.96	200.99	22	38	15	2329.64	24	-815.68	12	-35.01%	28	10530.71	22	14.41%	27
25	黑龙江	1338.28	229.37	18	30	22	2073.13	25	-734.85	11	-35.45%	29	12503.8	16	10.79%	30
26	海南	1245.97	203.12	21	25	25	1490.78	27	-244.81	4	-16.42%	5	2515.29	28	50.05%	7
27	广西	1204.66	159.07	26	29	23	1525.68	26	-321.02	8	-21.04%	15	11714.35	18	10.28%	31
28	青海	1087.54	77.62	29	10	30	1264.22	29	-176.68	2	-13.98%	4	1634.72	30	66.53%	4
29	甘肃	1045.52	154.91	27	24	26	1303.48	28	-257.96	6	-19.79%	12	5000.47	27	20.91%	18
30	西藏	546.11	53.11	30	9	31	801.91	30	-255.8	5	-31.90%	24	605.83	31	90.14%	3
31	宁夏	381.99	37.73	31	12	29	535.67	31	-153.68	1	-28.69%	23	2060.79	29	18.54%	23
—	全国	213594.35	29484.59	—	2317	—	262650.92	—	49056.57	—	-18.68%	—	471563.7	—	52.84%	—

附录七：

1990～2011 年中国区域 A 股市值成长表

区域	1990	1991	1992	1993	1994	1995	1996	1997	1998	1999	2000	2001	2002	2003	2004	2005	2006	2007	2008	2009	2010	2011
北京	0	0	18.1	36.4	56.2	56	185	593.1	883.8	1668	3827	6289	5408	8407	7164	6784	39446	154635	55641	93380.7	87412.74	78000.61
上海	12.1	27.7	410.8	1620	1811	1498	2409	3250	3576	4943	7990	6615	6554	7363	6229	5281	11041	39310	13460	28303.3	24046.82	19275.53
广东	0	71.8	381.8	832	656.6	523	1901	3114	2836	3591	6171	4862	4566	4875	4740	4082	8756	29484	11461	26680.1	31320.27	23717.48
山东	0	0	0	104	66.8	67.5	350	766.2	1001	1181	2314	1935	1741	1783	1707	1546	2750	8345	3430	8199.8	10668.95	8358.73
江苏	0	0	0	32	62	142	423	768.1	777.8	1205	2151	2117	2025	1952	1602	1382	2366	7331	3281	8432.1	13202.77	10660.53
浙江	0	0	0	42.3	57	64.4	262	529.2	656.2	983.6	1958	1612	1318	1213	1273	1048	1918	6604.6	3053	7662.1	12730.42	10263.63
四川	0	0	0	74.8	101.7	155	485	1066	1081	1202	1772	1580	1254	1178	1036	938.2	1990	6671.2	2726	5839.6	7497.68	5815.33
山西	0	0	0	0	14.7	20.1	69.4	188.7	244.8	345.7	717.4	620.6	493.1	652.2	665.6	459.8	2294	7560.9	2387	5918.2	6249.14	4595.91
福建	0	0	0	46.5	55.1	54.1	215	410.3	490.8	621.1	997.3	822.1	767.2	732.5	679	574.5	998.6	5124.7	2232	5571.4	6514.89	5313.87
天津	0	0	0	15.4	15.2	51.6	133	226.1	286.3	536.2	913.9	876.1	775.4	746.8	613.4	533.5	1039	7271.1	2082	3731.1	3946.72	2576.42
辽宁	0	0	59.7	64.2	37.1	73.3	270	691.4	766.6	906.6	1747	1397	1163	1235	965.7	798	1811	5655.4	2041	4326.6	4345.41	3231.21
湖北	0	0	15	52.2	32.6	34.1	232	621.4	735.9	970.6	1906	1650	1327	1172	1158	880.2	1563	5171.3	1803	4206.4	5062.72	3766.85
安徽	0	0	0	48.2	117	119	351	425.3	430.1	500.2	994.8	800.8	772.4	955.7	862.5	713.1	1258	4411.1	1736	4233.8	5302.73	4208.59
青海	0	0	0	0	0	11.3	34.9	79.2	117.6	127.2	244.8	203.1	173	166.8	148.2	152.5	263.4	1919	1444	1758.6	1264.22	1087.54
新疆	0	0	0	0	10.5	7.6	66	121	209.1	335	792.7	670.2	647.4	587.2	409.9	317.5	735.8	3174.3	1441	3021.3	3596.61	2194.97
河北	0	0	0	0	21	25.2	219	407.2	503.8	692.9	1067	852.1	765.5	818.7	692.4	542.3	863.3	3502.3	1362	3027.7	3404.7	3119.38
贵州	0	0	0	0	4.1	2.8	32.8	80.6	91.5	134.4	291.4	394	323.6	261	355.5	397.6	1053	2759.9	1361	2648.3	3093.94	2911.48

续表

区域	1990	1991	1992	1993	1994	1995	1996	1997	1998	1999	2000	2001	2002	2003	2004	2005	2006	2007	2008	2009	2010	2011
湖南	0	0	0	11.4	7.3	6.1	128	359.2	378.5	625.5	1147	895.8	730.4	699.9	658.5	515.3	1008	3482	1345	3416.9	5037.66	4057.86
河南	0	0	0	10.5	21.8	51.6	94.4	203.9	358.2	602.2	1100	904.2	722.1	880.8	730.6	526.6	1012	3398	1288	3202.9	4394.29	3520.72
云南	0	0	0	7.2	13.8	17.1	63.1	119.6	200.1	291.5	505.3	398	317.4	311.3	331.8	314.8	715.5	3497.3	1116	2590.1	2777.66	1845.34
吉林	0	0	0	24.4	28.1	27.5	179	423.3	417.5	551	895.5	704.4	625.2	691	466.5	371.8	712.1	2638.7	904	2478	2307.07	1513.96
陕西	0	0	0	4.8	28.6	23.2	95	221.2	277.8	365.3	587.6	435.8	408.8	367.2	268.7	223.4	468.3	1217.5	839	2059.4	3100.25	1854.68
黑龙江	0	0	0	18.2	41.8	37.4	154	212.6	292.3	438.6	919.8	742	780.7	706	529.3	414.5	627.5	1615.2	753	1453.8	2073.13	1338.28
江西	0	0	0	37.5	16.1	15.6	74.5	154.5	180.7	195.4	475	440.6	504.9	493.4	405.9	356.1	671.4	2320	712	2086.8	2948.78	1959.29
内蒙古	0	0	0	0	17.5	18	59.6	196.8	234	284.9	551.7	524.9	459.2	497	377.2	351.6	541.8	2125.3	681	1911.5	2465.29	2058.39
重庆	0	0	0	18.7	22.1	42.6	142	343	325.1	420.9	772.1	664.7	604.6	541.8	380.8	278.6	466.7	1456.3	594	1841.1	2595.85	1923.52
广西	0	0	0	32.1	8.7	12.3	52.2	106	129.1	187.5	568.6	471.2	385.8	356.6	337.1	265.1	417.8	1414.9	474	1277.8	1525.68	1204.66
甘肃	0	0	0	0	4.3	3.6	66.5	120.1	159.2	177	416.9	336.5	274	270	255.8	173.9	268.2	1069.8	449	1271.4	1303.48	1045.52
海南	0	0	26	40.5	55.6	34.7	155	254.4	305.9	426.8	754.9	510.2	430.4	378.4	340.5	254.3	516.1	1476.9	447	1100	1490.78	1245.97
宁夏	0	0	0	0	3.7	6.5	26.5	44.9	86.6	131.5	517.3	256.3	155.5	130.4	106	75.8	109.9	403.2	159	395.2	535.67	381.99
西藏	0	0	0	0	0	7.7	19.2	48.3	52.6	90	169.5	155.7	114.3	77.9	56.7	51.1	104.4	216.4	80	385	801.91	546.11
A股市场	12.1	99.6	911.3	3173	3388	3209	8947	16147	18086	24731	45236	40735	36586	40500	35546	30604	87784	325261	120783	242411.6	263018.23	213594.35

附录八：

1990～1999 年各省（区、市）经济证券化率表

单位:%

	1990 年	1991 年	1992 年	1993 年	1994 年	1995 年	1996 年	1997 年	1998 年	1999 年
全国	0.1	0.1	2.5	8.6	7.5	5.8	12.5	20.2	21	27.1
北京	0	0	2.7	3.8	5.2	4	11.7	30.3	38.2	63.5
青海	0	0	0	0	0	6.7	18.2	40.2	53.3	53.1
上海	0	2.6	47.7	122.7	108	70.5	96.8	112	106.9	131.7
贵州	0	0	0	0	0.8	0.4	4.5	10.4	10.8	14.7
新疆	0	0	0	0	1.6	0.9	7	11.6	18	28.8
山西	0	0	0	0	1.8	1.9	5.4	13.9	16.5	22.4
福建	0	0	0	3.9	3.2	2.6	8.4	14.4	15.5	18.2
四川	0	0	0	5	5.1	6.8	17	33.8	31.4	33.3
安徽	0.1	0	0	4.4	9.8	7.6	18.3	19.4	17.6	19.7
云南	0	0	0	0.9	1.6	1.6	4.3	7.1	11	15.4
湖北	0.1	0	1.4	3.9	2.1	1.8	8.7	22	23.6	30.3
辽宁	0	0	2.9	3.2	1.3	2.9	8.6	20.7	21.3	23.4
宁夏	0	0	0	0	2.7	3.7	12.7	20.4	35.1	49.7

续表

	1990年	1991年	1992年	1993年	1994年	1995年	1996年	1997年	1998年	1999年
甘肃	0	0	0	0	0.9	0.7	9.2	15.5	17.9	19
浙江	1.1	0	0	2.2	2.3	1.9	6.8	11.8	13.3	18.6
吉林	0	0	0	3.4	3	2.4	11.1	27.6	24.9	31.9
江西	0.2	0	0	5.1	1.7	1.8	5.7	10.4	11.4	11.2
山东	0	0	0	4.7	2.1	1.6	6.1	12.7	15.7	17.3
重庆	0	0	0	3.3	2.9	4.2	12	26.8	23.5	28.5
陕西	0	0	0	0.8	3.5	2.3	9.6	18.3	21.2	25.5
湖南	0	0	0	0.9	0.4	0.3	4.8	12.7	12.5	19.5
江苏	0	0	0	1.1	1.5	3.6	8.5	13.5	12.2	17.4
内蒙古	0	0	0	0	2.5	2.1	5.7	17.2	16.3	20.7
黑龙江	0	0	0	1.5	2.6	1.9	6.8	9	11.4	16.2
广东	0	0.3	0.6	8.5	4.9	3.3	9.9	15.1	13	16.3
河北	0	0	0	0	1	0.9	6.3	10.3	11.6	15.3
河南	0	0	0	0.6	1	2.3	2.9	5.3	8	13.6
广西	0	0	0	3.7	0.7	0.8	2.9	5.8	6.7	9.4
天津	0	0	0	4.1	3.6	7.8	14.2	21.2	23.5	39.2
海南	0	0	14.83	15.65	16.81	9.95	38.79	64.19	72.01	93.52
西藏	0	0	0	0	0	13.79	28.49	64.18	58.4	85.23

附录九:

2000～2011 年各省（区、市）经济证券化率表

单位:%

	2000 年	2001 年	2002 年	2003 年	2004 年	2005 年	2006 年	2007 年	2008 年	2009 年	2010 年	2011 年
全国	44.8	38	30.3	29.3	21.2	15.5	44.1	137.5	40.16	86.38	76.18	52.84%
北京	123.1	188.4	137.3	180.5	129.7	111.2	705.3	2231.6	541.3	1079	835.45	650.25%
青海	92.8	67.4	50.9	42.3	31.8	28.1	41.2	244.9	148.8	162.64	93.62	66.53%
上海	186.2	143.4	126.8	120	84.9	63.1	114	372.6	102.9	222.85	165.54	116.65%
贵州	28.6	36.9	27.1	19.2	22	20.5	46.1	101.8	45	68.02	67.35	51.06%
新疆	58.1	45.3	39.9	31	18.4	12.2	24.2	90.1	34.3	70.7	68.43	34.50%
山西	43.8	34.8	23.9	25.6	21	11	48.6	131.9	34	80.35	68.76	41.40%
福建	26.5	20.4	16.6	14.4	11.6	8.7	13.1	55.1	22.4	49.86	47.67	31.84%
四川	45.5	37.1	26.6	22.2	16.4	13	23.6	64.9	24.7	42.34	45.42	28.18%
安徽	36.3	26.9	24.3	28.2	20.9	15.7	24.8	68.2	21.4	46.06	46.78	30.15%
云南	25.5	19	13.8	12.3	11.1	9	17.8	74.3	19.6	42.26	38.66	21.18%
湖北	54	42.8	31.4	24.4	20.3	13.5	20.7	56.6	17.7	33.23	32.47	19.50%
辽宁	39.5	28.7	23.1	21.9	15.2	10.8	21	55.6	17	30.29	24.79	15.21%
宁夏	175.3	75.9	40.6	29	19.3	12.5	15.5	45.3	14.9	29.61	32.6	18.54%

198

续表

	2000 年	2001 年	2002 年	2003 年	2004 年	2005 年	2006 年	2007 年	2008 年	2009 年	2010 年	2011 年
甘肃	42.4	31.2	23.2	20.6	16.2	9	11.8	39.6	15	37.59	31.64	20.91%
浙江	32.6	23.7	16.6	12.7	10.9	7.9	12.5	35.5	14.5	33.64	46.81	32.12%
吉林	44.5	32.7	25.8	25	14.4	9.9	16.3	49.4	14.1	34.4	26.9	14.41%
江西	24.9	21.4	23.4	21.8	14	11	18.7	56.3	12	35.89	38.9	20.13%
山东	30.6	23.5	18.7	16.6	13.1	9.9	14.3	37	11.2	27.81	30.56	20.89%
重庆	49.7	38.8	31.5	25.8	14.8	9.6	14.6	38.8	11.7	29.98	33.86	19.77%
陕西	36.8	24.6	20.6	15.6	9.5	6.2	10.7	23.3	12.3	25.16	30.94	14.97%
湖南	32.3	23.5	17.4	14.9	11.5	7.9	13.3	37.8	11.7	26.42	32.53	21.23%
江苏	27.3	25.2	21.7	17.6	11.6	8.3	11.6	29.8	10.9	25.65	33.23	22.45%
内蒙古	35.7	32.5	24.3	21.6	12.9	9.5	11.6	35.8	9	20.21	21.85	14.80%
黑龙江	29.8	22.4	21.7	17.7	11.3	7.7	10.2	22.9	9.6	17.8	20.4	10.79%
广东	26.7	19.4	14.2	13.8	10.8	6.8	10.4	30	32.1	76.93	77.02	50.47%
河北	20.9	15.3	12.5	11.6	8.1	5.3	7.5	25.4	8.5	17.84	16.93	13.43%
河南	22.3	16.8	12.1	12.8	8.6	5	8.3	22.8	8.2	16.64	19.23	12.98%
广西	27.3	20.8	15.2	12.5	9.7	6.5	8.7	23.8	6.9	16.59	16.06	10.28%
天津	59.5	50.2	39.4	31.5	20.7	15.1	24.7	177.9	33.3	58.71	51.13	26.55%
海南	149.8	95.66	72.17	57.62	45.28	29.2	50.04	123.64	31.41	67.84	73.84	50.05%
西藏	144.27	111.79	71.01	41.27	26.66	20.42	35.86	63.25	20.11	87.23	158.02	90.14%

2011年底A股个人持股市值（1亿元以上）明细表

排名	持股人	持有市值（亿元）	持股公司
1	张近东	164.733	苏宁电器
2	王传福	130.107	比亚迪
3	龚虹嘉	103.007	海康威视
4	孟庆山	71.061	梅花集团
5	何巧女	70.147	东方园林
6	傅利泉	61.077	大华股份
7	蒋仁生	60.443	智飞生物
8	邵根伙	57.953	大北农
9	吕向阳	54.544	比亚迪
10	刘革新	53.762	科伦药业
11	蔡东青	52.496	奥飞动漫
12	李仲初	49.719	石基信息
13	梁允超	48.980	汤臣倍健
14	张轩松	48.166	永辉超市
15	姜滨	44.064	歌尔声学
16	孙伟杰	42.454	杰瑞股份
17	张长虹	42.028	大智慧

排名	持股人	持有市值（亿元）	持股公司
654	李俊田	4.294	汇川技术
655	刘迎新	4.294	汇川技术
656	唐柱学	4.294	汇川技术
657	熊礼文	4.294	宝利沥青
658	周秀风	4.291	恒大高新
659	朱星河	4.290	巨力索具
660	杨建国	4.285	雅致股份
661	昝木喜	4.279	汉威电子
662	任红军	4.271	江海股份
663	朱祥	4.254	新研股份
664	周卫华	4.253	天利科技
665	陆文雄	4.248	神州泰岳
666	黄松浪	4.242	华力创通
667	熊运鸿	4.241	宏润建设
668	郑宏舫	4.240	广电运通
669	赵友永	2.686 / 1.535	海格通信

排名	持股人	持有市值（亿元）	持股公司
1298	林祯富	1.799	科新机电
1299	柏红	1.798	东华软件
1300	吴以池	1.796	以岭药业
1301	郭景松	1.793	松德股份
1302	臧少玉	1.792	安诺其
1303	陈云标	1.788	禾欣股份
1304	康清河	1.788	林州重机
1305	王昭阳	1.782	华平股份
1306	付屹东	1.781	数码视讯
1307	张正权	1.774	超日太阳
1308	黄高杨	1.771	江苏神通
1309	郁正涛	1.771	江苏神通
1310	马郁	1.764	立思辰
1311	王天然	1.764	机器人
1312	蒋晨	1.760	福安药业
1313	杨维虎	1.760	华邦制药
1314	陈炜天	1.758	ST合金

续表

排名	持股人	持有市值（亿元）	持股公司
18	庞庆华	41.909	庞大集团
19	杜江涛	41.395	内蒙君正
20	郑效东	39.265	东富龙
21	荀建华	39.004	亿晶光电
22	吴相君	36.517	以岭药业
23	袁志敏	36.473	金发科技
24	姜伟	36.459	贵州百灵
25	梁稳根	35.937	三一重工
26	张轩宁	34.404	永辉超市
27	文剑平	34.130	碧水源
28	陈清州	33.751	海能达
29	申东日	31.631	朗姿股份
30	吴冠江	30.771	双星新材
31	胡继军	30.734	梅花集团
32	沈锦华	29.529	焦点科技
33	贾跃亭	29.214	乐视网
34	牟金香	29.214	联化科技
35	王坤晓	29.047	杰瑞股份
36	侯建芳	28.529	雏鹰农牧
37	夏佐全	28.495	比亚迪
38	吴冠江	28.272	智飞生物
39	徐明波	28.157	双鹭药业
40	阚文彬	27.504	独一味
41	吴建龙	26.449	向日葵
42	倪开禄	26.444	超日太阳

排名	持股人	持有市值（亿元）	持股公司
670	王威	4.210	欣旺达
671	张浩	4.208	理邦仪器
672	陈黎明	4.105	大康牧业
		0.098	万安科技
673	熊模昌	4.199	华平股份
674	刘国伟	4.197	汇川技术
675	金敬德	4.185	仙琚制药
676	温鹏程	4.181	大华农
677	韩方如	4.177	东光铁塔
678	韩真如	4.177	东高铁塔
679	卢彩芬	4.173	永高股份
680	郑瑜力	4.164	成都路桥
681	史万福	4.147	通达股份
682	申药云	4.146	朗姿股份
683	唐灼棉	4.144	东方精工
684	黄木顺	3.830	泛海建设
		0.286	北方国际
685	吴军	3.854	大华股份
		0.262	浙江众成
686	董泰湘	4.114	久其软件
687	郭亚娟	4.107	新朋股份
688	熊向东	4.103	东方财富
689	吴瑞	4.101	以岭药业
690	冯小玉	4.097	南洋科技
691	高宝林	4.094	万昌科技

排名	持股人	持有市值（亿元）	持股公司
1315	焦岩岩	1.756	宝泰隆
1316	封其华	1.753	赛为智能
1317	沈小平	1.753	通鼎光电
1318	单秋娟	1.747	孚日股份
1319	晋宁	1.746	兴森科技
1320	曹继东	1.745	世纪鼎利
1321	谢金成	1.744	毅昌股份
1322	徐岷波	1.744	金证股份
		1.457	汇冠股份
1323	刘建军	0.175	华联股份
		0.109	宝莫股份
1324	张平	1.740	常铝股份
		1.142	双环科技
1325	张灵正	0.267	秀强股份
		0.190	钱江摩托
		0.140	青龙管业
1326	苏健	1.738	兴森科技
1327	肖伟	1.737	康缘药业
1328	宋济隆	1.728	东力传动
1329	许丽萍	1.728	东力传动
1330	姚瑞波	1.726	焦点科技
1331	宋礼名	1.724	安科生物
1332	彭秋和	1.723	数码视讯
1333	任有法	1.719	海宁皮城
1334	郑贵祥	1.719	佳讯飞鸿

续表

排名	持股人	持有市值（亿元）	持股公司	排名	持股人	持有市值（亿元）	持股公司	排名	持股人	持有市值（亿元）	持股公司
43	刘振国	25.597	碧水源	692	林金全	4.073	国脉科技	1335	钟利钢	1.719	川润股份
44	林国芳	25.578	富安娜	693	黄松	4.070	惠博普	1336	朱文涛	1.716	天康生物
45	王柏兴	25.216	中利科技	694	栗延秋	4.070	盛通股份	1337	赵林	1.549	神州泰岳
46	刘水	25.131	铁汉生态	695	李生学	4.066	华邦制药	1338	何锡万	0.165	东山精密
47	许晓明	24.995	南国置业	696	吕泽伟	4.065	天晟新材	1338	何锡万	1.713	三星电气
48	王忠军	24.991	华谊兄弟	697	孙剑	4.065	天晟新材	1339	蒋泽元	1.711	禾盛新材
49	安赛乐-米塔尔	24.949	华菱钢铁	698	吴海宙	4.065	天晟新材	1340	吴相锋	1.709	以岭药业
50	马鸿	24.709	搜于特	699	钟发平	4.041	科力远	1341	杨志岭	1.705	森源电气
51	耿建明	24.376	荣盛发展	700	陈博	4.039	南都电源	1342	杨志英	1.705	雏鹰衣牧
52	黄红云	24.323	金科股份	701	魏连速	4.023	宇顺电子	1343	何俊涛	1.704	康得新
53	鲁楚平	24.061	大洋电机	702	卢忠奎	4.014	双龙股份	1344	沈凤祥	1.702	南方泵业
54	徐子泉	23.628	捷成股份	703	钟耳顺	4.012	超图软件	1345	张义贞	1.699	山东矿机
55	胡佳佳	23.373	美邦服饰	704	钱森力	4.009	方圆支承	1346	孙凯	1.680	卫宁软件
56	傅梅城	22.952	华策影视	705	许利民	4.006	东方雨虹	1346	孙凯	0.017	天瑞仪器
57	刘贞峰	22.715	杰瑞股份	706	徐显德	4.002	科华生物	1347	商华忠	1.694	立思辰
58	刘国本	22.094	骆驼股份	707	盂凡博	3.979	武汉凡谷	1348	魏法军	1.694	海兰信
59	潘慧	21.998	科伦药业	708	徐冠巨	3.973	传化股份	1349	彭建义	1.692	浙富股份
60	包士金	21.901	吉鑫科技	709	黄林华	3.963	芭田股份	1350	张为	1.691	新时达
61	阮加根	21.840	闰土股份	710	王娉婷	3.954	万邦达	1351	谭士泓	1.690	恒星科技
62	袁仲雪	21.747	软控股份	711	朱金安	3.953	通裕重工	1352	莫业湘	1.689	恒泰艾普
63	商晓波	21.277	鸿路钢构	712	陆志宝	3.937	栋梁新材	1353	林长浩	1.688	佳隆股份
64	宋子明	21.169	金发科技	713	贾跃芳	3.932	乐视网	1354	周素芹	1.686	聚龙股份
65	张桂平	21.128	苏宁环球	714	周炜	3.807	卫宁软件	1355	张建军	1.481	山东矿机
66	孙毅	20.819	浙富股份	714	周炜	0.113	易华录	1355	张建军	0.204	新开源
66	孙毅	0.019	银信科技	715	周建林	3.814	明家科技	1356	张爱娟	1.684	闰土股份
67	刘载望	19.801	江河幕墙	715	周建林	0.099	恰亚通	1357	叶孙义	1.683	乾照光电

续表

排名	持股人	持有市值（亿元）	持股公司
68	林海峰	19.774	东方日升
69	刘德群	19.656	壹桥苗业
70	周儒欣	19.599	北斗星通
71	陈福成	19.512	松芝股份
72	韩汇如	19.492	东方铁塔
73	郑钟南	19.478	南洋股份
74	徐玉锁	19.397	远望谷
75	周和平	19.171	沃尔核材
76	曹仁贤	19.070	阳光电源
77	陈邦	19.002	爱尔眼科
78	杨文江	18.594	御银股份
79	李力	9.647	神州泰岳
		5.717	爱尔眼科
		1.846	辉煌科技
		1.302	新研股份
80	万连步	18.383	金正大
81	张康黎	18.263	苏宁环球
82	王栋	16.996	大禹节水
		1.235	华丽家族
		0.021	新宁物流
83	邱光和	18.211	森马服饰
84	陈玉忠	18.192	张化机
85	杨龙忠	17.949	比亚迪
716	石素岭	3.898	滨化股份
717	王晓芳	3.890	广联达
718	林福椿	3.885	*ST冠福
719	王红艳	3.878	吉峰农机
720	王占标	3.869	明泰铝业
721	孙建江	3.866	精功科技
722	尤小华	2.545	华峰氨纶
		1.316	华峰超纤
723	王宣明	3.861	联合化工
724	杨海洲	3.855	海格通信
725	谢锡城	3.847	理邦仪器
726	周国建	3.842	嘉欣丝绸
727	黄锋	3.836	富瑞特装
728	邹品芳	3.836	富瑞特装
729	胡醇	3.816	电科院
730	燕金元	3.806	宝莱特
731	陈进	3.802	天泽信息
732	吴贤良	3.801	科斯伍德
733	孙益源	3.793	东源电器
734	郭勇	3.388	华测检测
		0.289	山河智能
		0.099	百川股份
735	孙伯荣	3.776	天泽信息
1358	林福龙	1.682	山东墨龙
1359	林长青	1.680	佳隆股份
1360	翁占国	1.679	任源制药
1361	叶汉斌	1.677	兴森科技
1362	谢埔琨	0.936	伟星股份
		0.739	伟星新材
1363	初照圣	1.671	滨化股份
1364	杜秋敏	1.671	滨化股份
1365	金建全	1.671	滨化股份
1366	李德敏	1.671	滨化股份
1367	王黎明	1.671	滨化股份
1368	于国庆	1.663	长青股份
1369	周汝祥	1.663	长青股份
1370	周秀未	1.663	长青股份
1371	张苓	1.659	奎银高科
1372	孙耀忠	1.655	西泵股份
1373	兰秀珍	1.654	永大集团
1374	王绍林	0.655	方大集团
		0.571	凌云股份
		0.426	桂林旅游
1375	毛志林	1.650	宏远高科
1376	苏维利	1.646	超日太阳
1377	练卫飞	1.645	ST零七

续表

排名	持股人	持有市值(亿元)	持股公司
86	李莉	17.669	长荣股份
		0.204	新开源
		0.023	大连热电
87	刁志中	17.776	广联达
88	王海鹏	17.757	美盈森
89	赖振元	17.740	龙元建设
90	郭信平	17.481	合众思壮
91	郭现生	17.446	林州重机
92	曹积生	17.368	益生股份
93	杜成城	17.064	万顺股份
94	蔡小如	17.059	达华智能
95	林秀浩	17.044	黑牛食品
96	钟烈华	16.920	塔牌集团
97	梁社增	16.873	世荣兆业
98	陈金凤	16.554	苏宁电器
99	赵继增	16.539	北京利尔
100	穆来安	16.458	上海凯宝
101	王友林	16.306	康力电梯
102	李水荣	16.287	荣盛石化
103	汪南东	16.245	江粉磁材
104	薛向东	16.225	东华软件
105	崔建	16.219	东软载波
106	李卫国	16.156	东方雨虹
107	吕晓义	16.136	深圳惠程
108	刘年新	15.932	洪涛股份

排名	持股人	持有市值(亿元)	持股公司
736	黄少群	3.773	西陇化工
737	黄伟波	3.773	西陇化工
738	黄伟鹏	3.773	西陇化工
739	应刚	3.749	天瑞仪器
740	唐伟国	3.748	科华生物
741	王玉生	3.576	庞大集团
742	沈建平	0.162	深圳机场
		3.631	东光微电
743	陈添旭	0.102	常林股份
		3.728	中能电气
744	陈怀荣	3.727	博深工具
745	郭宏伟	3.625	爱尔眼科
		0.101	紫光华宇
746	黄新华	3.717	新海股份
747	王晓申	3.703	赣锋锂业
748	高达明	3.697	高金食品
749	金翔宇	3.697	高金食品
750	李建伟	3.691	梦洁家纺
751	周团章	3.688	多氟多
752	黄小彪	3.686	嘉应制药
753	杨家庆	3.674	庞大集团
754	颜素贞	3.650	众业达
755	郭文义	3.646	庞大集团
756	王洪山	3.641	梅花集团
757	谢建勇	3.641	浙江永强

排名	持股人	持有市值(亿元)	持股公司
1378	郑军	1.643	金信诺
1379	姜志培	1.641	通达动力
1380	张斌	1.395	国民技术
		0.131	巴安水务
		0.071	ST安彩
		0.044	抚顺特钢
1381	林长春	1.640	佳隆股份
1382	柳志成	1.640	泰胜风能
		0.945	鲁西化工
1383	王杰	0.656	大智达
		0.036	光韵达
1384	陈丙章	1.635	恒星科技
1385	赵吉庆	1.633	阳普医疗
1386	管彤	1.632	法因数控
1387	郭伯春	1.632	法因数控
1388	李胜军	1.632	法因数控
1389	刘毅	1.632	法因数控
1390	沈曦	1.630	天晟新材
1391	林敏	1.629	水晶光电
1392	陆卫东	1.629	红宝丽
1393	吕岳英	1.626	京新药业
1394	陈建冬	1.624	天马股份
1395	陈伟志	1.618	康盛股份
1396	高正林	1.617	恒邦股份
1397	宋关福	1.617	超图软件

续表

排名	持股人	持有市值（亿元）	持股公司	排名	持股人	持有市值（亿元）	持股公司	排名	持股人	持有市值（亿元）	持股公司
109	帅放文	15.756	尔康制药	758	刘树林	3.638	九州通	1398	孙立禄	1.617	恒邦股份
110	刘绥华	15.721	科伦药业	759	沙立武	3.631	科华生物	1399	王家好	1.617	恒邦股份
111	石聚彬	15.602	好想你	760	马孝武	3.629	长高集团	1400	张吉学	1.617	恒邦股份
112	宋睿	15.468	新都化工	761	唐珂君	3.625	玉龙股份	1401	李月斋	1.615	晨光生物
113	陈保华	15.465	华海药业	762	唐维君	3.625	玉龙股份	1402	王凯	1.615	武汉凡谷
114	盛发强	15.453	探路者	763	唐永清	3.625	玉龙股份	1403	林关羽	1.614	*ST鑫富
115	孙希民	15.363	民和股份	764	张君峰	3.625	软控股份	1404	黄培荣	1.611	路翔股份
116	陈大魁	15.340	浙江众成	765	许金和	3.623	众和股份	1405	赖晔鎏	1.611	龙元建设
117	姜天武	15.164	梦洁家纺	766	徐奕	2.832	天晟新材	1406	韩庆志	1.606	振东制药
118	陈国鹰	15.038	国脉科技			0.789	国腾电子	1407	张晓玲	1.605	松德股份
119	饶陆华	14.922	科陆电子	767	张健	2.538	芜湖港	1408	张连君	1.602	三江购物
120	熊海涛	12.837	金发科技			0.930	露天煤业	1409	傅芬芳	1.601	圣农发展
		2.065	东材科技			0.089	*ST甘化	1410	周新宏	1.601	赛为智能
121	唐凯	14.774	东方园林			0.058	江苏宏宝	1411	汪滨	1.597	双鹭药业
122	华勇	14.739	顺网科技	768	祖幼冬	3.607	理邦仪器	1412	费占军	1.595	新天科技
123	蒲忠杰	14.473	乐普医疗	769	邓冠华	3.599	阳普医疗	1413	张艺林	1.593	海南瑞泽
124	张恭运	14.351	蒙迈科技	770	寿建明	3.592	顺网科技	1414	顾三官	1.588	金螳螂
125	高学明	14.327	北玻股份	771	肖舟	3.584	东软载波	1415	邱梅芳	1.001	宏达新材
126	陈潮钿	14.298	东方铝业	772	吴红心	3.583	贝因美	1416	张敬兵	0.587	珠海中富
127	周文	14.191	普利特	773	张秀珍	3.571	东华软件	1417	吴揆	0.587	永安药业
		0.039	四川圣达	774	袁富根	3.565	东山精密	1418	周端清	1.582	片仔癀
128	许刚	13.626	佰利联	775	潘建清	3.563	天通股份	1419	吕兆民	1.582	龙力生物
		0.544	时代科技	776	朱慧明	3.554	滨江集团	1420	陆伟娟	1.579	江粉磁材
129	林惠格	14.166	国脉科技	777	陈汉康	3.553	康盛股份			1.577	赞宇科技

续表

排名	持股人	持有市值（亿元）	持股公司
130	吴桂昌	14.126	棕榈园林
131	王佳	13.979	启明星辰
132	周明华	13.232	华海药业
	周明华	0.686	丰乐种业
133	陈国红	13.861	富安娜
134	陈晓红	13.852	广誉达
135	涂建华	13.852	广誉达
136	徐永寿	13.818	塔牌集团
137	张能勇	13.818	塔牌集团
138	田秀英	13.798	内蒙君正
139	张恩荣	13.738	山东墨龙
140	吕莉	13.718	安洁科技
141	吴开贤	13.715	众业达
142	窦敞玲	13.626	益佰制药
143	王飘扬	13.591	万邦达
144	邵雨田	13.542	南洋科技
145	汪天祥	13.535	福安药业
146	周福海	13.497	亚太科技
147	鲁峰	13.264	榕基软件
148	孟庆南	13.204	武汉凡谷
149	王丽丽	13.204	武汉凡谷
150	谢保军	13.173	恒星科技
151	蔡晓东	13.124	奥飞动漫
152	戴炎	13.109	银河磁体
153	张绍日	13.017	众生药业

排名	持股人	持有市值（亿元）	持股公司
778	贺立新	3.548	庞大集团
779	裴文会	3.548	庞大集团
780	杨晓光	3.548	庞大集团
781	张炜	3.547	永高股份
782	谢建平	3.542	浙江永强
783	谢建强	3.542	浙江永强
784	郭桂兰	3.525	豫金刚石
785	郑东亮	3.525	豫金刚石
786	柯荣卿	3.513	路翔股份
787	沈耿亮	3.508	双箭股份
788	马红菊	3.495	通达股份
789	尤小平	3.488	华峰氨纶
790	金道明	3.482	桑乐金
791	徐冬青	3.482	汉王科技
792	林平涛	3.480	佳隆股份
793	张邦辉	3.480	天邦股份
794	黄伟兴	3.477	天奇股份
795	孙屹峥	3.476	依米康
796	郑坚江	3.458	三星电气
797	许泓	3.456	海特控制
798	钟美红	3.456	新宙邦
799	郭启黄	3.445	宁波GQY
800	张海林	3.445	海南瑞泽
801	张云升	3.443	同德化工
802	刘锦成	3.434	合康变频

排名	持股人	持有市值（亿元）	持股公司
		0.760	鲁西化工
		0.317	ST金花
		0.136	佐力药业
1421	赵建平	0.133	迪安诊断
		0.119	中海达
		0.080	中青宝
		0.031	佛慈制药
1422	孙勇	1.534	孚日股份
		0.041	精锻科技
1423	蒋建圣	1.571	恒生电子
1424	叶新林	1.569	汇冠股份
1425	许巧婵	1.563	佳隆股份
1426	贾跃民	1.559	乐视网
1427	彭明	1.556	广陆数测
1428	黄京明	1.555	泰胜风能
1429	毛丽华	1.555	登海种业
1430	蔡小文	1.554	达华智能
1431	陈克让	1.554	方直科技
1432	何曙华	1.554	精艺股份
1433	黄晓峰	1.554	方直科技
1434	邓林	1.551	恒泰艾普
1435	孟圣喜	1.187	三花股份
		0.362	大东南
1436	柳敏	1.547	兴森科技
1437	罗永忠	1.547	川润股份

续表

排名	持股人	持有市值（亿元）	持股公司
154	田书彦	12.950	以岭药业
155	高玉根	12.844	胜利精密
156	孙洁晓	12.787	春兴精工
157	曹坚	12.752	常宝股份
158	仲汉根	12.704	辉丰股份
159	李安民	12.648	安泰集团
160	周晓萍	12.599	星秀股份
161	马廷义	12.562	明泰铝业
162	杨廷栋	12.546	洋河股份
163	陈雁升	11.027 / 1.504	星辉车模 / 鸿利光电
164	黄嘉棣	12.416	皇氏乳业
165	李宁军	12.365	瑞普生物
166	江淦钧	12.315	索 菲 亚
167	柯建生	12.315	索 菲 亚
168	沈介良	12.249	江苏旷达
169	问泽鸿	12.247	摩恩电气
170	戚金兴	12.202	滨江集团
171	钱云宝	12.201	恒宝股份
172	邱坚强	12.145	森马服饰
173	张杏娟	12.061	亚厦股份
174	庞惠民	11.967	大立科技
175	姜勇	7.643 / 4.294	贵州百灵 / 汇川技术
176	张益胜	11.851	益盛药业

排名	持股人	持有市值（亿元）	持股公司
803	张凯	2.618	鲁西化工
		0.772	瑞福生物
		0.021	方直科技
804	万能	3.394	神州泰岳
805	陈泳洪	3.053	嘉应制药
		0.340	佳隆股份
806	吴秀武	3.392	杰瑞股份
807	吴汉昌	3.390	棕榈园林
808	吴建昌	3.390	棕榈园林
809	王丽珊	3.380	雷曼光电
810	张苑	3.376	依米康
811	洪惠平	3.371	巨轮股份
812	郑明略	3.371	巨轮股份
813	邵志明	3.364	精功科技
814	何国英	3.362	德美化工
815	鲁伟鼎	3.360	华谊兄弟
816	汪璐	3.353	福安药业
817	卢楚隆	3.333	万利电气
818	赵美娟	3.332	通裕重工
819	邓永洪	3.330	锦龙股份
820	刘祥华	3.316	千山药机
821	冯金生	3.312	天龙光电
822	吕兰	3.308	永生集团
823	吕洋	3.308	永大集团
824	吴绪顺	3.308	顺荣股份

排名	持股人	持有市值（亿元）	持股公司
1438	王骘宇	1.546	豫金刚石
1439	黄文辉	1.540	爱 施 德
1440	赖朝辉	1.538	龙元建设
1441	陈存忠	1.534	雪人股份
1442	邓晓	1.122 / 0.411	英威腾 / 立思辰
1443	蒋建平	1.534	千红制药
1444	周冠新	1.534	千红制药
1445	龚炳辉	1.532	汤臣倍健
1446	高玉伟	1.531	海利得
1447	周玉英	1.531	拓维信息
1448	樊剑	1.528	四方股份
1449	阮华林	1.525	闰土股份
1450	钱进	1.520	方正电机
1451	王宏涛	0.964 / 0.554	天润曲轴 / 江南高纤
1452	黄斌	1.036 / 0.479	奥拓电子 / 特尔佳
1453	戴智约	1.514	森马服饰
1454	阮兴祥	1.514	闰土股份
1455	姚太平	1.513	联建光电
1456	刘凌云	1.512	鼎泰新材
1457	郑汉辉	1.510	英唐智控
1458	张云三	1.504	山东墨龙
1459	曾少彬	1.503	翰宇药业

续表

排名	持股人	持有市值(亿元)	持股公司
177	陶虹遐	11.840	金科股份
178	孙庚文	11.631	恒泰艾普
179	李丽卿	11.580	奥飞动漫
180	周锦明	11.452	潜能恒信
181	叶远西	11.314	广田股份
182	赖国传	11.301	棕榈园林
183	其实	11.292	东方财富
184	俞其兵	11.286	旗滨集团
185	刘江山	11.164	龙星化工
186	阮水龙	11.144	浙江龙盛
187	刘百宽	11.094	濮耐股份
188	梁桂秋	11.047	尚荣医疗
189	程志鹏	10.999	科伦药业
190	吴光明	10.909	鱼跃医疗
191	吴子文	10.909	日上集团
192	陶安祥	10.891	亚星锚链
193	郭志彦	10.839	濮耐股份
194	高文班	10.836	史丹利
195	张波	9.203	安居宝
		1.595	英威腾
		0.039	东方创业
196	王晶华	10.724	尤洛卡
197	彭倩	10.716	塔牌集团
198	刘百春	10.553	濮耐股份
199	刘召贵	10.498	天瑞仪器

排名	持股人	持有市值(亿元)	持股公司
825	刘虎军	3.305	联建光电
826	刘亚光	3.300	科伦药业
827	刘亚蜀	3.300	科伦药业
828	尹凤刚	3.300	科伦药业
829	焦梅荣	3.293	石基信息
830	郑永刚	3.283	中科英华
831	聂景华	3.271	华伍股份
832	杨林	1.740	英威腾
		0.903	海亮股份
		0.488	亚威股份
		0.140	三泰电子
833	朱善忠	3.262	禾欣股份
834	丁建中	3.258	晋亿实业
835	张广智	3.255	北京利尔
836	林彦	3.248	棕榈园林
837	刘成彦	3.242	网宿科技
838	沈高伟	3.234	天马股份
839	刘宁	3.217	卫宁软件
840	金鑫	3.216	华丽家族
841	牛俊高	3.213	北京利尔
842	申安韵	3.203	新莱应材
843	王斌	1.988	益盛药业
		0.698	鼎龙股份
		0.472	广晟有色
		0.040	湖南投资

排名	持股人	持有市值(亿元)	持股公司
1460	刘锐	1.495	辉煌科技
1461	邹家立	1.495	荣盛发展
1462	沈永辉	1.492	北京君正
1463	张紫	1.492	北京君正
1464	吕仁高	1.486	巨龙管业
1465	胡胜芳	1.483	长盈精密
1466	彭黉生	1.483	联化科技
1467	潘建忠	1.479	天通股份
1468	徐豪	1.477	东方财富
1469	叶玉莲	0.777	潮宏基
		0.698	广晟有色
1470	左宗申	1.472	宗申动力
1471	章小格	1.467	洪城水业
1472	王丽洁	1.466	永泰能源
1473	王亦敏	1.465	永利带业
1474	杨秀英	1.462	数码视讯
1475	王相明	1.461	金风科技
1476	李谦益	1.460	天源迪科
1477	谢晓宾	1.460	天源迪科
1478	林黎明	1.457	正泰电器
1479	吴炳池	1.457	正泰电器
1480	吴志坚	1.457	银河磁体
1481	张燕	1.457	银河磁体
1482	钱海华	1.456	濮耐股份
1483	季芬莲	1.455	苏宁环球

续表

排名	持股人	持有市值（亿元）	持股公司
200	姜龙	10.469	歌尔声学
201	王利品	10.466	天立环保
202	范建刚	10.442	风范股份
203	胡亚军	10.321	东软载波
204	王锐	10.321	东软载波
205	金明	10.302	苏宁电器
206	于荣强	10.298	鲁丰股份
207	李云春	10.294	沃森生物
208	邱光	10.247	瑞凌股份
209	郑海涛	10.208	数码视讯
210	于国权	10.186	长青股份
211	朱江明	10.181	大华股份
212	李亚楠	10.168	合众思壮
213	熊立武	10.148	江南化工
214	黄裕钊	10.137	芭田股份
215	石旭刚	10.090	中威电子
216	王相荣	10.083	利欧股份
217	王明旺	10.080	欣旺达
218	杨泽文	10.078	南风股份
219	袁永峰	10.028	东山精密
220	袁永刚	10.028	东山精密
221	徐元生	10.010	海陆重工
222	高利民	10.006	海利得
223	王相民	9.457	禾盛新材
	赵东明	0.540	春兴精工

排名	持股人	持有市值（亿元）	持股公司
844	冯话灵	3.185	海南瑞泽
845	郑江	2.394	三星电气
		0.786	百川股份
846	凌兆蔚	3.174	特尔佳
847	汤晖	3.158	汤臣倍健
848	王小琴	3.158	金科股份
849	李再荣	3.157	盛路通信
850	张有志	3.153	联化科技
851	郭孟榕	3.151	海得控制
852	张慧民	3.143	特尔佳
853	陈月明	3.133	阳光照明
854	王晓元	3.128	佰利联
855	林金坤	3.120	亚玛顿
856	吴黄生	3.120	报喜鸟
857	叶蕙棠	3.119	众生药业
858	武钢	3.113	金风科技
859	周艳贞	3.108	精艺股份
860	李庆跃	3.103	东晶电子
861	刘兆年	3.091	九州通
862	鹿成滨	3.087	鲁阳股份
863	白明垠	3.083	惠博普
864	罗红花	3.082	三维丝
865	刘尧	3.080	威华股份
866	赖红梅	3.076	华西能源
867	安景合	3.073	广联达

排名	持股人	持有市值（亿元）	持股公司
1484	曾国壮	1.455	红日药业
1485	顾斌	1.454	盛屯矿业
1486	顾建慧	1.453	禾欣股份
1487	叶又青	1.453	禾欣股份
1488	孙仲良	1.223	香溢融通
		0.226	新黄浦
1489	陈高琪	1.447	贤成矿业
1490	孙桂霞	1.447	露天煤业
1491	林慧生	1.446	中电环保
1492	马鸿兵	1.445	金风科技
1493	徐文冠	1.081	中煤能源
		0.360	华西股份
1494	付玉霞	1.438	四方达
1495	陈华青	1.437	新界泵业
1496	施召阳	1.437	新界泵业
1497	王昌东	1.437	新界泵业
1498	王贵生	1.437	新界泵业
1499	王建忠	1.437	新界泵业
1500	许鸿峰	1.437	新界泵业
1501	叶兴鸿	1.437	新界泵业
1502	张海涛	1.430	潜能恒信
1503	郑岩芬	1.430	潜能恒信
1504	尹胜	1.429	东材科技
1505	黄俊民	1.426	嘉应制药
1506	章荣夫	1.426	浙江龙盛

续表

排名	持股人	持有市值（亿元）	持股公司
224	刘元生	9.994	万 科A
225	卢勤	9.988	科达机电
226	宋伯康	9.933	新朋股份
227	董增平	9.880	思源电气
228	王驾珠	9.833	永太科技
229	侯毅	9.824	新纶科技
230	王春生	9.717	安洁科技
230		0.080	西藏发展
231	沈金浩	9.780	南方泵业
232	李五令	9.778	蒙 发 利
233	邹剑寒	9.778	蒙 发 利
234	曹万清	9.777	吉鑫科技
235	曾少贵	9.729	翰宇药业
236	叶滨	9.720	世纪鼎利
237	田昱	9.647	卓翼科技
238	王宁	9.647	神州泰岳
239	朱兴明	9.641	汇川技术
240	姚小青	9.607	红日药业
241	李新宇	9.599	拓维信息
242	路楠	9.563	中瑞思创
243	何清华	9.562	山河智能
244	程毅	9.526	福星晓程
245	何平	9.482	深圳惠程
246	刘双广	9.445	高 新 兴

排名	持股人	持有市值（亿元）	持股公司
868	邓国顺	3.073	朗科科技
869	陈一青	3.072	东软载波
870	胡黎明	3.069	延华智能
871	程小彦	3.064	华星创业
872	吴丽珠	3.060	日上集团
873	何永星	3.058	盛路通信
874	周夏耘	3.056	亚夏汽车
875	李碧莲	3.036	纳川股份
876	陈光珠	3.030	远 望 谷
877	王九魁	3.025	漫 步 者
878	于少波	3.012	东材科技
879	刘长来	3.002	路驼股份
880	周勇	2.897	赛为智能
880		0.059	云海金属
881	李明强	0.046	重庆钢铁
882	李明卫	2.994	隆华传热
883	李古明	2.994	隆华传热
884	李古强	2.994	隆华传热
885	项志峰	2.988	浙江龙盛
886	宋全启	2.981	林州重机
887	赵雁青	2.976	大 北 农
888	沈云平	2.974	禾欣股份
889	陈家兴	2.972	青龙管业

排名	持股人	持有市值（亿元）	持股公司
1507	马全法	1.425	天马股份
1508	欧阳玉元	1.425	永清环保
1509	周谷平	1.425	中电环保
1510	陈五奎	1.423	拓日新能
1511	杨静军	1.423	鹏博士
1512	袁静	1.421	春兴精工
1513	潘娟美	1.419	天通股份
1514	崔金鸾	1.417	仟源制药
1515	胡国祥	1.416	道明光学
1516	骆锦红	1.414	亿纬锂能
1517	孙国明	1.414	生 意 宝
1518	谭文萍	1.413	路驼股份
1519	杨建生	1.413	杭钢股份
1520	杨志茂	1.413	ST博信
1521	许欣	1.412	数字政通
1522	徐斌	1.059	林洋电子
1522		0.352	天康生物
1523	刘照林	1.410	东材科技
1524	秦钢平	1.408	恒泰艾普
1525	徐赛黄	1.408	英威腾
1526	黄雅环	1.407	三安光电
1527	周春举	1.407	数码视讯
1528	陈军	1.405	三 元 达
1529	黄海峰	1.405	三 元 达

续表

排名	持股人	持有市值（亿元）	持股公司	排名	持股人	持有市值（亿元）	持股公司	排名	持股人	持有市值（亿元）	持股公司
247	姚建华	6.505	和顺电气	890	刘丽萍	2.969	新时达	1530	林大春	1.405	三元达
		1.653	雅戈尔	891	陈建平	1.827	科华恒盛	1531	陈林真	0.771	华峰超纤
		0.838	东百集团			0.973	文峰股份			0.632	华峰氨纶
		0.382	海利得			0.168	山河智能	1532	王溯	1.398	佳讯飞鸿
		0.032	露笑科技	892	吕桂芹	2.960	博深工具	1533	施文	1.396	金字火腿
248	王志成	9.396	兴民钢圈	893	焦耀中	2.949	恒星科技	1534	施雄彪	1.396	金字火腿
249	吴厚刚	9.372	獐子岛	894	昝圣达	2.949	综艺股份	1535	薛长煜	1.353	东方财富
250	左强	9.352	荣信股份	895	胡戈新	2.948	四维图新	1536	陆丽丽	0.040	锐奇股份
251	宋鹰	9.314	拓维信息	896	杨会德	2.946	巨力索具	1537	常世平	1.391	天汽模
252	王一虹	9.250	盐湖股份	897	陶兴	2.943	亚星锚链	1538	陈曦	1.330	常山药业
253	王耀方	9.202	千红制药	898	郑坚	2.937	正海磁材			0.060	S*ST天发
254	彭建虎	9.197	世纪游轮	899	严立	2.927	启明星辰	1539	王国璞	1.389	长江传媒
255	李良材	9.167	赣锋锂业	900	李晓萍	2.870	光线传媒	1540	朱宁	0.755	广电电气
256	邱醒亚	9.143	兴森科技			0.053	*ST珠峰			0.634	科大智能
257	何人宝	9.129	永太科技	901	李芳英	2.914	神开股份	1541	高强	1.388	多氟多
258	单银木	9.087	杭萧钢构	902	仇华娟	2.911	东方日升	1542	周建禄	1.386	明家科技
259	张文东	9.075	漫步者	903	孙玉国	2.906	四维图新	1543	古远东	1.385	英唐智控
260	梅小明	8.984	云海金属	904	任金生	2.906	深圳惠程	1544	包发圣	1.384	梅安森
261	胡德森	8.904	电科院	905	方银军	2.902	赞宇科技	1545	苏光伟	1.382	ST零七
262	卢柏强	8.876	诺普信	906	许建成	2.899	众和股份	1546	吴艳红	1.382	科斯伍德
263	陈士良	8.839	桐昆股份	907	张三云	1.477	伟星新材	1547	桑培洲	1.381	瑞丰高材
264	刘延生	8.786	远东传动			1.418	伟星股份	1548	沈友根	1.381	东方财富
265	开国胜	8.777	盛运股份	908	金宇星	2.885	兴森科技	1549	邹淑英	1.381	四方达
266	郑戎	8.763	雅化集团	909	樊梅花	2.884	百圆裤业	1550	金玉香	1.380	天立环保
267	陈泽民	8.724	三全食品	910	杨维国	2.878	新开普				

续表

排名	持股人	持有市值（亿元）	持股公司
268	陈海斌	8.634	迪安诊断
269	鲁三平	8.600	大洋电机
270	赵东日	8.581	日科化学
271	吴延炜	8.574	中化岩土
272	黄巧灵	8.516	宋城股份
273	楚金甫	8.496	森源电气
274	程少博	8.494	龙力生物
275	李东生	8.461	TCL集团
276	龚少晖	8.454	三五互联
277	张雨柏	8.429	洋河股份
278	高云峰	8.418	大族激光
279	刘桂雪	8.354	大连电瓷
280	袁明	8.313	同洲电子
281	孟凯	8.309	湘鄂情
282	赵笃学	8.237	山东矿机
283	郭庆	8.224	南通锻压
284	杨子善	8.220	南风股份
285	张春森	8.208	巴安水务
286	王延安	8.194	元力股份
287	郭冰	8.163	华测检测
288	仇建平	8.145	巨星科技
289	郭松森	8.141	森远股份
290	吕永祥	8.128	永大集团
291	罗德安	8.082	铁岭新城
292	陈龙海	8.070	亿晶光电
911	刘自伟	2.871	科伦药业
912	杜英莲	2.870	光线传媒
913	黄立	2.867	高德红外
914	胡志军	2.866	天业通联
915	朱新生	2.866	天业通联
916	俞龙生	2.858	龙生股份
917	王英	2.855	卫宁软件
918	詹立雄	2.853	银信科技
919	黄跃林	2.848	三江购物
920	王仁华	2.848	科大讯飞
921	朱勇	2.370	鲁西化工
		0.470	海兰信
922	孔飙	2.839	海联讯
923	徐斯平	2.839	神州泰岳
924	李国林	2.836	美亚柏科
925	周晖	2.802	亚夏汽车
		0.033	长春燃气
926	王军民	2.830	舜天船舶
927	郭劲松	2.827	富瑞特装
928	王圭浩	2.825	国星光电
929	黄元忠	2.157	方直科技
		0.664	江苏神通
930	王代雪	2.821	北陆药业
931	李劲松	2.813	辉煌科技
932	吴天星	2.812	天邦股份
1551	陈剑峰	1.323	双环传动
		0.056	天舟文化
1552	程文	1.374	卓翼科技
1553	张原	1.374	新纶科技
1554	夏志良	1.369	江南高纤
1555	熊燕	1.369	太阳鸟
1556	郑文平	1.369	科力远
1557	张强	1.249	新纶科技
		0.081	*ST四环
1558	问泽鑫	1.361	摩恩电气
1559	林拥军	1.359	易华录
1560	张丽华	0.679	中国一重
		0.545	内蒙华电
		0.074	凯诺科技
		0.059	大恒科技
1561	马红星	1.355	富瑞特装
1562	李晓斌	1.353	建研集团
1563	谢韵巅	1.353	黑牛食品
1564	孙耀元	1.352	南方泵业
1565	黄智勇	1.351	嘉应制药
1566	戚建生	1.349	宏磊股份
1567	雷彪	1.348	易联众
1568	徐马生	1.347	富瑞特装
1569	张智昇	1.346	英威腾

续表

排名	持股人	持有市值（亿元）	持股公司
293	肖敏	8.067	漫步者
294	古诺坚	8.064	易联众
295	李再春	8.047	海特高新
296	王伟	5.830	ST盛达
		1.146	新安股份
		0.826	远东传动
		0.132	梅花集团
		0.071	高乐股份
		0.020	道明光学
297	沈琦	7.984	雅克科技
298	张海霞	7.954	步步高
299	王静	6.934	探路者
		0.848	尤洛卡
		0.068	三元股份
		0.058	科华恒盛
		0.034	金利华电
300	梁俊丰	7.932	超华科技
301	王忠磊	7.909	华谊兄弟
302	章锋	4.086	海联讯
		3.802	回天胶业
303	黄作庆	7.879	天宝股份
304	杨子江	7.876	南风股份
305	张咸文	7.827	皇氏乳业
306	张忠正	7.796	滨化股份
307	刘俊辉	7.793	沃森生物

排名	持股人	持有市值（亿元）	持股公司
933	柯希平	2.804	京东方A
934	周仕斌	2.804	瑞丰高材
935	孙金国	2.801	金固股份
936	王秋芬	2.799	吉鑫科技
937	冯境铭	2.797	精艺股份
938	俞菊美	2.793	龙星化工
939	施延助	2.792	金字火腿
940	郝洪兴	2.786	芜湖港
941	陈秉志	2.777	通裕重工
942	陈友	2.768	天源迪科
943	王鹤鸣	2.765	广容环保
944	陈建忠	2.686	霞客环境
		0.076	*ST金泰
945	孙陶然	2.747	蓝色光标
946	孙迪彤	2.745	国民技术
947	陈志勇	2.741	新华都
948	唐金泉	2.732	易世达
949	柳海彬	2.726	百润股份
950	郑天才	2.723	恒泰艾普
951	刘建伟	2.720	和而泰
952	宋春静	2.719	华谊嘉信
953	俞泽	2.719	大连三垒
954	陈根财	2.717	金磊股份
955	陆燕	2.714	新世纪
956	张伟良	2.714	亚厦股份

排名	持股人	持有市值（亿元）	持股公司
1570	曹泽雄	1.343	乐康制药
1571	张民一	1.342	嘉凯城
1572	李静	0.818	振东制药
		0.418	保龄宝
		0.059	标准股份
		0.045	*ST能山
1573	郭群	1.303	骅威股份
		0.035	瑞丰高材
1574	李柏桦	1.335	新莱应材
1575	李柏元	1.335	新莱应材
1576	张士英	1.335	卫宁软件
1577	陈伟峰	1.334	盾安环境
1578	董书新	1.334	天汽模
1579	刘赛琦	1.334	神州泰岳
1580	李润动	1.333	探路者
1581	李文	1.333	泰胜风能
1582	张立靖	1.333	汉王科技
1583	陈钦武	1.332	齐心文具
1584	白文荟	1.330	常山药业
1585	陈星旦	1.328	奥普光电
1586	张晨阳	1.328	和晶科技
1587	陈劲光	1.325	华星创业
1588	屈振胜	1.325	华星创业
1589	陈菊花	1.323	双环传动
1590	蒋沐卿	1.323	双环传动

续表

排名	持股人	持有市值（亿元）	持股公司
308	夏世勇	7.793	金发科技
309	俞建模	7.783	大连三垒
310	张敏	4.303	梅泰诺
	张敏	3.449	方正电机
311	郭祥彬	7.745	驿威股份
312	陈利浩	7.710	远光软件
313	易峥	7.708	同花顺
314	钱志达	7.689	兄弟科技
315	陈亦力	7.679	碧水源
316	何愿平	7.679	碧水源
317	梁辉	7.679	碧水源
318	柳永诠	7.656	聚龙股份
319	王东辉	7.653	荣之联
320	张锦芬	7.643	贵州百灵
321	宋贺臣	7.638	新大新材
322	陈夏英	7.631	山下湖
323	刘祥	7.614	新国都
324	范立义	7.596	风范股份
325	李学峰	7.581	齐峰股份
326	唐灼林	7.565	东方精工
327	吴群	7.559	鱼跃医疗
328	曾少强	7.552	翰宇药业
329	俞国骅	7.546	中瑞思创
330	陈志江	7.510	纳川股份
331	南存辉	7.509	正泰电器

排名	持股人	持有市值（亿元）	持股公司
957	郑海若	1.688	大东南
958	陈长安	1.014	中泰化学
	陈长安	2.672	远望谷
959	林祯华	2.698	科新机电
960	林祯荣	2.698	科新机电
961	肇恒艺	2.697	信维通信
962	王晟	2.694	德豪润达
963	赵福君	2.691	久其软件
964	杨竞忠	2.686	八菱科技
965	陈柏林	2.684	和晶科技
966	杜军	2.683	和顺电气
967	张钟	2.675	通光线缆
968	李黄	2.667	九洲电气
969	冯海斌	2.663	南洋科技
970	张学君	2.663	银之杰
971	张逸芳	2.656	江苏神通
972	王素英	2.655	万昌科技
973	吴长鸿	2.644	双环传动
974	叶善群	2.644	双环传动
975	谢峰生	2.637	辉煌科技
976	黄卫星	2.622	捷成股份
977	覃天翔	2.622	嘉寓股份
978	邓永红	2.621	新宙邦
979	胡恩雪	2.621	恒大高新

排名	持股人	持有市值（亿元）	持股公司
1591	李华	1.076	华星创业
		0.166	长园集团
		0.081	天利高新
1592	叶继明	1.323	双环传动
1593	王冠一	1.322	福瑞股份
1594	范嵘	1.319	富瑞特装
1595	于丽芬	1.314	亚太科技
		1.049	迪康药业
1596	徐开东	0.071	万泽股份
		0.055	宝安地产
		0.049	宜华地产
		0.045	洪城股份
		0.044	绿景控股
1597	熊瑾玉	1.311	联建光电
1598	郭忠河	1.309	盛屯矿业
		0.749	苏州固锝
1599	张宇	0.218	多伦股份
		0.127	卫星石化
		0.096	海立股份
		0.086	金利科技
		0.029	*ST 四环
1600	濮文	0.733	厦门钨业
		0.422	明牌珠宝
1601	屠柏锐	0.148	天立环保
		1.304	杭锅股份

续表

排名	持股人	持有市值（亿元）	持股公司
332	王壮利	7.507	利欧股份
333	严怀忠	7.456	广电电气
334	黄天火	7.430	闽发铝业
335	林旭曦	7.418	安妮股份
336	周德洪	7.416	宝利沥青
337	陈邦栋	7.410	思源电气
338	罗煜竑	7.405	海源药业
339	蔡孟珂	7.399	利佳股份
340	司兴奎	7.396	通裕重工
341	咸建萍	7.388	宏磊股份
342	钱志明	7.386	兄弟科技
343	王民	7.380	利源铝业
344	许敏田	7.362	新界泵业
345	匡晓明	7.349	深圳惠程
346	侯伟	7.336	榕基软件
347	李登海	7.334	登海种业
348	沈馥	7.332	雅克科技
349	黎仁超	7.315	华西能源
350	邱玉文	7.313	大 北 农
351	刘黄鲁	7.307	鼎泰新材
352	韩平元	7.291	中航三鑫
353	李南京	7.287	金发科技
354	唐志毅	7.250	玉龙股份
355	张观福	7.244	信邦制药
356	施卫东	7.213	德力股份

排名	持股人	持有市值（亿元）	持股公司
980	陈普安	2.607	常宝股份
981	付驹	2.607	铁岭新城
982	黄木秀	2.597	*ST 关铝
983	柯维新	2.596	青松股份
984	化新民	2.590	明泰铝业
985	马跃平	2.590	明泰铝业
986	丁敏芳	1.083 / 0.840 / 0.666	粤水电 / 天宝股份 / 兔宝宝
987	王跃林	2.579	硅宝科技
988	施建平	2.577	富安娜
989	李芬	2.573	汇川技术
990	宋君恩	2.573	汇川技术
991	杨春禄	2.573	汇川技术
992	胡联奎	2.571	华胜天成
993	叶琼玖	2.569	同 花 顺
994	门洪强	2.556	新 北 洋
995	李菁	2.554	梦洁家纺
996	张爱纯	2.554	梦洁家纺
997	吴卫红	2.553	顺荣股份
998	岳丽英	1.415 / 1.133	恒源煤电 / 华鲁恒升
999	鲍正梁	2.547	通策医疗
1000	仲祥光	2.545	紫鑫药业
1001	梁发柱	2.543	棕榈园林

排名	持股人	持有市值（亿元）	持股公司
1602	吴南平	1.304	杭钢股份
1603	颜飞龙	1.304	杭钢股份
1604	韩巧林	1.303	常宝股份
1605	孙光亮	1.303	常宝股份
1606	严献忠	1.303	常宝股份
1607	张兰永	1.303	常宝股份
1608	周家华	1.303	海格通信
1609	张志强	1.302	海格通信
1610	谢远成	1.301	杰瑞股份
1611	李嘉鑫	1.299	海亮股份
1612	陈东	1.231 / 0.066	海亮股份 / *ST 漳电
1613	沈军高	1.295	天马股份
1614	黄明辉	1.293	建研集团
1615	潘加龙	1.293	皖维高新
1616	袁颖	1.292	毅昌股份
1617	杨高运	1.291	鼎汉技术
1618	章志亮	1.289	吉鑫科技
1619	陈建国	1.108 / 0.180	卫宁软件 / 宁波建工
1620	康路	1.288	天立环保
1621	徐稻深	1.288	大 北 农
1622	李林	1.286	新研股份
1623	王进	1.285	同 花 顺
1624	于浩森	1.285	同 花 顺

排名	持股人	持有市值（亿元）	持股公司
357	孙建西	7.203	达刚路机
358	徐海明	7.189	大洋电机
359	李建华	7.174	威华股份
360	柯维龙	7.164	青松股份
361	陈勇	4.874	永安药业
361	陈勇	1.674	世纪鼎利
361	陈勇	0.501	宝通带业
361	陈勇	0.107	汉王科技
362	邱宇	7.141	莱美药业
363	徐爱平	7.141	佳士科技
364	陈秀玉	7.136	天广消防
365	高进华	7.121	史丹利
366	张松山	7.077	华邦制药
367	郜正彪	7.076	泰尔重工
368	王政福	7.054	中电环保
369	韩丽芬	7.053	京运通
370	张仁华	7.038	瑞康医药
371	郝镇熙	7.003	利佳股份
372	叶运寿	6.954	星河生物
373	丁欣欣	6.935	亚厦股份
374	王金洪	6.926	广联达
375	黄纪雨	6.881	永辉超市
376	林登秀	6.881	永辉超市
377	谢香镇	6.881	永辉超市
378	叶兴针	6.881	永辉超市

排名	持股人	持有市值（亿元）	持股公司
1002	曾胜辉	2.540	证通电子
1003	江汉	2.538	新国都
1004	刘亚	2.538	新国都
1005	刘建柱	2.536	华胜天成
1006	梁武	2.535	瑞普生物
1007	张有兴	2.529	三元达
1008	郑文海	2.529	三元达
1009	吴卫东	2.520	顺荣股份
1010	胡凌华	2.504	蓝色光标
1011	黄雨章	2.494	长青股份
1012	李建辉	2.487	北斗星通
1013	李苗春	2.486	北京利尔
1014	陈延良	2.479	胜利精密
1015	徐家进	2.479	胜利精密
1016	林科	2.478	三聚环保
1017	高建荣	2.476	中茵股份
1018	向敏	2.475	濮阳股份
1019	丛强滋	2.474	新北洋
1020	丁志刚	2.468	三普药业
1021	钱忠良	2.466	仁智油服
1022	郭健	2.257	金风科技
1022	郭健	0.160	滨化股份
1023	李可伟	0.046	金宇火腿
1023	李可伟	2.463	明泰铝业
1024	陈俭	2.462	联信永益

排名	持股人	持有市值（亿元）	持股公司
1625	陈涛	1.265	科大讯飞
1626	丁仁涛	0.016	鸿特精密
1627	汪小明	1.279	新嘉联
1628	王焕勇	1.279	安琪酵母
1629	叶林富	1.279	仙琚制药
1629	叶林富	0.685	腾达建设
1630	于泽海	0.594	爱仕达
1631	潘小成	1.278	中泰化学
1632	钱维玉	1.277	浙江龙盛
1632	钱维玉	1.277	风范股份
1633	许建国	1.123	北纬通信
1633	许建国	0.137	信雅达
1633	许建国	0.017	仟源制药
1634	黄晓霞	1.033	吉鑫科技
1634	黄晓霞	0.243	际华集团
1635	刘晓通	1.274	新纶科技
1636	高建明	1.273	盛屯矿业
1637	姜飞雄	1.271	帝龙新材
1638	杨真	1.271	路翔股份
1639	苏雅拉达来	1.268	瑞普生物
1640	季方印	1.266	新大新材
1641	裴军	1.265	恒信移动
1642	罗观华	1.263	天马股份
1643	邹少波	1.263	千红制药
1644	吴定章	1.262	恒星科技

续表

排名	持股人	持有市值（亿元）	持股公司	排名	持股人	持有市值（亿元）	持股公司	排名	持股人	持有市值（亿元）	持股公司
379	张枝龙	6.881	永辉超市	1025	郑发勇	2.458	南洋科技	1645	陈志坚	1.237	华丽家族
380	郑景旺	6.881	永辉超市	1026	王中胜	2.453	皖通科技			0.024	广聚能源
381	郑文宝	6.881	永辉超市	1027	裴兴辅	2.451	南国置业	1646	朱兆服	1.260	千山药机
382	阮伟祥	6.864	浙江龙盛	1028	卢元健	2.446	元力股份	1647	韩振林	1.259	仟源制药
383	牟嘉云	6.855	新都化工	1029	尤金焕	1.856	华峰超纤	1648	刘丽	0.789	云南锗业
384	黄培劲	6.842	神农大丰			0.590	华峰氨纶			0.440	万福生科
385	吴志泽	6.841	报 喜 鸟	1030	李国庆	2.444	荣盛石化			0.030	江泉实业
386	邱艳芳	6.829	森马服饰	1031	李永庆	2.444	荣盛石化	1649	张彤慧	1.259	仟源制药
387	周平凡	6.829	森马服饰	1032	徐月娟	2.444	荣盛石化	1650	刘鹏	1.145	回天胶业
388	贺国英	6.797	华斯股份	1033	王东虎	2.441	新 开 源			0.113	华 昌 达
389	邹节明	6.797	桂林三金	1034	吴红平	2.441	云南锗业	1651	许木林	1.258	众和股份
390	王传华	6.791	阳谷华泰	1035	吴森杰	2.434	众 业 达	1652	冯进军	1.255	北玻股份
391	池燕明	6.774	立 思 辰	1036	吴森岳	2.434	众 业 达	1653	田三红	1.254	司 尔 特
392	曾胜强	6.771	证通电子	1037	吴培青	2.432	ST 宝 龙	1654	宋铁和	1.253	栋梁新材
393	杨鹏威	6.752	长海股份	1038	梁桂添	2.431	尚荣医疗	1655	廖俊德	1.252	长高集团
394	吕强	6.722	哈 尔 斯	1039	孙锋峰	2.428	金固股份	1656	林林	1.252	长高集团
395	宋礼华	6.711	安科生物	1040	杜玉岱	2.427	赛轮股份	1657	陈金霞	1.250	赛轮股份
396	何启强	6.707	长青集团	1041	孙世尧	2.422	丽鹏股份	1658	陈明	1.066	东方锆业
397	麦正辉	6.707	长青集团	1042	车成聚	2.415	齐翔腾达			0.185	江西长运
398	刘强	5.857	北京君正	1043	王玲玲	2.413	巨星科技	1659	张招兴	1.250	海格通信
		0.849	红日药业	1044	王建乔	2.245	卧龙地产	1660	任乐天	1.179	亚星锚链
399	刘昕	6.674	天润曲轴			0.165	卧龙电气			0.070	合肥三洋
400	林汝捷	6.659	雪人股份	1045	陈宏	2.375	汤臣倍健	1661	庄裕红	1.249	新纶科技
401	王彦峰	6.656	ST 盛 达			0.034	洛阳玻璃	1662	王一丁	1.248	宁波建工
402	王崇梅	6.655	奥维通信	1046	潘峰	2.408	惠 博 普	1663	张建国	1.245	三花股份

续表

排名	持股人	持有市值（亿元）	持股公司
403	邓电明	6.640	乾照光电
404	王维勇	6.640	乾照光电
405	黄冠雄	6.575	德美化工
406	瞿建国	6.561	开能环保
407	杨维永	6.557	梅花集团
408	梁健锋	5.985	超华科技
		0.552	群兴玩具
409	唐健	6.531	捷顺科技
410	管连平	6.521	东方国信
411	陈冬琼	6.519	星辉车模
412	朱丽霞	6.512	宝鼎重工
413	彭浩	6.508	信维通信
414	王正荣	6.492	三安光电
415	周晓峰	6.475	宁波华翔
416	高小离	6.470	华力创通
417	冯民堂	6.456	豪迈科技
418	柳胜军	6.456	豪迈科技
419	祝义材	6.447	南京中商
420	阮伟兴	5.377	浙江龙盛
		1.018	哈尔斯
421	高树华	6.386	常山药业
422	杜方	6.372	奥维通信
423	颜华	6.275	华昌达
		0.095	维尔利
424	曾志锋	6.370	华丽家族

排名	持股人	持有市值（亿元）	持股公司
1047	章文华	2.408	禾盛新材
1048	王利平	2.404	广博股份
1049	申万秋	2.403	海兰信
1050	宋戈	0.768	民利股份
		0.381	黔源电力
		0.376	宏润建设
		0.223	美亚柏科
		0.191	振东制药
		0.162	北京利尔
		0.125	全聚德
		0.113	信邦制药
		0.030	山东墨龙
		0.029	赛轮股份
1051	彭惠	2.396	大洋电机
1052	李德米	2.392	光线传媒
1053	林绿茵	2.392	纳川股份
1054	黄建元	2.391	远光软件
1055	张燕南	2.389	合康变频
1056	金安祥	2.387	振东制药
1057	陈文团	2.379	天广消防
1058	陈金宽	2.378	以岭药业
1059	许忠桂	2.377	证通电子
1060	胡江平	2.374	辉煌科技
1061	缪进义	2.373	鹿港科技
1062	钱忠伟	2.373	鹿港科技

排名	持股人	持有市值（亿元）	持股公司
1664	尹月荣	1.242	阳谷华泰
1665	史彩霞	1.241	远东传动
1666	郭伟松	1.239	成飞集成
1667	陆利斌	1.239	和佳股份
1668	马少贤	1.239	搜于特
1669	陈朝晖	1.183	海格通信
		0.055	华芳纺织
1670	杭玉夫	1.238	华菱星马
1671	吕圣初	1.238	双环传动
1672	颜铃君	1.237	和佳股份
1673	韩文铭	1.234	三峡新材
1674	王志明	1.073	金信诺
		0.161	曾洛股份
1675	施美艳	0.568	广晟有色
		0.362	巨化股份
		0.304	三爱富
1676	蔡黻然	1.232	万顺股份
1677	周前文	1.232	万顺股份
1678	许继红	1.230	中联电气
1679	常吉杰	1.229	好想你
1680	王薪才	1.229	好想你
1681	曾启刚	1.227	开山股份
1682	姜俊义	1.225	开山股份
1683	林德明	1.222	海格通信
1684	余云霓	1.222	方圆支承

续表

排名	持股人	持有市值（亿元）	持股公司
425	张颖	6.354	安居宝
426	马焰	6.332	梅安森
427	万里鹏	6.323	华测检测
428	陈希	6.270	三全食品
		0.030	吉林高速
429	毛德和	6.289	比亚迪
430	陈南	6.270	三全食品
431	刘楠	6.268	上海佳豪
432	夏传武	6.244	卓翼科技
433	束龙胜	6.238	鑫龙电器
434	狄自中	6.186	华德家族
435	吴强华	6.175	数字政通
436	朴建	6.167	三基电子
437	史绪波	6.160	濮耐股份
438	宋琳	6.160	新朋股份
439	李绪江	6.146	多氟多
440	龚传斌	6.115	瑞丰光电
441	史佩浩	6.112	永利带业
442	齐广田	6.108	森远股份
443	纪德法	6.036	新时达
444	邓烨芳	6.002	鸿路钢构
445	卢福其	6.000	万和电气
446	刘庆峰	5.996	科大讯飞
447	李越伦	5.993	三维通信
448	廖定海	5.986	中海达

排名	持股人	持有市值（亿元）	持股公司
1063	郭铁娟	2.372	宋都股份
1064	张彤	1.850	二六三
		0.517	荣之联
1065	顾瑜	2.366	八菱科技
1066	梁水生	2.364	汤臣倍健
1067	董荣亭	2.360	丹化科技
1068	李玖	2.358	舜天船舶
1069	应媛琳	2.354	锐奇股份
1070	傅宇晨	2.334	万讯自控
1071	高鹤鸣	2.330	华东数控
1072	杨诗军	2.328	骆驼股份
1073	林文智	2.324	*ST冠福
1074	李天虹	2.264	SST天海
		0.057	S ST华新
1075	黄来兴	2.317	亚太股份
1076	王玉胜	2.311	益盛药业
1077	马伟良	2.309	天马股份
1078	袁建新	2.308	神开股份
1079	郑玉英	2.303	龙生股份
1080	朱汉梅	2.303	三吉智能
1081	何建东	2.299	申科股份
1082	王祥伟	2.297	神开股份
1083	曾丹	2.290	银信科技
1084	陈宏科	2.289	天玑科技
1085	徐观宝	2.289	传化股份

排名	持股人	持有市值（亿元）	持股公司
1685	关玉婵	1.220	七喜控股
1686	肖昌利	1.220	山东矿机
1687	冷志英	1.218	富瑞特装
1688	张军	1.136	天立环保
		0.082	精艺股份
1689	邓志刚	1.217	中元华电
1690	倪信才	1.213	荣盛石化
1691	贾桂兰	1.211	荃银高科
1692	彭伟	1.211	北纬通信
1693	黄涛	1.179	福安药业
		0.030	ST太光
1694	苏钢	0.624	漫步者
		0.584	内蒙君正
1695	袁军	1.203	卓翼科技
1696	李雪会	1.202	理工监测
1697	罗章生	1.202	三维丝
1698	郭艺群	1.201	普利特
1699	朱新峰	1.201	万力达
1700	黄丽云	1.198	友阿股份
1701	李俊	0.654	积成电子
		0.216	新国都
		0.179	金运激光
		0.059	长源电力
		0.055	海螺型材
		0.035	钱江摩托

续表

排名	持股人	持有市值（亿元）	持股公司	排名	持股人	持有市值（亿元）	持股公司	排名	持股人	持有市值（亿元）	持股公司
449	阮加春	5.983	闰土股份	1086	何晖	2.282	银之杰	1702	于波	1.196	德豪润达
450	张颂明	5.980	达意隆	1087	窦剑文	2.277	海默科技	1703	李翀	1.193	辉煌科技
451	张亦斌	5.967	新海宜	1088	吴鸣霄	0.573	*ST北生	1704	潘洪沂	1.193	大连电瓷
452	孙尚传	5.940	大富科技			0.444	乐视网	1705	童光耀	1.193	徐家汇
453	王爱军	5.934	梅花集团			0.433	西藏矿业	1706	许阿海	1.192	林州重机
454	胡安君	5.930	万邦达			0.412	ST沪科	1707	汪杰宁	1.189	亚夏汽车
455	唐修国	5.929	三一重工			0.144	ST海建	1708	张传义	0.492	升达林业
456	王俊元	5.916	华鼎锦纶			0.138	ST中房			0.420	闽福发A
457	傅长玉	5.904	圣农发展			0.153	神州泰岳			0.277	国统股份
458	王新明	5.897	吉峰农机	1089	周吉	2.270	亚太科技	1709	王坚强	1.187	新开源
459	覃九三	5.894	新富邦	1090	刘祥南	2.269	美亚柏科	1710	杨海江	1.187	新开源
460	秦本军	5.892	莱茵生物	1091	曹晴霞	2.264	苏宁环球	1711	张国荣	1.183	长春高新
461	王冶军	5.889	美盈森	1092	张田	2.263	金信诺	1712	王有冶	1.182	硅宝科技
462	吴明厅	5.886	锐奇股份	1093	南存飞	2.258	正泰电器	1713	杨丽玫	1.182	硅宝科技
463	蒋凌峰	5.849	智飞生物	1094	杨绍国	2.252	恒泰艾普	1714	毛惠苏	1.179	亨通光电
464	李曼铁	5.842	雷曼光电	1095	陈建郎	2.250	联化科技	1715	王先玉	1.178	星星科技
465	李军	2.554	梦洁家纺	1096	周乐群	2.250	亿晶光电	1716	张青青	1.178	骆驼股份
		1.573	乐视网	1097	尚书媛	2.248	益盛药业	1717	吴光蓉	1.176	盛屯矿业
		1.141	银之杰	1098	汪铖	2.248	神州泰岳	1718	林杭	1.174	海格通信
		0.258	南国置业	1099	焦贵波	2.247	宝隆	1719	任涛	1.050	紫光华宇
		0.177	华神集团	1100	刘建明	2.247	益盛药业			0.120	安科生物
		0.128	荣华实业	1101	朱宝松	2.246	宝鼎重工	1720	王丽娟	1.091	盛屯矿业
466	卢先锋	5.827	先锋新材	1102	张志宏	1.949	大智慧			0.077	瑞丰光电
467	李丕岳	5.818	棕榈园林			0.194	东光微电	1721	王崇盛	1.161	雅化集团
468	吴培生	5.818	三力士			0.098	旭光股份	1722	郭华强	1.160	信雅达

续表

排名	持股人	持有市值（亿元）	持股公司
469	刘晓东	5.811	百润股份
470	马镇鑫	5.763	金明精机
471	黄德斌	5.756	棕榈园林
472	陈爱玲	5.754	大华股份
473	黄昌华	5.753	金信诺
474	姜维海	5.728	新大新材
475	邢翰学	5.715	开尔新材
476	刘道君	5.714	正邦科技
477	姜煜峰	5.713	通达动力
478	黄申力	5.712	英威腾
479	朱守琛	5.708	建新股份
480	林洛锋	5.701	洲明科技
481	费战波	5.691	新天科技
482	施延军	5.685	金字火腿
483	李小龙	5.675	二六三
484	纪立军	5.662	安诺其
485	闫相宏	5.654	尤洛卡
486	朱双全	5.646	鼎龙股份
487	朱顺全	5.646	鼎龙股份
488	陈尔佳	5.632	沃森生物
489	谭荣生	5.622	东方电热
490	刘国耀	5.619	科远股份
491	马玲芝	5.603	新 海 宜
492	史正富	5.601	华菱星马
493	俞有强	5.594	佐力药业
1103	程辉	2.236	博深工具
1104	任京建	2.236	博深工具
1105	张淑玉	2.236	博深工具
1106	邢文隆	2.229	海 联 讯
1107	王树根	2.227	天立环保
1108	席存军	2.227	天立环保
1109	刘萍	2.226	宋城股份
1110	陈爱莲	2.224	万丰奥威
1111	李祎	2.213	多 氟 多
1112	姚文琛	2.207	姚记扑克
1113	潘渠	2.200	科伦药业
1114	成晓华	2.193	朗科科技
1115	何振亚	2.193	动 力 源
1116	朱信敏	2.192	正泰电器
1117	吴志东	2.190	天源迪科
1118	林文昌	2.183	*ST 冠福
1119	孙汉宗	2.182	盛屯矿业
1120	杜端凤	2.180	万顺股份
1121	李宁	1.831	民和股份
		0.298	大康牧业
1122	叶立胜	2.180	中海科技
		0.051	梅 安 森
1123	刘弘	2.177	乐 视 网
1124	赵晓红	2.036	华菱星马
		0.140	金利华电
1723	刘彬	1.160	富瑞特装
1724	王杏才	1.160	卓翼科技
1725	邬建斌	1.156	双林股份
1726	尤友莺	1.155	鸿博股份
1727	尤友岳	1.155	鸿博股份
1728	贾钧	1.150	英威腾
1729	袁隆平	1.150	隆平高科
1730	钟志强	1.149	*ST 国商
1731	刘业军	1.148	日科化学
1732	宋祖英	1.148	海 利 得
1733	胡海燕	1.145	神农大丰
1734	吴正明	1.145	回天胶业
1735	吴铁	1.144	航空动力
1736	夏晓辉	1.144	新筑股份
1737	陈向军	1.141	银 之 杰
1738	谢平	1.141	华星化工
1739	白开军	1.140	天奇股份
1740	秦勇	1.077	准油股份
		0.063	利顺电气
1741	刘晓露	1.137	华平股份
1742	侯建业	1.131	雏鹰农牧
1743	侯杰	1.131	雏鹰农牧
1744	包燕青	1.127	胜利精密
1745	赵世杰	1.075	北京利尔
		0.052	利顺电气

续表

排名	持股人	持有市值（亿元）	持股公司
494	曹兴坚	5.580	开山股份
495	黄一峰	5.576	金科股份
496	刘迎建	5.572	汉王科技
497	邱炜	5.569	莱美药业
498	韩旭	5.564	瑞康医药
499	吴建新	5.312	江苏神通
499	郭永芳	0.246	科林环保
500	朱汉平	5.530	美亚柏科
501	蔡廷祥	5.527	三丰智能
502	李国平	5.523	长城集团
503	马成章	5.505	鸿利光电
504	周文华	5.505	鸿利光电
505	王健摄	5.501	金螳螂
506	赵晓东	3.374	软控股份
506	王维航	2.109	数码视讯
507	贾岭达	5.473	南方航空
508	邵宇	5.456	华胜天成
509	陈连庆	5.452	三全食品
510	易贤忠	5.441	紫光华宇
511	李焕昌	5.434	金磊股份
512	宋七棣	5.433	七喜控股
513	费铮翔	5.432	昌红科技
514		5.425	科林环保
515		5.423	康耐特

排名	持股人	持有市值（亿元）	持股公司
1125	孙彭生	2.175	恩华药业
1126	王建军	1.941	新研股份
1126		0.125	新潮实业
1126		0.081	*ST亚太
1126		0.029	成都路桥
1127	游志胜	2.171	川大智胜
1128	范岳英	2.170	风范股份
1129	高斌	2.167	史丹利
1130	高文安	2.167	史丹利
1131	高文靠	2.167	史丹利
1132	高英	2.167	史丹利
1133	井沛洪	2.167	史丹利
1134	密守洪	2.167	史丹利
1135	许培坤	2.164	黑牛食品
1136	东志刚	2.162	联化科技
1137	洪树鹏	2.159	贺宇科技
1138	郑桂香	2.159	龙元建设
1139	许伟明	2.157	新亚制程
1140	贺中央	2.156	濮耐股份
1141	张泉	2.152	蒙发利
1142	曹鲁江	2.150	兴蓉投资
1143	金国良	2.147	徐家汇
1144	陈晓明	2.144	胜利精密
1145	卢庆国	2.144	晨光生物

排名	持股人	持有市值（亿元）	持股公司
1746	陈金节	1.124	荃银高科
1747	曲恩秋	1.123	三维工程
1748	何海潮	0.372	ST东海A
1748		0.327	ST海建
1748		0.199	ST金花
1748		0.088	*ST金城
1748		0.069	ST福日
1748		0.065	ST廊发展
1749	刘愚	1.121	兴森科技
1750	孙利群	1.121	金固股份
1751	孙曙虹	1.121	金固股份
1752	官国平	1.120	中电环保
1753	赵群	1.119	忏源制药
1754	沈百明	1.118	栋梁新材
1755	李淑贤	1.100	勤上光电
1756	王洪仁	0.017	宁波富邦
1757	谢超	1.116	利欧股份
1757		1.116	新筑股份
1758	沈振国	0.840	桂东电力
1758		0.276	古越龙山
1759	严学锋	1.114	兴森科技
1760	卢信群	1.111	内蒙君正
1761	宗明杰	1.111	三六三
1762	徐小敏	1.109	银轮股份

续表

排名	持股人	持有市值（亿元）	持股公司
516	毛中吾	5.421	三一重工
517	向文波	5.421	三一重工
518	冯毅	5.418	天龙集团
519	李玉国	5.415	先河环保
520	王琦	5.377	华力创通
521	刘伟	5.275	华谊嘉信
521	刘伟	0.088	上海九百
522	赵文权	5.341	蓝色光标
523	熊玲瑶	2.880	金发科技
523	熊玲瑶	1.979	东材科技
523	熊玲瑶	0.458	三友化工
524	刘宗利	5.315	保龄宝
525	黄卫枝	5.306	*ST商务
526	黄明松	5.299	科大智能
527	陈宝珍	5.289	网信科技
528	马云	5.261	华谊兄弟
529	马廷耀	5.258	明泰铝业
530	罗丽华	5.249	川润股份
531	柴生	5.243	雪莱特
532	林从孝	5.240	棕榈园林
533	许冬瑾	5.224	康美药业
534	许燕君	5.224	康美药业
535	杨广城	5.222	高乐股份
536	庞江华	5.187	万力达
537	傅乐民	5.181	北纬通信

排名	持股人	持有市值（亿元）	持股公司
1146	虞锋	2.115	华谊兄弟
1146	虞锋	0.029	通富微电
1147	马信琪	2.027	深振业A
1147	马信琪	0.113	凤凰股份
1148	张贤桂	2.138	联化科技
1149	林文洪	2.135	*ST冠福
1150	金美欧	2.133	金龙机电
1151	朱斌	2.130	圣阳股份
1152	王文杰	2.128	三星电气
1153	柯少芳	2.127	太安堂
1154	杜力耘	2.121	天玑科技
1155	侯玉群	2.118	雏鹰农牧
1156	陈海军	2.117	山下湖
1157	董树林	2.114	经纬电材
1158	阮静波	2.105	闽土股份
1159	钟建一	2.100	濮耐股份
1160	陈健	2.099	浙江众成
1161	肖荣	2.097	惠博普
1162	邱金兰	2.094	姚记扑克
1163	姚朔斌	2.094	姚记扑克
1164	姚硕榆	2.094	姚记扑克
1165	姚晓丽	2.094	姚记扑克
1166	周卓和	1.461	众生药业
1166	周卓和	0.632	和佳股份
1167	王从强	2.086	骆驼股份

排名	持股人	持有市值（亿元）	持股公司
1763	徐万福	1.108	闽土股份
1764	金明哲	0.794	黔源电力
1764	金明哲	0.313	常林股份
1765	李敏	0.802	九九久
1765	李敏	0.131	安泰集团
1765	李敏	0.053	润邦股份
1765	李敏	0.037	新开普
1765	李敏	0.033	西安旅游
1765	李敏	0.033	久其软件
1765	李敏	0.018	汇冠股份
1766,	孙兆国	1.107	日科化学
1767	王苑辉	1.107	国电清新
1768	蔡远宏	1.106	ST精伦
1769	荆不景	1.106	北京利尔
1770	黄镇	1.106	沃森生物
1771	陆民	1.104	英威腾
1772	徐伟	0.907	福星晓程
1772	徐伟	0.110	大众交通
1772	徐伟	0.086	中国高科
1773	史佩欣	1.101	ST沪科
1774	戚加奇	1.100	滨江集团
1775	张清永	1.100	东方铝业
1776	刘平凯	1.098	雅化集团
1777	鲁小均	1.096	露笑科技
1778	毛晨	1.096	蓝色光标

续表

排名	持股人	持有市值(亿元)	持股公司
538	吕钢	5.118	京新药业
539	薛德龙	0.046	生意宝
		5.151	中原内配
540	王木红	5.143	东方钽业
541	甄国振	5.134	大北农
542	尤玉仙	5.127	鸿博股份
543	陈坤江	5.097	佳创视讯
544	孙日贵	5.088	孚日股份
545	沈国甫	5.079	宏达高科
546	史建伟	5.071	南方轴承
547	尤丽娟	5.055	鸿博股份
548	李太杰	5.054	达刚路机
549	齐强	5.054	神州泰岳
550	陈景河	5.042	紫金矿业
551	吴铁	5.034	蓝色光标
552	钱文龙	5.019	鹿港科技
553	许志平	5.010	蓝色光标
554	陈良华	5.006	蓝色光标
555	蒋勇	4.836	苏宁电器
		0.082	金晶科技
556	胡徽眉	0.074	利尔化学
		4.990	科远股份

排名	持股人	持有市值(亿元)	持股公司
1168	徐力圣	2.084	广电电气
1169	朱岳兴	2.084	益佰制药
1170	林菁	2.081	佳讯飞鸿
1171	廖文	2.080	中海达
1172	吴文忠	2.078	报喜鸟
1173	刘东	2.077	杰瑞股份
1174	姚新德	2.076	莱茵生物
1175	候斌	2.072	雏鹰农牧
1176	吴爆衍	2.064	通源石油
1177	翟曙春	2.062	东华软件
1178	李伟彬	2.061	精艺股份
1179	兰俊杰	2.059	汤臣倍健
1180	陈章银	1.780	报喜鸟
1181	蔡开坚	0.278	中科英华
1182	罗成龙	2.055	中捷股份
1183	黄少彬	2.055	永安药业
		1.976	广州浪奇
1184	陈胜	0.077	兴民钢圈
1185	诸兆英	2.047	雪人股份
1186	于伟	2.037	四维图新
1187	江浩然	2.034	信维通信
		2.033	恒宝股份

排名	持股人	持有市值(亿元)	持股公司
1779	路明占	1.093	骆驼股份
1780	赵志明	1.092	新富邦
1781	曲洪普	1.091	通达股份
1782	邵学良	1.091	通达股份
1783	叶芬弟	0.688	华峰超纤
		0.403	华峰氨纶
1784	马学芳	1.090	永安药业
1785	周志江	1.089	久立特材
1786	贾按师	1.088	卫宁软件
1787	孙明相	1.087	好想你
1788	胡维新	1.085	二六三
1789	孙戈	1.084	赛轮股份
1790	张昱	1.084	立思辰
1791	林锡浩	1.082	黑牛食品
1792	林秀海	1.082	黑牛食品
1793	林秀伟	1.082	黑牛食品
		0.948	千红制药
1794	刘军	0.117	科华恒盛
		0.017	金信诺
1795	曹若欣	1.080	ST精伦
1796	林依华	1.079	恒泰艾普
1797	王洪田	1.078	光线传媒

续表

排名	持股人	持有市值（亿元）	持股公司
557	张杰	3.766	安妮股份
		0.902	三聚环保
		0.187	广安爱众
		0.077	华星化工
558	张克强	0.033	*ST 泰复
559	季维东	4.952	保利地产
560	季伟	4.943	金通灵
561	王念强	4.943	金通灵
		4.936	比亚迪
562	杨建新	4.904	百圆裤业
		0.024	恒天高新
563	张静	3.958	天齐锂业
		0.890	佰利联
		0.039	汉麻制药
		0.038	*ST 松辽
564	李海鹰	4.923	辉煌科技
565	何全波	4.912	申科股份
566	龚永福	4.909	万福生科
567	杨荣华	4.909	万福生科
568	梁伟	4.903	金运激光
569	李介平	4.898	瑞利股份
570	谭永良	4.894	智云股份
571	霍卫平	4.891	东方国信
572	武永强	4.865	拓邦股份
573	张国桉	4.863	通源石油

排名	持股人	持有市值（亿元）	持股公司
1188	祁超	2.033	恩华药业
1189	袁志民	2.030	新时达
1190	朱强华	2.030	新时达
1191	蒋中富	2.022	探路者
1192	冯亮	2.015	国电清新
1193	杨子	2.009	巨力索具
1194	周念云	2.008	碧水源
1195	沈沧琼	2.006	彩虹股份
1196	章佳欢	2.006	大立科技
1197	黄志强	2.004	八菱科技
1198	王许飞	2.002	桂林三金
1199	卢楚鹏	2.000	万和电气
1200	叶远璋	2.000	万和电气
1201	李中球	1.997	中海达
1202	吕清明	1.996	齐星铁塔
1203	朱国锭	1.995	中恒电气
1204	孙晋瑜	1.994	汤臣倍健
1205	姜文	1.993	国电清新
1206	秦劳	1.991	东华软件
1207	张郁	1.985	兴蓉投资
1208	李绍光	1.983	双环传动
1209	纪坚	1.979	新时达
1210	俞丽	1.979	大名城
1211	罗志中	1.973	丹甫股份
1212	吴剑鸣	1.972	开尔新材

排名	持股人	持有市值（亿元）	持股公司
1798	马小丰	1.075	广电电气
1799	王榕	1.075	华邦制药
1800	于洁	1.075	华邦制药
1801	刘海龙	1.004	仁智油服
		0.070	华纺股份
1802	钱芳	1.073	罗普斯金
1803	吴良定	1.073	万丰奥威
1804	阳晓林	1.072	雅化集团
1805	方仪	1.071	东方园林
1806	黄明生	1.071	二六三
1807	李天云	0.688	*ST方向
		0.384	双线股份
1808	吕涛	0.861	理工监测
		0.210	ST 中农
1809	朱小妹	0.731	物产中大
		0.338	通程控股
1810	迟健	1.066	澳洋科技
1811	白厚善	1.065	当升科技
1812	冯敏	1.064	宏达高科
1813	石聚领	1.064	好想你
1814	张五须	1.064	好想你
1815	刘百庆	1.060	濮耐股份
1816	何云认	1.059	ST 联华
1817	严居然	1.059	大华农
1818	虞海娟	1.059	林洋电子

续表

排名	持股人	持有市值（亿元）	持股公司
574	潘明欣	4.859	华邦制药
575	王国华	4.013	神州泰岳
		0.821	千山药机
576	陈成辉	4.827	科华恒盛
577	李宝骏	4.827	梅花集团
578	李如成	4.819	雅戈尔
579	王文彬	4.809	三安光电
580	杨振宇	4.806	长盈精密
581	李水波	4.804	新莱应材
582	赵坚	4.802	金利华电
583	何学葵	4.789	*ST 大地
584	朱前记	4.788	保利地产
585	吴涵溪	4.784	奥拓电子
586	万峰	4.759	华测检测
		0.024	卫星石化
587	刘红岩	4.766	沃森生物
588	王信恩	4.760	恒邦股份
589	莫建华	4.738	滨江集团
590	张磊	4.701	美晨科技
		0.030	秦胜风能
591	郑铁江	4.719	百川股份
592	潘磊	4.716	佳士科技
593	李霞	4.712	思源电气
594	谭克	4.704	东方电热
595	谭伟	4.704	东方电热

排名	持股人	持有市值（亿元）	持股公司
1213	孟庆有	1.287	紫光华宇
		0.687	恒泰艾普
1214	沈仁荣	1.970	ST 九发
1215	钟超	1.962	汉威电子
1216	张学阳	1.963	ST 精伦
1217	余新	1.951	中科电气
1218	周林根	1.949	恒生电子
1219	郑顺炎	1.948	乾照光电
1220	杨世宁	1.946	皖通科技
1221	陶建锋	1.945	棒杰股份
1222	李宏	1.939	宏达高科
1223	徐文和	1.939	豪迈科技
1224	丁德健	1.938	禾欣股份
1225	庞健	1.938	禾欣股份
1226	胡津生	1.936	天汽模
1227	郭弟民	1.935	佳宝股份
1228	杨蔚子	1.935	皖通科技
1229	刘世峰	1.933	民和股份
1230	刘燕京	1.933	华胜天成
1231	胡炳德	1.931	机器人
1232	曲道奎	1.931	机器人
1233	陈晨	1.842	二六三
		0.089	兔宝宝
1234	马文荣	1.930	天立环保
1235	杨国文	1.929	长海股份

排名	持股人	持有市值（亿元）	持股公司
1819	张坚	0.961	百视通
		0.030	新开普
		0.027	东华实业
		0.022	银信科技
		0.018	圣阳股份
1820	吴志良	1.058	日上集团
1821	鲍恩东	1.057	瑞普生物
1822	陈钿隆	1.056	省广股份
1823	戴书华	1.056	省广股份
1824	丁邦清	1.056	省广股份
1825	张卫冬	1.056	省广股份
1826	夏权光	1.055	泰胜风能
1827	朱守国	1.055	泰胜风能
1828	金秉铎	1.054	大连三垒
1829	汤晨滨	1.052	机器人
1830	谢新仓	1.052	山东墨龙
1831	刘建耀	1.049	科远股份
1832	陈应军	1.048	九州通
1833	车轼	1.046	东方海洋
1834	苏建平	1.045	宏图高科
1835	陈合林	1.042	爱仕达
1836	纪树海	1.042	拓邦股份
1837	樊建民	1.040	雅化集团
1838	耿建民	1.040	益生股份
1839	张宇鑫	1.040	雅本化学

排名	持股人	持有市值（亿元）	持股公司
596	申令花	4.699	朗姿股份
597	王秀珍	4.695	太极股份
598	陶建伟	4.694	棒杰股份
599	霍纯	4.694	三一重工
600	王富济	4.686	片仔癀
601	赵敏	4.613	宝德股份
601	赵敏	0.071	*ST珠峰
602	雷敬国	4.670	明泰铝业
602	雷敬国	2.995	恩华药业
603	李威	1.528	天士力
603	李威	0.144	世纪瑞尔
604	周新基	4.650	九九久
605	黄国英	4.638	三元达
606	王振洪	4.626	亿通科技
607	周旭辉	4.622	金亚科技
608	胡庆周	4.615	英唐智控
609	邱世勋	4.615	广联达
610	牛俊杰	4.611	世纪瑞尔
611	王铁	4.611	世纪瑞尔
612	韩录云	4.609	林州重机
613	倪娜	4.609	超日太阳
614	赵刚	4.601	千红制药
615	单建明	4.574	美欣达
616	孟宪民	4.554	恒信移动

排名	持股人	持有市值（亿元）	持股公司
1236	徐天平	1.927	科林环保
1237	蔡炬怡	1.926	国星光电
1238	吕志炎	1.293	中银绒业
1238	吕志炎	0.629	宜华木业
1239	贾春琳	1.915	盛通股份
1240	贾则平	1.915	盛通股份
1241	高鹏	1.914	蓝色光标
1242	赵剑	1.912	金证股份
1243	张桂文	1.908	新宙邦
1244	方润刚	1.906	山东章鼓
1245	李晓楠	1.905	美晨科技
1246	楼晔	1.905	天玑科技
1247	黄绍武	1.901	爱施德
1248	杜宣	1.897	金证股份
1249	张庆昌	1.895	以岭药业
1250	余彬海	1.894	国星光电
1251	程艳锋	1.893	鹏博士
1252	陈鲁康	1.886	天源迪科
1253	邢翰科	1.886	开尔新材
1254	余运波	1.883	国民技术
1255	陈立军	1.880	中昌海运
1256	杨小强	1.878	思源电气
1257	黄长远	1.869	闽发铝业
1258	黄印电	1.869	闽发铝业

排名	持股人	持有市值（亿元）	持股公司
1840	杜心林	1.039	合康变频
1841	吉志扬	1.039	长青股份
1842	刘长法	1.039	长青股份
1843	王侃	1.039	天立环保
1844	周艳	1.039	西藏矿业
1845	周冶金	1.039	长青股份
1846	程岩	1.038	梅安森
1847	吉素琴	1.038	亚威股份
1848	鞠成立	0.599	美盈森
1848	鞠成立	0.439	宏磊股份
1849	聂春华	1.038	华伍股份
1850	周道志	1.037	南国置业
1851	王君平	1.036	广博股份
1852	温均生	1.035	大华农
1853	徐峰	1.032	中海达
1853	徐峰	0.344	*ST方向
1854	周海虹	0.208	大连友谊
1854	周海虹	0.190	*ST星美
1854	周海虹	0.149	中路股份
1854	周海虹	0.142	嘉凯城
1855	李先锋	1.031	莱美药业
1856	彭俊新	1.030	世纪游轮
1857	裴建平	1.029	超日太阳
1858	王草雷	1.029	方圆支承

续表

排名	持股人	持有市值(亿元)	持股公司
617	周八斤	4.553	星宇股份
618	顾庆伟	4.551	鼎汉技术
619	简永江	2.435	同方股份
619		2.113	晶源电子
620	吴敏	4.410	荣之联
620		0.098	大江股份
620		0.034	新五丰
621	朱在龙	4.536	景兴纸业
622	方海江	4.512	四方达
623	郭鸿宝	4.508	坚瑞消防
624	蔡永太	4.505	建研集团
625	李杰	3.884	北京君正
625		0.390	坚瑞消防
625		0.144	ST中葡
625		0.086	东莞控股
626	季奎余	4.496	中联电气
627	汤世贤	4.469	华东数控
628	梁宇肇	4.465	梅花集团
629	刘晓庆	4.463	壹桥苗业
630	王沫	4.449	德尔家居
631	杨华	3.650	盛路通信
631		0.520	数字政通
631		0.278	三元达
632	陈森洁	4.438	阳光照明

排名	持股人	持有市值(亿元)	持股公司
1259	宁智平	1.294	亿纬锂能
1260	周丽	0.575	华谊嘉信
1260		1.868	亚夏汽车
1261	丘国强	1.865	三维丝
1262	张冬梅	1.810	中原内配
1262		0.053	东睦股份
1263	卜波	1.239	国际建设
1263		0.625	拓日新能
1264	刘晓宇	1.857	国民技术
1265	倪桂云	1.857	金螳螂
1266	胡敏	1.815	新联电子
1266		0.040	ST春兰
1267	金国清	1.856	司尔特
1268	王冬梅	0.988	万邦达
1268		0.867	探路者
1269	苗卫东	1.846	辉煌科技
1270	林淑芳	1.845	天士力
1271	张亚波	1.843	三花股份
1272	安治富	1.842	富临运业
1273	郭明明	1.839	东南网架
1274	李结义	1.837	金证股份
1275	张慧娱	1.837	未城股份
1276	李绪华	1.833	佳创视讯
1277	毛培成	1.829	亿晶光电

排名	持股人	持有市值(亿元)	持股公司
1859	江慧	1.028	新宙邦
1860	楼江	1.028	司尔特
1861	赵长松	1.028	壹桥苗业
1862	金磊	1.027	宏磊股份
1863	金敏燕	1.027	宏磊股份
1864	周国昌	1.027	沃森生物
1865	张晓雷	1.026	恒泰艾普
1866	杨清文	0.593	华峰超纤
1866		0.303	华峰氨纶
1866		0.128	宝新能源
1867	吉清	1.023	奥克股份
1868	李杜若	1.023	深深宝A
1869	王浩	1.023	积成电子
1870	杨志强	1.023	积成电子
1871	王良	0.986	积成电子
1871		0.036	北陆药业
1872	冼燃	1.022	毅昌股份
1873	李俊杰	0.969	宗申动力
1873		0.052	江苏索普
1874	高健	0.912	垄银高科
1874		0.108	巨力索具
1875	王秀荣	1.019	天广消防
1876	赵祥年	1.019	南方泵业
1877	黄文礼	1.018	万力达

续表

（一）排名 633～653

排名	持股人	持有市值（亿元）	持股公司
633	刘翠英	4.431	捷顺科技
634	王向武	4.426	乾照光电
635	郝玉辉	4.422	新大新材
636	杨建忠	4.419	巨力索具
637	周达文	4.401	新 苗 邦
638	顾正	4.393	神开股份
639	包志方	4.387	宝通带业
640	李光太	4.377	威海广泰
641	张婷	4.376	大智慧
642	吴国政	4.293	金 力 泰
		0.076	法 尔 胜
643	边程	4.363	科达机电
644	章卡鹏	2.216	伟星新材
		2.142	伟星股份
645	陶国平	4.349	江南高纤
646	刘志坚	4.337	神剑股份
647	叶仙玉	4.333	星星科技
648	焦云	4.329	宝 隆
649	郑仲天	4.326	新 苗 邦
650	王耘	4.320	世纪鼎利
651	刘晓丹	4.318	华平股份
652	张永侠	4.305	利源铝业
653	吴捷	2.301	江粉磁材
		1.998	日发数码

（二）排名 1278～1297

排名	持股人	持有市值（亿元）	持股公司
1278	钱小妹	1.449	金益股份
		0.150	庞大集团
		0.129	*ST 冠福
		0.050	江河幕墙
		0.050	中青宝
1279	赵康	1.821	金利华电
1280	迟汉东	1.820	益生股份
1281	冯超球	1.820	神农大丰
1282	张根荣	1.820	科林环保
1283	高雁峰	1.818	新 世 纪
1284	乔文东	1.818	新 世 纪
1285	滕学军	1.818	新 世 纪
1286	杨学平	1.818	盛屯矿业
1287	区国辉	1.817	云南锗业
1288	唐安斌	1.813	东材科技
1289	董凤	1.812	毅昌股份
1290	戚建华	1.811	宏磊股份
1291	益关寿	1.811	丹邦科技
1292	林淑艺	1.810	佳讯飞鸿
1293	陈增良	1.805	恩华药业
1294	付卿	1.805	恩华药业
1295	杨自亮	1.805	恩华药业
1296	岳巍	1.805	益佰制药
1297	甘宁	1.800	益佰制药

（三）排名 1878～1894

排名	持股人	持有市值（亿元）	持股公司
1878	龙松书	1.017	中金黄金
1879	林玲	1.014	雏鹰农牧
1880	苏红宇	1.014	海 联 讯
1881	汪旻	0.633	桐昆股份
		0.380	银 之 杰
1882	郭绪勇	1.012	爱 施 德
1883	余波	0.773	东方钼业
		0.236	舜天船舶
1884	孙赓祥	1.008	徐 家 汇
1885	李绍明	1.007	大 北 农
1886	徐引生	1.007	栋梁新材
1887	姚雅育	1.005	雅化集团
1888	邱建民	1.003	得润电子
1889	安东	1.002	富临运业
1890	董希仲	1.001	晨光生物
1891	关光彬	1.001	晨光生物
1892	陈建煌	1.000	盛屯矿业
1893	胡晓斌	1.000	天瑞仪器
1894	束美珍	0.929	鱼跃医疗
		0.071	舒 泰 神

附录十一：

2012 年度中国上市公司市值管理绩效总排名

总排名	证券代码	证券简称	总分	价值创造		价值实现		价值关联度		溢价因素		基础价值		成长价值	
				得分	排名	得分	排名	得分	排名	得分	排名	得分	排名	得分	排名
1	600111	包钢稀土	78.14	95.74	1	68.01	9	99.57	27	22.97	133	100.00	1	89.34	27
2	600403	大有能源	76.61	76.95	33	83.73	1	98.29	114	3.76	925	81.38	36	70.30	113
3	600519	贵州茅台	75.68	84.15	14	70.59	5	99.52	30	22.97	132	100.00	2	60.38	217
4	002304	洋河股份	73.52	76.91	34	71.17	4	98.40	112	23.01	129	97.21	4	46.46	567
5	000970	中科三环	72.71	88.49	7	60.71	26	98.98	75	20.84	224	87.11	16	90.57	24
6	000563	陕国投 A	71.24	79.33	23	68.76	8	99.20	56	0.96	1079	74.16	83	87.07	29
7	000568	泸州老窖	71.16	78.80	26	62.61	19	99.63	20	25.55	53	99.12	3	48.33	513
8	000869	张裕 A	71.15	78.60	27	63.30	16	99.41	43	23.65	111	97.20	5	50.70	428
9	600809	山西汾酒	70.47	77.33	32	63.04	17	99.20	53	22.11	162	90.93	8	56.93	290
10	002477	雏鹰农牧	70.39	85.37	12	58.78	37	98.66	97	15.37	476	78.49	53	95.70	11
11	000858	五粮液	70.38	75.16	44	65.28	11	98.23	118	20.7	229	89.56	13	53.57	356
12	002038	双鹭药业	70.13	85.06	13	57.46	52	97.91	151	20.48	237	95.96	6	68.71	128
13	600259	广晟有色	70.08	80.02	22	60.35	27	99.73	16	19.84	312	66.71	177	100.00	4

续表

总排名	证券代码	证券简称	总分	价值创造 得分	价值创造 排名	价值实现 得分	价值实现 排名	价值关联度 得分	价值关联度 排名	溢价因素 得分	溢价因素 排名	基础价值 得分	基础价值 排名	成长价值 得分	成长价值 排名
14	000703	恒逸石化	69.64	67.89	87	70.33	6	95.67	285	20.12	294	79.49	46	50.50	438
15	600549	厦门钨业	69.59	87.68	8	54.26	85	95.88	275	24.09	97	82.42	29	95.56	13
16	600366	宁波韵升	69.26	91.80	3	55.38	69	96.47	238	2.76	965	86.34	19	100.00	6
17	000423	东阿阿胶	69.07	75.39	40	60.33	28	99.36	44	24.51	89	87.88	15	56.66	300
18	600160	巨化股份	69.06	89.16	6	53.16	92	95.40	304	19.68	323	90.55	10	87.08	28
19	002155	辰州矿业	68.90	81.74	20	56.87	57	98.02	137	20.32	245	73.15	96	94.62	14
20	600783	鲁信创投	68.47	79.13	25	57.54	50	98.66	95	19.8	319	88.39	14	65.23	158
21	002415	海康威视	67.91	67.75	88	65.84	10	95.83	279	20.85	222	80.48	42	48.66	500
22	300146	汤臣倍健	67.08	61.96	153	71.22	3	91.97	469	16.05	440	68.03	155	52.86	380
23	600547	山东黄金	67.02	72.23	57	58.08	44	99.30	49	22.61	139	81.84	31	57.83	264
24	600887	伊利股份	66.70	75.41	39	54.82	79	97.86	157	25.79	51	72.63	105	79.58	48
25	600199	金种子酒	66.54	71.81	60	62.20	21	97.91	152	5.36	893	66.84	175	79.27	49
26	600816	安信信托	66.45	83.37	15	55.17	73	96.90	207	-0.08	1678	81.07	40	86.82	31
27	002344	海宁皮城	66.41	69.92	72	60.10	30	97.75	170	18.44	359	76.30	66	60.35	218
28	600066	宇通客车	66.19	70.07	70	58.13	43	98.56	102	22.06	180	81.52	35	52.89	379
29	002310	东方园林	66.00	68.27	82	58.77	38	97.65	175	24.85	76	76.76	62	55.54	317
30	600395	盘江股份	65.86	69.95	71	57.23	55	99.14	66	21.54	210	81.79	34	52.19	392
31	000596	古井贡酒	65.86	69.02	74	64.56	12	96.68	222	-0.08	1692	78.83	51	54.31	344
32	600030	中信证券	65.54	76.34	36	52.05	109	96.09	263	26.02	43	86.72	18	60.78	211

续表

总排名	证券代码	证券简称	总分	价值创造		价值实现		价值关联度		溢价因素		基础价值		成长价值	
				得分	排名	得分	排名	得分	排名	得分	排名	得分	排名	得分	排名
33	600031	三一重工	65.45	68.12	83	55.70	66	99.09	67	29.15	6	84.57	20	43.45	680
34	000656	金科股份	65.45	57.17	265	73.60	2	85.93	768	16.69	412	59.07	321	54.34	342
35	000538	云南白药	65.23	65.28	112	58.96	36	95.93	272	28.79	15	75.24	77	50.35	446
36	002353	杰瑞股份	64.86	64.81	118	63.82	14	94.44	344	10.03	772	74.51	79	50.26	451
37	002029	七匹狼	64.79	66.12	103	60.10	29	96.04	267	17	403	74.28	81	53.89	351
38	002128	露天煤业	64.72	71.36	63	53.90	88	98.66	99	20.2	256	89.73	12	43.80	652
39	000780	平庄能源	64.71	72.30	56	53.41	91	98.13	126	20.28	247	73.27	93	70.85	95
40	002269	美邦服饰	64.57	73.84	52	53.54	90	97.97	147	14.1	571	80.15	45	64.37	164
41	601088	中国神华	64.53	68.75	76	52.98	94	99.04	69	29.03	10	81.10	39	50.24	454
42	600123	兰花科创	64.33	70.49	67	52.58	101	98.18	122	25.15	59	80.48	41	55.49	319
43	600739	辽宁成大	64.08	78.56	28	48.83	153	93.31	394	23.18	120	84.14	21	70.18	114
44	600436	片仔癀	63.87	68.08	84	60.91	23	96.74	220	-2.64	1938	77.73	55	53.61	355
45	600535	天士力	63.69	62.12	151	57.90	47	94.44	339	30.12	5	68.58	148	52.42	388
46	002293	罗莱家纺	63.55	70.58	66	55.20	72	99.68	19	3.56	932	74.27	82	65.03	159
47	600585	海螺水泥	63.43	76.55	35	48.24	169	92.83	426	25.98	44	83.87	22	65.59	154
48	601888	中国国旅	63.33	61.48	164	59.67	32	92.94	412	24.32	92	60.74	287	62.60	184
49	000623	吉林敖东	63.22	74.29	49	49.30	144	94.92	318	22.35	151	90.46	11	50.05	458
50	600779	水井坊	63.11	60.51	176	60.98	22	91.76	476	22.1	164	63.95	214	55.35	323
51	000581	威孚高科	63.00	63.14	139	57.62	49	95.18	311	19.76	320	80.28	44	37.42	943

续表

总排名	证券代码	证券简称	总分	价值创造 得分	价值创造 排名	价值实现 得分	价值实现 排名	价值关联度 得分	价值关联度 排名	溢价因素 得分	溢价因素 排名	基础价值 得分	基础价值 排名	成长价值 得分	成长价值 排名
52	600406	国电南瑞	63.00	61.72	161	59.62	33	93.15	400	20.04	302	71.62	117	46.87	554
53	600016	民生银行	62.95	75.18	42	48.58	159	93.74	371	22.1	170	78.40	54	70.36	100
54	002236	大华股份	62.92	59.71	198	62.94	18	90.37	544	17.62	376	73.26	94	39.38	858
55	002081	金螳螂	62.91	63.01	142	58.41	39	94.49	335	17.51	382	75.03	78	44.97	610
56	600271	航天信息	62.79	63.10	141	54.70	81	96.79	215	26.26	35	73.30	92	47.81	525
57	600060	海信电器	62.58	80.98	21	47.39	187	91.12	511	11.1	667	73.58	89	92.07	21
58	600636	三爱富	62.47	95.19	2	43.11	320	82.98	889	0.76	1108	91.99	7	100.00	7
59	601101	昊华能源	62.43	70.38	69	49.67	136	96.42	240	21.62	205	79.47	47	56.74	296
60	002241	歌尔声学	62.27	58.80	223	63.71	15	88.87	629	13.73	584	63.95	213	51.07	417
61	600276	恒瑞医药	62.25	59.02	217	60.80	25	89.73	589	22.81	138	71.68	116	40.03	828
62	600362	江西铜业	62.21	68.40	81	49.62	139	96.90	210	24.62	86	69.28	140	67.09	143
63	002378	章源钨业	62.15	60.21	183	59.08	35	92.08	461	20.36	243	61.51	270	58.26	254
64	000157	中联重科	61.95	71.41	62	48.49	161	94.70	324	21.94	190	74.34	80	67.00	145
65	600612	老凤祥	61.95	66.84	97	50.46	124	98.56	101	20	305	71.60	119	59.70	228
66	600143	金发科技	61.94	68.61	80	48.72	157	95.88	277	26.89	29	60.96	282	80.08	46
67	601006	大秦铁路	61.81	62.95	144	50.67	122	98.82	85	28.95	12	72.61	106	48.46	506
68	600516	方大炭素	61.63	67.56	91	49.74	133	97.75	169	19.12	343	61.69	267	76.36	58
69	600702	沱牌舍得	61.58	57.74	246	64.21	13	87.53	695	10.66	676	51.24	543	67.48	138
70	600309	烟台万华	61.50	67.48	92	48.05	174	95.61	290	29.11	7	72.38	110	60.13	223

续表

总排名	证券代码	证券简称	总分	价值创造		价值实现		价值关联度		溢价因素		基础价值		成长价值	
				得分	排名	得分	排名	得分	排名	得分	排名	得分	排名	得分	排名
71	002153	石基信息	61.39	61.71	162	55.91	64	94.76	321	15.65	461	73.39	91	44.19	642
72	000799	酒鬼酒	61.25	55.12	320	69.57	7	83.25	882	2.36	974	53.78	458	57.12	285
73	601699	潞安环能	61.23	62.07	152	52.14	108	97.65	176	22.22	159	78.98	49	36.70	971
74	002001	新 和 成	61.21	67.36	93	48.51	160	96.42	247	23.13	125	83.26	25	43.51	674
75	000651	格力电器	61.17	65.88	106	48.26	168	96.68	221	27.67	24	73.17	95	54.94	326
76	002385	大 北 农	61.13	58.68	225	58.32	40	90.10	559	21.77	203	65.63	192	48.27	516
77	000792	盐湖股份	61.12	65.59	111	49.36	143	98.29	113	20.38	242	80.45	43	43.30	690
78	000024	招商地产	61.04	70.85	64	46.96	205	92.46	445	25.15	60	72.27	113	68.72	127
79	601717	郑 煤 机	61.04	67.99	85	48.85	152	96.42	239	18.2	363	75.45	74	56.80	294
80	600036	招商银行	60.97	74.45	48	45.50	242	89.62	592	25.07	68	82.93	27	61.73	197
81	600000	浦发银行	60.93	74.15	51	45.53	241	89.83	577	25.07	69	81.82	33	62.64	183
82	601398	工商银行	60.93	65.84	107	48.17	172	96.52	232	26.06	40	71.36	120	57.56	271
83	000917	电广传媒	60.91	72.88	55	46.30	224	90.96	517	23.33	115	72.66	103	73.20	76
84	300070	碧 水 源	60.89	59.63	201	57.99	46	91.71	478	14.69	551	67.62	164	47.63	532
85	600489	中金黄金	60.87	60.25	182	54.75	80	94.54	333	19.84	313	69.09	144	46.97	552
86	002294	信 立 泰	60.69	59.93	193	56.46	59	92.83	423	15.65	462	75.30	76	36.88	964
87	002458	益生股份	60.64	86.12	10	42.48	341	82.29	910	13.53	595	76.86	61	100.00	2
88	600600	青岛啤酒	60.62	59.01	219	55.36	70	92.03	465	23.7	108	69.18	142	43.75	655
89	600188	兖州煤业	60.52	61.89	158	49.15	147	99.41	41	24.13	96	77.33	58	38.72	890

续表

总排名	证券代码	证券简称	总分	价值创造 得分	价值创造 排名	价值实现 得分	价值实现 排名	价值关联度 得分	价值关联度 排名	溢价因素 得分	溢价因素 排名	基础价值 得分	基础价值 排名	成长价值 得分	成长价值 排名
90	600216	浙江医药	60.52	64.42	121	48.44	162	97.81	166	22.54	144	83.00	26	36.55	981
91	000002	万科A	60.41	60.69	174	47.68	182	99.57	24	32.2	1	66.41	181	52.11	394
92	002311	海大集团	60.32	54.80	329	62.39	20	83.46	870	22.34	152	50.45	573	61.33	201
93	601166	兴业银行	60.15	70.44	68	45.77	233	91.17	502	24.79	80	83.55	24	50.77	424
94	601939	建设银行	60.15	65.08	115	47.38	189	96.04	268	24.7	84	72.30	112	54.24	345
95	601169	北京银行	60.10	72.88	54	45.55	240	90.05	561	20.12	285	81.33	37	60.20	222
96	601998	中信银行	59.96	67.58	90	46.82	208	93.69	375	22.18	160	70.70	124	62.89	181
97	300204	舒泰神	59.92	59.23	212	59.78	31	90.31	549	1.76	1016	72.37	111	39.51	850
98	600348	阳泉煤业	59.82	60.77	172	50.04	131	97.81	165	20.12	290	73.68	88	41.41	765
99	300003	乐普医疗	59.74	61.39	166	55.98	63	94.49	337	0.36	1145	72.59	107	44.58	622
100	601328	交通银行	59.67	66.93	96	46.17	225	93.10	403	25.07	67	74.04	86	56.25	303
101	000937	冀中能源	59.62	61.15	168	47.44	186	99.04	72	24.95	74	72.93	98	43.47	677
102	600508	上海能源	59.38	63.66	129	47.09	199	96.25	255	21.9	197	77.15	60	43.43	682
103	002152	广电运通	59.34	59.10	213	55.13	75	92.62	437	10.31	691	72.93	99	38.36	907
104	000655	金岭矿业	59.05	62.57	146	46.85	207	96.74	218	21.95	188	75.67	72	42.92	711
105	601988	中国银行	58.99	62.32	149	46.82	209	96.79	216	22.1	165	66.09	187	56.67	299
106	000826	桑德环境	58.97	58.33	235	52.54	102	92.88	417	18.78	353	61.93	262	52.92	378
107	300124	汇川技术	58.93	59.67	200	52.85	96	94.44	343	10.03	776	70.64	125	43.22	694
108	601288	农业银行	58.85	61.45	165	47.07	202	98.02	146	19.84	316	62.70	243	59.58	231

续表

总排名	证券代码	证券简称	总分	价值创造 得分	价值创造 排名	价值实现 得分	价值实现 排名	价值关联度 得分	价值关联度 排名	溢价因素 得分	溢价因素 排名	基础价值 得分	基础价值 排名	成长价值 得分	成长价值 排名
109	600582	天地科技	58.80	60.19	185	46.45	220	98.13	125	25.31	55	70.04	131	45.42	594
110	601318	中国平安	58.76	64.27	122	45.19	252	93.04	404	27.95	21	68.61	147	57.76	267
111	002252	上海莱士	58.65	61.20	167	48.88	151	99.14	63	9.1	840	73.02	97	43.46	678
112	000550	江铃汽车	58.64	63.17	137	47.81	179	97.75	172	10.1	742	77.22	59	42.11	735
113	601808	中海油服	58.64	57.80	245	50.57	123	93.47	382	23.76	106	66.13	185	45.30	599
114	002146	荣盛发展	58.57	61.96	154	45.57	238	95.51	299	26.54	34	68.54	149	52.08	395
115	002327	富安娜	58.50	66.69	98	45.74	235	92.67	434	16.65	416	69.96	133	61.79	196
116	600588	用友软件	58.49	54.38	343	56.81	58	84.75	818	25.03	73	52.66	490	56.96	289
117	601818	光大银行	58.39	68.74	77	44.81	262	90.10	557	18.24	361	66.88	174	71.53	91
118	600015	华夏银行	58.31	68.62	79	44.30	280	89.24	605	21.56	208	75.73	70	57.96	260
119	601601	中国太保	58.28	59.87	195	46.12	227	98.29	117	22.1	166	60.38	289	59.10	239
120	600971	恒源煤电	58.24	58.63	227	47.35	193	98.18	121	20.78	226	68.98	145	43.10	699
121	002563	森马服饰	58.22	59.50	204	50.79	120	95.51	298	9.56	822	76.28	67	34.33	1086
122	600525	长园集团	58.15	86.95	9	38.71	481	74.74	1181	16.35	430	81.19	38	95.59	12
123	601877	正泰电器	58.05	59.43	207	48.31	166	97.81	163	13.41	600	63.19	234	53.78	354
124	002065	东华软件	57.98	54.57	337	58.05	45	84.37	840	15.13	510	61.87	264	43.62	668
125	002106	莱宝高科	57.94	57.18	264	50.74	121	92.35	449	20.24	254	71.81	114	35.22	1048
126	600999	招商证券	57.82	57.21	262	46.87	206	97.00	206	25.07	63	64.35	205	46.51	564
127	601766	中国南车	57.63	56.82	278	46.05	230	97.43	184	26.79	30	50.44	574	66.39	147

续表

总排名	证券代码	证券简称	总分	价值创造		价值实现		价值关联度		溢价因素		基础价值		成长价值	
				得分	排名	得分	排名	得分	排名	得分	排名	得分	排名	得分	排名
128	000527	美的电器	57.60	64.24	123	43.48	304	90.31	548	28.75	16	67.66	163	59.10	238
129	601009	南京银行	57.58	74.58	47	40.89	389	81.70	935	25.07	66	77.61	56	70.04	118
130	601899	紫金矿业	57.48	54.51	340	54.10	86	86.41	742	22.06	181	62.46	249	42.60	718
131	002005	德豪润达	57.45	59.36	208	50.34	127	95.67	286	3.76	922	50.94	558	71.99	88
132	000685	中山公用	57.43	75.18	43	43.87	294	86.57	738	0.08	1640	86.87	17	57.64	268
133	000338	潍柴动力	57.40	58.54	229	44.01	289	96.79	217	28.79	14	75.33	75	33.35	1127
134	002024	苏宁电器	57.34	55.12	318	47.66	183	92.78	428	31.88	2	61.48	271	45.59	589
135	300183	东软载波	57.26	63.32	131	46.68	212	95.67	287	4.56	901	76.66	63	43.31	689
136	601566	九牧王	57.24	51.67	439	59.40	34	78.33	1069	23.13	121	64.56	202	32.33	1194
137	600048	保利地产	57.24	55.57	309	48.22	170	92.56	440	27.67	23	70.13	130	33.72	1112
138	000983	西山煤电	57.17	56.58	283	47.69	181	94.54	334	22.1	176	67.14	170	40.74	798
139	000963	华东医药	57.11	57.34	259	50.88	118	92.46	443	10.62	677	64.52	203	46.56	562
140	600521	华海药业	57.08	67.74	89	43.17	318	87.75	686	19.42	338	50.33	577	93.86	16
141	601918	国投新集	57.06	56.62	281	47.84	178	94.49	338	20.4	240	65.15	193	43.84	651
142	000758	中色股份	57.05	56.92	275	46.76	210	96.52	235	19.64	326	50.95	557	65.87	153
143	002601	佰利联	57.04	64.85	117	46.54	216	94.70	325	0.32	1373	72.64	104	53.16	368
144	002069	獐子岛	57.03	51.59	444	57.80	48	78.81	1051	26.77	31	62.26	256	35.57	1025
145	600150	中国船舶	57.03	60.68	175	44.31	279	94.44	340	22.1	168	67.43	166	50.56	434
146	601018	宁波港	57.01	57.73	248	44.73	265	99.09	68	19.84	315	56.31	393	59.86	226

续表

总排名	证券代码	证券简称	总分	价值创造 得分	价值创造 排名	价值实现 得分	价值实现 排名	价值关联度 得分	价值关联度 排名	溢价因素 得分	溢价因素 排名	基础价值 得分	基础价值 排名	成长价值 得分	成长价值 排名
147	002142	宁波银行	56.95	75.63	38	40.42	404	80.41	991	20.12	296	79.06	48	70.48	98
148	600645	中源协和	56.93	55.37	315	57.52	51	85.87	773	1.36	1039	42.84	946	74.16	69
149	600859	王府井	56.90	58.54	230	44.54	271	97.81	162	19.68	324	63.81	220	50.63	429
150	600570	恒生电子	56.82	54.46	341	52.84	97	86.94	719	19.58	329	54.74	433	54.04	348
151	002233	塔牌集团	56.80	65.76	109	46.08	229	93.58	378	-0.72	1828	64.24	208	68.03	133
152	600875	东方电气	56.79	63.46	130	43.24	315	90.10	556	24.34	91	71.09	121	52.01	398
153	000039	中集集团	56.71	66.40	101	41.75	362	86.03	761	28.79	13	70.18	128	60.75	212
154	600266	北京城建	56.69	55.75	302	43.46	306	99.79	12	26.19	36	70.90	122	33.04	1149
155	000877	天山股份	56.64	78.11	29	40.49	402	80.04	1003	10.03	769	76.35	65	80.76	44
156	600377	宁沪高速	56.64	56.24	286	46.51	217	96.31	254	19	346	65.71	190	42.04	739
157	600741	华域汽车	56.57	62.27	150	43.34	312	91.33	497	22.84	137	71.60	118	48.28	515
158	601117	中国化学	56.52	56.22	289	44.69	267	98.82	86	20.16	282	53.06	471	60.96	209
159	600660	福耀玻璃	56.52	55.46	311	46.13	226	95.45	303	23.41	114	68.79	146	35.47	1032
160	000960	锡业股份	56.52	56.20	290	45.76	234	97.00	205	19.52	332	54.42	446	58.88	242
161	000939	凯迪电力	56.49	78.06	30	39.30	455	77.26	1092	19	347	77.42	57	79.02	50
162	600009	上海机场	56.44	54.87	324	47.38	188	92.72	432	24.8	79	67.90	157	35.33	1041
163	600690	青岛海尔	56.41	60.14	187	42.90	328	92.46	446	27.16	26	72.50	109	41.60	754
164	002006	精功科技	56.29	85.92	11	36.61	542	71.58	1283	15.49	469	81.86	30	92.02	23
165	000422	湖北宜化	56.26	60.08	188	43.11	319	92.99	407	23.96	103	67.03	173	49.65	471

续表

总排名	证券代码	证券简称	总分	价值创造		价值实现		价值关联度		溢价因素		基础价值		成长价值	
				得分	排名	得分	排名	得分	排名	得分	排名	得分	排名	得分	排名
166	000999	华润三九	56.22	52.65	399	53.59	89	83.41	876	23.01	130	63.45	231	36.45	985
167	002410	广联达	56.21	57.54	252	49.65	137	93.85	366	3.16	952	65.89	189	45.02	608
168	002430	杭氧股份	56.20	57.80	244	50.27	129	93.85	367	-0.16	1714	60.88	284	53.19	364
169	600196	复星医药	56.09	57.13	269	42.71	332	96.63	228	25.38	54	59.55	308	53.50	357
170	600575	芜湖港	56.06	55.59	307	44.15	285	98.82	87	19.6	328	45.79	779	70.30	111
171	000562	宏源证券	56.04	54.81	327	45.25	251	95.93	273	23.13	124	62.32	251	43.55	672
172	600694	大商股份	56.02	61.05	170	43.10	321	91.92	471	20.8	225	52.37	499	74.08	71
173	601668	中国建筑	55.96	53.70	374	45.35	248	93.26	398	30.59	4	51.12	546	57.58	270
174	601299	中国北车	55.87	59.23	211	42.35	346	92.78	427	26.1	38	47.37	705	77.03	55
175	002422	科伦药业	55.71	54.36	344	47.19	198	92.19	459	20.85	223	69.42	137	31.78	1221
176	002475	立讯精密	55.66	58.45	232	45.41	245	99.30	50	0.96	1073	62.76	241	51.99	399
177	600157	永泰能源	55.62	52.14	412	55.13	76	82.02	920	15.25	489	51.83	520	52.61	384
178	600161	天坛生物	55.52	55.86	299	42.51	340	97.81	167	21.94	193	56.63	382	54.71	333
179	600867	通化东宝	55.46	74.86	46	40.81	392	81.48	941	3.76	928	67.12	171	86.47	33
180	601666	平煤股份	55.45	54.17	354	47.19	197	91.60	482	20	306	63.25	233	40.54	809
181	300005	探路者	55.41	53.94	364	49.73	134	87.69	689	17.97	369	53.58	465	54.49	339
182	601001	大同煤业	55.34	54.07	360	43.76	296	96.58	230	23.01	128	62.78	240	41.01	781
183	600811	东方集团	55.26	59.07	215	42.35	347	92.94	413	20.12	284	49.68	600	73.14	77
184	000961	中南建设	55.23	60.50	177	41.57	366	89.89	575	24.77	81	59.35	313	62.21	190

续表

总排名	证券代码	证券简称	总分	价值创造		价值实现		价值关联度		溢价因素		基础价值		成长价值	
				得分	排名	得分	排名	得分	排名	得分	排名	得分	排名	得分	排名
185	600256	广汇股份	55.22	50.17	508	57.25	54	75.71	1147	21.26	213	57.36	366	39.39	856
186	600703	三安光电	55.19	54.32	348	46.59	214	92.83	425	16.96	405	57.78	356	49.12	485
187	600267	海正药业	55.19	53.38	382	44.89	261	93.53	381	25.15	58	57.84	353	46.68	558
188	600376	首开股份	55.19	63.21	134	41.47	369	87.42	699	21.5	211	72.51	108	49.25	481
189	600028	中国石化	55.14	52.65	398	47.36	192	88.98	616	26.06	42	59.57	306	42.27	729
190	002007	华兰生物	55.13	50.90	484	56.08	62	77.42	1088	19.44	334	67.78	158	25.59	1486
191	000401	冀东水泥	55.12	55.34	316	42.19	352	98.07	135	20.24	253	67.16	169	37.60	939
192	000630	铜陵有色	55.11	53.78	369	44.79	264	94.38	347	21.86	198	61.22	275	42.61	717
193	002032	苏泊尔	55.10	54.81	328	43.18	317	99.41	42	15.05	521	61.15	276	45.30	600
194	000425	徐工机械	55.10	58.86	222	42.13	356	92.83	418	20.21	255	74.00	87	36.15	995
195	600970	中材国际	55.09	63.11	140	40.83	391	86.57	737	25.11	62	78.61	52	39.86	836
196	002493	荣盛石化	55.05	55.93	294	41.72	363	96.31	253	23.2	119	74.09	85	28.70	1373
197	600594	益佰制药	55.00	60.39	179	42.59	337	91.55	487	15.37	475	64.76	200	53.83	352
198	600729	重庆百货	54.97	58.38	234	43.19	316	95.61	291	10.58	680	67.60	165	44.55	623
199	600383	金地集团	54.96	52.65	397	42.51	339	96.90	209	27.84	22	59.89	300	41.81	746
200	600546	山煤国际	54.94	52.91	393	47.53	184	88.82	632	22.89	136	63.48	229	37.05	957
201	600197	伊力特	54.92	56.82	279	43.33	314	98.13	123	9.15	838	56.60	385	57.15	283
202	600880	博瑞传播	54.90	62.47	147	42.69	334	89.99	564	10.9	670	70.82	123	49.94	462
203	002408	齐翔腾达	54.82	54.71	332	51.84	112	88.23	665	0.28	1511	72.69	102	27.73	1416

续表

总排名	证券代码	证券简称	总分	价值创造		价值实现		价值关联度		溢价因素		基础价值		成长价值	
				得分	排名	得分	排名	得分	排名	得分	排名	得分	排名	得分	排名
204	300115	长盈精密	54.73	55.12	319	47.92	176	92.35	450	5.56	891	60.18	292	47.52	533
205	300133	华策影视	54.72	56.20	291	42.17	354	96.63	226	16.69	413	66.41	180	40.89	790
206	300105	龙源技术	54.70	56.19	292	43.36	310	99.04	74	6.96	872	62.02	260	47.43	536
207	601857	中国石油	54.68	51.06	472	51.38	117	81.00	965	26.06	41	58.75	326	39.54	848
208	601898	中煤能源	54.61	52.03	417	48.74	156	86.03	763	22.98	131	58.87	324	41.76	750
209	600153	建发股份	54.53	60.34	181	40.99	387	88.98	617	22.34	155	68.12	154	48.68	498
210	000650	仁和药业	54.51	55.43	313	49.44	142	90.85	526	-0.6	1807	63.95	215	42.66	716
211	600655	豫园商城	54.51	53.26	386	42.35	345	97.81	164	20.28	249	54.51	441	51.37	412
212	000776	广发证券	54.44	51.37	454	51.62	114	81.81	928	20.19	260	68.29	151	26.00	1475
213	002073	软控股份	54.41	53.99	363	41.08	384	98.88	79	20.08	297	58.09	343	47.84	523
214	600177	雅戈尔	54.29	51.88	426	41.32	374	97.22	194	27.51	25	62.61	246	35.79	1012
215	600900	长江电力	54.25	51.91	423	47.06	203	88.23	667	22.02	182	60.52	288	39.00	874
216	600054	黄山旅游	54.24	52.54	403	42.38	344	96.84	212	21.56	207	57.43	365	45.21	602
217	600195	中牧股份	54.16	68.65	78	38.87	472	78.92	1045	22.34	154	75.71	71	58.05	259
218	002186	全聚德	54.08	59.55	203	40.59	395	89.73	588	20.28	246	60.89	283	57.54	272
219	600795	国电电力	54.03	52.25	409	40.50	401	99.57	28	22.42	149	46.92	723	60.24	221
220	600113	浙江东日	53.99	49.99	516	57.34	53	75.22	1167	10.14	726	44.56	846	58.12	257
221	002375	亚厦股份	53.85	52.45	405	48.32	165	87.16	708	13.57	590	63.70	225	35.57	1027
222	601186	中国铁建	53.82	55.45	312	40.24	412	94.65	328	21.58	206	51.68	527	61.10	205

续表

总排名	证券代码	证券简称	总分	价值创造		价值实现		价值关联度		溢价因素		基础价值		成长价值	
				得分	排名	得分	排名	得分	排名	得分	排名	得分	排名	得分	排名
223	600422	昆明制药	53.81	52.91	394	40.40	405	99.41	38	18.98	348	47.56	693	60.93	210
224	601933	永辉超市	53.79	48.28	584	58.24	41	70.94	1301	18.2	364	48.52	643	47.91	520
225	002140	东华科技	53.73	54.29	351	46.49	219	92.94	408	2.56	972	59.18	320	46.95	553
226	600373	中文传媒	53.69	51.95	420	44.56	270	91.97	470	18.88	349	54.33	450	48.36	512
227	300104	乐视网	53.66	50.77	488	52.76	99	79.18	1032	14.85	537	54.38	448	45.35	597
228	600724	宁波富达	53.56	54.68	333	42.35	348	99.20	55	3.76	927	52.90	478	57.35	278
229	601158	重庆水务	53.31	50.07	512	48.68	158	81.06	964	26.07	39	57.80	355	38.48	902
230	601678	滨化股份	53.29	71.88	59	38.51	489	76.99	1106	9.23	835	69.52	135	75.43	62
231	600109	国金证券	53.29	51.04	474	47.79	180	84.27	843	20.04	303	54.33	451	46.10	572
232	002063	远光软件	53.24	54.10	356	42.21	351	99.73	15	1.76	1019	66.55	178	35.44	1033
233	002041	登海种业	53.19	53.13	387	50.16	130	86.25	754	-0.6	1809	67.75	160	31.21	1247
234	000778	新兴铸管	53.19	58.30	236	39.43	448	88.66	645	21.94	189	56.20	399	61.44	200
235	600062	华润双鹤	53.18	52.11	414	39.46	446	98.29	115	21.06	217	59.33	317	41.29	770
236	300015	爱尔眼科	53.17	47.76	612	54.59	83	71.69	1276	26.66	32	50.42	575	43.77	653
237	002287	奇正藏药	53.09	53.92	365	45.46	243	93.47	386	0.36	1151	52.76	484	55.65	315
238	002275	桂林三金	53.04	53.45	380	48.32	164	88.44	653	-0.12	1702	58.76	325	45.49	590
239	000069	华侨城A	53.01	50.43	501	44.72	266	87.42	698	25.07	72	61.92	263	33.20	1136
240	000528	柳工	52.99	51.15	469	38.63	485	99.14	65	23.61	112	66.27	183	28.48	1385
241	000888	峨眉山A	52.94	54.30	349	39.69	438	95.24	309	17.33	387	56.75	380	50.62	431

续表

总排名	证券代码	证券简称	总分	价值创造		价值实现		价值关联度		溢价因素		基础价值		成长价值	
				得分	排名	得分	排名	得分	排名	得分	排名	得分	排名	得分	排名
242	000059	辽通化工	52.94	55.65	306	39.43	449	92.35	448	20.08	298	51.72	526	61.55	199
243	002313	日海通讯	52.89	66.97	94	39.88	426	82.23	913	3.96	913	63.72	224	71.85	89
244	300144	宋城股份	52.88	51.01	477	49.24	145	82.23	914	14.36	561	59.89	299	37.68	931
245	002223	鱼跃医疗	52.79	51.20	465	48.89	150	83.14	885	12.49	636	58.54	332	40.19	821
246	300026	红日药业	52.78	53.03	391	40.27	411	98.93	77	9.76	807	61.33	274	40.59	807
247	600251	冠农股份	52.77	59.24	210	40.33	408	89.40	599	9.86	797	51.87	514	70.30	108
248	300079	数码视讯	52.76	51.25	459	39.59	444	99.20	59	17.05	402	60.13	295	37.93	923
249	600837	海通证券	52.70	48.19	589	52.29	105	74.10	1202	25.07	65	62.78	239	26.30	1466
250	601010	文峰股份	52.67	52.51	404	38.99	469	96.52	231	20.16	279	58.36	336	43.72	657
251	002250	联化科技	52.66	50.24	505	49.63	138	80.36	994	16.68	415	58.31	337	38.14	913
252	000402	金融街	52.66	50.63	491	40.92	388	94.49	336	22.1	177	60.81	286	35.36	1038
253	600141	兴发集团	52.65	51.73	436	39.75	433	99.84	10	12.61	632	47.90	678	57.47	274
254	000561	烽火电子	52.64	51.78	432	39.38	452	98.93	76	15.69	460	43.48	900	64.24	167
255	000536	华映科技	52.62	50.90	485	54.67	82	78.43	1061	-2.08	1925	55.49	416	44.01	648
256	002154	报喜鸟	52.59	51.41	453	41.48	368	95.45	301	14.81	539	57.96	346	41.58	758
257	002022	科华生物	52.52	56.23	288	40.06	421	92.88	416	10.54	683	64.07	211	44.46	627
258	600823	世茂股份	52.52	60.21	184	40.16	418	87.48	696	8.96	842	62.87	237	56.22	304
259	600805	悦达投资	52.48	74.20	50	37.93	511	75.33	1163	-0.12	1703	90.67	9	49.49	473
260	000726	鲁泰 A	52.43	59.31	209	37.80	517	83.52	868	28.16	19	65.68	191	49.76	467

续表

总排名	证券代码	证券简称	总分	价值创造		价值实现		价值关联度		溢价因素		基础价值		成长价值	
				得分	排名	得分	排名	得分	排名	得分	排名	得分	排名	得分	排名
261	600829	三精制药	52.43	51.88	427	40.22	413	99.25	52	9.3	832	59.23	318	40.86	793
262	600635	大众公用	52.37	49.38	542	41.18	382	91.44	493	28.01	20	48.61	636	50.52	436
263	000998	隆平高科	52.35	63.17	138	40.51	399	86.03	760	-0.12	1699	48.58	638	85.06	35
264	600079	人福医药	52.26	50.79	487	44.35	276	88.71	640	15.4	474	52.80	483	47.78	526
265	002470	金 正 大	52.21	51.74	435	49.53	140	84.21	849	0.32	1320	51.88	513	51.52	407
266	000962	东方钽业	52.08	64.03	127	38.37	495	80.31	997	14.61	554	45.34	801	92.06	22
267	002299	圣农发展	52.03	46.74	664	54.94	78	68.64	1377	23.08	126	51.67	528	39.34	863
268	601588	北辰实业	51.97	51.19	466	39.29	456	99.47	37	10.06	754	32.65	1467	78.98	51
269	000718	苏宁环球	51.94	49.82	524	44.93	259	85.82	775	18.58	356	57.66	357	38.05	918
270	600801	华新水泥	51.92	54.36	345	40.58	398	97.16	200	-0.6	1813	67.07	172	35.31	1044
271	300127	银河磁体	51.90	70.64	65	38.19	501	76.67	1118	0.96	1069	63.93	218	80.70	45
272	600881	亚泰集团	51.86	48.95	557	38.82	477	95.72	281	25.07	64	45.20	806	54.57	338
273	600841	上柴股份	51.85	47.83	609	55.77	65	70.89	1303	10.14	736	42.41	973	55.96	310
274	000012	南玻 A	51.84	49.45	540	42.99	324	88.44	652	21.19	214	60.13	294	33.45	1121
275	000968	煤 气 化	51.80	49.12	548	38.38	494	97.11	203	22.89	135	44.47	853	56.10	307
276	600456	宝钛股份	51.76	49.00	555	45.32	249	83.63	867	22.1	174	30.39	1583	76.93	56
277	002179	中航光电	51.76	51.16	467	39.27	458	99.52	34	7.96	853	48.72	631	54.83	329
278	600770	综艺股份	51.72	49.28	544	45.08	254	84.48	836	20.08	301	57.06	375	37.62	933
279	002267	陕天然气	51.71	50.32	503	42.95	326	90.53	540	13.32	610	57.49	364	39.55	847

续表

总排名	证券代码	证券简称	总分	价值创造 得分	价值创造 排名	价值实现 得分	价值实现 排名	价值关联度 得分	价值关联度 排名	溢价因素 得分	溢价因素 排名	基础价值 得分	基础价值 排名	成长价值 得分	成长价值 排名
280	000598	兴蓉投资	51.69	51.90	424	44.97	258	91.12	510	-0.92	1854	60.11	296	39.59	846
281	300027	华谊兄弟	51.62	49.36	543	52.99	93	75.92	1138	4.36	906	50.62	567	47.47	534
282	000969	安泰科技	51.62	48.46	576	47.08	201	79.93	1009	22.6	141	43.29	920	56.21	305
283	601139	深圳燃气	51.57	47.25	633	51.53	115	72.28	1256	23.21	117	42.29	980	54.70	·334
284	002570	贝因美	51.40	49.47	537	42.98	325	88.66	644	16.36	429	62.24	258	30.32	1310
285	300238	冠昊生物	51.39	51.56	446	42.69	335	94.06	359	0.32	1228	54.38	449	47.34	538
286	600125	铁龙物流	51.38	45.98	707	54.50	84	66.66	1428	24.51	88	53.68	461	34.44	1079
287	002234	民和股份	51.32	63.79	128	38.25	500	80.09	1001	8.63	846	62.24	257	66.10	151
288	600010	包钢股份	51.27	48.68	565	44.49	272	84.32	842	20	304	30.62	1570	75.77	61
289	600409	三友化工	51.25	51.22	462	36.57	546	95.51	297	21.54	209	51.28	538	51.15	416
290	002419	天虹商场	51.25	51.58	445	44.40	274	90.85	524	-1.6	1896	56.13	402	44.76	614
291	600085	同仁堂	51.21	45.94	710	55.03	77	66.13	1444	21.94	192	50.65	566	38.87	880
292	600139	西部资源	51.20	51.03	476	49.00	149	82.50	901	-2.08	1921	62.09	259	34.44	1078
293	000661	长春高新	51.01	54.09	357	39.09	464	94.27	350	2.96	957	59.90	298	45.37	596
294	002092	中泰化学	50.96	48.19	590	40.59	396	89.62	593	23.41	113	41.74	1003	57.85	263
295	000417	合肥百货	50.95	63.19	135	36.93	534	78.65	1057	14.97	527	66.78	176	57.80	266
296	600221	海南航空	50.90	57.14	268	36.67	539	85.50	783	19.88	311	57.92	347	55.97	309
297	600649	城投控股	50.89	48.13	596	42.59	336	86.09	756	21.98	186	49.56	606	45.98	578
298	600018	上港集团	50.86	48.23	588	44.49	273	83.14	886	19.71	321	53.62	464	40.13	824

续表

总排名	证券代码	证券简称	总分	价值创造		价值实现		价值关联度		溢价因素		基础价值		成长价值	
				得分	排名	得分	排名	得分	排名	得分	排名	得分	排名	得分	排名
299	601216	内蒙君正	50.83	48.13	595	44.99	257	81.91	925	20.16	281	58.61	328	32.41	1187
300	000848	承德露露	50.79	52.27	408	39.42	450	97.75	173	-2.1	1926	59.64	304	41.22	773
301	300197	铁汉生态	50.79	50.92	483	41.40	372	94.06	361	1.36	1044	63.14	235	32.59	1180
302	600845	宝信软件	50.78	50.14	509	37.24	527	99.04	70	10.34	689	55.59	412	41.96	741
303	300012	华测检测	50.74	48.57	570	40.27	410	91.44	491	17.76	374	51.84	518	43.67	662
304	601107	四川成渝	50.74	56.97	272	39.18	462	89.83	579	0.08	1621	62.64	245	48.45	507
305	601788	光大证券	50.71	47.24	635	46.70	211	77.31	1090	23.97	102	64.29	206	21.66	1620
306	002262	恩华药业	50.66	50.97	480	38.79	478	99.89	6	-1.2	1873	50.13	586	52.23	390
307	601311	骆驼股份	50.66	48.12	597	49.51	141	75.60	1153	12.96	624	53.12	470	40.62	805
308	002405	四维图新	50.63	47.57	619	48.29	167	75.81	1143	18.8	352	56.76	379	33.78	1107
309	601208	东材科技	50.61	55.59	308	36.31	552	86.94	722	20.16	280	53.67	462	58.47	251
310	601233	桐昆股份	50.54	47.83	610	42.18	353	86.25	753	20.68	231	70.15	129	14.35	1781
311	000060	中金岭南	50.44	47.40	625	44.64	268	80.90	971	21.78	202	56.14	400	34.30	1087
312	002447	壹桥苗业	50.43	55.67	304	38.84	473	90.96	518	0	1667	62.57	247	45.32	598
313	002320	海峡股份	50.42	51.20	464	38.14	503	97.91	148	2.16	995	59.35	314	38.99	877
314	600835	上海机电	50.41	54.72	331	37.60	521	89.83	578	9.9	790	56.36	392	52.25	389
315	601628	中国人寿	50.38	46.32	687	46.49	218	74.90	1173	29.03	8	53.24	468	35.95	1005
316	600138	中青旅	50.37	48.50	572	35.65	571	99.95	4	15.7	458	51.93	509	43.36	686
317	002431	棕榈园林	50.36	47.57	620	44.05	288	82.23	912	20.27	252	55.67	411	35.41	1035

续表

总排名	证券代码	证券简称	总分	价值创造		价值实现		价值关联度		溢价因素		基础价值		成长价值	
				得分	排名	得分	排名	得分	排名	得分	排名	得分	排名	得分	排名
318	600498	烽火通信	50.34	47.34	629	45.56	239	79.13	1035	20.9	221	55.49	417	35.11	1053
319	002389	南洋科技	50.34	59.04	216	38.65	484	85.66	778	0.32	1334	60.07	297	57.50	273
320	000666	经纬纺机	50.33	75.39	41	34.50	608	69.66	1339	-0.16	1720	63.55	227	93.14	19
321	000933	神火股份	50.31	47.46	623	40.07	420	89.14	608	22.18	161	58.92	323	30.27	1314
322	600058	五矿发展	50.31	46.93	646	41.29	375	85.50	782	26.14	37	38.70	1160	59.29	235
323	600068	葛洲坝	50.28	47.35	627	39.01	466	91.38	496	21.9	196	47.44	701	47.21	546
324	600004	白云机场	50.27	56.39	285	35.56	573	84.59	827	22.06	179	55.77	410	57.33	279
325	600763	通策医疗	50.23	59.45	206	37.75	518	83.30	879	6.36	880	62.28	252	55.20	325
326	002191	劲嘉股份	50.20	63.00	143	37.99	510	80.36	992	0.32	1403	62.28	253	64.08	169
327	300171	东富龙	50.18	51.88	425	35.52	575	91.97	468	20.16	263	69.16	143	25.97	1477
328	600269	赣粤高速	50.18	51.31	456	35.68	569	93.95	364	17.23	389	58.57	331	40.43	814
329	600518	康美药业	50.16	45.99	706	49.99	132	69.28	1351	25.07	70	51.84	519	37.22	950
330	002393	力生制药	50.11	77.94	31	33.41	647	67.04	1417	-0.44	1776	75.51	73	81.59	40
331	002358	森源电气	49.98	54.82	326	38.37	496	90.90	520	0.08	1629	56.08	406	52.94	377
332	300202	聚龙股份	49.94	48.15	593	35.66	570	98.77	88	14.76	544	54.22	455	39.05	872
333	002308	威创股份	49.82	47.30	632	42.44	342	84.48	834	17.6	378	51.10	550	41.60	756
334	600830	香溢融通	49.80	57.52	254	36.23	556	83.84	863	12.84	627	56.81	377	58.58	244
335	600295	鄂尔多斯	49.79	54.67	334	38.04	508	90.69	531	0.36	1158	61.99	261	43.68	661
336	002534	杭锅股份	49.79	47.51	621	35.55	574	97.49	181	18.16	365	56.40	389	34.18	1089

续表

总排名	证券代码	证券简称	总分	价值创造		价值实现		价值关联度		溢价因素		基础价值		成长价值	
				得分	排名	得分	排名	得分	排名	得分	排名	得分	排名	得分	排名
337	600695	大江股份	49.77	54.58	336	38.02	509	90.74	528	0.32	1188	44.10	874	70.30	110
338	600548	深高速	49.75	47.62	617	35.17	587	98.40	110	17.11	395	52.92	475	39.68	844
339	300039	上海凯宝	49.73	49.97	518	39.39	451	96.42	245	-2.96	1941	54.54	440	43.11	698
340	600583	海油工程	49.67	46.16	697	45.72	236	75.33	1162	24.7	85	28.52	1659	72.62	81
341	601369	陕鼓动力	49.67	46.64	669	45.68	237	76.88	1110	20.28	248	55.44	420	33.44	1122
342	600240	华业地产	49.59	54.14	355	35.44	578	88.07	673	15.61	464	57.62	359	48.91	491
343	002325	洪涛股份	49.56	47.09	644	40.06	422	88.12	670	17.81	373	48.17	665	45.48	592
344	600120	浙江东方	49.50	50.52	496	36.88	535	97.91	154	0.12	1617	42.63	956	62.36	188
345	002266	浙富股份	49.45	54.97	323	36.97	533	88.76	635	4.16	909	54.44	444	55.78	312
346	600067	冠城大通	49.36	68.81	75	32.91	663	68.53	1381	18.46	358	73.41	90	61.93	193
347	300224	正海磁材	49.35	49.02	554	39.69	436	93.69	374	0.32	1230	68.27	152	20.15	1660
348	601098	中南传媒	49.34	45.83	716	49.00	148	69.60	1341	20.64	233	46.20	764	45.27	601
349	002244	滨江集团	49.31	46.37	681	38.83	475	88.98	619	20.69	230	55.96	408	31.99	1216
350	000566	海南海药	49.26	51.66	440	34.67	605	91.17	504	16.57	419	42.59	957	65.26	157
351	000541	佛山照明	49.25	45.86	713	52.76	98	67.09	1416	9.66	815	45.82	776	45.91	580
352	002273	水晶光电	49.24	55.65	305	35.17	586	84.96	812	14.85	536	65.91	188	40.27	819
353	300229	拓尔思	49.23	46.78	661	36.61	541	93.58	377	18.33	360	55.47	418	33.75	1110
354	002050	三花股份	49.22	56.94	273	34.85	601	82.45	906	17.06	401	65.02	197	44.81	613
355	000786	北新建材	49.21	59.01	218	37.05	529	83.36	877	0.2	1561	62.88	236	53.21	363

续表

总排名	证券代码	证券简称	总分	价值创造		价值实现		价值关联度		溢价因素		基础价值		成长价值	
				得分	排名	得分	排名	得分	排名	得分	排名	得分	排名	得分	排名
356	002572	索 菲 亚	49.12	46.64	668	33.78	631	98.02	139	20.16	270	61.79	266	23.92	1539
357	002474	榕基软件	49.08	57.01	271	34.09	621	81.27	954	20.93	220	63.47	230	47.33	542
358	300142	沃森生物	49.08	58.70	224	35.05	592	80.31	996	13.89	579	70.58	127	40.89	789
359	002008	大族激光	49.07	59.61	202	34.61	606	78.38	1066	16.65	418	58.11	342	61.85	195
360	002167	东方锆业	49.03	45.86	712	55.32	71	65.70	1458	0.04	1648	43.98	878	48.68	497
361	000752	西藏发展	49.01	48.33	582	44.09	287	84.21	848	0.32	1452	38.26	1179	63.43	174
362	600587	新华医疗	48.93	64.22	124	33.17	653	71.69	1273	20.56	235	52.22	503	82.22	38
363	600616	金枫酒业	48.90	46.32	688	44.26	281	78.22	1073	16.55	423	46.74	734	45.69	586
364	600352	浙江龙盛	48.85	45.95	709	38.19	502	88.92	625	20.08	299	49.04	622	41.31	769
365	600857	工大首创	48.85	48.47	574	36.45	550	98.72	94	-0.12	1704	40.05	1096	61.10	204
366	600371	万向德农	48.85	66.06	105	33.89	627	72.07	1263	10.66	675	52.35	500	86.63	32
367	300059	东方财富	48.80	46.32	690	38.42	492	89.40	600	16.54	424	50.27	582	40.39	816
368	002177	御银股份	48.75	52.59	400	34.20	618	88.33	658	16.29	433	53.96	456	50.54	435
369	002096	南岭民爆	48.70	48.08	601	36.54	547	97.11	201	2.36	976	58.63	327	32.27	1200
370	300043	星辉车模	48.55	46.63	671	32.46	683	99.36	46	17.1	396	50.01	589	41.55	760
371	600843	上工申贝	48.54	48.40	577	35.19	585	99.57	29	0.32	1287	38.98	1147	62.54	185
372	600201	金宇集团	48.53	56.43	284	34.93	597	83.25	880	9.79	804	56.11	405	56.92	291
373	300199	翰宇药业	48.46	50.52	497	33.67	635	92.62	435	13.16	617	61.47	272	34.11	1097
374	600118	中国卫星	48.42	42.42	875	55.59	67	56.76	1618	21.06	218	42.36	977	42.50	723

续表

总排名	证券代码	证券简称	总分	价值创造		价值实现		价值关联度		溢价因素		基础价值		成长价值	
				得分	排名	得分	排名	得分	排名	得分	排名	得分	排名	得分	排名
375	002489	浙江永强	48.38	51.60	443	33.72	634	89.78	583	14.57	555	57.65	358	42.52	722
376	000517	荣安地产	48.37	48.69	564	33.74	633	96.31	249	10.03	766	50.59	569	45.83	584
377	000989	九芝堂	48.35	57.73	247	36.12	562	83.14	884	-0.48	1787	56.44	388	59.68	229
378	601126	四方股份	48.31	46.10	699	35.38	580	93.63	376	16.05	439	43.39	906	50.15	457
379	000852	江钻股份	48.31	46.98	645	47.00	204	76.40	1123	1.36	1052	39.72	1112	57.88	262
380	002230	科大讯飞	48.25	43.08	843	55.15	74	58.85	1587	14.96	528	48.24	662	35.34	1039
381	600696	多伦股份	48.14	51.80	431	35.38	579	92.08	463	0.32	1189	34.16	1397	78.24	53
382	300210	森远股份	48.12	52.30	407	33.55	643	87.37	700	15.36	478	60.86	285	39.46	855
383	600012	皖通高速	48.12	60.41	178	34.20	617	76.51	1121	10.1	743	67.73	161	49.43	475
384	300064	豫金刚石	48.10	52.69	396	33.75	632	87.37	703	13.21	615	54.58	439	49.85	465
385	600750	江中药业	48.09	45.55	733	49.70	135	68.00	1400	9.46	830	52.83	481	34.63	1070
386	600851	海欣股份	48.09	47.35	626	39.74	435	89.78	580	0.32	1276	27.09	1725	77.75	54
387	000416	民生投资	48.08	49.61	527	34.86	600	96.09	265	0.32	1481	33.34	1435	74.00	72
388	002345	潮宏基	48.05	54.01	362	33.66	638	85.23	800	13.37	602	54.43	445	53.37	360
389	001696	宗申动力	48.04	45.15	749	47.87	177	69.39	1349	14.65	553	47.98	674	40.89	791
390	600674	川投能源	48.02	44.74	774	44.12	286	73.89	1205	21.78	201	45.79	778	43.16	697
391	000783	长江证券	48.01	44.52	778	43.47	305	74.69	1184	23.25	116	49.76	594	36.67	973
392	600755	厦门国贸	47.89	45.57	729	34.36	614	93.85	368	17.11	393	46.28	759	44.49	626
393	300014	亿纬锂能	47.83	49.47	538	32.61	677	92.56	441	14.33	564	50.99	555	47.20	547

续表

总排名	证券代码	证券简称	总分	价值创造		价值实现		价值关联度		溢价因素		基础价值		成长价值	
				得分	排名	得分	排名	得分	排名	得分	排名	得分	排名	得分	排名
394	002129	中环股份	47.81	45.66	722	37.89	514	88.87	628	11.84	649	39.66	1114	54.66	335
395	300002	神州泰岳	47.80	52.44	406	35.49	576	90.90	521	-3.08	1943	63.58	226	35.73	1015
396	600618	氯碱化工	47.79	46.35	683	48.80	154	71.69	1274	0.32	1215	34.64	1372	63.91	171
397	000878	云南铜业	47.79	44.40	785	43.04	323	75.28	1165	21.99	185	47.66	688	39.51	849
398	002305	南国置业	47.78	45.69	720	32.37	684	98.07	131	15.13	499	55.02	429	31.69	1225
399	600219	南山铝业	47.78	44.51	779	41.38	373	78.27	1070	22.23	158	46.76	733	41.13	778
400	002104	恒宝股份	47.77	47.33	631	35.78	568	96.63	225	-0.6	1810	49.29	611	44.38	631
401	600467	好当家	47.72	45.12	751	37.30	526	87.96	680	16.71	411	43.38	909	47.72	529
402	600261	阳光照明	47.72	45.55	732	44.89	260	74.74	1182	11.49	658	48.62	635	40.95	784
403	002298	鑫龙电器	47.65	48.14	594	31.93	706	94.01	362	16.33	432	45.64	786	51.90	402
404	600252	中恒集团	47.63	43.39	825	49.23	146	63.66	1506	21.9	195	55.11	426	25.80	1481
405	002503	搜于特	47.62	59.69	199	33.86	628	77.04	1104	7.56	864	61.07	280	57.61	269
406	600773	西藏城投	47.61	55.90	295	35.11	589	84.27	844	-0.56	1802	55.35	422	56.72	298
407	601727	上海电气	47.60	43.45	820	45.02	255	69.77	1336	25.98	46	46.81	729	38.42	904
408	600651	飞乐音响	47.59	50.46	499	34.22	616	93.74	369	0.2	1584	41.96	996	63.21	177
409	300228	富瑞特装	47.57	50.05	515	31.43	725	88.76	634	22.33	156	56.81	378	39.91	832
410	000049	德赛电池	47.55	65.78	108	31.76	710	67.79	1405	15.57	467	69.20	141	60.65	213
411	000793	华闻传媒	47.55	46.32	689	47.08	200	73.83	1208	0.56	1132	45.44	793	47.64	531
412	002450	康得新	47.54	41.66	916	57.04	56	53.98	1657	14.29	565	46.52	744	34.37	1082

续表

总排名	证券代码	证券简称	总分	价值创造		价值实现		价值关联度		溢价因素		基础价值		成长价值	
				得分	排名	得分	排名	得分	排名	得分	排名	得分	排名	得分	排名
413	000860	顺鑫农业	47.53	44.94	761	32.94	662	94.70	323	19.36	339	45.75	780	43.72	658
414	600657	信达地产	47.52	48.90	560	31.96	704	92.29	454	16.07	438	46.87	725	51.95	401
415	002306	湘鄂情	47.51	58.00	240	32.75	667	77.15	1098	15.81	450	44.27	865	78.60	52
416	002219	独一味	47.51	46.08	700	47.46	185	72.44	1252	2.16	996	47.81	683	43.49	675
417	000729	燕京啤酒	47.49	44.34	788	45.02	256	71.53	1285	18.76	355	48.47	648	38.14	914
418	601333	广深铁路	47.49	43.18	836	43.39	308	71.75	1272	28.27	18	47.50	698	36.69	972
419	600572	康恩贝	47.41	54.34	346	34.79	602	86.30	751	-0.64	1816	52.55	495	57.03	286
420	600559	老白干酒	47.41	64.76	119	33.96	624	72.98	1235	-2	1920	53.17	469	82.13	39
421	600059	古越龙山	47.28	44.80	770	47.26	195	69.23	1352	10.93	669	40.37	1070	51.45	410
422	601000	唐山港	47.24	46.41	680	35.24	583	94.81	320	2.56	966	47.86	679	44.24	640
423	300182	捷成股份	47.23	43.91	805	35.16	588	88.39	656	23.13	123	57.29	369	23.83	1540
424	600557	康缘药业	47.11	45.56	730	32.77	666	96.58	229	10.18	708	46.87	724	43.59	669
425	002376	新北洋	47.06	44.66	775	41.41	371	78.38	1064	14.2	568	52.59	493	32.78	1166
426	000513	丽珠集团	47.06	51.94	421	32.25	693	85.44	790	14.89	530	64.48	204	33.14	1141
427	600298	安琪酵母	47.04	45.89	711	45.96	231	74.31	1196	0.28	1521	55.52	413	31.45	1235
428	000979	中弘股份	47.02	46.15	698	42.74	331	80.36	993	0.12	1609	62.47	248	21.66	1619
429	002231	奥维通信	47.01	45.32	742	44.33	277	75.12	1169	6.56	877	42.03	993	50.25	453
430	600439	瑞贝卡	46.93	53.78	368	32.68	670	83.84	862	9.58	821	44.52	848	67.66	136
431	600568	中珠控股	46.92	71.72	61	31.33	730	64.20	1492	0.32	1225	72.79	101	70.12	115

续表

总排名	证券代码	证券简称	总分	价值创造 得分	价值创造 排名	价值实现 得分	价值实现 排名	价值关联度 得分	价值关联度 排名	溢价因素 得分	溢价因素 排名	基础价值 得分	基础价值 排名	成长价值 得分	成长价值 排名
432	300004	南风股份	46.90	43.94	800	39.16	463	81.97	922	16.57	421	47.94	675	37.94	922
433	600367	红星发展	46.88	53.40	381	32.59	678	84.11	856	9.98	782	39.73	1111	73.91	74
434	000089	深圳机场	46.84	51.24	460	33.57	642	90.26	552	-0.12	1696	57.97	345	41.15	776
435	601989	中国重工	46.78	43.11	842	45.35	247	68.16	1395	20.74	228	36.81	1256	52.56	385
436	000823	超声电子	46.78	46.35	682	32.65	673	99.52	33	-0.92	1852	44.67	836	48.87	492
437	600704	物产中大	46.77	51.71	437	33.62	639	89.19	606	-0.24	1732	56.38	390	44.72	615
438	600017	日照港	46.77	44.90	767	40.30	409	80.84	973	10.14	724	41.54	1013	49.94	463
439	300239	东宝生物	46.75	45.95	708	39.80	429	85.07	804	0.36	1164	41.24	1030	53.02	375
440	600863	内蒙华电	46.75	43.20	834	43.92	291	70.94	1302	20.36	244	46.80	730	37.79	928
441	600675	中华企业	46.68	46.85	652	32.34	687	98.13	124	0.56	1110	57.85	351	30.36	1308
442	002251	步步高	46.65	58.66	226	33.82	629	78.43	1062	-1.6	1895	56.12	404	62.49	186
443	002089	新海宜	46.63	51.50	449	31.56	717	85.66	779	14.21	567	57.53	363	42.46	725
444	600527	江南高纤	46.62	47.43	624	32.08	700	95.93	274	3.76	926	45.90	774	49.73	468
445	002123	荣信股份	46.61	45.27	743	40.68	394	81.32	950	4.96	898	51.90	511	35.32	1042
446	600551	时代出版	46.61	44.00	799	32.16	698	94.60	332	16.23	436	45.58	788	41.64	753
447	002508	老板电器	46.56	47.23	636	32.32	689	97.16	196	0.32	1327	53.63	463	37.61	936
448	600325	华发股份	46.49	47.83	608	31.19	735	93.20	399	10.26	697	58.15	340	32.35	1191
449	002338	奥普光电	46.46	46.01	704	31.48	722	99.04	73	2.56	970	52.27	501	36.63	976
450	002482	广田股份	46.43	43.34	828	30.82	748	95.72	282	19.58	330	52.93	474	28.95	1361

续表

总排名	证券代码	证券简称	总分	价值创造		价值实现		价值关联度		溢价因素		基础价值		成长价值	
				得分	排名	得分	排名	得分	排名	得分	排名	得分	排名	得分	排名
451	002428	云南锗业	46.43	45.05	756	47.93	175	68.91	1368	-0.36	1767	51.27	539	35.72	1016
452	000006	深振业A	46.42	45.83	717	31.75	711	99.68	18	0.36	1138	52.85	479	35.30	1046
453	600503	华丽家族	46.34	59.93	192	33.43	646	75.71	1146	-1.48	1889	76.62	64	34.90	1062
454	002277	友阿股份	46.34	53.63	375	31.08	739	80.52	987	17.12	392	56.27	395	49.67	470
455	002469	三维工程	46.33	44.85	769	31.99	703	96.47	237	7.87	856	53.68	460	31.61	1228
456	002387	黑牛食品	46.33	44.01	798	35.29	581	88.39	654	13.29	612	44.51	849	43.26	692
457	002036	宜科科技	46.29	44.38	787	35.10	590	89.46	596	10.47	685	32.39	1479	62.36	187
458	300195	长荣股份	46.28	55.88	298	30.82	749	75.87	1141	20.16	266	68.36	150	37.14	952
459	002467	二六三	46.27	43.93	802	30.51	760	97.75	171	13.32	611	48.45	650	37.15	951
460	300244	迪安诊断	46.26	47.17	641	29.99	777	92.72	431	15.64	463	50.58	570	42.06	737
461	300113	顺网科技	46.24	46.51	678	31.49	721	97.70	174	1.56	1032	51.88	512	38.45	903
462	000887	中鼎股份	46.24	45.44	738	35.02	594	92.29	452	1.36	1049	55.42	421	30.47	1300
463	300072	三聚环保	46.20	46.00	705	31.63	715	99.47	36	-1.52	1892	46.54	741	45.21	603
464	601118	海南橡胶	46.18	40.27	1006	54.07	87	50.82	1697	23.08	127	37.33	1234	44.69	617
465	002479	富春环保	46.18	45.24	745	43.38	309	76.67	1117	-0.8	1838	46.93	722	42.71	715
466	002497	雅化集团	46.16	45.60	725	32.31	690	98.13	130	-0.76	1833	52.82	482	34.78	1066
467	002522	浙江众成	46.15	46.66	667	31.71	714	97.49	180	-0.24	1737	52.10	507	38.49	901
468	600311	荣华实业	46.14	45.07	754	43.58	303	75.87	1142	0.12	1614	30.44	1581	67.01	144
469	600717	天津港	46.10	43.93	804	39.87	427	79.83	1011	10.1	745	48.64	634	36.86	966

续表

总排名	证券代码	证券简称	总分	价值创造		价值实现		价值关联度		溢价因素		基础价值		成长价值	
				得分	排名	得分	排名	得分	排名	得分	排名	得分	排名	得分	排名
470	002317	众生药业	46.08	57.33	260	32.30	691	76.94	1109	5.76	888	56.62	383	58.40	252
471	600639	浦东金桥	46.06	49.46	539	32.02	702	91.28	501	1.56	1038	56.54	386	38.83	881
472	002549	凯美特气	46.00	54.32	347	30.37	764	77.69	1084	20.16	269	61.13	277	44.12	644
473	002557	洽洽食品	46.00	42.63	861	43.05	322	71.16	1293	17.56	379	51.15	545	29.85	1330
474	002161	远 望 谷	45.95	42.46	873	48.77	155	61.58	1541	13.89	580	48.01	673	34.14	1094
475	600505	西昌电力	45.89	55.04	322	32.51	681	80.79	976	2.16	989	63.80	221	41.91	743
476	600007	中国国贸	45.87	43.93	803	48.09	173	66.29	1439	1.96	1007	36.14	1297	55.61	316
477	002429	兆驰股份	45.86	44.93	762	40.16	419	81.65	937	-0.16	1713	50.32	578	36.85	967
478	000602	金马集团	45.85	39.35	1060	60.91	24	44.56	1774	7.76	859	63.94	217	2.46	1925
479	000612	焦作万方	45.82	60.71	173	30.79	751	69.07	1361	14.77	541	54.32	452	70.30	104
480	002281	光迅科技	45.79	42.52	866	35.03	593	85.39	792	19.46	333	48.41	652	33.69	1113
481	002585	双星新材	45.78	51.80	430	32.35	686	86.30	747	0.36	1147	64.29	207	33.06	1146
482	000400	许继电气	45.76	45.52	734	30.20	770	98.07	134	4.16	910	42.04	992	50.74	426
483	000501	鄂武商A	45.76	49.49	534	31.93	705	90.85	525	-0.36	1762	53.38	467	43.66	664
484	300024	机器人	45.75	44.91	765	40.21	414	81.22	955	-0.52	1792	49.72	598	37.71	929
485	600190	锦州港	45.75	44.78	771	29.24	808	98.02	145	10.14	728	43.08	935	47.33	541
486	002195	海隆软件	45.71	57.60	250	30.62	756	72.92	1240	15.97	444	56.50	387	59.27	237
487	000830	鲁西化工	45.69	43.67	811	33.67	636	90.64	534	9.99	781	39.47	1125	49.96	461
488	600993	马应龙	45.69	42.96	847	39.01	467	79.67	1016	12.65	631	45.52	789	39.12	870

续表

总排名	证券代码	证券简称	总分	价值创造		价值实现		价值关联度		溢价因素		基础价值		成长价值	
				得分	排名	得分	排名	得分	排名	得分	排名	得分	排名	得分	排名
489	601801	皖新传媒	45.67	42.98	846	51.64	113	60.78	1557	-0.32	1756	46.17	766	38.19	912
490	600500	中化国际	45.66	41.49	927	38.65	483	76.24	1129	25.07	71	42.42	972	40.11	826
491	000982	中银绒业	45.64	43.56	816	31.02	741	95.99	269	9.71	811	43.96	880	42.95	706
492	002242	九阳股份	45.61	53.72	373	31.42	727	81.06	961	7.11	871	62.27	255	40.90	788
493	000728	国元证券	45.60	41.85	907	44.63	269	65.86	1454	20.16	261	57.57	360	18.26	1715
494	300054	鼎龙股份	45.55	44.98	758	31.46	723	98.13	128	-1.56	1894	47.76	686	40.81	795
495	000506	中润资源	45.50	44.50	780	36.15	561	88.28	662	0.32	1494	50.48	572	35.53	1030
496	002535	林州重机	45.47	42.35	880	33.01	660	88.23	664	19.13	342	47.83	681	34.12	1096
497	002399	海普瑞	45.45	40.74	979	50.32	128	54.46	1653	22.09	178	55.51	414	18.57	1704
498	000022	深赤湾A	45.43	56.92	274	30.94	744	74.85	1176	10.14	711	70.62	126	36.37	987
499	000828	东莞控股	45.33	51.85	429	31.84	709	85.02	810	0.32	1442	57.30	367	43.66	663
500	600021	上海电力	45.32	44.22	794	39.78	430	80.52	988	0.36	1163	30.88	1559	64.24	168
501	300122	智飞生物	45.31	41.68	914	52.16	107	56.82	1615	5.76	887	50.21	584	28.89	1365
502	002220	天宝股份	45.30	48.24	586	30.89	745	91.49	489	1.76	1022	52.54	496	41.79	748
503	002030	达安基因	45.23	42.50	867	33.22	652	88.50	651	14.97	526	41.11	1037	44.59	621
504	002364	中恒电气	45.23	42.22	891	27.66	892	99.95	2	15.13	501	45.29	804	37.61	937
505	601688	华泰证券	45.20	41.14	956	44.23	283	63.99	1499	23.73	107	57.84	352	16.08	1750
506	002157	正邦科技	45.20	48.47	575	30.79	752	90.53	542	2.36	977	39.54	1122	61.87	194
507	000795	大原刚玉	45.19	61.80	159	31.54	719	70.03	1330	0.32	1443	56.13	401	70.30	105

续表

总排名	证券代码	证券简称	总分	价值创造		价值实现		价值关联度		溢价因素		基础价值		成长价值	
				得分	排名	得分	排名	得分	排名	得分	排名	得分	排名	得分	排名
508	002595	豪迈科技	45.19	52.11	413	29.30	804	79.08	1036	20.16	274	67.34	167	29.27	1349
509	002276	万马电缆	45.16	44.02	797	36.47	548	86.68	730	0.32	1303	35.60	1322	56.64	301
510	000926	福星股份	45.15	46.56	674	28.49	842	91.01	516	15.81	451	48.56	640	43.56	671
511	600073	上海梅林	45.13	44.25	792	32.34	688	94.44	341	0.32	1235	38.11	1187	53.44	358
512	600307	酒钢宏兴	45.10	41.44	934	38.31	498	76.67	1115	20.12	287	44.38	858	37.04	958
513	300017	网宿科技	45.09	42.24	888	31.18	736	91.87	473	15.73	457	39.06	1142	47.02	550
514	002272	川润股份	45.05	43.41	823	45.89	232	68.37	1387	-0.04	1674	39.90	1103	48.69	496
515	600511	国药股份	45.05	42.79	851	32.23	695	91.65	480	9.86	798	50.09	588	31.84	1219
516	002292	奥飞动漫	45.05	40.16	1010	58.15	42	48.20	1739	0.96	1075	43.14	929	35.69	1018
517	600895	张江高科	45.03	41.24	948	41.63	364	68.75	1373	22.58	142	45.01	816	35.58	1024
518	000665	武汉塑料	45.00	46.21	695	29.96	779	95.51	300	0.56	1131	37.31	1235	59.56	232
519	000559	万向钱潮	44.99	41.45	933	41.29	376	70.19	1325	20	307	43.53	899	38.33	908
520	601099	太平洋	44.98	40.08	1016	51.44	116	51.84	1679	20.12	286	51.45	535	23.03	1571
521	600555	九龙山	44.96	44.29	789	33.58	641	92.08	464	-1.7	1906	36.64	1264	55.77	313
522	300088	长信科技	44.96	49.22	546	30.31	767	88.17	669	4.36	905	56.22	397	38.73	889
523	002372	伟星新材	44.94	61.96	155	29.28	806	65.16	1467	16.05	441	58.12	341	67.70	135
524	002322	理工监测	44.91	53.07	389	29.64	794	78.33	1067	14.73	546	62.40	250	39.07	871
525	600100	同方股份	44.90	40.97	966	41.02	386	68.96	1364	24.14	95	39.77	1109	42.76	714
526	600668	尖峰集团	44.84	75.83	37	27.74	881	54.84	1645	0.32	1194	63.82	219	93.84	17

续表

总排名	证券代码	证券简称	总分	价值创造		价值实现		价值关联度		溢价因素		基础价值		成长价值	
				得分	排名	得分	排名	得分	排名	得分	排名	得分	排名	得分	排名
527	600883	博闻科技	44.80	79.23	24	26.01	988	48.41	1737	9.47	827	75.74	69	84.48	36
528	002561	徐家汇	44.79	51.01	478	30.82	750	85.44	786	0.76	1092	57.88	348	40.70	801
529	002238	天威视讯	44.78	41.87	904	37.00	530	79.99	1005	14.25	566	41.12	1036	43.00	703
530	600260	凯乐科技	44.70	42.49	870	33.90	626	86.94	721	10.06	758	31.49	1536	58.98	240
531	002546	新联电子	44.68	48.38	578	29.43	802	88.01	676	7.96	851	61.09	279	29.31	1348
532	600090	啤酒花	44.68	51.61	441	30.95	742	83.89	861	0.32	1238	45.30	803	61.09	206
533	600997	开滦股份	44.67	40.96	967	41.25	379	68.53	1380	21.82	199	51.77	524	24.73	1514
534	002137	实益达	44.66	46.82	655	29.89	783	93.15	401	0.32	1393	31.48	1537	69.82	120
535	002583	海能达	44.62	46.69	665	27.62	894	87.75	685	20.16	272	44.28	863	50.31	448
536	002333	罗普斯金	44.62	41.50	925	29.73	791	92.83	422	17.08	399	39.39	1134	44.66	618
537	300108	双龙股份	44.61	43.59	814	29.81	789	98.66	98	-1.28	1880	46.78	731	38.80	884
538	600897	厦门空港	44.59	66.19	102	28.83	830	61.04	1550	9.91	788	78.94	50	47.06	548
539	000026	飞亚达A	44.58	51.22	463	29.81	790	82.50	904	7.96	854	43.42	903	62.92	180
540	600784	鲁银投资	44.58	82.29	18	24.89	1052	44.67	1770	10.03	764	72.88	100	96.41	10
541	600468	百利电气	44.55	42.00	899	39.65	440	75.44	1157	10.06	756	35.64	1321	51.54	404
542	000413	宝石A	44.55	42.73	855	44.16	284	69.44	1348	1.76	1027	33.34	1436	56.81	293
543	600776	东方通信	44.52	43.06	844	40.50	400	76.24	1130	1.56	1034	33.86	1408	56.87	292
544	600106	重庆路桥	44.51	82.00	19	25.67	1005	47.24	1748	1.96	1005	70.01	132	100.00	3
545	600643	爱建股份	44.50	42.52	865	47.21	196	64.20	1491	0.2	1588	49.75	595	31.68	1226

续表

总排名	证券代码	证券简称	总分	价值创造		价值实现		价值关联度		溢价因素		基础价值		成长价值	
				得分	排名	得分	排名	得分	排名	得分	排名	得分	排名	得分	排名
546	002099	海翔药业	44.50	48.99	556	28.45	845	84.54	830	15.13	507	51.16	544	45.72	585
547	002598	山东章鼓	44.50	43.26	833	30.35	766	96.42	246	0.96	1071	52.58	494	29.27	1350
548	002483	润邦股份	44.49	43.35	827	29.28	807	98.93	78	-0.08	1687	48.70	632	35.33	1040
549	600481	双良节能	44.47	41.16	954	29.64	793	91.38	494	19.84	314	36.28	1290	48.48	505
550	600210	紫江企业	44.46	40.85	972	28.56	838	92.83	424	22.1	167	46.53	742	32.34	1193
551	002438	江苏神通	44.45	42.24	889	33.54	644	86.89	724	9.83	801	43.65	893	40.11	825
552	002463	沪电股份	44.43	42.07	897	28.96	824	96.09	266	10.03	775	45.45	791	36.99	960
553	002588	史丹利	44.42	57.43	255	30.85	747	73.67	1216	1.16	1060	60.28	291	53.16	366
554	600831	广电网络	44.41	50.07	511	29.92	782	85.50	784	3.16	945	39.30	1137	66.23	148
555	002400	省广股份	44.40	42.48	871	26.83	938	96.42	241	16.36	428	46.41	750	36.59	978
556	002315	焦点科技	44.40	56.61	282	31.09	738	75.60	1151	-1.44	1886	68.02	156	39.50	852
557	000987	广州友谊	44.38	57.15	266	30.68	755	73.83	1210	1.96	1002	66.11	186	43.71	659
558	002445	中南重工	44.37	47.89	607	29.53	796	89.89	574	2.16	994	40.09	1091	59.59	230
559	600008	首创股份	44.36	40.38	1001	41.18	381	66.82	1424	24.04	101	39.44	1128	41.79	747
560	002465	海格通信	44.32	41.07	961	43.99	290	64.09	1495	15.89	446	47.41	703	31.57	1229
561	002044	江苏三友	44.28	53.61	377	30.20	769	79.02	1038	3.16	950	46.28	760	64.61	161
562	002478	常宝股份	44.27	48.72	561	29.97	778	88.39	655	-0.12	1701	47.76	687	50.16	456
563	300219	鸿利光电	44.25	41.28	944	27.70	885	96.84	213	14.16	569	49.75	596	28.59	1377
564	600507	方大特钢	44.24	73.48	53	26.10	983	50.23	1705	17.11	394	59.85	301	93.92	15

续表

总排名	证券代码	证券简称	总分	价值创造		价值实现		价值关联度		溢价因素		基础价值		成长价值	
				得分	排名	得分	排名	得分	排名	得分	排名	得分	排名	得分	排名
565	300157	恒泰艾普	44.15	41.86	905	27.75	877	98.50	103	7.96	850	49.12	619	30.96	1258
566	600888	新疆众和	44.09	41.10	959	30.04	775	90.15	555	17.15	391	48.31	659	30.29	1312
567	600658	电子城	44.09	54.09	358	29.20	811	75.76	1145	10.3	695	63.39	232	40.14	823
568	002016	世荣兆业	44.08	42.63	862	28.11	861	99.95	3	0.56	1129	43.37	911	41.52	761
569	300139	福星晓程	44.08	58.01	239	30.52	759	72.17	1260	0.32	1349	63.95	216	49.09	487
570	300203	聚光科技	44.07	40.38	1002	43.67	299	62.38	1526	20.16	267	46.29	758	31.51	1231
571	002203	海亮股份	44.07	42.80	850	29.21	810	97.86	158	-0.28	1744	37.71	1211	50.44	444
572	300188	美亚柏科	44.03	49.25	545	27.91	870	82.61	899	15.73	456	59.38	312	34.05	1098
573	300119	瑞普生物	44.01	46.64	670	27.62	895	87.96	678	13.73	583	53.71	459	36.02	1001
574	002485	希努尔	44.00	56.71	280	28.15	860	68.96	1363	19.33	340	59.72	302	52.20	391
575	600183	生益科技	43.97	39.57	1042	43.83	295	60.03	1570	25.62	52	45.34	800	30.92	1261
576	600502	安徽水利	43.95	55.84	301	29.21	809	72.82	1247	9.5	825	59.40	311	50.51	437
577	600815	厦工股份	43.95	47.19	640	29.05	820	90.37	546	0.96	1068	54.64	437	36.02	1002
578	600754	锦江股份	43.94	39.32	1061	50.36	125	49.91	1711	20.16	283	48.05	671	26.22	1469
579	600761	安徽合力	43.93	51.76	433	28.95	825	79.02	1041	10.14	738	58.45	333	41.72	752
580	600673	东阳光铝	43.92	44.45	782	28.30	853	96.20	261	0.28	1524	44.93	820	43.73	656
581	000919	金陵药业	43.90	42.25	887	30.61	758	93.10	402	3.56	931	42.47	969	41.91	744
582	300222	科大智能	43.89	47.16	642	27.56	896	86.41	741	14.36	562	58.20	339	30.60	1290
583	600563	法拉电子	43.88	63.22	133	29.89	785	65.11	1470	-0.68	1821	75.86	68	44.26	638

续表

总排名	证券代码	证券简称	总分	价值创造		价值实现		价值关联度		溢价因素		基础价值		成长价值	
				得分	排名	得分	排名	得分	排名	得分	排名	得分	排名	得分	排名
584	600425	青松建化	43.85	67.96	86	28.76	833	60.03	1571	-0.52	1799	63.51	228	74.62	66
585	300045	华力创通	43.84	41.20	951	33.03	659	84.37	839	13.97	577	47.07	720	32.39	1189
586	002091	江苏国泰	43.84	49.05	552	29.46	799	86.78	726	-0.16	1717	53.92	457	41.74	751
587	002507	涪陵榨菜	43.83	50.95	481	29.51	797	83.09	888	1.16	1059	48.31	658	54.91	328
588	000789	江西水泥	43.76	89.64	5	23.37	1158	38.30	1838	-1.48	1890	82.74	28	100.00	1
589	300136	信维通信	43.75	54.63	335	30.48	761	77.20	1096	-2.68	1939	60.32	290	46.10	573
590	000159	国际实业	43.71	43.49	819	26.99	926	94.27	351	10.07	747	61.07	281	17.13	1733
591	600898	三联商社	43.70	66.08	104	28.94	826	61.36	1545	0.32	1280	50.20	585	89.92	26
592	300037	新 宙 邦	43.69	58.06	238	30.00	776	71.21	1292	0.32	1380	64.08	210	49.03	489
593	000547	闽福发A	43.64	54.27	353	29.89	786	76.83	1112	0.36	1137	44.31	861	69.20	123
594	000590	紫光古汉	43.61	59.99	189	29.93	781	68.32	1389	-0.24	1742	56.91	376	64.60	162
595	600426	华鲁恒升	43.60	41.16	955	39.80	428	71.80	1271	9.75	809	41.02	1043	41.37	766
596	300170	汉得信息	43.57	39.95	1025	31.59	716	83.46	871	22.53	146	47.30	711	28.93	1363
597	600458	时代新材	43.57	41.04	962	37.84	516	76.13	1133	8.9	843	47.61	691	31.19	1248
598	600884	杉杉股份	43.53	42.45	874	26.63	953	95.77	280	9.83	800	37.27	1237	50.21	455
599	000825	太钢不锈	43.51	39.75	1032	38.04	507	71.91	1268	19.84	317	34.12	1401	48.19	517
600	002481	双塔食品	43.49	43.28	831	26.91	930	94.70	326	7.96	852	47.19	715	37.42	942
601	600270	外运发展	43.44	41.22	950	33.15	655	84.21	850	9.74	810	46.25	762	33.66	1115
602	600491	龙元建设	43.44	42.00	900	28.08	863	98.02	144	0	1662	44.46	854	38.29	910

续表

总排名	证券代码	证券简称	总分	价值创造		价值实现		价值关联度		溢价因素		基础价值		成长价值	
				得分	排名	得分	排名	得分	排名	得分	排名	得分	排名	得分	排名
603	002538	司尔特	43.42	51.49	452	29.15	815	80.58	985	1.96	1004	58.27	338	41.32	767
604	600650	锦江投资	43.41	50.94	482	28.01	864	79.56	1021	10.14	717	48.29	660	54.92	327
605	000687	保定天鹅	43.41	42.20	893	32.36	685	88.87	627	0.32	1465	33.86	1409	54.72	331
606	000807	云铝股份	43.31	39.48	1051	39.97	423	66.39	1435	21.99	184	27.08	1726	58.06	258
607	600200	江苏吴中	43.30	41.97	901	32.24	694	88.92	624	0.32	1258	27.34	1716	63.91	170
608	300009	安科生物	43.29	46.76	662	28.26	856	89.62	594	0.32	1377	48.33	656	44.39	630
609	000537	广宇发展	43.27	83.23	16	24.31	1096	42.21	1796	1.36	1051	74.11	84	96.92	9
610	300166	东方国信	43.27	50.98	479	28.69	836	80.90	969	3.16	953	64.84	198	30.19	1315
611	000046	泛海建设	43.26	41.53	923	45.28	250	63.99	1498	-1.12	1865	29.05	1640	60.25	220
612	300036	超图软件	43.21	39.29	1063	25.27	1026	98.02	140	17.09	397	42.70	954	34.17	1092
613	000532	力合股份	43.11	41.76	909	34.27	615	84.27	847	0.16	1602	36.35	1285	49.87	464
614	002440	闰土股份	43.10	58.61	228	29.17	814	68.64	1376	1.16	1057	66.16	184	47.28	543
615	002411	九九久	43.09	39.55	1046	24.87	1054	99.57	25	13.65	587	38.27	1177	41.46	764
616	002130	沃尔核材	43.06	39.91	1027	41.17	383	65.54	1460	15.13	508	42.13	988	36.58	979
617	002279	久其软件	43.05	47.33	630	26.74	941	83.36	878	14.89	534	50.25	583	42.94	707
618	002094	青岛金王	43.05	42.06	898	26.46	964	96.47	236	5.56	890	36.59	1268	50.25	452
619	601377	兴业证券	43.04	38.96	1077	44.35	275	57.08	1613	21.99	183	54.22	454	16.07	1751
620	002407	多氟多	43.04	40.77	976	25.29	1024	97.43	185	12.09	646	38.91	1152	43.56	670
621	002086	东方海洋	43.04	42.12	896	25.45	1013	93.74	373	14.73	548	41.38	1023	43.22	695

续表

总排名	证券代码	证券简称	总分	价值创造		价值实现		价值关联度		溢价因素		基础价值		成长价值	
				得分	排名	得分	排名	得分	排名	得分	排名	得分	排名	得分	排名
622	300234	开尔新材	43.01	47.21	638	27.92	868	87.69	687	1.36	1040	52.68	489	38.99	875
623	002594	比亚迪	42.99	38.40	1107	48.32	163	49.48	1719	22.44	147	42.05	991	32.93	1156
624	002268	卫士通	42.92	54.55	338	29.14	816	74.42	1192	0.2	1570	52.83	480	57.12	284
625	600495	晋西车轴	42.92	51.61	442	27.47	901	75.44	1158	13.61	589	37.47	1223	72.82	79
626	600663	陆家嘴	42.92	39.80	1030	43.61	301	60.99	1551	13.36	604	51.85	516	21.72	1616
627	600033	福建高速	42.91	40.45	997	28.17	859	92.62	439	9.9	793	45.61	787	32.71	1170
628	300034	钢研高纳	42.90	41.61	919	34.95	596	82.72	895	-1.04	1862	41.97	994	41.08	780
629	002025	航天电器	42.90	40.56	993	34.16	620	80.04	1002	10.58	681	45.39	797	33.32	1128
630	002014	永新股份	42.90	52.59	402	27.87	873	74.80	1177	10.14	712	57.84	354	44.71	616
631	002453	天马精化	42.89	45.41	740	26.68	945	89.03	613	7.91	855	48.03	672	41.47	763
632	600638	新黄浦	42.88	41.48	929	31.91	708	88.17	668	0.32	1209	45.36	799	35.66	1021
633	000011	深物业 A	42.85	59.89	194	28.96	823	66.34	1436	0.32	1473	57.55	362	63.39	175
634	600736	苏州高新	42.84	40.54	994	29.45	801	89.67	590	9.66	814	37.14	1242	45.63	588
635	002023	海特高新	42.84	40.16	1011	25.98	989	98.82	80	6.36	879	39.61	1117	40.98	783
636	002342	巨力索具	42.83	41.61	920	32.74	668	86.52	739	-0.52	1795	37.41	1228	47.90	521
637	002297	博云新材	42.82	41.46	931	31.14	737	89.62	595	0.04	1653	36.82	1254	48.42	510
638	002444	巨星科技	42.79	46.83	653	27.96	866	88.60	648	-1.68	1901	51.10	549	40.43	813
639	600351	亚宝药业	42.76	51.94	422	27.71	882	75.38	1159	10.14	718	48.35	655	57.32	280
640	300177	中海达	42.74	38.71	1092	24.92	1051	97.81	160	15.93	445	48.96	625	23.33	1556

续表

总排名	证券代码	证券简称	总分	价值创造		价值实现		价值关联度		溢价因素		基础价值		成长价值	
				得分	排名	得分	排名	得分	排名	得分	排名	得分	排名	得分	排名
641	600095	哈高科	42.74	43.64	813	27.09	921	94.22	354	-0.36	1769	28.66	1649	66.11	150
642	600064	南京高科	42.73	48.56	571	26.92	928	80.90	972	12.13	644	50.31	579	45.94	579
643	000631	顺发恒业	42.71	57.29	261	28.88	827	69.71	1338	0.32	1457	61.85	265	50.45	443
644	002237	恒邦股份	42.68	40.09	1014	41.20	380	66.07	1446	9.63	816	52.19	505	21.92	1610
645	002246	北化股份	42.65	40.84	974	26.29	971	99.84	9	-0.8	1839	32.98	1454	52.62	383
646	000028	国药一致	42.64	58.52	231	28.52	840	67.41	1412	1.96	1000	65.09	195	48.66	499
647	600653	申华控股	42.60	38.64	1099	24.76	1060	97.91	156	15.27	488	30.56	1576	50.76	425
648	600479	千金药业	42.60	47.10	643	27.69	888	86.89	723	0.16	1591	40.26	1079	57.37	277
649	300231	银信科技	42.58	48.65	566	27.79	875	83.46	873	1.76	1008	58.58	330	33.75	1109
650	002457	青龙管业	42.57	41.14	957	26.68	948	99.52	32	-3.52	1946	46.45	748	33.17	1139
651	002574	明牌珠宝	42.56	45.48	736	26.48	961	87.96	677	7.36	866	56.05	407	29.62	1334
652	002108	沧州明珠	42.56	38.48	1104	24.45	1081	98.77	89	14.81	538	45.26	805	28.32	1397
653	601111	中国国航	42.52	37.91	1131	42.34	349	58.15	1597	25.82	50	48.95	627	21.35	1628
654	002424	贵州百灵	42.52	40.99	965	39.27	457	72.82	1245	-0.48	1782	48.96	624	29.02	1358
655	002216	三全食品	42.48	41.50	926	32.26	692	87.48	697	-3.68	1951	45.67	784	35.24	1047
656	600606	金丰投资	42.47	41.17	953	33.59	640	83.25	881	0.32	1213	46.59	738	33.03	1151
657	300174	元力股份	42.44	38.85	1085	25.80	1002	95.56	294	13.56	592	44.49	851	30.40	1303
658	002222	福晶科技	42.43	51.33	455	28.25	857	78.49	1060	0.32	1397	49.25	614	54.46	340
659	600838	上海九百	42.41	51.75	434	28.31	852	77.63	1086	0.32	1288	41.27	1027	67.47	139

续表

总排名	证券代码	证券简称	总分	价值创造		价值实现		价值关联度		溢价因素		基础价值		成长价值	
				得分	排名	得分	排名	得分	排名	得分	排名	得分	排名	得分	排名
660	002285	世联地产	42.40	40.72	982	36.69	538	76.24	1128	2.56	969	51.79	521	24.11	1532
661	600598	北大荒	42.39	38.20	1121	40.84	390	60.88	1553	24.2	94	33.75	1415	44.86	612
662	600388	龙净环保	42.31	61.07	169	26.84	937	58.90	1585	14.77	543	59.34	315	63.65	173
663	600415	小商品城	42.29	38.69	1095	43.64	300	57.46	1607	17.38	383	47.11	718	26.06	1472
664	600101	明星电力	42.27	56.24	287	28.44	847	70.03	1328	0.2	1580	59.71	303	51.03	418
665	600239	云南城投	42.27	39.72	1033	27.89	872	91.38	495	9.19	837	44.75	831	32.17	1206
666	000900	现代投资	42.26	66.48	100	27.38	906	56.87	1614	-0.12	1697	81.83	32	43.46	679
667	000099	中信海直	42.23	40.64	986	29.07	819	91.06	513	1.96	999	41.49	1017	39.38	857
668	002567	唐人神	42.22	44.90	766	25.15	1033	85.71	776	15.41	472	49.57	605	37.90	926
669	000931	中关村	42.20	41.95	902	26.10	982	95.72	283	0.32	1422	30.40	1582	59.28	236
670	601958	金钼股份	42.20	35.06	1298	56.42	60	33.75	1877	23.65	110	36.61	1267	32.73	1168
671	300103	达刚路机	42.18	46.57	673	27.23	916	87.00	718	-0.8	1841	53.48	466	36.22	993
672	002136	安纳达	42.18	40.66	985	34.71	604	79.61	1019	1.76	1020	39.61	1118	42.24	731
673	000058	深赛格	42.17	39.12	1071	35.83	566	72.98	1236	15.13	505	37.67	1215	41.28	771
674	300215	电科院	42.16	50.51	498	27.70	886	79.24	1030	0.76	1106	63.79	222	30.60	1289
675	300186	大华农	42.16	42.79	852	26.27	972	93.58	380	0.96	1070	51.58	531	29.60	1337
676	002288	超华科技	42.15	40.42	999	39.75	434	69.77	1335	1.76	1017	37.82	1202	44.32	636
677	600300	维维股份	42.12	38.91	1082	51.97	111	48.04	1742	0.56	1117	32.26	1487	48.87	493
678	600378	天科股份	42.12	40.76	977	31.34	729	86.73	729	0.08	1623	40.09	1090	41.77	749

续表

总排名	证券代码	证券简称	总分	价值创造		价值实现		价值关联度		溢价因素		基础价值		成长价值	
				得分	排名	得分	排名	得分	排名	得分	排名	得分	排名	得分	排名
679	000683	远兴能源	42.08	48.69	563	26.63	954	79.08	1037	10.11	740	45.00	817	54.23	346
680	600108	亚盛集团	42.08	36.66	1206	52.34	104	41.03	1812	19.44	336	33.38	1434	41.57	759
681	600433	冠豪高新	42.08	39.69	1034	36.57	545	73.83	1206	7.76	861	34.28	1391	47.82	524
682	000540	中天城投	42.06	39.41	1055	40.21	415	65.75	1456	10.06	749	49.07	621	24.93	1508
683	002436	兴森科技	42.06	39.45	1054	30.88	746	83.52	869	11.69	653	48.51	644	25.86	1480
684	300207	欣旺达	42.04	36.83	1190	23.44	1153	98.02	141	20.16	277	41.56	1011	29.73	1332
685	600522	中天科技	42.04	40.78	975	35.79	567	78.17	1074	-1.44	1888	51.92	510	24.07	1534
686	002332	仙琚制药	42.03	49.03	553	27.75	878	82.61	898	-2.96	1942	45.44	792	54.41	341
687	300096	易联众	42.02	60.84	171	27.35	908	60.56	1563	7.15	870	54.66	436	70.10	116
688	000571	新大洲A	42.01	49.54	532	27.56	897	80.47	989	0.28	1497	47.93	677	51.95	400
689	600509	天富热电	41.99	63.19	136	27.67	890	59.65	1576	0.36	1171	58.44	334	70.30	112
690	002398	建研集团	41.98	59.97	191	27.97	865	63.93	1501	0.16	1597	56.62	384	65.00	160
691	002509	天广消防	41.90	48.36	580	27.28	912	82.23	911	0.32	1328	47.79	684	49.20	483
692	002253	川大智胜	41.89	40.01	1021	25.38	1018	99.84	8	-2.32	1931	47.11	717	29.35	1346
693	600581	八一钢铁	41.87	44.93	764	25.31	1023	86.14	755	10.35	687	48.79	630	39.13	869
694	000935	四川双马	41.86	51.25	458	27.66	891	76.83	1111	0.56	1125	41.76	1002	65.49	155
695	002348	高乐股份	41.83	40.46	996	31.73	713	84.86	816	0.32	1317	43.96	879	35.20	1050
696	300048	合康变频	41.83	42.73	854	24.68	1066	88.66	643	14.05	573	48.44	651	34.16	1093
697	600513	联环药业	41.82	49.60	528	27.38	905	79.83	1012	0.28	1528	37.70	1212	67.46	140

续表

总排名	证券代码	证券简称	总分	价值创造		价值实现		价值关联度		溢价因素		基础价值		成长价值	
				得分	排名	得分	排名	得分	排名	得分	排名	得分	排名	得分	排名
698	600597	光明乳业	41.81	37.64	1147	46.60	213	50.02	1708	18.78	354	35.46	1333	40.91	787
699	600277	亿利能源	41.78	38.79	1088	36.24	555	71.48	1286	13.48	597	41.61	1010	34.57	1072
700	600337	美克股份	41.78	50.56	495	25.87	997	73.14	1230	16.35	431	39.99	1101	66.43	146
701	002350	北京科锐	41.77	61.73	160	26.06	986	55.80	1631	16.69	414	48.61	637	81.42	41
702	300099	尤洛卡	41.77	54.40	342	27.89	871	71.69	1277	-0.48	1784	66.32	182	36.52	983
703	002460	赣锋锂业	41.74	40.19	1008	36.20	557	75.87	1140	0.32	1319	41.27	1028	38.58	897
704	600116	三峡水利	41.73	38.47	1105	25.31	1021	95.51	296	9.62	817	34.14	1398	44.97	611
705	600318	巢东股份	41.72	90.29	4	21.04	1323	29.42	1901	3.36	943	83.82	23	100.00	5
706	002476	宝莫股份	41.70	41.66	915	25.55	1008	95.02	317	-0.2	1724	42.92	940	39.78	840
707	002264	新华都	41.66	50.39	502	25.92	991	73.83	1207	14.13	570	43.65	895	60.49	216
708	300212	易华录	41.66	46.26	693	25.92	992	84.00	857	6.16	883	54.59	438	33.75	1111
709	000680	山推股份	41.66	37.85	1133	29.48	798	82.07	917	20.95	219	48.28	661	22.21	1599
710	600872	中炬高新	41.64	39.16	1070	24.62	1069	99.95	5	0.56	1120	35.65	1320	44.41	629
711	600420	现代制药	41.62	46.03	703	26.51	959	86.30	752	-0.56	1803	47.55	694	43.76	654
712	300159	新研股份	41.62	48.95	558	25.11	1037	74.37	1193	20.16	262	54.67	435	40.38	818
713	002367	康力电梯	41.59	39.69	1036	23.67	1137	94.60	331	12.93	625	47.54	695	27.91	1408
714	600552	方兴科技	41.51	58.14	237	27.39	903	64.36	1486	2.36	984	56.69	381	60.32	219
715	000735	罗牛山	41.50	39.97	1023	28.74	834	89.89	576	0.32	1450	27.61	1705	58.50	247
716	000526	银润投资	41.48	40.19	1009	24.76	1059	97.32	190	0.56	1135	43.78	885	34.80	1065

续表

总排名	证券代码	证券简称	总分	价值创造		价值实现		价值关联度		溢价因素		基础价值		成长价值	
				得分	排名	得分	排名	得分	排名	得分	排名	得分	排名	得分	排名
717	600967	北方创业	41.48	65.74	110	26.43	965	54.25	1654	3.36	940	47.53	697	93.05	20
718	600743	华远地产	41.45	52.93	392	26.54	958	69.71	1337	10.06	755	57.24	372	46.47	566
719	600785	新华百货	41.44	57.87	242	27.47	900	64.79	1478	1.36	1043	67.77	159	43.01	701
720	002512	达华智能	41.43	40.07	1017	32.85	665	81.16	957	0.32	1330	41.24	1029	38.32	909
721	002520	日发数码	41.42	57.41	256	27.12	918	64.57	1483	4.36	908	62.87	238	49.23	482
722	002349	精华制药	41.42	38.85	1086	26.21	976	94.11	357	4.56	899	42.73	951	33.04	1150
723	300156	天立环保	41.41	36.72	1197	25.05	1040	91.60	483	20.53	236	45.79	777	23.13	1563
724	002554	惠博普	41.41	39.50	1048	23.22	1170	93.47	384	15.76	453	48.11	669	26.60	1456
725	600208	新湖中宝	41.38	37.02	1180	45.41	244	49.91	1712	21.27	212	42.82	949	28.32	1395
726	000042	深长城	41.38	58.89	220	27.44	902	63.50	1509	0.32	1477	65.11	194	49.57	472
727	002414	高德红外	41.36	39.85	1028	37.42	525	73.08	1231	-1.76	1910	45.68	782	31.10	1253
728	002249	大洋电机	41.36	39.77	1031	36.18	560	74.80	1178	0	1664	44.89	823	32.08	1210
729	002586	围海股份	41.35	48.70	562	25.83	1000	76.56	1120	10.96	668	48.82	628	48.52	504
730	300217	东方电热	41.35	63.27	132	25.91	993	53.93	1660	12.16	642	64.77	199	61.02	208
731	000973	佛塑科技	41.34	75.15	45	23.48	1149	40.92	1816	12.2	640	67.22	168	87.05	30
732	600089	特变电工	41.34	36.86	1189	39.25	460	60.99	1552	23.81	105	43.29	922	27.22	1434
733	002587	奥拓电子	41.32	36.34	1222	22.05	1237	99.20	58	17.53	381	41.51	1014	28.59	1376
734	300007	汉威电子	41.31	52.23	410	25.84	999	68.48	1383	16.09	437	50.95	556	54.15	347
735	000811	烟台冰轮	41.31	41.58	922	25.14	1034	94.01	363	-0.24	1740	47.26	713	33.05	1147

续表

总排名	证券代码	证券简称	总分	价值创造		价值实现		价值关联度		溢价因素		基础价值		成长价值	
				得分	排名	得分	排名	得分	排名	得分	排名	得分	排名	得分	排名
736	600132	重庆啤酒	41.27	35.76	1256	52.21	106	38.46	1837	19.64	325	41.68	1006	26.89	1444
737	000616	亿城股份	41.25	38.99	1074	25.76	1003	96.20	258	0.08	1639	46.05	770	28.39	1387
738	002255	海陆重工	41.20	55.40	314	25.94	990	63.83	1503	14.37	560	59.60	305	49.10	486
739	600329	中新药业	41.20	39.56	1043	36.18	559	74.10	1203	0.36	1166	43.37	912	33.86	1103
740	002301	齐心文具	41.19	41.11	958	23.30	1165	88.92	620	17.54	380	37.68	1214	46.25	571
741	601798	蓝科高新	41.18	38.78	1089	34.90	598	73.73	1213	8.36	847	44.15	872	30.73	1265
742	002010	传化股份	41.18	36.39	1219	23.49	1148	96.20	260	16.23	435	41.09	1038	29.34	1347
743	600662	强生控股	41.16	37.29	1166	27.75	879	84.64	824	19.44	335	35.93	1306	39.34	862
744	002515	金字火腿	41.16	41.65	917	24.57	1074	91.60	484	5.16	896	46.49	747	34.39	1080
745	002303	美盈森	41.15	37.02	1179	22.40	1219	97.86	159	15.13	498	44.64	840	25.59	1485
746	002396	星网锐捷	41.15	40.02	1020	34.55	607	77.90	1080	-2.56	1936	45.65	785	31.57	1230
747	300168	万达信息	41.12	42.47	872	23.18	1171	84.00	859	23.13	122	47.24	714	35.31	1045
748	000544	中原环保	41.11	44.17	795	25.44	1014	88.28	663	0.32	1495	46.49	745	40.68	802
749	600797	浙大网新	41.11	46.55	675	24.26	1098	77.36	1089	19.63	327	32.58	1472	67.52	137
750	000977	浪潮信息	41.08	50.26	504	26.69	944	76.45	1122	0.32	1426	35.56	1325	72.32	82
751	002055	得润电子	41.07	49.98	517	26.66	951	76.78	1113	0.56	1126	47.35	706	53.94	350
752	600272	开开实业	41.03	40.41	1000	24.42	1083	95.56	295	0.32	1248	36.37	1284	46.48	565
753	600172	黄河旋风	40.98	46.92	647	26.09	984	81.97	923	0.76	1104	42.90	942	52.94	376
754	002213	特尔佳	40.93	37.26	1168	26.75	940	87.80	683	14.89	531	40.77	1055	32.00	1215

续表

总排名	证券代码	证券简称	总分	价值创造		价值实现		价值关联度		溢价因素		基础价值		成长价值	
				得分	排名	得分	排名	得分	排名	得分	排名	得分	排名	得分	排名
755	601718	际华集团	40.91	36.26	1228	43.40	307	50.71	1699	25.28	56	33.10	1449	41.01	782
756	002368	太极股份	40.91	39.23	1066	27.71	884	90.26	550	0	1666	45.32	802	30.10	1317
757	300230	永利带业	40.89	54.29	350	25.91	994	65.54	1462	11.36	663	51.51	533	58.47	250
758	300006	莱美药业	40.89	44.12	796	24.39	1085	84.54	832	9.96	785	44.57	845	43.44	681
759	600543	莫高股份	40.87	39.46	1052	33.27	649	78.43	1063	0.32	1173	35.45	1334	45.48	591
760	000029	深深房A	40.86	38.72	1091	26.35	967	93.36	389	0.28	1499	35.05	1352	44.23	641
761	600517	置信电气	40.83	36.25	1229	52.34	103	39.74	1823	10.7	673	45.95	772	21.71	1617
762	002197	证通电子	40.76	38.94	1079	23.80	1127	97.43	187	0.76	1087	44.86	825	30.06	1321
763	002011	盾安环境	40.75	37.34	1163	39.22	461	62.43	1524	13.73	582	41.55	1012	31.02	1255
764	300074	华平股份	40.74	39.69	1037	23.42	1154	93.74	372	7.16	868	49.13	617	25.52	1490
765	600086	东方金钰	40.73	38.23	1116	24.79	1058	96.90	208	-0.32	1752	40.01	1100	35.57	1026
766	002176	江特电机	40.73	38.70	1094	35.96	565	71.69	1275	3.96	912	37.73	1208	40.15	822
767	601116	三江购物	40.73	39.11	1072	28.76	832	87.16	709	0.56	1119	41.03	1042	36.23	990
768	600038	哈飞股份	40.72	37.75	1142	34.01	623	72.23	1257	13.53	594	37.87	1198	37.55	940
769	300128	锦富新材	40.72	40.72	981	22.72	1194	88.60	647	16.9	408	45.73	781	33.21	1135
770	600289	亿阳信通	40.70	55.52	310	25.49	1012	62.43	1522	13.65	588	46.20	765	69.51	122
771	002335	科华恒盛	40.70	44.89	768	23.87	1121	81.11	958	14.65	552	51.78	523	34.56	1073
772	600613	永生投资	40.69	51.50	451	26.57	957	72.92	1242	0.32	1216	38.23	1182	71.39	92
773	601137	博威合金	40.69	37.71	1144	23.89	1120	98.72	93	0.76	1100	44.72	832	27.19	1436

续表

总排名	证券代码	证券简称	总分	价值创造		价值实现		价值关联度		溢价因素		基础价值		成长价值	
				得分	排名	得分	排名	得分	排名	得分	排名	得分	排名	得分	排名
774	600020	中原高速	40.68	37.06	1176	25.08	1038	92.62	438	10.14	722	32.24	1488	44.28	637
775	002550	千红制药	40.67	47.21	637	25.86	998	80.68	982	0.32	1370	57.20	374	32.22	1204
776	600470	六国化工	40.66	39.16	1068	31.43	726	81.70	933	0.04	1660	36.70	1261	42.86	712
777	000639	西王食品	40.65	52.01	418	26.38	966	70.68	1308	3.56	930	54.42	447	48.40	511
778	600386	北巴传媒	40.64	55.88	297	26.87	934	65.91	1451	-0.48	1779	47.35	707	68.68	129
779	002371	七星电子	40.62	55.06	321	26.84	936	67.09	1415	-0.52	1796	62.67	244	43.65	666
780	600687	刚泰控股	40.62	64.10	126	26.15	977	54.46	1652	0.32	1186	62.73	242	66.15	149
781	600685	广船国际	40.59	37.44	1154	42.08	357	57.35	1611	10.54	684	49.92	592	18.71	1701
782	600775	南京熊猫	40.59	51.04	475	26.33	969	73.56	1220	0.32	1293	35.75	1314	73.98	73
783	300179	四方达	40.55	35.05	1299	20.94	1332	98.23	119	20.16	264	45.10	811	19.98	1667
784	600482	风帆股份	40.54	38.09	1126	25.13	1035	95.13	314	0.32	1177	32.28	1485	46.81	556
785	600619	海立股份	40.53	43.39	824	24.05	1111	84.64	825	9.62	819	39.60	1119	49.06	488
786	002581	万昌科技	40.52	54.53	339	26.67	950	67.30	1414	0.32	1356	55.44	419	53.16	367
787	002539	新都化工	40.49	39.93	1026	23.36	1159	92.88	415	5.96	886	49.21	616	26.00	1476
788	002577	雷柏科技	40.48	41.40	937	24.29	1097	91.44	492	0.56	1121	52.69	488	24.47	1520
789	600107	美尔雅	40.47	43.55	817	24.60	1070	86.46	740	2.76	964	33.67	1422	58.37	253
790	300245	天玑科技	40.45	48.04	602	23.90	1119	72.33	1255	20.16	276	57.57	361	33.75	1108
791	600978	宜华木业	40.40	36.69	1199	26.69	943	86.30	748	14.53	558	38.07	1188	34.62	1071
792	300181	佐力药业	40.38	41.47	930	23.85	1122	89.73	585	4.56	900	47.34	708	32.65	1175

续表

总排名	证券代码	证券简称	总分	价值创造 得分	价值创造 排名	价值实现 得分	价值实现 排名	价值关联度 得分	价值关联度 排名	溢价因素 得分	溢价因素 排名	基础价值 得分	基础价值 排名	成长价值 得分	成长价值 排名
793	600171	上海贝岭	40.36	37.76	1141	33.66	637	73.03	1234	9.66	813	24.39	1832	57.81	265
794	000100	TCL集团	40.34	35.44	1274	38.77	480	57.51	1605	27.01	27	29.05	1641	45.03	607
795	600716	凤凰股份	40.31	42.81	849	24.25	1100	86.57	736	4.56	903	47.50	699	35.78	1013
796	600345	长江通信	40.31	39.25	1065	22.09	1234	90.96	519	15.09	517	44.57	844	31.25	1244
797	000920	南方汇通	40.31	37.84	1137	25.18	1030	94.27	352	0.32	1433	34.78	1365	42.43	727
798	300011	鼎汉技术	40.31	45.09	753	23.76	1131	79.77	1014	13.21	616	50.86	559	36.42	986
799	000738	中航动控	40.30	36.67	1203	50.36	126	42.37	1793	6.76	876	36.54	1275	36.88	965
800	600893	航空动力	40.28	34.56	1326	52.04	110	34.93	1865	21.17	215	35.52	1329	33.11	1144
801	600410	华胜天成	40.28	36.98	1184	31.25	734	75.92	1137	15.05	522	42.74	950	28.33	1392
802	601011	宝泰隆	40.28	38.19	1122	26.68	946	90.58	538	0.32	1267	45.43	794	27.33	1432
803	002584	西陇化工	40.25	46.45	679	25.05	1041	80.63	983	1.76	1015	41.97	995	53.16	365
804	002401	中海科技	40.25	37.26	1169	23.03	1178	99.52	31	-0.48	1781	40.82	1051	31.92	1217
805	600748	上实发展	40.21	37.40	1157	29.09	817	81.81	926	9.9	789	41.85	998	30.73	1264
806	002318	久立特材	40.20	46.07	701	25.02	1043	81.70	932	0.36	1150	42.88	944	50.86	422
807	300148	天舟文化	40.19	38.70	1093	34.36	613	74.31	1195	-0.28	1749	41.22	1031	34.93	1060
808	002566	益盛药业	40.18	42.65	858	24.17	1108	86.62	733	3.96	915	52.72	487	27.53	1424
809	000988	华工科技	40.18	38.22	1118	42.25	350	58.90	1586	0.32	1418	44.91	822	28.20	1398
810	002118	紫鑫药业	40.18	38.91	1083	28.87	828	86.35	745	-3.14	1945	48.81	629	24.05	1535
811	300109	新开源	40.17	37.99	1127	26.47	962	91.17	506	-0.48	1785	41.71	1005	32.40	1188

续表

总排名	证券代码	证券简称	总分	价值创造		价值实现		价值关联度		溢价因素		基础价值		成长价值	
				得分	排名	得分	排名	得分	排名	得分	排名	得分	排名	得分	排名
812	002109	兴化股份	40.11	64.53	120	24.64	1067	49.32	1722	10.31	690	50.70	563	85.28	34
813	600578	京能热电	40.10	37.32	1164	30.41	763	78.54	1059	10.3	694	41.85	999	30.53	1294
814	300016	北陆药业	40.10	40.03	1019	23.58	1143	93.36	391	-0.2	1728	44.61	843	33.18	1137
815	601168	西部矿业	40.09	35.47	1271	41.44	370	51.78	1681	25.19	57	39.87	1104	28.86	1366
816	002391	长青股份	40.07	39.19	1067	23.40	1155	95.29	306	-1.04	1863	43.63	896	32.52	1183
817	600446	金证股份	40.02	35.69	1261	21.17	1313	97.22	193	14.05	574	36.26	1291	34.83	1064
818	002409	雅克科技	40.02	42.22	892	24.21	1103	88.71	639	-0.72	1826	44.62	841	38.62	895
819	000868	安凯客车	40.00	37.05	1178	22.61	1200	98.82	81	0.76	1083	36.08	1300	38.52	900
820	002545	东方铁塔	40.00	45.61	724	24.69	1064	81.81	927	0.76	1093	59.45	309	24.85	1511
821	600312	平高电气	39.98	38.42	1106	33.33	648	75.49	1154	0.2	1578	25.24	1803	58.19	256
822	600869	三普药业	39.96	38.13	1125	43.34	313	56.55	1619	-1.24	1875	46.41	749	25.72	1482
823	300236	上海新阳	39.95	51.07	471	24.36	1092	66.77	1426	15.33	479	49.67	601	53.16	371
824	002341	新纶科技	39.93	47.24	634	25.02	1044	78.06	1076	1.36	1047	47.66	689	46.62	560
825	002229	鸿博股份	39.92	36.14	1235	26.23	975	86.09	758	13.65	586	42.26	981	26.97	1443
826	002390	信邦制药	39.87	36.83	1191	23.22	1169	98.82	82	-2.28	1930	36.91	1249	36.70	970
827	600746	江苏索普	39.87	37.17	1175	22.53	1205	98.40	109	0.32	1199	30.88	1558	46.61	561
828	002312	三泰电子	39.85	38.40	1108	21.57	1279	90.85	523	15.29	485	37.83	1201	39.24	867
829	600873	梅花集团	39.82	35.74	1258	42.06	358	51.84	1680	19.12	344	43.68	891	23.83	1541
830	600326	西藏天路	39.78	37.78	1139	37.54	522	66.98	1419	0.32	1251	37.15	1241	38.74	888

续表

总排名	证券代码	证券简称	总分	价值创造		价值实现		价值关联度		溢价因素		基础价值		成长价值	
				得分	排名	得分	排名	得分	排名	得分	排名	得分	排名	得分	排名
831	300032	金龙机电	39.76	37.92	1129	22.69	1196	96.42	244	0.24	1541	38.96	1148	36.36	988
832	002505	大康牧业	39.73	40.08	1015	22.95	1181	91.12	508	2.96	954	39.87	1106	40.40	815
833	002196	方正电机	39.72	43.37	826	24.19	1106	85.02	809	0.32	1405	41.83	1000	45.68	587
834	600828	成商集团	39.70	54.03	361	25.80	1001	65.75	1457	0.2	1571	56.26	396	50.70	427
835	601616	广电电气	39.67	36.75	1196	27.01	924	85.44	785	7.56	862	43.45	901	26.69	1453
836	600682	南京新百	39.67	37.31	1165	22.46	1213	97.43	183	0.04	1659	35.88	1308	39.47	854
837	600642	申能股份	39.67	35.12	1293	41.25	378	51.04	1690	24.25	93	42.13	989	24.61	1516
838	000790	华神集团	39.66	37.96	1128	32.08	699	77.04	1105	0.32	1446	30.09	1599	49.78	466
839	300053	欧比特	39.66	36.32	1224	22.89	1185	97.91	149	0.24	1540	38.60	1165	32.89	1159
840	600832	东方明珠	39.64	34.87	1309	47.37	190	40.12	1819	22.1	163	40.75	1056	26.06	1471
841	300001	特锐德	39.64	41.34	940	23.57	1144	89.08	611	-0.08	1682	48.65	633	30.36	1306
842	600488	天药股份	39.62	34.46	1333	21.11	1318	99.20	54	9.98	783	34.51	1376	34.39	1081
843	000516	开元投资	39.60	36.13	1237	23.75	1133	94.44	345	3.76	923	38.87	1153	32.02	1212
844	002075	沙钢股份	39.57	37.92	1130	33.03	658	74.74	1180	0.32	1386	42.53	961	31.00	1256
845	002037	久联发展	39.57	66.48	99	24.75	1061	48.52	1735	0.24	1544	69.40	138	62.10	192
846	600998	九州通	39.56	35.56	1267	48.20	171	41.35	1806	13.44	599	36.65	1263	33.92	1100
847	600029	南方航空	39.55	34.14	1351	39.27	459	52.27	1678	31.44	3	41.44	1021	23.19	1560
848	600874	创业环保	39.54	37.71	1145	36.31	553	68.32	1390	0.36	1155	42.50	964	30.53	1295
849	300235	方直科技	39.53	53.47	378	25.24	1027	65.27	1465	3.36	944	50.30	580	58.24	255

续表

总排名	证券代码	证券简称	总分	价值创造 得分	价值创造 排名	价值实现 得分	价值实现 排名	价值关联度 得分	价值关联度 排名	溢价因素 得分	溢价因素 排名	基础价值 得分	基础价值 排名	成长价值 得分	成长价值 排名
850	600278	东方创业	39.52	42.58	863	23.80	1125	85.98	764	0.32	1249	41.28	1026	44.53	624
851	000850	华茂股份	39.50	37.71	1143	31.28	732	78.01	1077	0.76	1084	45.84	775	25.51	1491
852	000802	北京旅游	39.49	39.84	1029	22.91	1184	91.71	479	0.32	1439	26.40	1755	60.00	225
853	600115	东方航空	39.48	35.42	1275	40.21	416	54.03	1656	19.68	322	42.84	947	24.29	1525
854	601218	吉鑫科技	39.47	36.96	1186	26.27	973	88.60	649	1.56	1033	41.21	1033	30.60	1286
855	601390	中国中铁	39.45	34.39	1337	40.19	417	50.77	1698	29.03	9	33.72	1421	35.40	1036
856	600158	中体产业	39.43	36.68	1201	32.95	661	71.10	1296	10.22	703	36.54	1274	36.89	963
857	002531	天顺风能	39.41	41.26	945	23.33	1163	88.33	659	0.32	1362	42.82	948	38.92	878
858	000930	中粮生化	39.40	35.39	1277	28.44	846	76.94	1108	20.2	257	35.69	1317	34.93	1061
859	600611	大众交通	39.38	35.75	1257	39.62	442	56.39	1622	15.3	483	41.48	1018	27.17	1437
860	600166	福田汽车	39.38	35.11	1294	40.36	407	52.53	1676	21.94	194	45.47	790	19.55	1679
861	002501	利源铝业	39.37	48.94	559	24.01	1113	70.35	1317	10.11	741	52.90	477	43.00	704
862	000671	阳光城	39.36	35.37	1280	24.69	1065	88.50	650	11.79	651	46.82	728	18.20	1717
863	600975	新五丰	39.36	48.25	585	24.79	1057	74.74	1183	0.24	1534	44.01	877	54.59	337
864	601777	力帆股份	39.35	37.48	1150	30.30	768	79.56	1022	0.76	1101	40.08	1093	33.59	1118
865	300008	上海佳豪	39.35	46.87	649	23.61	1142	73.62	1218	11.19	665	54.47	443	35.48	1031
866	600052	浙江广厦	39.34	56.86	276	25.43	1015	60.45	1564	0.2	1579	49.00	623	68.65	130
867	300169	天晟新材	39.32	32.88	1428	20.09	1400	98.50	104	17.25	388	40.78	1052	21.03	1637
868	000027	深圳能源	39.32	34.64	1321	39.33	453	53.55	1663	24.91	75	40.06	1094	26.50	1460

续表

总排名	证券代码	证券简称	总分	价值创造		价值实现		价值关联度		溢价因素		基础价值		成长价值	
				得分	排名	得分	排名	得分	排名	得分	排名	得分	排名	得分	排名
869	002093	国脉科技	39.32	37.27	1167	37.91	512	64.95	1473	-0.16	1718	39.37	1135	34.12	1095
870	002180	万力达	39.30	36.03	1243	23.35	1161	95.61	292	0.32	1408	36.76	1260	34.95	1057
871	000301	东方市场	39.30	42.31	883	23.52	1146	85.93	767	0.08	1637	34.99	1355	53.30	361
872	300071	华谊嘉信	39.29	36.08	1240	21.82	1256	99.14	61	-0.84	1843	39.83	1108	30.45	1301
873	002158	汉钟精机	39.29	50.86	486	25.06	1039	70.41	1316	-0.76	1835	59.44	310	37.98	921
874	002464	金利科技	39.29	37.40	1158	28.74	835	82.72	896	0.28	1512	42.40	974	29.89	1328
875	300191	潜能恒信	39.28	51.31	457	23.77	1129	64.04	1496	15.73	455	65.06	196	30.69	1281
876	300033	同花顺	39.28	35.49	1270	21.64	1270	100.00	1	-0.24	1735	44.44	855	22.06	1604
877	000546	光华控股	39.28	50.59	494	24.99	1047	70.41	1314	0.24	1557	36.49	1280	71.74	90
878	002351	漫步者	39.25	35.53	1268	20.90	1335	96.42	242	9.51	823	40.17	1086	28.58	1381
879	002324	普利特	39.21	35.22	1285	26.77	939	81.48	944	16.4	427	40.43	1066	27.39	1430
880	600718	东软集团	39.21	34.84	1311	44.25	282	44.94	1767	20.66	232	38.69	1161	29.07	1357
881	600781	上海辅仁	39.20	37.39	1159	34.76	603	70.25	1321	0.32	1294	35.40	1337	40.38	817
882	600545	新疆城建	39.20	35.98	1248	21.61	1273	98.66	96	0.32	1174	37.42	1227	33.82	1105
883	002309	中利科技	39.20	43.13	840	22.47	1210	80.20	999	12.31	638	49.97	591	32.87	1160
884	000573	粤宏远A	39.19	39.54	1047	22.52	1206	91.49	488	0.24	1556	32.97	1456	49.41	478
885	002012	凯恩股份	39.19	44.29	790	23.32	1164	79.99	1004	5.76	889	49.47	608	36.53	982
886	300134	大富科技	39.19	35.83	1254	21.64	1269	99.20	60	-0.56	1805	46.49	746	19.83	1673
887	300102	乾照光电	39.17	51.16	468	24.99	1046	69.07	1359	0.16	1601	61.11	278	36.22	992

续表

总排名	证券代码	证券简称	总分	价值创造		价值实现		价值关联度		溢价因素		基础价值		成长价值	
				得分	排名	得分	排名	得分	排名	得分	排名	得分	排名	得分	排名
888	000936	华西股份	39.17	36.29	1225	24.37	1091	92.83	420	-0.28	1743	37.52	1220	34.44	1077
889	000418	小天鹅A	39.16	46.69	666	24.37	1090	77.31	1091	-0.56	1806	52.75	486	37.61	938
890	600280	南京中商	39.14	41.51	924	23.24	1168	86.94	720	0	1663	40.19	1083	43.48	676
891	600268	国电南自	39.13	36.97	1185	26.84	935	86.62	734	-0.28	1750	37.68	1213	35.91	1007
892	002282	博深工具	39.07	41.39	938	23.10	1175	87.32	704	-0.52	1797	40.96	1047	42.04	738
893	002138	顺络电子	39.06	36.92	1187	27.48	899	84.59	829	0.76	1089	43.75	887	26.67	1455
894	300090	盛运股份	39.05	36.64	1208	21.88	1249	97.81	161	-2.52	1935	38.47	1169	33.88	1102
895	600571	信雅达	39.05	38.55	1102	21.01	1327	87.96	679	14.89	535	39.49	1124	37.12	954
896	000043	中航地产	39.05	72.00	58	23.09	1176	40.17	1818	1.76	1025	69.43	136	75.86	60
897	300158	振东制药	39.03	46.34	685	23.09	1177	73.67	1217	11.56	655	48.33	657	43.34	687
898	002139	拓邦股份	39.01	42.66	857	21.87	1251	78.92	1044	16.82	409	46.39	751	37.06	956
899	600055	华润万东	39.00	35.39	1276	25.50	1011	85.82	774	10.18	706	34.84	1362	36.23	991
900	600720	祁连山	39.00	40.72	980	22.74	1192	88.66	642	-0.48	1780	50.61	568	25.89	1479
901	002565	上海绿新	38.99	39.60	1040	21.05	1321	84.96	811	16.96	404	49.28	612	25.07	1503
902	000978	桂林旅游	38.98	35.98	1249	20.39	1374	93.31	397	13.69	585	35.91	1307	36.08	999
903	002562	兄弟科技	38.98	36.51	1218	35.46	577	65.70	1459	6.96	873	42.48	968	27.57	1419
904	002100	天康生物	38.95	33.43	1393	19.21	1464	96.20	259	19.96	309	36.95	1248	28.14	1399
905	000798	中水渔业	38.93	36.98	1183	27.92	869	83.20	883	0.32	1444	30.77	1567	46.30	570
906	600187	国中水务	38.93	35.29	1283	23.63	1139	92.29	455	4.36	904	37.08	1245	32.61	1179

续表

总排名	证券代码	证券简称	总分	价值创造		价值实现		价值关联度		溢价因素		基础价值		成长价值	
				得分	排名	得分	排名	得分	排名	得分	排名	得分	排名	得分	排名
907	002544	杰赛科技	38.92	35.15	1288	21.29	1304	99.14	62	0.32	1367	40.78	1053	26.71	1451
908	300198	纳川股份	38.87	41.42	935	21.30	1302	80.36	995	18.53	357	52.21	504	25.23	1499
909	002078	太阳纸业	38.85	36.99	1181	28.53	839	81.70	930	0.04	1646	44.68	835	25.46	1493
910	002527	新时达	38.84	49.59	530	23.27	1167	65.91	1449	14.73	545	48.54	641	51.15	415
911	002206	海利得	38.80	41.02	963	22.60	1201	87.26	706	0	1669	44.62	842	35.63	1023
912	000731	四川美丰	38.80	57.55	251	24.96	1048	57.35	1610	0.76	1081	48.95	626	70.45	99
913	600804	鹏博士	38.77	34.08	1353	44.32	278	42.47	1791	23.2	118	32.16	1494	36.98	962
914	000063	中兴通讯	38.75	33.48	1386	42.88	330	43.49	1780	28.55	17	47.34	710	12.70	1814
915	002173	山下湖	38.73	40.33	1004	21.32	1301	84.11	855	12.81	628	36.51	1278	46.05	575
916	600824	益民集团	38.71	36.76	1195	28.36	850	81.54	940	0.32	1282	39.26	1139	33.01	1153
917	002360	同德化工	38.70	36.64	1207	21.45	1292	95.45	302	0.32	1314	46.64	737	21.65	1622
918	600983	合肥三洋	38.69	52.16	411	23.97	1116	62.27	1531	10.06	750	57.29	370	44.46	628
919	300055	万邦达	38.67	37.24	1170	21.62	1271	94.60	330	-0.72	1830	42.06	990	30.01	1324
920	000766	通化金马	38.66	34.47	1332	21.07	1319	99.30	51	0.32	1447	27.95	1683	44.24	639
921	002397	梦洁家纺	38.63	53.82	367	23.77	1130	59.17	1580	11.43	660	51.09	551	57.90	261
922	600846	同济科技	38.61	41.22	949	22.49	1209	86.09	757	0.32	1274	35.75	1315	49.43	476
923	002369	卓翼科技	38.61	51.52	448	24.57	1073	66.55	1430	0.16	1596	46.84	727	58.52	246
924	002280	新世纪	38.60	41.63	918	22.65	1197	85.07	803	0.36	1152	43.13	932	39.37	859
925	002117	东港股份	38.59	47.67	615	22.47	1211	68.11	1397	16.8	410	49.69	599	44.65	619

续表

总排名	证券代码	证券简称	总分	价值创造		价值实现		价值关联度		溢价因素		基础价值		成长价值	
				得分	排名	得分	排名	得分	排名	得分	排名	得分	排名	得分	排名
926	300164	通源石油	38.56	44.93	763	22.42	1218	75.65	1150	9.76	808	56.21	398	28.01	1405
927	600114	东睦股份	38.55	45.27	744	23.39	1157	77.90	1081	0.32	1241	40.48	1065	52.46	386
928	300145	南方泵业	38.53	48.10	598	23.62	1140	71.00	1298	4.56	902	50.81	560	44.05	647
929	002500	山西证券	38.53	33.84	1371	47.35	194	37.02	1847	20.4	241	48.19	664	12.31	1824
930	000777	中核科技	38.52	36.52	1217	39.76	431	57.94	1601	0.76	1082	35.03	1354	38.75	887
931	002441	众业达	38.48	47.92	606	23.78	1128	72.07	1262	1.76	1018	51.48	534	42.59	719
932	601567	三星电气	38.47	42.64	860	22.85	1186	82.56	900	0.32	1266	50.66	565	30.60	1287
933	002449	国星光电	38.47	34.71	1318	21.47	1290	98.50	105	-2.28	1929	42.90	941	22.41	1591
934	000031	中粮地产	38.46	36.62	1210	33.24	650	70.03	1329	1.76	1026	42.44	971	27.90	1409
935	600169	太原重工	38.46	34.38	1339	37.46	524	56.39	1621	18.84	350	36.97	1247	30.49	1298
936	600082	海泰发展	38.45	34.53	1328	21.59	1275	97.16	198	0.28	1522	30.58	1573	40.45	812
937	002543	万和电气	38.43	44.76	773	23.02	1179	78.27	1071	1.36	1046	56.12	403	27.73	1415
938	600093	禾嘉股份	38.40	49.95	520	24.17	1107	68.59	1378	0.32	1239	35.12	1347	72.18	84
939	600536	中国软件	38.40	41.74	911	22.52	1207	84.16	851	0.36	1170	39.02	1146	45.83	583
940	002043	兔宝宝	38.40	35.45	1272	24.45	1080	89.73	586	0.36	1142	29.62	1621	44.18	643
941	600226	升华拜克	38.38	40.61	989	21.96	1245	86.30	749	1.56	1035	37.37	1232	45.47	593
942	000572	海马汽车	38.38	33.38	1397	23.39	1156	87.10	713	15.89	447	31.87	1517	35.66	1022
943	000410	沈阳机床	38.38	34.61	1323	19.62	1431	94.22	353	13.04	620	34.24	1393	35.15	1051
944	002589	瑞康医药	38.37	43.34	829	21.24	1310	74.26	1197	20.16	273	51.44	536	31.18	1250

续表

总排名	证券代码	证券简称	总分	价值创造		价值实现		价值关联度		溢价因素		基础价值		成长价值	
				得分	排名	得分	排名	得分	排名	得分	排名	得分	排名	得分	排名
945	300226	上海钢联	38.35	53.07	390	24.41	1084	62.86	1519	0.96	1066	55.13	425	49.97	460
946	600879	航天电子	38.34	34.27	1345	32.63	675	64.15	1493	21.74	204	34.20	1395	34.36	1083
947	600258	首旅股份	38.33	34.23	1347	21.26	1305	97.75	168	0.08	1627	42.89	943	21.24	1633
948	002290	禾盛新材	38.33	35.50	1269	24.53	1077	89.73	584	-0.8	1840	39.56	1120	29.41	1344
949	300214	日科化学	38.32	51.87	428	22.77	1189	59.28	1579	17.96	370	51.00	553	53.16	373
950	600173	卧龙地产	38.31	32.52	1442	20.33	1382	96.79	214	10.58	679	40.25	1080	20.94	1639
951	000511	银基发展	38.26	34.37	1340	21.61	1272	96.36	248	0.36	1136	28.40	1664	43.33	688
952	300241	瑞丰光电	38.26	35.10	1295	26.50	960	82.07	919	7.16	869	39.44	1129	28.59	1380
953	000610	西安旅游	38.26	35.14	1289	23.82	1123	91.12	509	-0.4	1774	33.29	1440	37.92	925
954	000915	山大华特	38.25	55.85	300	24.43	1082	58.15	1598	0.96	1076	59.34	316	50.62	432
955	300138	晨光生物	38.25	46.35	684	21.85	1254	69.50	1345	17.09	398	49.97	590	40.91	786
956	002573	国电清新	38.25	36.03	1244	32.17	696	70.68	1307	4.36	907	42.48	966	26.35	1465
957	600510	黑 牡 丹	38.25	33.90	1363	23.98	1115	86.73	728	11.38	661	36.38	1282	30.18	1316
958	002165	红 宝 丽	38.24	34.05	1356	25.41	1016	81.81	929	15.01	523	38.54	1167	27.32	1433
959	002283	天润曲轴	38.23	34.78	1315	27.12	919	78.81	1050	11.87	648	42.58	959	23.08	1565
960	002122	天马股份	38.23	33.90	1364	37.73	519	54.78	1647	20.12	295	44.25	867	18.38	1709
961	002031	巨轮股份	38.21	40.60	990	20.85	1338	81.38	947	14.09	572	46.24	763	32.14	1207
962	000708	大冶特钢	38.20	57.10	270	23.57	1145	53.18	1670	10.03	768	68.15	153	40.53	810
963	002568	百润股份	38.17	43.75	809	22.75	1191	79.56	1020	0.32	1360	55.26	423	26.49	1461

续表

总排名	证券代码	证券简称	总分	价值创造 得分	价值创造 排名	价值实现 得分	价值实现 排名	价值关联度 得分	价值关联度 排名	溢价因素 得分	溢价因素 排名	基础价值 得分	基础价值 排名	成长价值 得分	成长价值 排名
964	300075	数字政通	38.17	40.88	970	20.91	1334	80.52	986	14.33	563	51.04	552	25.65	1483
965	600381	贤成矿业	38.16	31.28	1487	56.32	61	23.69	1923	15.13	513	37.94	1194	21.29	1631
966	002526	山东矿机	38.16	40.85	971	22.03	1240	85.61	780	-0.28	1748	43.32	917	37.14	953
967	600742	一汽富维	38.11	53.10	388	24.37	1088	62.54	1521	-0.72	1823	66.54	179	32.94	1155
968	000593	大通燃气	38.11	55.20	317	24.38	1086	58.85	1588	0.32	1486	45.13	809	70.30	106
969	002048	宁波华翔	38.11	40.57	992	21.93	1247	86.35	746	-1.08	1864	48.47	647	28.73	1371
970	600833	第一医药	38.11	34.92	1306	23.62	1141	91.17	503	-0.52	1801	35.94	1305	33.40	1124
971	600858	银座股份	38.10	34.84	1312	27.26	914	78.70	1054	10.02	777	36.30	1288	32.65	1174
972	600666	西南药业	38.07	34.62	1322	20.47	1371	97.37	188	0.28	1525	35.30	1340	33.59	1119
973	600316	洪都航空	38.07	33.43	1392	46.32	223	37.44	1843	20.28	251	26.81	1742	43.37	685
974	002412	汉森制药	38.07	36.32	1223	28.32	851	80.09	1000	-1.7	1904	42.53	960	27.01	1441
975	600577	精达股份	38.07	33.99	1357	25.34	1019	81.91	924	13.56	593	36.68	1262	29.96	1327
976	600050	中国联通	38.07	32.73	1431	43.69	298	39.37	1826	28.99	11	24.98	1817	44.36	633
977	000801	四川九洲	38.07	34.14	1352	20.38	1375	98.77	90	-0.76	1836	32.49	1476	36.61	977
978	300078	中瑞思创	38.06	42.94	848	22.55	1204	80.95	968	-0.32	1757	51.24	542	30.48	1299
979	300101	国腾电子	38.05	36.55	1213	36.27	554	64.74	1479	-3.68	1950	44.97	818	23.92	1538
980	000682	东方电子	38.01	36.00	1246	27.75	880	80.41	990	0.24	1554	26.03	1769	50.97	420
981	002370	亚太药业	38.01	34.43	1334	20.34	1380	97.54	178	0.32	1307	36.30	1287	31.62	1227
982	000009	中国宝安	37.99	33.64	1379	41.83	360	45.47	1764	20.75	227	40.25	1081	23.73	1545

续表

总排名	证券代码	证券简称	总分	价值创造		价值实现		价值关联度		溢价因素		基础价值		成长价值	
				得分	排名	得分	排名	得分	排名	得分	排名	得分	排名	得分	排名
983	002326	永太科技	37.99	35.35	1282	24.95	1050	87.59	693	-1.16	1871	38.45	1171	30.71	1266
984	002530	丰东股份	37.99	48.16	592	23.51	1147	70.30	1318	0.76	1096	44.26	866	54.01	349
985	000997	新大陆	37.94	35.98	1247	36.09	563	63.40	1510	0.32	1420	33.55	1427	39.62	845
986	000608	阳光股份	37.93	33.87	1367	20.14	1396	98.45	106	0.24	1552	41.64	1008	22.21	1598
987	000951	中国重汽	37.92	44.39	786	22.64	1198	77.95	1079	-0.48	1786	52.65	491	32.00	1214
988	000629	攀钢钒钛	37.91	33.34	1398	46.11	228	37.39	1844	19.84	318	33.98	1404	32.38	1190
989	300031	宝通带业	37.90	34.59	1324	18.97	1486	91.33	498	16.65	417	38.77	1158	28.32	1396
990	300187	永清环保	37.87	32.61	1436	24.34	1093	81.65	939	20.16	265	41.65	1007	19.05	1693
991	002511	中顺洁柔	37.86	33.86	1368	22.02	1243	93.31	396	2.36	978	38.44	1172	27.00	1442
992	002334	英威腾	37.86	34.93	1305	22.93	1183	93.47	387	-4.9	1952	44.20	869	21.03	1636
993	002046	轴研科技	37.84	46.78	658	23.18	1172	72.49	1251	0.32	1412	46.33	753	47.46	535
994	002532	新界泵业	37.82	35.14	1290	30.69	754	71.32	1290	7.36	865	40.04	1098	27.79	1414
995	002578	闽发铝业	37.81	33.87	1366	21.72	1266	94.65	329	0.32	1355	38.59	1166	26.80	1447
996	002013	中航精机	37.81	34.89	1307	37.49	523	58.05	1600	7.36	867	35.86	1309	33.42	1123
997	000938	紫光股份	37.80	37.46	1151	21.02	1326	90.64	535	0.32	1421	34.70	1369	41.60	755
998	600323	南海发展	37.78	36.23	1231	19.80	1417	90.05	563	9.86	796	48.21	663	18.25	1716
999	002245	澳洋顺昌	37.75	40.59	991	21.58	1277	84.70	821	0	1665	45.42	795	33.36	1126
1000	002278	神开股份	37.73	35.93	1252	29.81	788	75.17	1168	-0.08	1685	39.02	1145	31.29	1242
1001	000045	深纺织A	37.73	36.63	1209	19.87	1410	89.24	603	9.47	829	30.91	1557	45.19	604

续表

总排名	证券代码	证券简称	总分	价值创造		价值实现		价值关联度		溢价因素		基础价值		成长价值	
				得分	排名	得分	排名	得分	排名	得分	排名	得分	排名	得分	排名
1002	600288	大恒科技	37.73	33.42	1394	18.25	1538	92.29	456	19.44	337	34.74	1366	31.44	1236
1003	601518	吉林高速	37.72	50.05	514	22.20	1232	61.58	1540	15.13	515	47.83	682	53.37	359
1004	600628	新世界	37.72	38.68	1096	21.14	1315	88.28	661	0.04	1656	42.59	958	32.81	1164
1005	600520	中发科技	37.69	32.98	1420	19.71	1425	99.73	17	-0.32	1753	26.65	1745	42.49	724
1006	600206	有研硅股	37.69	32.93	1425	22.25	1228	89.46	598	10.14	730	26.26	1761	42.93	709
1007	002357	富临运业	37.68	62.44	148	23.70	1135	47.18	1749	0.32	1312	58.59	329	68.21	132
1008	002115	三维通信	37.67	39.46	1053	21.02	1325	85.44	787	3.36	939	45.07	814	31.04	1254
1009	000635	英力特	37.67	34.52	1329	24.03	1112	88.39	657	0.24	1553	43.85	881	20.53	1650
1010	600136	道博股份	37.60	35.38	1278	27.39	904	79.99	1008	0.32	1245	32.78	1464	39.27	866
1011	002564	张化机	37.56	34.99	1303	18.87	1490	89.99	566	15.16	494	43.83	882	21.73	1615
1012	600063	皖维高新	37.56	33.00	1417	23.29	1166	86.57	735	10.26	698	31.65	1529	35.03	1055
1013	600088	中视传媒	37.53	35.71	1259	33.15	654	67.62	1409	0.36	1160	36.56	1270	34.45	1076
1014	300057	万顺股份	37.53	34.34	1341	23.74	1134	88.92	621	-0.52	1791	37.58	1219	29.48	1341
1015	002437	誉衡药业	37.49	35.93	1251	31.04	740	72.66	1248	-2.36	1932	44.41	856	23.23	1559
1016	600995	文山电力	37.47	50.08	510	22.43	1216	62.22	1532	10.3	693	41.51	1015	62.94	179
1017	002261	拓维信息	37.46	34.08	1354	35.01	595	59.38	1578	13.57	591	43.14	930	20.49	1652
1018	002150	江苏通润	37.46	33.93	1362	23.14	1174	89.94	570	0.32	1396	37.86	1199	28.04	1404
1019	600460	士兰微	37.44	33.16	1408	23.96	1117	84.43	837	10.26	696	40.73	1058	21.80	1614
1020	002575	群兴玩具	37.44	33.44	1390	21.71	1268	93.47	385	0.32	1359	40.66	1061	22.61	1583

续表

总排名	证券代码	证券简称	总分	价值创造 得分	价值创造 排名	价值实现 得分	价值实现 排名	价值关联度 得分	价值关联度 排名	溢价因素 得分	溢价因素 排名	基础价值 得分	基础价值 排名	成长价值 得分	成长价值 排名
1021	600523	贵航股份	37.43	37.85	1134	20.83	1342	88.87	626	-0.32	1754	40.98	1046	33.15	1140
1022	002495	佳隆股份	37.41	36.52	1216	19.17	1470	86.41	743	15.01	524	42.14	986	28.10	1402
1023	600418	江淮汽车	37.40	33.18	1406	32.68	671	60.67	1558	22.34	153	42.18	984	19.68	1674
1024	600223	鲁商置业	37.39	33.84	1370	26.11	980	79.13	1034	9.7	812	43.01	937	20.09	1663
1025	002423	中原特钢	37.38	34.75	1316	25.87	996	82.88	891	0.32	1337	32.97	1457	37.43	941
1026	002383	合众思壮	37.34	33.48	1385	27.68	889	73.46	1224	15.33	482	34.30	1388	32.26	1201
1027	000507	珠海港	37.32	62.60	145	22.52	1208	43.12	1786	9.15	839	69.39	139	52.42	387
1028	000667	名流置业	37.32	33.23	1403	27.02	922	74.26	1198	16.92	407	29.53	1623	38.79	885
1029	600131	岷江水电	37.32	43.58	815	21.95	1246	76.94	1107	0.76	1103	46.95	721	38.52	899
1030	002491	通鼎光电	37.31	44.47	781	22.02	1242	75.33	1161	0.96	1072	47.78	685	39.51	851
1031	000019	深宝A	37.31	33.84	1369	29.93	780	68.48	1385	14.93	529	24.19	1836	48.32	514
1032	002070	众和股份	37.28	32.55	1438	20.85	1339	94.70	322	2.36	975	35.12	1349	28.70	1372
1033	600119	长江投资	37.27	32.99	1419	21.24	1309	94.11	358	0.56	1115	27.74	1695	40.87	792
1034	600652	爱使股份	37.27	33.09	1412	21.41	1295	93.74	370	0.32	1190	28.58	1655	39.86	837
1035	300112	万讯自控	37.27	32.67	1433	20.59	1358	95.99	270	0.32	1345	38.05	1189	24.61	1517
1036	000779	三毛派神	37.27	35.07	1297	33.90	625	64.04	1497	3.76	924	22.97	1866	53.22	362
1037	000736	重庆实业	37.26	33.20	1405	21.54	1283	93.47	388	-0.08	1695	38.24	1181	25.64	1484
1038	000429	粤高速A	37.22	35.37	1279	18.69	1501	88.12	671	15.13	503	43.30	919	23.48	1550
1039	002243	通产丽星	37.22	45.57	728	21.25	1308	68.96	1362	12.57	633	46.86	726	43.63	667

续表

总排名	证券代码	证券简称	总分	价值创造 得分	价值创造 排名	价值实现 得分	价值实现 排名	价值关联度 得分	价值关联度 排名	溢价因素 得分	溢价因素 排名	基础价值 得分	基础价值 排名	成长价值 得分	成长价值 排名
1040	600287	江苏舜天	37.21	35.00	1301	19.68	1426	93.31	395	1.76	1010	30.82	1563	41.26	772
1041	000514	渝开发	37.18	41.38	939	21.40	1296	80.90	970	0.32	1493	44.11	873	37.27	947
1042	000760	博盈投资	37.18	32.06	1456	19.74	1422	98.18	120	0.32	1448	26.45	1753	40.48	811
1043	000554	泰山石油	37.18	35.13	1292	30.95	743	70.62	1309	1.36	1050	25.42	1792	49.69	469
1044	600246	万通地产	37.18	49.05	549	21.53	1284	60.67	1559	17.15	390	47.48	700	51.41	411
1045	002300	大阳电缆	37.16	40.63	987	20.36	1376	79.18	1031	9.91	787	42.86	945	37.30	946
1046	002235	安妮股份	37.15	35.16	1287	28.50	841	76.13	1132	-0.2	1725	26.32	1758	48.43	509
1047	002558	世纪游轮	37.15	40.63	988	21.11	1317	82.39	907	0.32	1372	49.36	610	27.55	1420
1048	600976	武汉健民	37.13	49.47	536	21.58	1276	60.40	1565	15.77	452	44.19	870	57.40	276
1049	002355	兴民钢圈	37.08	50.21	506	22.99	1180	63.93	1502	0.28	1513	47.28	712	54.62	336
1050	000529	广弘控股	37.07	34.86	1310	38.99	468	54.94	1644	0.24	1558	34.81	1363	34.94	1058
1051	002582	好想你	37.07	59.83	196	21.60	1274	42.31	1794	20.16	271	58.92	322	61.19	203
1052	600310	桂东电力	37.06	29.27	1570	17.77	1562	99.57	26	12.53	635	37.91	1196	16.32	1748
1053	000812	陕西金叶	37.04	39.56	1044	20.83	1341	84.11	854	0.2	1562	40.01	1099	38.89	879
1054	002542	中化岩土	37.04	34.84	1313	27.50	898	77.79	1083	0.32	1368	44.70	834	20.03	1665
1055	000721	西安饮食	37.03	39.56	1045	19.47	1440	78.86	1048	16.04	442	37.29	1236	42.97	705
1056	601188	龙江交通	37.03	45.82	718	22.05	1238	72.17	1259	0.32	1269	45.41	796	46.43	569
1057	600496	精工钢构	37.02	52.59	401	21.56	1280	52.96	1673	20.28	250	47.60	692	60.07	224
1058	600382	广东明珠	37.01	58.88	221	23.47	1150	50.29	1704	-1	1859	62.27	254	53.80	353

续表

总排名	证券代码	证券简称	总分	价值创造		价值实现		价值关联度		溢价因素		基础价值		成长价值	
				得分	排名	得分	排名	得分	排名	得分	排名	得分	排名	得分	排名
1059	000078	海王生物	37.00	31.27	1488	21.76	1262	87.91	681	13.32	609	31.62	1533	30.74	1263
1060	002183	怡亚通	36.97	32.64	1434	24.89	1053	79.61	1018	13.04	622	28.59	1654	38.72	891
1061	002377	国创高新	36.97	31.98	1460	19.01	1484	98.72	92	0.32	1332	34.01	1403	28.95	1362
1062	002553	南方轴承	36.96	37.43	1156	20.31	1383	87.85	682	0.32	1369	44.48	852	26.84	1446
1063	600683	京投银泰	36.95	33.15	1409	21.85	1255	91.76	475	-0.88	1849	31.77	1524	35.22	1049
1064	600322	天房发展	36.94	38.59	1100	19.68	1427	82.50	902	9.9	791	38.93	1149	38.08	917
1065	300172	中电环保	36.93	36.67	1204	19.81	1414	88.76	637	2.56	967	43.74	890	26.05	1473
1066	600876	洛阳玻璃	36.93	34.17	1350	25.17	1031	82.93	890	0.28	1520	26.96	1734	44.98	609
1067	000523	广州浪奇	36.92	31.76	1468	23.80	1126	81.70	931	15.29	486	27.17	1721	38.64	893
1068	300206	理邦仪器	36.91	33.58	1380	19.12	1473	95.02	316	1.76	1009	43.39	907	18.88	1697
1069	600648	外高桥	36.89	32.40	1446	38.52	488	48.73	1730	20.2	258	34.26	1392	29.61	1336
1070	002194	武汉凡谷	36.88	34.38	1338	26.33	968	80.20	998	-0.12	1700	42.68	955	21.94	1609
1071	000901	航天科技	36.87	33.47	1387	29.07	818	69.55	1343	12.92	626	35.79	1312	30.00	1325
1072	002042	华孚色纺	36.87	44.96	759	20.73	1348	68.48	1384	13.97	576	52.76	485	33.26	1129
1073	601880	大连港	36.87	33.24	1402	38.61	486	50.98	1691	12.56	634	35.13	1346	30.39	1304
1074	600528	中铁二局	36.85	32.61	1437	32.73	669	58.90	1584	21.98	187	39.62	1116	22.09	1602
1075	002548	金新农	36.85	35.36	1281	19.40	1443	91.33	499	2.16	992	43.36	913	23.35	1555
1076	600213	亚星客车	36.84	31.22	1493	19.06	1481	99.36	47	-0.24	1733	18.36	1910	50.50	441
1077	002330	得利斯	36.82	35.09	1296	30.44	762	71.42	1287	-1.68	1902	30.75	1568	41.59	757

续表

总排名	证券代码	证券简称	总分	价值创造 得分	价值创造 排名	价值实现 得分	价值实现 排名	价值关联度 得分	价值关联度 排名	溢价因素 得分	溢价因素 排名	基础价值 得分	基础价值 排名	成长价值 得分	成长价值 排名
1078	002254	泰和新材	36.82	33.00	1418	26.99	925	73.62	1219	13.97	578	42.23	982	19.16	1689
1079	002074	东源电器	36.82	36.13	1236	19.50	1436	89.30	602	3.16	947	35.53	1326	37.03	959
1080	000886	海南高速	36.81	44.95	760	21.72	1264	73.03	1233	0.32	1431	42.52	963	48.61	502
1081	000636	风华高科	36.80	33.81	1373	29.30	805	69.60	1340	10.15	709	37.43	1226	28.38	1389
1082	600693	东百集团	36.78	65.19	113	21.39	1297	36.64	1853	13.37	601	63.78	223	67.32	142
1083	300110	华仁药业	36.77	44.64	777	20.50	1368	68.37	1386	15.01	525	46.27	761	42.19	733
1084	002068	黑猫股份	36.76	43.42	822	21.55	1281	75.44	1156	0.24	1545	39.02	1144	50.02	459
1085	600501	航天晨光	36.75	32.69	1432	21.89	1248	90.15	554	1.56	1037	34.46	1377	30.04	1323
1086	600283	钱江水利	36.75	31.68	1471	19.91	1408	96.63	227	-0.44	1777	39.56	1121	19.87	1671
1087	002552	宝鼎重工	36.70	36.79	1194	19.59	1432	87.26	707	3.76	917	46.29	757	22.54	1585
1088	600592	龙溪股份	36.70	40.76	978	20.01	1403	77.26	1093	10.14	715	43.38	910	36.82	968
1089	600624	复旦复华	36.68	39.97	1022	20.60	1357	82.07	918	0.32	1206	32.02	1503	51.89	403
1090	600497	驰宏锌锗	36.67	31.36	1486	45.40	246	33.64	1879	23.69	109	39.91	1102	18.53	1705
1091	300160	秀强股份	36.66	51.24	461	22.74	1193	60.83	1555	0.32	1354	57.86	350	41.31	768
1092	000553	沙隆达A	36.65	48.16	591	22.32	1223	66.18	1443	0.32	1483	31.45	1538	73.23	75
1093	300019	硅宝科技	36.64	45.60	726	21.76	1261	71.37	1288	-0.2	1727	47.85	680	42.22	732
1094	600360	华微电子	36.63	34.51	1330	18.49	1516	90.05	562	8.78	845	33.72	1420	35.69	1019
1095	601058	赛轮股份	36.62	31.45	1481	17.99	1552	96.20	262	7.56	863	33.79	1412	27.93	1407
1096	000833	贵糖股份	36.59	49.83	523	22.47	1212	63.13	1514	0.32	1435	43.38	908	59.49	233

续表

总排名	证券代码	证券简称	总分	价值创造		价值实现		价值关联度		溢价因素		基础价值		成长价值	
				得分	排名	得分	排名	得分	排名	得分	排名	得分	排名	得分	排名
1097	002289	宇顺电子	36.59	31.53	1476	18.53	1511	98.13	129	0.96	1074	34.19	1396	27.54	1422
1098	002225	濮耐股份	36.58	34.47	1331	40.48	403	50.34	1702	-0.16	1716	37.40	1229	30.07	1319
1099	000822	山东海化	36.58	55.99	293	21.86	1253	48.63	1733	13.08	619	46.13	768	70.78	96
1100	002057	中钢天源	36.56	33.58	1381	26.02	987	78.92	1043	2.96	956	30.22	1593	38.62	894
1101	002067	景兴纸业	36.54	32.14	1455	24.22	1102	81.11	960	9.87	795	33.18	1443	30.57	1293
1102	002212	南洋股份	36.52	44.40	784	20.53	1365	68.91	1370	12.09	645	41.21	1032	49.18	484
1103	300155	安居宝	36.50	33.21	1404	24.01	1114	84.48	833	0.32	1351	40.06	1095	22.94	1577
1104	002560	通达股份	36.49	34.32	1343	19.03	1483	92.51	442	0.76	1091	42.36	976	22.26	1595
1105	600626	申达股份	36.48	41.49	928	19.26	1459	71.58	1284	20.12	289	40.28	1075	43.29	691
1106	601177	杭齿前进	36.47	41.18	952	20.75	1346	78.92	1046	0.32	1268	40.72	1059	41.88	745
1107	300137	先河环保	36.47	34.32	1344	26.32	970	79.99	1007	-3.56	1947	39.40	1132	26.70	1452
1108	300020	银江股份	36.45	42.39	877	19.75	1421	70.89	1304	16.57	420	43.23	924	41.13	777
1109	002521	齐峰股份	36.43	30.01	1538	18.05	1548	99.47	35	3.16	951	35.44	1335	21.85	1613
1110	601106	中国一重	36.43	32.31	1448	40.39	406	44.24	1775	17.36	386	25.17	1808	43.00	702
1111	600227	赤天化	36.43	28.75	1589	18.02	1550	97.91	153	10.14	729	31.27	1545	24.96	1507
1112	600075	新疆天业	36.43	30.33	1520	18.33	1531	99.41	40	1.16	1063	33.52	1431	25.54	1488
1113	002302	西部建设	36.42	45.05	755	20.75	1347	68.32	1388	9.47	828	46.78	732	42.46	726
1114	600303	曙光股份	36.40	29.43	1568	17.29	1600	98.29	116	10.02	779	36.53	1276	18.76	1699
1115	600168	武汉控股	36.39	31.83	1464	21.81	1257	88.92	623	3.36	942	23.92	1849	43.69	660

续表

总排名	证券代码	证券简称	总分	价值创造		价值实现		价值关联度		溢价因素		基础价值		成长价值	
				得分	排名	得分	排名	得分	排名	得分	排名	得分	排名	得分	排名
1116	600137	浪莎股份	36.38	32.38	1447	18.48	1517	96.25	256	0.24	1529	40.08	1092	20.83	1644
1117	002224	三力士	36.35	32.91	1426	18.50	1515	95.24	308	0.32	1398	38.25	1180	24.89	1510
1118	002499	科林环保	36.34	39.38	1057	19.34	1450	78.97	1042	10.03	774	43.21	927	33.62	1117
1119	600533	栖霞建设	36.32	38.32	1112	19.18	1467	81.00	966	9.5	824	41.08	1040	34.17	1091
1120	300068	南都电源	36.32	31.42	1483	20.67	1351	92.94	410	0.36	1148	32.93	1458	29.16	1353
1121	000837	秦川发展	36.32	48.61	568	22.24	1229	64.63	1482	-0.88	1848	44.54	847	54.72	332
1122	600689	上海三毛	36.31	31.64	1474	21.13	1316	91.55	486	0.56	1111	28.20	1672	36.80	969
1123	300030	阳普医疗	36.30	36.12	1238	19.35	1448	88.76	636	-0.28	1747	38.44	1173	32.66	1173
1124	600630	龙头股份	36.28	30.05	1537	18.37	1526	99.41	39	0.32	1208	28.17	1674	32.87	1161
1125	002054	德美化工	36.26	37.17	1174	19.34	1449	85.28	798	3.16	949	49.72	597	18.34	1711
1126	300189	神农大丰	36.26	32.89	1427	23.67	1136	84.43	838	0.32	1347	39.45	1126	23.06	1570
1127	002519	银河电子	36.25	38.23	1117	18.55	1507	79.13	1033	15.33	481	44.65	839	28.61	1375
1128	002524	光正集团	36.24	30.88	1503	19.93	1407	94.86	319	0.32	1365	32.45	1477	28.54	1383
1129	600647	同达创业	36.23	45.71	719	21.48	1289	69.50	1347	0.32	1210	47.08	719	43.65	665
1130	600641	万业企业	36.23	30.24	1529	21.23	1311	88.33	660	10.03	763	36.79	1258	20.41	1654
1131	600602	广电电子	36.21	34.27	1346	34.44	610	60.61	1560	0.32	1211	36.64	1265	30.71	1267
1132	600361	华联综超	36.20	33.25	1400	18.56	1506	94.33	349	-0.64	1814	26.63	1746	43.17	696
1133	300028	金亚科技	36.19	32.03	1457	21.87	1252	89.03	612	0.32	1378	37.27	1238	24.16	1531
1134	600078	澄星股份	36.18	34.19	1348	30.16	771	69.12	1355	0.36	1161	27.96	1682	43.53	673

续表

总排名	证券代码	证券简称	总分	价值创造		价值实现		价值关联度		溢价因素		基础价值		成长价值	
				得分	排名	得分	排名	得分	排名	得分	排名	得分	排名	得分	排名
1135	300196	长海股份	36.18	38.77	1090	18.48	1518	77.10	1101	17.36	385	44.80	829	29.73	1331
1136	002060	粤水电	36.18	30.13	1533	18.54	1509	98.72	91	-0.2	1722	29.39	1628	31.23	1246
1137	601799	星宇股份	36.16	42.49	868	19.12	1474	67.57	1410	22.53	145	51.41	537	29.11	1355
1138	300165	天瑞仪器	36.13	37.35	1162	19.55	1435	85.39	791	0.32	1353	49.36	609	19.33	1683
1139	600714	金瑞矿业	36.11	33.82	1372	38.97	470	51.73	1682	0.32	1197	35.48	1332	31.33	1239
1140	601199	江南水务	36.09	47.20	639	21.30	1303	64.47	1485	5.16	894	51.26	540	41.12	779
1141	002416	爱施德	36.09	31.90	1462	37.72	520	49.59	1716	15.13	502	41.43	1022	17.60	1726
1142	002135	东南网架	36.08	33.53	1383	26.68	947	76.67	1116	0.2	1564	33.74	1417	33.21	1134
1143	002339	积成电子	36.08	43.70	810	21.25	1307	73.40	1225	-2.08	1923	48.39	654	36.65	975
1144	300041	回天胶业	36.06	39.49	1049	20.14	1395	81.48	943	-1.4	1884	49.13	618	25.03	1505
1145	600368	五洲交通	36.06	38.98	1076	19.10	1476	78.60	1058	10.03	762	43.23	925	32.62	1178
1146	000985	大庆华科	36.05	33.73	1376	27.09	920	75.60	1152	-0.24	1739	33.42	1432	34.21	1088
1147	300200	高盟新材	36.05	35.69	1260	18.85	1491	87.64	690	2.76	962	41.45	1019	27.05	1440
1148	300246	宝莱特	36.05	51.52	447	22.28	1227	58.26	1596	0.32	1234	54.30	453	47.34	539
1149	600621	上海金陵	36.05	45.14	750	21.22	1312	69.93	1333	0.32	1214	44.97	819	45.40	595
1150	000586	汇源通信	36.04	40.27	1007	20.16	1393	79.34	1026	0.32	1488	35.97	1303	46.71	557
1151	600156	华升股份	36.02	37.46	1152	19.49	1437	84.75	820	0.32	1263	24.46	1828	56.96	288
1152	002504	东光微电	36.00	28.82	1585	16.90	1622	98.02	142	9.91	786	31.71	1525	24.49	1519
1153	600530	交大昂立	36.00	36.28	1226	19.18	1468	87.05	716	0.32	1175	35.34	1338	37.70	930

续表

总排名	证券代码	证券简称	总分	价值创造 得分	价值创造 排名	价值实现 得分	价值实现 排名	价值关联度 得分	价值关联度 排名	溢价因素 得分	溢价因素 排名	基础价值 得分	基础价值 排名	成长价值 得分	成长价值 排名
1154	600248	延长化建	35.99	45.44	737	21.25	1306	69.55	1342	-0.52	1800	44.40	857	47.00	551
1155	600486	扬农化工	35.98	46.79	657	20.81	1343	63.29	1511	9.58	820	51.51	532	39.71	842
1156	002088	鲁阳股份	35.96	37.53	1149	18.71	1500	81.22	956	9.79	805	44.84	826	26.58	1457
1157	600839	四川长虹	35.93	30.33	1519	39.68	439	42.21	1797	25.14	61	25.05	1815	38.26	911
1158	300201	海伦哲	35.92	27.88	1622	19.30	1455	91.06	514	16.25	434	36.51	1279	14.92	1773
1159	002239	金飞达	35.90	32.97	1423	24.96	1049	79.99	1006	0.32	1301	26.86	1740	42.14	734
1160	002247	帝龙新材	35.88	38.67	1098	19.67	1428	82.34	908	-0.6	1812	41.34	1025	34.67	1068
1161	600167	联美控股	35.86	59.98	190	22.29	1225	44.61	1773	0.32	1259	50.52	571	74.15	70
1162	600825	新华传媒	35.82	31.81	1466	36.45	549	50.93	1693	15.09	518	34.73	1367	27.44	1427
1163	002448	中原内配	35.81	57.83	243	22.00	1244	46.43	1758	3.76	920	63.98	212	48.61	501
1164	300083	劲胜股份	35.81	31.24	1491	24.71	1062	77.04	1103	11.45	659	36.76	1259	22.96	1574
1165	002076	雪莱特	35.80	48.01	604	21.55	1282	63.72	1505	0.32	1387	31.94	1513	72.13	86
1166	300193	佳士科技	35.78	36.81	1192	19.14	1472	85.02	808	0.76	1098	44.33	860	25.54	1489
1167	002540	亚太科技	35.78	33.98	1359	18.34	1530	90.85	522	0.76	1094	43.20	928	20.16	1658
1168	002058	威尔泰	35.77	32.51	1444	24.32	1094	81.27	953	0.32	1415	34.14	1399	30.06	1320
1169	002361	神剑股份	35.76	36.58	1212	19.08	1479	85.71	777	0.16	1595	39.76	1110	31.80	1220
1170	002017	东信和平	35.76	33.42	1395	27.02	923	74.74	1179	-0.2	1721	33.18	1444	33.78	1106
1171	002095	生意宝	35.76	33.77	1375	30.14	772	67.73	1406	0.28	1509	40.91	1049	23.07	1567
1172	300175	朗源股份	35.74	32.98	1421	28.39	849	69.39	1350	6.16	882	39.85	1107	22.68	1580

续表

总排名	证券代码	证券简称	总分	价值创造		价值实现		价值关联度		溢价因素		基础价值		成长价值	
				得分	排名	得分	排名	得分	排名	得分	排名	得分	排名	得分	排名
1173	600794	保税科技	35.74	69.39	73	20.94	1333	32.57	1884	0.32	1291	69.68	134	68.96	125
1174	002571	德力股份	35.74	35.68	1263	17.70	1564	83.89	860	11.76	652	44.66	837	22.21	1597
1175	300185	通裕重工	35.74	33.45	1388	28.24	858	71.64	1279	0.76	1097	41.63	1009	21.17	1634
1176	600485	中创信测	35.73	26.70	1659	17.54	1582	95.88	276	15.29	484	28.25	1669	24.36	1522
1177	600710	常林股份	35.73	31.52	1477	22.08	1236	87.10	710	0.2	1587	39.20	1141	20.00	1666
1178	002343	禾欣股份	35.72	36.69	1200	19.11	1475	85.28	796	0.16	1594	40.70	1060	30.68	1283
1179	000709	河北钢铁	35.70	29.84	1547	42.70	333	35.04	1863	26.65	33	32.02	1502	26.56	1459
1180	002359	齐星铁塔	35.70	31.11	1496	17.68	1565	96.31	252	0.32	1313	31.03	1553	31.24	1245
1181	002426	胜利精密	35.69	28.35	1602	20.13	1398	89.08	610	13.11	618	34.40	1383	19.29	1686
1182	600822	上海物贸	35.68	33.25	1401	16.89	1623	88.12	672	13.24	614	33.30	1439	33.17	1138
1183	002207	准油股份	35.68	30.87	1505	21.34	1300	89.03	614	0.76	1088	29.88	1609	32.34	1192
1184	000016	深康佳A	35.65	26.80	1654	18.22	1540	93.90	365	15.45	471	21.06	1894	35.40	1037
1185	600211	西藏药业	35.64	31.36	1484	22.63	1199	84.75	819	2.36	987	30.62	1571	32.48	1185
1186	002517	泰亚股份	35.63	42.68	856	20.55	1363	72.87	1244	0.32	1329	43.13	931	42.01	740
1187	000428	华天酒店	35.62	39.40	1056	18.50	1514	75.49	1155	13.04	621	37.62	1216	42.08	736
1188	300152	燃控科技	35.60	45.22	746	19.75	1420	63.93	1500	13.49	596	49.63	604	38.60	896
1189	002434	万里扬	35.60	29.67	1557	17.56	1579	98.82	83	-0.92	1855	38.46	1170	16.48	1745
1190	002151	北斗星通	35.57	33.54	1382	36.82	537	54.78	1646	-1.76	1909	36.81	1257	28.65	1374
1191	600026	中海发展	35.56	30.25	1527	38.66	482	44.08	1776	22.1	173	32.61	1469	26.71	1450

续表

总排名	证券代码	证券简称	总分	价值创造		价值实现		价值关联度		溢价因素		基础价值		成长价值	
				得分	排名	得分	排名	得分	排名	得分	排名	得分	排名	得分	排名
1192	002215	诺普信	35.53	28.11	1616	19.30	1454	91.33	500	11.13	666	35.97	1302	16.32	1747
1193	002316	键桥通讯	35.53	32.51	1443	25.01	1045	78.70	1053	0.28	1515	35.14	1344	28.57	1382
1194	600731	湖南海利	35.52	29.49	1564	17.37	1593	98.45	108	0.32	1204	27.28	1717	32.82	1162
1195	002329	皇氏乳业	35.48	33.06	1415	26.67	949	75.06	1170	-1.24	1876	37.74	1207	26.04	1474
1196	600333	长春燃气	35.47	30.32	1521	20.96	1330	89.78	581	0.36	1167	30.18	1595	30.52	1296
1197	600006	东风汽车	35.42	31.77	1467	27.70	887	68.96	1365	10.14	723	35.68	1318	25.91	1478
1198	000916	华北高速	35.42	45.02	757	20.64	1353	68.11	1396	0.32	1434	48.50	646	39.80	839
1199	300135	宝利沥青	35.37	30.88	1504	22.02	1241	85.93	770	1.16	1061	37.59	1217	20.81	1645
1200	300143	星河生物	35.37	39.30	1062	19.46	1441	79.72	1015	-1.44	1885	43.36	914	33.21	1133
1201	002514	宝馨科技	35.35	37.85	1135	19.09	1478	81.65	938	0.32	1363	43.81	884	28.91	1364
1202	002496	辉丰股份	35.34	29.91	1540	16.21	1672	92.94	411	13.01	623	36.81	1255	19.57	1677
1203	600099	林海股份	35.34	30.52	1516	21.51	1285	87.64	691	0.56	1114	24.29	1833	39.87	835
1204	601700	风范股份	35.31	30.40	1517	21.48	1287	87.69	688	0.56	1118	40.13	1087	15.82	1754
1205	000040	宝安地产	35.31	61.59	163	20.51	1367	35.57	1860	15.13	506	52.61	492	75.05	64
1206	000911	南宁糖业	35.30	28.37	1600	17.53	1584	99.14	64	-0.52	1790	34.41	1382	19.30	1685
1207	600237	铜峰电子	35.29	39.69	1035	19.37	1446	78.01	1078	0.36	1159	33.75	1414	48.60	503
1208	002403	爱仕达	35.28	28.25	1607	17.16	1605	99.89	7	-0.36	1766	31.37	1540	23.57	1547
1209	002392	北京利尔	35.28	33.04	1416	38.41	493	50.61	1700	-1.16	1869	37.59	1218	26.23	1468
1210	600175	美都控股	35.26	31.46	1480	23.63	1138	81.70	934	0.32	1260	32.19	1491	30.37	1305

续表

总排名	证券代码	证券简称	总分	价值创造 得分	价值创造 排名	价值实现 得分	价值实现 排名	价值关联度 得分	价值关联度 排名	溢价因素 得分	溢价因素 排名	基础价值 得分	基础价值 排名	成长价值 得分	成长价值 排名
1211	000055	方大集团	35.21	32.53	1441	26.65	952	73.83	1209	0.32	1475	32.71	1466	32.24	1202
1212	600738	兰州民百	35.20	42.16	895	20.07	1401	72.92	1241	-0.64	1817	38.75	1159	47.27	544
1213	002597	金禾实业	35.18	57.35	258	21.74	1263	46.22	1759	0.32	1375	60.15	293	53.16	369
1214	600963	岳阳林纸	35.17	30.84	1506	16.20	1673	91.06	512	12.29	639	29.23	1632	33.25	1130
1215	600293	三峡新材	35.16	30.54	1515	21.78	1259	86.30	750	0.32	1250	26.96	1735	35.91	1006
1216	002442	龙星化工	35.16	48.02	603	21.04	1322	61.52	1542	0.32	1336	42.37	975	56.50	302
1217	002518	科士达	35.16	42.64	859	18.87	1489	66.29	1437	15.61	465	47.13	716	35.89	1008
1218	300023	宝德股份	35.14	28.15	1613	17.57	1577	98.07	132	0.56	1122	32.01	1506	22.36	1593
1219	002168	深圳惠程	35.14	32.54	1440	46.39	221	34.77	1868	-1.32	1882	35.48	1331	28.12	1401
1220	600242	中昌海运	35.14	28.30	1605	17.80	1558	97.49	182	0.32	1246	30.29	1590	25.31	1497
1221	300067	安诺其	35.13	34.88	1308	18.04	1549	87.10	712	0.32	1339	35.57	1323	33.85	1104
1222	600758	红阳能源	35.12	32.62	1435	27.76	876	70.09	1326	2.16	990	32.10	1500	33.39	1125
1223	600629	棱光实业	35.12	31.71	1470	24.58	1072	78.70	1055	0.32	1207	27.77	1692	37.62	934
1224	002446	盛路通信	35.11	30.16	1532	17.51	1586	97.11	204	-3.64	1949	28.11	1675	33.24	1131
1225	600285	羚锐制药	35.10	29.13	1575	19.44	1442	92.88	414	0.12	1616	32.31	1483	24.36	1521
1226	002090	金智科技	35.10	29.70	1554	17.02	1615	96.74	219	0.32	1388	33.81	1411	23.53	1548
1227	601008	连云港	35.09	36.36	1221	17.55	1580	80.79	977	10.06	753	36.54	1272	36.09	998
1228	600112	长征电气	35.06	32.15	1453	46.39	222	34.13	1874	0.32	1242	31.78	1523	32.70	1171
1229	300208	恒顺电气	35.05	42.57	864	18.80	1495	66.23	1441	15.13	511	51.65	529	28.96	1360

续表

总排名	证券代码	证券简称	总分	价值创造		价值实现		价值关联度		溢价因素		基础价值		成长价值	
				得分	排名	得分	排名	得分	排名	得分	排名	得分	排名	得分	排名
1230	000659	珠海中富	35.03	30.58	1512	25.57	1007	72.98	1237	10.31	692	28.17	1673	34.18	1090
1231	600391	成发科技	35.01	30.61	1510	22.38	1220	84.48	835	-0.2	1730	33.16	1445	26.78	1449
1232	002404	嘉欣丝绸	34.99	46.54	676	20.64	1354	63.72	1504	0.24	1539	43.65	894	50.89	421
1233	600159	大龙地产	34.95	65.12	114	20.98	1329	34.98	1864	0.32	1264	61.66	268	70.30	107
1234	002461	珠江啤酒	34.95	32.54	1439	35.26	582	54.14	1655	2.56	968	27.02	1728	40.81	794
1235	000882	华联股份	34.95	38.20	1120	18.74	1497	79.83	1010	0.28	1505	31.36	1541	48.45	508
1236	002003	伟星股份	34.94	43.94	801	19.29	1457	64.90	1474	10.69	674	55.15	424	27.12	1438
1237	600654	飞乐股份	34.94	32.84	1429	29.69	792	65.91	1450	0.32	1191	36.83	1253	26.86	1445
1238	000061	农产品	34.92	28.68	1590	38.31	497	41.51	1803	26.93	28	35.14	1345	18.99	1694
1239	600096	云天化	34.91	29.04	1577	40.59	397	36.85	1851	25.95	48	29.17	1633	28.85	1367
1240	600097	开创国际	34.89	46.81	656	20.66	1352	62.76	1520	0.32	1237	29.93	1607	72.14	85
1241	600380	健康元	34.88	29.80	1550	32.63	676	53.23	1669	22.41	150	39.05	1143	15.91	1752
1242	600222	大龙药业	34.88	27.83	1623	17.60	1572	97.27	191	0.32	1255	26.98	1731	29.10	1356
1243	002547	春兴精工	34.88	28.66	1592	24.59	1071	72.12	1261	20.16	268	37.36	1233	15.62	1760
1244	000695	滨海能源	34.87	27.52	1636	17.13	1611	98.66	100	0.32	1467	25.10	1813	31.15	1251
1245	600864	哈投股份	34.86	49.69	526	21.06	1320	57.51	1606	0.32	1273	59.19	319	35.43	1034
1246	002133	广宇集团	34.85	64.19	125	20.20	1389	32.36	1886	10.39	686	56.36	391	75.92	59
1247	600019	宝钢股份	34.84	28.67	1591	43.73	297	30.75	1894	25.94	49	35.32	1339	18.70	1703
1248	600037	歌华有线	34.84	29.60	1562	36.60	544	45.52	1763	22.1	172	28.06	1677	31.92	1218

续表

总排名	证券代码	证券简称	总分	价值创造		价值实现		价值关联度		溢价因素		基础价值		成长价值	
				得分	排名	得分	排名	得分	排名	得分	排名	得分	排名	得分	排名
1249	300194	福安药业	34.83	39.96	1024	18.91	1487	75.22	1166	2.36	980	52.17	506	21.65	1621
1250	600128	弘业股份	34.83	41.86	906	19.64	1429	72.01	1264	0.16	1592	38.81	1155	46.43	568
1251	000096	广聚能源	34.82	36.15	1234	18.20	1543	83.46	872	0.04	1643	33.60	1425	39.96	830
1252	600459	贵研铂业	34.8	29.21	1572	22.43	1214	80.84	974	8.99	841	33.31	1438	23.07	1566
1253	600117	西宁特钢	34.80	57.53	253	20.68	1350	41.30	1807	10.14	725	47.44	702	72.67	80
1254	600807	天业股份	34.80	29.54	1563	20.96	1331	87.59	692	0.32	1284	38.23	1183	16.52	1744
1255	002026	山东威达	34.79	41.24	947	19.35	1447	73.24	1227	0.32	1416	43.82	883	37.37	945
1256	002466	天齐锂业	34.79	31.98	1461	40.72	393	42.85	1789	3.36	936	35.44	1336	26.79	1448
1257	600398	凯诺科技	34.76	38.29	1113	18.58	1505	79.02	1040	0.32	1185	34.87	1360	43.42	683
1258	002116	中国海诚	34.75	57.19	263	20.23	1387	39.85	1822	15.29	487	52.42	498	64.35	165
1259	002579	中京电子	34.73	35.94	1250	17.62	1571	82.82	893	3.36	934	38.02	1191	32.81	1165
1260	600862	南通科技	34.72	44.40	783	20.07	1402	66.88	1423	-0.04	1677	40.42	1068	50.38	445
1261	002132	恒星科技	34.72	27.69	1626	17.77	1561	96.52	234	-0.04	1672	32.73	1465	20.13	1662
1262	000698	沈阳化工	34.72	32.98	1422	17.09	1613	89.78	582	0.32	1468	35.53	1327	29.15	1354
1263	600979	广安爱众	34.70	31.02	1501	15.96	1688	89.99	565	10.14	733	33.15	1448	27.82	1413
1264	600400	红豆股份	34.68	28.20	1611	16.57	1650	97.91	155	0.12	1619	28.67	1648	27.49	1425
1265	002462	嘉事堂	34.67	35.56	1266	17.78	1560	84.27	845	0.32	1323	35.18	1343	36.14	996
1266	600327	大东方	34.66	43.33	830	19.81	1416	68.64	1375	0.12	1615	48.15	667	36.11	997
1267	600877	中国嘉陵	34.66	27.53	1633	16.52	1655	98.82	84	0.32	1271	10.80	1936	52.62	382

续表

总排名	证券代码	证券简称	总分	价值创造		价值实现		价值关联度		溢价因素		基础价值		成长价值	
				得分	排名	得分	排名	得分	排名	得分	排名	得分	排名	得分	排名
1268	600981	江苏开元	34.66	30.27	1526	16.78	1634	94.22	355	0.24	1535	32.16	1493	27.42	1428
1269	600255	鑫科材料	34.66	26.58	1663	19.07	1480	90.21	553	10.14	731	31.42	1539	19.32	1684
1270	002097	山河智能	34.65	40.37	1003	17.54	1581	69.07	1360	17.08	400	43.74	889	35.31	1043
1271	002190	成飞集成	34.64	31.82	1465	38.89	471	46.81	1755	1.76	1023	35.66	1319	26.06	1470
1272	002382	蓝帆股份	34.64	28.39	1599	19.72	1423	90.58	537	1.16	1058	32.29	1484	22.54	1586
1273	600821	津劝业	34.63	29.69	1556	16.63	1646	95.18	312	0.32	1285	25.71	1781	35.67	1020
1274	002079	苏州固锝	34.62	29.80	1548	36.60	543	46.22	1760	17.98	368	34.23	1394	23.17	1562
1275	000761	本钢板材	34.61	32.25	1449	36.98	531	50.88	1695	-0.32	1761	30.03	1601	35.56	1028
1276	600697	欧亚集团	34.60	53.62	376	19.96	1405	44.94	1768	15.49	470	58.00	344	47.04	549
1277	002175	广陆数测	34.60	40.94	968	19.16	1471	73.08	1232	0.32	1409	30.24	1592	56.99	287
1278	300120	经纬电材	34.59	38.56	1101	17.62	1570	74.90	1175	9.96	784	40.42	1067	35.77	1014
1279	300021	大禹节水	34.58	32.19	1452	27.83	874	69.07	1356	-0.2	1726	34.65	1371	28.51	1384
1280	600969	郴电国际	34.54	41.45	932	18.31	1533	67.84	1403	12.16	641	42.48	967	39.91	831
1281	300130	新国都	34.54	41.76	910	18.90	1488	69.07	1357	6.36	878	48.07	670	32.28	1197
1282	000609	绵世股份	34.53	66.95	95	20.33	1381	31.18	1892	0.76	1085	64.71	201	70.30	103
1283	000705	浙江震元	34.53	41.41	936	17.60	1573	65.91	1448	18.8	351	34.84	1361	51.26	414
1284	300149	量子高科	34.52	30.59	1511	24.63	1068	76.29	1126	2.36	981	37.51	1221	20.22	1656
1285	002556	辉隆股份	34.50	26.15	1685	17.33	1596	95.24	307	6.76	875	36.11	1298	11.20	1838
1286	000686	东北证券	34.49	28.98	1579	42.90	329	33.11	1881	20.12	292	28.81	1644	29.25	1352

续表

总排名	证券代码	证券简称	总分	价值创造		价值实现		价值关联度		溢价因素		基础价值		成长价值	
				得分	排名	得分	排名	得分	排名	得分	排名	得分	排名	得分	排名
1287	600070	浙江富润	34.48	34.83	1314	17.48	1589	85.28	794	-0.16	1708	37.82	1203	30.36	1307
1288	002059	云南旅游	34.48	31.03	1500	25.28	1025	74.58	1185	1.36	1048	33.16	1446	27.85	1411
1289	300216	千山药机	34.47	50.68	490	19.21	1465	47.82	1746	20.16	278	52.91	476	47.34	540
1290	600328	兰太实业	34.47	45.84	715	19.24	1461	60.08	1566	10.03	761	36.53	1277	59.80	227
1291	000755	山西三维	34.43	28.40	1598	19.56	1433	91.17	505	-1.44	1887	26.88	1739	30.68	1282
1292	601113	华鼎锦纶	34.43	31.25	1490	27.24	915	69.23	1353	3.16	946	42.52	962	14.35	1780
1293	600072	中船股份	34.43	29.49	1565	52.96	95	21.34	1930	1.36	1042	28.51	1660	30.95	1260
1294	300147	香雪制药	34.42	36.98	1182	16.75	1635	75.76	1144	14.77	542	40.77	1054	31.30	1241
1295	600529	山东药玻	34.42	38.94	1080	17.32	1597	72.33	1254	13.48	598	44.24	868	30.98	1257
1296	300242	明家科技	34.40	36.68	1202	17.88	1556	81.06	962	0.32	1226	40.73	1057	30.60	1288
1297	000756	新华制药	34.39	28.31	1604	16.36	1667	96.63	224	0.32	1449	32.90	1460	21.42	1627
1298	002170	芭田股份	34.35	29.90	1541	31.26	733	56.76	1616	15.25	490	35.82	1310	21.01	1638
1299	600230	沧州大化	34.34	31.22	1492	16.59	1649	91.60	481	0.2	1576	34.44	1378	26.39	1463
1300	002198	嘉应制药	34.33	31.90	1463	28.57	837	66.50	1431	0.32	1400	39.40	1133	20.64	1646
1301	001896	豫能控股	34.33	26.40	1671	16.13	1678	99.63	22	0.32	1417	26.41	1754	26.39	1464
1302	600764	中电广通	34.31	47.76	613	20.35	1378	59.06	1583	0.32	1299	29.63	1620	74.95	65
1303	600129	太极集团	34.30	27.80	1624	16.16	1674	97.32	189	0.32	1244	25.58	1787	31.12	1252
1304	600284	浦东建设	34.30	41.82	908	18.39	1524	67.04	1418	9.9	792	50.09	587	29.42	1343
1305	002471	中超电缆	34.26	43.06	845	19.38	1444	67.95	1401	0.04	1651	42.20	983	44.35	634

续表

总排名	证券代码	证券简称	总分	价值创造		价值实现		价值关联度		溢价因素		基础价值		成长价值	
				得分	排名	得分	排名	得分	排名	得分	排名	得分	排名	得分	排名
1306	002336	人人乐	34.26	30.75	1508	24.37	1087	77.47	1087	-2.08	1922	36.88	1250	21.55	1624
1307	002502	骅威股份	34.26	41.29	942	19.04	1482	71.10	1294	0.32	1326	42.97	938	38.78	886
1308	002417	三元达	34.25	43.17	837	19.17	1469	66.18	1442	3.96	914	38.40	1175	50.32	447
1309	600601	方正科技	34.24	30.38	1518	29.17	813	62.27	1529	10.02	778	27.36	1715	34.90	1063
1310	002541	鸿路钢构	34.24	48.61	569	18.71	1498	50.29	1703	21.13	216	59.57	307	32.17	1205
1311	002484	江海股份	34.23	48.65	567	20.55	1362	57.46	1608	-0.8	1837	48.13	668	49.42	477
1312	002427	尤夫股份	34.22	27.11	1649	17.40	1591	96.90	211	-2.48	1934	30.85	1561	21.48	1626
1313	000530	大冷股份	34.22	33.08	1413	16.54	1654	87.10	714	2.56	973	35.12	1348	30.04	1322
1314	000748	长城信息	34.21	34.67	1320	17.16	1608	84.59	828	0.32	1451	30.30	1588	41.22	774
1315	600346	大橡塑	34.21	27.52	1635	16.03	1681	97.54	177	0.36	1168	19.68	1902	39.28	865
1316	600212	江泉实业	34.21	28.13	1615	19.94	1406	88.82	633	0.32	1256	26.88	1738	29.99	1326
1317	600962	国投中鲁	34.21	23.67	1758	15.03	1762	99.79	13	11.38	662	34.91	1358	6.81	1898
1318	002126	银轮股份	34.20	36.17	1232	16.73	1640	78.17	1075	10.23	700	46.36	752	20.87	1640
1319	002555	顺荣股份	34.20	26.25	1680	16.68	1644	98.07	133	0.32	1371	36.28	1289	11.20	1839
1320	600814	杭州解百	34.18	42.35	879	19.20	1466	68.59	1379	0.76	1099	39.87	1105	46.06	574
1321	002381	双箭股份	34.16	33.39	1396	16.74	1637	87.10	711	0.32	1331	34.66	1370	31.49	1233
1322	002163	中航三鑫	34.16	26.76	1655	17.28	1602	97.16	197	-2.12	1927	29.75	1615	22.27	1594
1323	300163	先锋新材	34.15	38.99	1075	16.89	1624	70.62	1310	15.76	454	44.75	830	30.34	1309
1324	002166	莱茵生物	34.14	28.47	1597	20.87	1337	86.09	759	0.32	1411	22.03	1884	38.13	915

续表

总排名	证券代码	证券简称	总分	价值创造 得分	价值创造 排名	价值实现 得分	价值实现 排名	价值关联度 得分	价值关联度 排名	溢价因素 得分	溢价因素 排名	基础价值 得分	基础价值 排名	成长价值 得分	成长价值 排名
1325	002258	利尔化学	34.13	33.51	1384	16.79	1633	86.68	731	0.28	1516	39.33	1136	24.79	1513
1326	002291	星期六	34.12	46.05	702	20.00	1404	62.43	1523	-1.76	1911	40.53	1062	54.33	343
1327	002490	山东墨龙	34.12	31.74	1469	30.37	765	62.33	1527	-0.16	1712	38.52	1168	21.57	1623
1328	000859	国风塑业	34.12	26.45	1668	17.33	1595	96.09	264	0.32	1438	28.03	1680	24.07	1533
1329	002421	达实智能	34.09	51.50	450	19.22	1463	45.79	1761	17.94	371	42.32	978	65.27	156
1330	002365	永安药业	34.07	41.25	946	18.80	1493	70.73	1306	0.32	1308	43.39	905	38.03	919
1331	600363	联创光电	34.07	50.63	492	20.52	1366	53.23	1668	0.32	1184	37.79	1205	69.87	119
1332	000503	海虹控股	34.05	31.27	1489	39.91	425	43.06	1787	0.96	1078	23.49	1856	42.92	710
1333	600487	亨通光电	34.04	46.23	694	19.89	1409	61.74	1539	-1.28	1878	57.87	349	28.77	1369
1334	300089	长城集团	34.04	39.25	1064	17.05	1614	70.57	1312	13.36	603	38.22	1184	40.78	796
1335	600569	安阳钢铁	34.04	29.37	1569	25.51	1009	70.03	1327	10.14	714	23.06	1862	38.83	882
1336	000548	湖南投资	34.04	33.71	1377	15.86	1697	82.88	892	10.03	767	39.44	1127	25.12	1502
1337	000070	特发信息	34.03	31.50	1478	16.37	1665	89.99	567	0.32	1478	31.16	1550	32.01	1213
1338	002144	宏达高科	34.02	49.59	529	20.58	1360	55.53	1633	-1.92	1916	43.40	904	58.88	241
1339	002174	梅花伞	34.01	27.40	1641	22.83	1187	75.71	1148	15.13	509	25.21	1807	30.70	1277
1340	600428	中远航运	34.00	28.14	1614	35.09	591	45.26	1766	24.75	82	24.00	1841	34.35	1084
1341	000949	新乡化纤	34.00	26.69	1660	15.88	1696	98.07	136	0.24	1547	27.64	1703	25.28	1498
1342	300114	中航电测	33.98	40.66	984	18.47	1519	71.37	1289	1.16	1062	44.87	824	34.35	1085
1343	300087	荃银高科	33.96	26.31	1676	17.16	1607	96.31	251	-0.6	1811	33.74	1418	15.17	1769

续表

总排名	证券代码	证券简称	总分	价值创造 得分	价值创造 排名	价值实现 得分	价值实现 排名	价值关联度 得分	价值关联度 排名	溢价因素 得分	溢价因素 排名	基础价值 得分	基础价值 排名	成长价值 得分	成长价值 排名
1344	300121	阳谷华泰	33.94	23.82	1754	18.19	1544	88.76	638	17.61	377	30.95	1556	13.12	1804
1345	600798	宁波海运	33.93	28.03	1617	15.08	1759	92.40	447	10.06	752	25.81	1777	31.36	1238
1346	002433	太安堂	33.92	46.78	659	19.84	1412	59.70	1574	0.12	1611	51.25	541	40.09	827
1347	300085	银之杰	33.89	26.13	1686	15.84	1698	99.36	45	-1.56	1893	34.91	1357	12.97	1807
1348	000690	宝新能源	33.85	28.25	1606	26.62	955	65.16	1468	16.95	406	32.88	1461	21.32	1630
1349	000796	易食股份	33.85	27.92	1620	15.83	1700	95.72	284	-0.08	1694	31.83	1518	22.06	1605
1350	600721	百花村	33.84	52.06	415	20.64	1355	49.70	1713	0.32	1195	40.91	1048	68.78	126
1351	300047	天源迪科	33.83	43.65	812	18.29	1535	61.31	1547	11.53	656	47.65	690	37.66	932
1352	002480	新筑股份	33.81	37.24	1171	17.67	1566	78.86	1049	-2.08	1924	44.02	876	27.07	1439
1353	300062	中能电气	33.80	39.37	1059	16.72	1642	68.80	1371	15.41	473	44.82	828	31.19	1249
1354	600987	航民股份	33.79	54.07	359	19.77	1419	43.28	1783	10.06	751	57.28	371	49.26	480
1355	600589	广东榕泰	33.78	29.18	1573	22.79	1188	79.40	1024	0.32	1220	33.01	1452	23.45	1551
1356	600966	博汇纸业	33.78	32.00	1459	15.37	1734	85.28	795	9.78	806	34.43	1380	28.36	1391
1357	600423	柳化股份	33.77	33.88	1365	15.64	1708	81.65	936	10.22	701	32.78	1463	35.54	1029
1358	600476	湘邮科技	33.77	29.87	1544	24.55	1076	74.96	1171	0	1661	27.70	1699	33.12	1143
1359	600061	中纺投资	33.77	27.42	1640	20.35	1377	85.93	771	2.16	988	28.05	1679	26.48	1462
1360	000020	深华发A	33.77	31.04	1499	28.29	855	65.54	1461	0.32	1474	29.30	1630	33.64	1116
1361	002083	平日股份	33.76	28.32	1603	21.44	1293	83.41	875	0.08	1636	31.63	1532	23.36	1554
1362	300178	腾邦国际	33.74	37.06	1177	16.98	1618	76.40	1125	5.56	892	49.86	593	17.85	1721

续表

总排名	证券代码	证券简称	总分	价值创造		价值实现		价值关联度		溢价因素		基础价值		成长价值	
				得分	排名	得分	排名	得分	排名	得分	排名	得分	排名	得分	排名
1363	600231	凌钢股份	33.74	31.10	1497	15.99	1685	89.94	572	0.24	1533	29.84	1612	33.00	1154
1364	600836	界龙实业	33.72	23.73	1756	16.29	1669	95.34	305	10.14	737	26.82	1741	19.09	1691
1365	000707	双环科技	33.72	61.91	156	20.40	1373	34.87	1866	0.08	1641	55.04	428	72.22	83
1366	600818	中路股份	33.72	30.82	1507	39.45	447	43.28	1784	0.32	1283	29.83	1613	32.30	1195
1367	000600	建投能源	33.71	33.27	1399	16.27	1671	85.44	789	1.36	1053	23.87	1850	47.39	537
1368	600354	敦煌种业	33.70	24.04	1748	17.95	1554	89.62	591	13.85	581	32.13	1499	11.91	1832
1369	002156	通富微电	33.70	28.82	1584	22.20	1231	81.11	959	-0.52	1789	26.28	1760	32.63	1176
1370	000711	天伦置业	33.66	56.82	277	20.54	1364	41.83	1800	0.32	1464	45.15	808	74.33	67
1371	002147	方圆支承	33.65	48.01	605	18.52	1513	51.41	1687	15.57	466	45.68	783	51.51	409
1372	600732	上海新梅	33.64	53.74	370	20.48	1370	46.49	1757	0.32	1205	46.69	735	64.31	166
1373	601890	亚星锚链	33.62	26.46	1667	18.81	1492	90.64	533	0.32	1270	31.81	1522	18.44	1707
1374	300141	和顺电气	33.62	45.42	739	17.79	1559	56.12	1626	16.49	425	49.66	602	39.04	873
1375	000066	长城电脑	33.61	26.10	1688	23.81	1124	69.82	1334	22.97	134	26.96	1733	24.80	1512
1376	601618	中国中冶	33.61	27.95	1619	39.92	424	36.05	1858	20.46	239	31.82	1520	22.14	1600
1377	300013	新宁物流	33.60	24.44	1733	19.29	1456	85.18	801	15.13	496	29.50	1626	16.84	1736
1378	000702	正虹科技	33.59	25.17	1706	16.71	1643	96.63	223	0.32	1462	26.07	1768	23.82	1542
1379	000889	渤海物流	33.58	51.09	470	20.26	1386	50.98	1692	-0.44	1775	38.27	1178	70.31	102
1380	000733	振华科技	33.58	34.17	1349	15.35	1736	79.29	1027	13.32	608	27.39	1714	44.34	635
1381	600749	西藏旅游	33.57	28.15	1612	26.15	978	66.07	1445	14.49	559	28.56	1657	27.54	1423

续表

总排名	证券代码	证券简称	总分	价值创造		价值实现		价值关联度		溢价因素		基础价值		成长价值	
				得分	排名	得分	排名	得分	排名	得分	排名	得分	排名	得分	排名
1382	600712	南宁百货	33.57	27.39	1642	22.43	1215	77.15	1099	9.47	826	34.52	1374	16.69	1741
1383	002209	达意隆	33.55	44.22	793	18.55	1508	61.74	1538	5.16	897	38.92	1151	52.18	393
1384	600343	航天动力	33.49	46.83	654	19.63	1430	58.47	1593	-1.04	1860	34.02	1402	66.05	152
1385	002328	新朋股份	33.49	26.30	1677	18.71	1499	90.48	543	0.24	1537	32.02	1504	17.73	1724
1386	600614	鼎立股份	33.49	30.28	1523	43.60	302	34.66	1871	0.32	1217	28.72	1647	32.63	1177
1387	002513	蓝丰生化	33.49	45.84	714	19.24	1460	60.08	1567	0.24	1538	46.31	755	45.14	605
1388	002307	北新路桥	33.49	25.36	1702	19.78	1418	84.80	817	10.07	748	31.01	1554	16.90	1734
1389	002271	东方雨虹	33.48	30.28	1524	26.90	931	68.27	1392	-0.16	1710	38.65	1162	17.73	1723
1390	000927	一汽夏利	33.47	29.86	1545	46.56	215	28.83	1904	1.16	1056	27.84	1689	32.90	1157
1391	300042	朗科科技	33.46	29.85	1546	15.61	1712	91.12	507	0.32	1382	31.96	1511	26.68	1454
1392	300126	锐奇股份	33.45	42.25	886	17.29	1601	61.74	1537	15.13	497	44.28	864	39.22	868
1393	600292	九龙电力	33.45	28.60	1594	31.37	728	53.66	1662	15.89	448	25.64	1785	33.05	1148
1394	600810	神马股份	33.45	24.84	1714	16.43	1661	97.16	199	-0.08	1679	27.92	1685	20.21	1657
1395	600249	两面针	33.40	33.10	1411	15.95	1690	85.07	805	0.76	1102	24.50	1826	46.01	577
1396	300116	坚瑞消防	33.39	22.46	1787	13.89	1822	98.13	127	14.69	550	30.29	1589	10.71	1845
1397	002388	新亚制程	33.38	30.55	1514	29.01	821	62.92	1517	0.32	1333	32.32	1481	27.88	1410
1398	600232	金鹰股份	33.38	40.15	1012	17.84	1557	70.84	1305	0.32	1253	29.10	1637	56.72	297
1399	002340	格林美	33.37	30.55	1513	36.01	564	49.22	1723	-0.4	1772	38.64	1163	18.43	1708
1400	000965	天保基建	33.36	45.56	731	19.10	1477	60.08	1568	0.32	1428	51.00	554	37.39	944

续表

总排名	证券代码	证券简称	总分	价值创造		价值实现		价值关联度		溢价因素		基础价值		成长价值	
				得分	排名	得分	排名	得分	排名	得分	排名	得分	排名	得分	排名
1401	002454	松芝股份	33.35	47.48	622	19.56	1434	56.55	1620	-0.28	1746	54.98	430	36.23	989
1402	600477	杭萧钢构	33.34	28.89	1580	14.12	1813	87.53	694	15.13	512	33.31	1437	22.25	1596
1403	000905	厦门港务	33.33	51.96	419	20.21	1388	48.15	1741	0.28	1504	39.70	1113	70.35	101
1404	002425	凯撒股份	33.32	35.00	1302	15.25	1746	76.24	1127	14.69	549	41.37	1024	25.43	1495
1405	601599	鹿港科技	33.31	43.77	808	18.76	1496	63.18	1512	0.36	1156	43.66	892	43.94	649
1406	300098	高新兴	33.29	26.87	1653	20.11	1399	86.41	744	-0.96	1857	34.29	1390	15.75	1756
1407	002111	威海广泰	33.29	29.64	1559	24.71	1063	73.46	1223	-1.76	1908	37.92	1195	17.23	1729
1408	600745	中茵股份	33.27	57.93	241	20.26	1385	38.78	1831	0.32	1198	51.58	530	67.45	141
1409	601991	大唐发电	33.26	26.48	1666	42.92	327	28.35	1906	24.82	78	29.16	1634	22.47	1588
1410	600891	秋林集团	33.24	29.62	1561	25.66	1006	70.30	1320	0.32	1272	33.20	1441	24.25	1528
1411	600665	天地源	33.24	41.68	913	18.31	1532	66.88	1421	0.32	1192	43.76	886	38.57	898
1412	002551	尚荣医疗	33.24	28.58	1595	28.08	862	60.78	1556	12.76	629	37.83	1200	14.69	1776
1413	002384	东山精密	33.23	27.69	1625	25.12	1036	68.48	1382	11.81	650	35.82	1311	15.50	1763
1414	002394	联发股份	33.20	60.16	186	20.16	1394	35.36	1862	0.2	1566	67.72	162	48.82	495
1415	300154	瑞凌股份	33.20	42.17	894	18.01	1551	64.84	1475	3.76	918	46.15	767	36.21	994
1416	600189	吉林森工	33.20	36.53	1214	14.63	1784	69.50	1346	24.84	77	31.96	1510	43.39	684
1417	600265	景谷林业	33.20	23.91	1751	15.34	1738	99.30	48	0.24	1532	6.89	1945	49.45	474
1418	000591	桐君阁	33.19	25.72	1697	13.68	1838	92.46	444	15.13	504	27.71	1698	22.73	1578
1419	002576	通达动力	33.17	34.74	1317	16.10	1679	80.63	984	1.76	1014	40.99	1045	25.37	1496

续表

总排名	证券代码	证券简称	总分	价值创造 得分	价值创造 排名	价值实现 得分	价值实现 排名	价值关联度 得分	价值关联度 排名	溢价因素 得分	溢价因素 排名	基础价值 得分	基础价值 排名	成长价值 得分	成长价值 排名
1420	000925	众合机电	33.15	24.19	1743	15.80	1704	97.91	150	-0.08	1688	29.97	1604	15.50	1762
1421	000851	高鸿股份	33.14	40.06	1018	17.59	1574	70.25	1322	0.32	1437	28.49	1661	57.42	275
1422	002580	圣阳股份	33.12	38.68	1097	15.89	1694	68.05	1398	15.53	468	44.06	875	30.60	1285
1423	002432	九安医疗	33.11	29.05	1576	24.56	1075	73.19	1228	-0.72	1825	29.11	1635	28.96	1359
1424	002084	海鸥卫浴	33.10	20.62	1836	14.25	1807	98.45	107	15.21	491	25.86	1774	12.77	1812
1425	002184	海得控制	33.09	26.34	1673	15.19	1749	95.93	271	-0.76	1834	28.94	1642	22.44	1590
1426	002227	奥特迅	33.06	30.21	1530	31.93	707	55.96	1629	0.32	1399	28.53	1658	32.72	1169
1427	600247	成城股份	33.06	34.40	1336	16.02	1682	81.48	942	0.32	1247	25.84	1776	47.24	545
1428	300084	海默科技	33.05	28.89	1581	15.43	1730	92.03	467	-1.96	1918	32.82	1462	22.99	1573
1429	002533	金杯电工	33.02	34.99	1304	15.28	1745	76.40	1124	11.35	664	39.43	1131	28.33	1393
1430	002169	智光电气	33.02	26.04	1691	15.06	1760	96.31	250	-0.84	1845	29.68	1619	20.57	1649
1431	300052	中青宝	33.01	20.64	1834	14.66	1782	97.22	195	15.13	495	27.79	1691	9.92	1861
1432	000791	西北化工	32.99	26.41	1670	20.31	1384	84.70	822	0.08	1638	24.43	1830	29.39	1345
1433	600896	中海海盛	32.99	22.04	1803	13.90	1821	99.04	71	10.14	735	23.94	1847	19.18	1688
1434	300050	世纪鼎利	32.98	31.36	1485	15.45	1728	87.00	717	-0.04	1675	43.21	926	13.58	1795
1435	002120	新海股份	32.94	29.62	1560	15.18	1752	89.73	587	0.36	1143	32.58	1471	25.18	1501
1436	601258	庞大集团	32.94	26.33	1674	36.87	536	39.10	1830	24.72	83	36.54	1273	11.02	1843
1437	600053	中江地产	32.94	48.36	579	19.32	1451	53.34	1664	0.32	1236	26.55	1750	81.08	42
1438	000819	岳阳兴长	32.94	30.18	1531	34.01	622	51.36	1688	0.04	1642	31.88	1516	27.64	1417

续表

总排名	证券代码	证券简称	总分	价值创造		价值实现		价值关联度		溢价因素		基础价值		成长价值	
				得分	排名	得分	排名	得分	排名	得分	排名	得分	排名	得分	排名
1439	600844	丹化科技	32.92	26.10	1687	55.47	68	13.36	1948	2.36	983	9.83	1942	50.50	442
1440	600229	青岛碱业	32.91	26.51	1665	20.62	1356	83.46	874	0.2	1575	25.56	1788	27.93	1406
1441	300131	英唐智控	32.88	25.47	1700	22.70	1195	72.98	1238	15.69	459	32.31	1482	15.21	1767
1442	000158	常山股份	32.84	30.07	1536	15.20	1748	88.66	646	0.12	1606	26.20	1765	35.86	1010
1443	300184	力源信息	32.84	31.18	1495	15.29	1744	86.68	732	0.32	1348	38.92	1150	19.56	1678
1444	600768	宁波富邦	32.83	27.46	1639	15.06	1761	93.47	383	-1.26	1877	23.83	1851	32.90	1158
1445	002121	科陆电子	32.81	25.31	1704	21.87	1250	75.71	1149	13.25	613	33.75	1416	12.64	1817
1446	002472	双环传动	32.81	49.05	550	19.31	1453	51.68	1684	0.32	1321	55.10	427	39.98	829
1447	600291	西水股份	32.79	22.74	1779	14.76	1776	99.84	11	0.96	1067	24.22	1835	20.51	1651
1448	002380	科远股份	32.76	38.36	1111	16.72	1641	71.64	1281	2.36	979	42.95	939	31.47	1234
1449	300140	启源装备	32.76	31.68	1472	13.84	1827	81.00	967	15.21	492	38.14	1186	21.97	1607
1450	600531	豫光金铅	32.75	27.99	1618	26.97	927	63.02	1516	9.62	818	36.25	1292	15.59	1761
1451	002487	大金重工	32.73	35.27	1284	16.00	1683	78.65	1056	0.2	1567	37.89	1197	31.32	1240
1452	600290	华仪电气	32.73	23.78	1755	20.48	1369	79.34	1025	15.33	480	31.29	1544	12.52	1818
1453	002071	江苏宏宝	32.73	29.66	1558	14.99	1764	88.98	618	0.36	1144	30.53	1579	28.36	1390
1454	000626	如意集团	32.71	22.89	1771	15.56	1723	97.43	186	1.36	1054	31.21	1547	10.41	1852
1455	601519	大智慧	32.71	26.28	1678	44.80	263	24.28	1919	20.48	238	33.58	1426	15.32	1765
1456	002205	国统股份	32.69	24.27	1741	17.00	1617	93.36	390	-0.68	1819	32.53	1474	11.89	1833
1457	002443	金洲管道	32.68	29.46	1566	14.94	1767	89.24	604	0.16	1599	35.57	1324	20.29	1655

续表

总排名	证券代码	证券简称	总分	价值创造		价值实现		价值关联度		溢价因素		基础价值		成长价值	
				得分	排名	得分	排名	得分	排名	得分	排名	得分	排名	得分	排名
1458	002323	中联电气	32.67	42.78	853	18.12	1546	62.92	1518	0.04	1652	48.16	666	34.72	1067
1459	002201	九鼎新材	32.64	33.79	1374	15.54	1724	81.27	952	0.32	1402	29.86	1610	39.69	843
1460	002015	霞客环保	32.63	30.24	1528	15.10	1757	87.75	684	-0.32	1760	30.14	1596	30.41	1302
1461	600399	抚顺特钢	32.62	29.43	1567	14.86	1770	89.14	609	0.16	1590	30.32	1586	28.08	1403
1462	600469	风神股份	32.62	48.23	587	17.15	1609	45.31	1765	22.26	157	48.40	653	47.97	519
1463	002319	乐通股份	32.61	31.44	1482	15.14	1753	85.50	781	0.2	1568	31.21	1548	31.78	1222
1464	600778	友好集团	32.61	45.67	721	18.34	1529	56.76	1617	2.16	991	43.25	923	49.29	479
1465	300132	青松股份	32.61	24.03	1749	19.23	1462	84.64	823	7.76	860	31.97	1509	12.12	1829
1466	000004	国农科技	32.60	27.63	1630	23.44	1152	74.42	1190	0.56	1133	34.58	1373	17.20	1730
1467	600599	熊猫烟花	32.60	27.65	1628	23.46	1151	74.47	1188	0.28	1523	30.56	1577	23.30	1557
1468	300220	金运激光	32.60	44.77	772	18.27	1536	59.12	1582	0.32	1232	40.26	1078	51.53	406
1469	600848	自仪股份	32.60	29.17	1574	27.37	907	64.31	1487	0.32	1275	26.90	1737	32.58	1181
1470	000534	万泽股份	32.58	29.72	1552	32.65	674	53.02	1672	0.04	1644	28.37	1665	31.75	1223
1471	000957	中通客车	32.58	37.43	1155	16.57	1651	73.46	1222	0.32	1423	36.16	1296	39.34	861
1472	600122	宏图高科	32.58	27.19	1648	22.20	1233	77.79	1082	-0.16	1709	32.03	1501	19.92	1670
1473	300190	维尔利	32.55	41.29	943	16.03	1680	60.56	1562	16.41	426	53.05	472	23.65	1546
1474	600235	民丰特纸	32.53	27.49	1638	14.59	1786	92.08	462	0.32	1252	25.35	1797	30.70	1271
1475	600595	中孚实业	32.53	25.97	1692	38.06	506	36.53	1854	22.1	175	29.53	1624	20.64	1647
1476	002047	成霖股份	32.50	23.92	1750	17.29	1599	91.92	472	0.28	1506	13.26	1927	39.90	834

续表

总排名	证券代码	证券简称	总分	价值创造		价值实现		价值关联度		溢价因素		基础价值		成长价值	
				得分	排名	得分	排名	得分	排名	得分	排名	得分	排名	得分	排名
1477	000531	穗恒运A	32.50	24.28	1740	19.83	1413	82.50	903	7.85	858	33.00	1453	11.19	1840
1478	600644	乐山电力	32.49	37.87	1132	16.60	1648	72.39	1253	0.08	1626	39.20	1140	35.89	1009
1479	600393	东华实业	32.48	22.55	1780	13.52	1845	96.52	233	9.99	780	28.63	1650	13.44	1799
1480	002232	启明信息	32.48	28.36	1601	31.74	712	52.43	1677	7.87	857	31.81	1521	23.19	1561
1481	000839	中信国安	32.47	26.17	1683	42.43	343	28.29	1907	19.96	308	27.75	1693	23.79	1543
1482	002559	亚威股份	32.46	46.33	686	18.42	1522	55.26	1640	1.36	1045	56.29	394	31.39	1237
1483	600308	华泰股份	32.45	22.86	1772	19.86	1411	80.68	980	15.1	516	23.64	1854	21.68	1618
1484	300022	吉峰农机	32.44	35.44	1273	15.83	1699	77.20	1095	0.32	1379	37.72	1209	32.03	1211
1485	600550	天威保变	32.43	25.89	1693	39.32	454	33.70	1878	21.94	191	22.68	1871	30.70	1268
1486	000619	海螺型材	32.41	28.77	1586	14.66	1783	89.46	597	0.28	1502	32.35	1480	23.39	1553
1487	300082	奥克股份	32.40	39.16	1069	16.80	1629	70.03	1331	-0.72	1829	44.83	827	30.65	1284
1488	000521	美菱电器	32.39	24.49	1728	14.45	1798	96.25	257	0.12	1607	27.72	1697	19.64	1675
1489	002346	柘中建设	32.38	46.78	660	18.53	1510	54.51	1650	0.32	1315	43.62	897	51.52	408
1490	600580	卧龙电气	32.38	25.14	1707	21.79	1258	75.97	1136	9.26	834	32.42	1478	14.23	1783
1491	002270	法因数控	32.37	36.01	1245	15.89	1695	75.92	1139	0.32	1304	33.42	1433	39.90	833
1492	000910	大亚科技	32.36	30.29	1522	13.51	1846	82.66	897	13.32	606	34.31	1387	24.27	1527
1493	300209	天泽信息	32.35	41.29	941	17.29	1598	64.84	1476	0.76	1105	51.85	517	25.46	1494
1494	000617	石油济柴	32.34	23.47	1759	16.90	1621	92.62	436	0.2	1560	18.79	1907	30.50	1297
1495	300192	科斯伍德	32.34	36.79	1193	16.14	1677	74.10	1204	0.32	1346	44.28	862	25.55	1487

续表

总排名	证券代码	证券简称	总分	价值创造		价值实现		价值关联度		溢价因素		基础价值		成长价值	
				得分	排名	得分	排名	得分	排名	得分	排名	得分	排名	得分	排名
1496	300106	西部牧业	32.33	38.24	1115	16.64	1645	71.64	1278	-1.28	1879	37.98	1192	38.64	892
1497	600834	申通地铁	32.33	27.53	1634	24.11	1110	71.96	1265	0.32	1286	30.87	1560	22.52	1587
1498	600708	海博股份	32.32	33.45	1389	15.19	1750	80.68	981	0.76	1109	36.59	1269	28.73	1370
1499	600707	彩虹股份	32.32	25.81	1695	20.35	1379	83.09	887	-1.8	1913	10.36	1939	49.00	490
1500	600661	新南洋	32.32	26.27	1679	14.33	1803	93.36	392	0.32	1193	26.25	1762	26.30	1467
1501	600416	湘电股份	32.29	24.82	1715	19.32	1452	85.93	772	-0.68	1822	32.91	1459	12.69	1815
1502	600593	大连圣亚	32.26	26.91	1652	22.76	1190	75.28	1164	0.32	1219	27.84	1688	25.51	1492
1503	002187	广百股份	32.26	45.49	735	17.97	1553	56.23	1625	1.76	1024	50.41	576	38.11	916
1504	600565	迪马股份	32.20	42.33	881	17.51	1585	62.33	1528	0.32	1222	31.52	1535	58.55	245
1505	000153	丰原药业	32.19	23.10	1764	16.80	1630	92.83	419	-0.24	1741	26.18	1766	18.49	1706
1506	600257	大湖股份	32.15	29.03	1578	28.86	829	59.92	1572	-0.88	1850	28.46	1662	29.87	1329
1507	000558	莱茵置业	32.14	22.84	1774	17.40	1592	90.26	551	2.76	959	32.17	1492	8.84	1877
1508	600429	三元股份	32.13	28.84	1583	34.42	611	47.99	1743	1.16	1065	24.78	1820	34.94	1059
1509	000818	方大化工	32.13	22.01	1806	19.28	1458	81.38	949	15.37	477	31.61	1534	7.62	1892
1510	600806	昆明机床	32.10	24.87	1713	22.08	1235	74.42	1189	9.19	836	32.02	1505	14.14	1784
1511	601003	柳钢股份	32.09	27.37	1643	36.63	540	40.98	1814	10.35	688	33.15	1447	18.71	1702
1512	300069	金利华电	32.08	32.20	1451	14.78	1774	82.72	894	-0.32	1758	37.46	1224	24.31	1524
1513	002164	东力传动	32.07	23.72	1757	17.63	1569	89.94	569	-0.88	1847	27.64	1702	17.83	1722
1514	300150	世纪瑞尔	32.07	54.77	330	19.38	1445	40.33	1817	-1.84	1915	54.48	442	55.21	324

续表

总排名	证券代码	证券简称	总分	价值创造		价值实现		价值关联度		溢价因素		基础价值		成长价值	
				得分	排名	得分	排名	得分	排名	得分	排名	得分	排名	得分	排名
1515	600302	标准股份	32.04	24.32	1737	13.93	1818	95.67	289	0.36	1157	25.51	1790	22.55	1584
1516	300213	佳讯飞鸿	32.02	47.34	628	16.93	1619	46.97	1751	16.57	422	45.36	798	50.31	449
1517	600370	三房巷	32.02	26.06	1690	13.91	1820	93.04	405	0.32	1183	29.11	1636	21.50	1625
1518	600358	国旅联合	32.01	24.76	1720	20.20	1390	82.34	909	0.32	1180	16.43	1921	37.24	948
1519	002080	中材科技	32.01	26.16	1684	24.49	1079	67.62	1408	8.35	848	34.52	1375	13.63	1793
1520	600573	惠泉啤酒	31.98	24.64	1726	19.49	1438	84.59	826	-1.2	1874	29.89	1608	16.76	1738
1521	600990	四创电子	31.98	40.43	998	16.75	1636	65.86	1452	-0.16	1706	41.79	1001	38.38	906
1522	600728	佳都新太	31.97	28.76	1587	32.55	680	51.46	1686	0.32	1202	37.09	1243	16.26	1749
1523	002516	江苏旷达	31.96	37.68	1146	15.72	1707	69.98	1332	3.76	919	45.09	813	26.57	1458
1524	002020	京新药业	31.96	42.32	882	17.15	1610	61.04	1549	1.96	1003	33.53	1428	55.49	321
1525	300221	银禧科技	31.95	49.40	541	18.40	1523	47.45	1747	2.76	963	43.35	915	58.47	249
1526	300227	光韵达	31.93	46.74	663	18.21	1542	52.96	1674	0.32	1229	43.55	898	51.53	405
1527	600452	涪陵电力	31.92	20.64	1835	16.43	1662	90.74	529	10.1	744	30.28	1591	6.16	1902
1528	000762	西藏矿业	31.91	26.71	1657	50.83	119	17.70	1940	0.24	1549	27.90	1686	24.92	1509
1529	600005	武钢股份	31.91	24.56	1727	38.48	490	33.80	1876	23.85	104	26.03	1770	22.36	1592
1530	000875	吉电股份	31.90	28.56	1596	12.39	1890	84.27	846	15.17	493	22.25	1879	38.03	920
1531	002202	金风科技	31.90	24.48	1729	38.06	504	34.45	1873	24.37	90	33.89	1406	10.36	1854
1532	002314	雅致股份	31.88	33.95	1360	14.99	1765	78.33	1068	0.36	1149	36.84	1252	29.60	1338
1533	002185	华天科技	31.86	26.24	1681	25.39	1017	64.47	1484	9.43	831	32.59	1470	16.72	1740

续表

总排名	证券代码	证券简称	总分	价值创造		价值实现		价值关联度		溢价因素		基础价值		成长价值	
				得分	排名	得分	排名	得分	排名	得分	排名	得分	排名	得分	排名
1534	300025	华星创业	31.86	38.38	1110	14.75	1777	64.31	1488	15.85	449	44.16	871	29.71	1333
1535	000638	万方地产	31.86	21.21	1826	14.47	1796	98.40	111	0.32	1456	30.02	1602	7.99	1886
1536	600992	贵绳股份	31.86	31.18	1494	13.36	1854	80.74	978	10.1	746	30.45	1580	32.28	1198
1537	002337	赛象科技	31.86	25.14	1708	21.03	1324	79.45	1023	0.12	1613	29.79	1614	18.17	1718
1538	600667	太极实业	31.84	32.74	1430	14.58	1788	80.84	975	0.2	1583	34.39	1384	30.27	1313
1539	300046	台基股份	31.82	46.57	672	18.17	1545	53.28	1667	-0.76	1831	55.83	409	32.69	1172
1540	300153	科泰电源	31.81	28.62	1593	13.97	1817	88.01	675	0.32	1350	34.78	1364	19.39	1682
1541	000589	黔轮胎A	31.81	26.92	1651	13.87	1824	90.74	530	0.32	1489	31.64	1530	19.85	1672
1542	600623	双钱股份	31.79	24.90	1711	38.43	491	34.71	1870	20.12	288	32.56	1473	13.40	1800
1543	300056	三维丝	31.79	44.66	776	16.52	1656	52.91	1675	12.01	647	43.75	888	46.03	576
1544	300161	华中数控	31.78	22.96	1768	13.18	1859	95.13	315	5.96	885	32.15	1495	9.17	1869
1545	000021	长城开发	31.75	25.03	1710	34.16	619	41.62	1802	22.57	143	28.07	1676	20.47	1653
1546	600081	东风科技	31.73	44.28	791	17.47	1590	57.24	1612	0.12	1618	51.78	522	33.03	1152
1547	002228	合兴包装	31.73	34.70	1319	15.22	1747	77.10	1100	-1.92	1917	36.41	1281	32.13	1208
1548	300092	科新机电	31.72	34.34	1342	14.88	1768	77.20	1097	0.2	1565	37.72	1210	29.27	1351
1549	002221	东华能源	31.71	50.46	500	17.24	1603	40.98	1815	14.77	540	37.39	1230	70.06	117
1550	000883	湖北能源	31.70	26.45	1669	38.06	505	37.71	1841	10.03	770	33.53	1429	15.82	1753
1551	000601	韶能股份	31.70	36.53	1215	15.46	1727	72.60	1249	0.32	1460	30.30	1587	45.87	581
1552	002039	黔源电力	31.69	22.32	1789	13.54	1843	97.11	202	1.56	1030	16.74	1918	30.70	1279

续表

总排名	证券代码	证券简称	总分	价值创造 得分	价值创造 排名	价值实现 得分	价值实现 排名	价值关联度 得分	价值关联度 排名	溢价因素 得分	溢价因素 排名	基础价值 得分	基础价值 排名	成长价值 得分	成长价值 排名
1553	002596	海南瑞泽	31.68	41.58	921	16.82	1627	62.22	1533	0.32	1374	43.31	918	38.99	876
1554	002028	思源电气	31.67	26.71	1656	31.44	724	50.13	1706	10.58	682	38.05	1190	9.71	1864
1555	300081	恒信移动	31.67	25.76	1696	13.62	1840	92.29	451	0.32	1342	30.21	1594	19.08	1692
1556	600011	华能国际	31.65	24.41	1735	43.89	293	22.83	1925	22.1	171	25.30	1801	23.07	1568
1557	002488	金固股份	31.62	36.23	1230	15.41	1731	73.19	1229	-0.52	1794	41.50	1016	28.33	1394
1558	600098	广州控股	31.61	24.15	1745	41.99	359	25.83	1913	24.05	100	31.69	1527	12.85	1811
1559	300018	中元华电	31.60	37.61	1148	15.79	1705	70.19	1324	-0.36	1765	42.30	979	30.58	1292
1560	002149	西部材料	31.60	19.56	1861	15.47	1726	92.78	429	9.87	794	23.00	1864	14.39	1779
1561	300044	赛为智能	31.59	36.04	1242	15.40	1732	73.78	1211	-1.36	1883	37.08	1244	34.47	1075
1562	300167	迪威视讯	31.59	28.20	1610	12.03	1903	84.32	841	14.56	556	38.79	1157	12.32	1822
1563	002178	延华智能	31.59	22.13	1799	16.80	1631	91.01	515	0.28	1508	23.14	1859	20.62	1648
1564	002352	鼎泰新材	31.58	47.77	611	18.10	1547	49.91	1710	0.28	1514	40.37	1069	58.87	243
1565	600215	长春经开	31.57	25.51	1699	13.53	1844	92.24	457	0.56	1116	22.80	1868	29.56	1339
1566	300093	金刚玻璃	31.56	33.07	1414	13.17	1861	76.08	1135	11.57	654	36.55	1271	27.84	1412
1567	000678	襄阳轴承	31.56	34.55	1327	14.84	1772	76.19	1131	0.2	1559	30.54	1578	40.56	808
1568	002600	江粉磁材	31.54	28.23	1609	33.07	657	49.06	1725	0.36	1146	33.61	1424	20.15	1659
1569	002159	三特索道	31.54	49.48	535	18.36	1527	46.92	1753	-0.32	1759	45.92	773	54.82	330
1570	300107	建新股份	31.53	23.07	1766	13.80	1833	96.42	243	-1.96	1919	31.93	1514	9.80	1863
1571	002265	西仪股份	31.51	25.68	1698	26.09	985	61.85	1536	10.03	773	21.96	1888	31.26	1243

续表

总排名	证券代码	证券简称	总分	价值创造 得分	价值创造 排名	价值实现 得分	价值实现 排名	价值关联度 得分	价值关联度 排名	溢价因素 得分	溢价因素 排名	基础价值 得分	基础价值 排名	成长价值 得分	成长价值 排名
1572	600777	新潮实业	31.51	22.12	1800	16.92	1620	90.37	547	0.32	1292	22.98	1865	20.84	1642
1573	600866	星湖科技	31.51	22.55	1781	17.59	1576	89.03	615	-0.96	1858	32.01	1507	8.36	1884
1574	002045	广州国光	31.49	29.89	1543	13.91	1819	85.23	799	-0.84	1846	34.72	1368	22.63	1582
1575	300063	天龙集团	31.47	29.69	1555	13.79	1834	85.07	802	0.32	1384	34.12	1400	23.06	1569
1576	000036	华联控股	31.47	27.53	1632	27.31	910	61.36	1546	0.16	1604	36.86	1251	13.54	1796
1577	600483	福建南纺	31.47	43.14	839	16.16	1675	55.26	1638	10.14	720	34.43	1379	56.19	306
1578	300205	天喻信息	31.47	22.81	1776	12.60	1880	94.44	342	6.96	874	33.09	1450	7.40	1894
1579	002240	威华股份	31.46	21.92	1809	13.35	1855	97.54	179	0.36	1153	24.04	1839	18.73	1700
1580	300223	北京君正	31.45	42.49	869	15.63	1710	55.00	1642	14.56	557	51.75	525	28.59	1378
1581	600127	金健米业	31.45	26.36	1672	24.37	1089	68.80	1372	0.32	1243	18.34	1911	38.40	905
1582	002537	海立美达	31.45	37.79	1138	15.61	1714	69.18	1354	0.32	1366	46.29	756	25.04	1504
1583	300123	太阳鸟	31.45	37.36	1161	15.63	1711	70.57	1313	-1.28	1881	38.28	1176	35.99	1003
1584	000518	四环生物	31.41	27.51	1637	38.59	487	38.46	1835	0.32	1490	23.69	1853	33.24	1132
1585	300065	海兰信	31.40	31.48	1479	14.09	1815	82.02	921	-0.84	1844	37.81	1204	21.99	1606
1586	600297	美罗药业	31.36	22.18	1795	17.53	1583	88.66	641	-0.4	1770	24.76	1821	18.30	1713
1587	000551	创元科技	31.34	24.79	1717	13.40	1853	92.72	430	0.04	1645	30.78	1566	15.82	1755
1588	002529	海源机械	31.34	36.15	1233	15.10	1758	71.91	1267	0.76	1095	40.05	1097	30.31	1311
1589	002452	长高集团	31.34	40.52	995	16.14	1676	63.56	1508	-0.12	1612	42.71	953	37.23	949
1590	002103	广博股份	31.33	31.57	1475	13.89	1823	81.38	948	0.32	1390	34.36	1386	27.39	1431

续表

总排名	证券代码	证券简称	总分	价值创造 得分	价值创造 排名	价值实现 得分	价值实现 排名	价值关联度 得分	价值关联度 排名	溢价因素 得分	溢价因素 排名	基础价值 得分	基础价值 排名	成长价值 得分	成长价值 排名
1591	300162	雷曼光电	31.31	26.71	1658	25.51	1010	65.32	1464	0.32	1352	36.17	1295	12.51	1819
1592	600677	航天通信	31.31	46.86	650	17.63	1568	50.88	1694	0.2	1585	41.08	1039	55.53	318
1593	000419	通程控股	31.28	55.88	296	18.62	1504	35.36	1861	-0.04	1671	47.94	676	67.80	134
1594	600802	福建水泥	31.24	53.36	383	18.46	1521	39.10	1829	0.28	1518	40.30	1073	72.95	78
1595	300118	东方日升	31.23	20.79	1829	15.58	1718	94.06	360	-0.56	1804	30.34	1585	6.48	1900
1596	002062	宏润建设	31.22	28.75	1588	13.46	1850	85.98	765	0.2	1563	36.98	1246	16.41	1746
1597	300129	泰胜风能	31.22	25.42	1701	13.17	1860	91.49	490	0.32	1343	34.37	1385	12.00	1830
1598	600475	华光股份	31.22	36.88	1188	15.34	1737	70.62	1311	-1.04	1861	43.33	916	27.20	1435
1599	300091	金通灵	31.19	35.61	1265	14.23	1808	70.94	1299	6.19	881	38.80	1156	30.84	1262
1600	002143	高金食品	31.16	28.25	1608	13.28	1856	86.73	727	0.32	1395	35.05	1351	18.04	1720
1601	600725	云维股份	31.16	17.68	1903	13.06	1866	98.02	143	10.23	699	28.40	1663	1.60	1931
1602	002021	中捷股份	31.15	38.95	1078	15.59	1716	65.86	1455	0.56	1128	35.18	1342	44.61	620
1603	600151	航天机电	31.15	24.17	1744	29.82	787	48.79	1729	22.1	169	21.35	1892	28.39	1388
1604	002599	盛通股份	31.14	36.11	1239	14.86	1769	71.64	1280	0.32	1376	38.15	1185	33.06	1145
1605	002473	圣莱达	31.13	25.26	1705	23.34	1162	70.94	1300	0.32	1322	32.15	1496	14.93	1772
1606	002356	浩宁达	31.12	29.71	1553	13.46	1849	84.16	852	-0.08	1686	31.20	1549	27.48	1426
1607	002395	双象股份	31.11	37.77	1140	15.36	1735	68.16	1393	0.08	1631	39.54	1123	35.11	1054
1608	000570	苏常柴A	31.11	24.80	1716	22.30	1224	73.67	1215	0.16	1603	28.27	1667	19.58	1676
1609	000906	南方建材	31.10	35.63	1264	14.51	1794	71.64	1282	2.76	960	35.04	1353	36.51	984

续表

总排名	证券代码	证券简称	总分	价值创造		价值实现		价值关联度		溢价因素		基础价值		成长价值	
				得分	排名	得分	排名	得分	排名	得分	排名	得分	排名	得分	排名
1610	002286	保龄宝	31.09	41.91	903	16.51	1657	59.65	1575	-0.16	1711	42.71	952	40.71	800
1611	002374	丽鹏股份	31.08	24.72	1722	12.95	1871	92.03	466	0.76	1090	33.77	1413	11.15	1842
1612	000952	广济药业	31.06	20.39	1842	15.56	1722	93.58	379	0.04	1650	25.21	1806	13.16	1803
1613	002406	远东传动	31.06	55.70	303	18.47	1520	34.87	1867	-0.16	1715	54.68	434	57.22	282
1614	000902	中国服装	31.05	21.67	1815	17.56	1578	87.32	705	0.56	1124	25.68	1782	15.66	1758
1615	002082	栋梁新材	31.04	50.20	507	17.59	1575	42.85	1788	3.76	921	51.86	515	47.72	528
1616	002211	宏达新材	31.04	21.31	1823	20.76	1344	74.37	1194	14.73	547	22.69	1869	19.24	1687
1617	601999	出版传媒	31.03	27.24	1646	30.04	774	53.34	1665	1.76	1013	28.75	1646	24.97	1506
1618	601007	金陵饭店	31.03	48.10	599	16.55	1652	43.65	1779	12.49	637	49.09	620	46.62	559
1619	002284	亚太股份	31.03	29.80	1549	13.46	1848	84.00	858	-0.96	1856	36.37	1283	19.94	1669
1620	600576	万好万家	31.00	22.12	1801	18.35	1528	85.39	793	-0.52	1798	31.65	1528	7.82	1890
1621	600759	正和股份	30.99	26.32	1675	47.37	191	20.59	1931	0.32	1296	33.64	1423	15.33	1764
1622	600740	山西焦化	30.99	27.36	1644	29.00	822	56.01	1628	-0.24	1731	32.22	1489	20.07	1664
1623	002363	隆基机械	30.97	38.17	1123	15.31	1743	66.82	1425	0.32	1311	40.31	1071	34.95	1056
1624	002402	和而泰	30.95	28.87	1582	13.14	1862	85.02	807	0.32	1335	32.62	1468	23.24	1558
1625	600982	宁波热电	30.95	53.72	372	18.23	1539	37.55	1842	0.32	1278	47.41	704	63.19	178
1626	600243	青海华鼎	30.93	27.67	1627	11.62	1910	84.86	814	10.14	732	26.37	1757	29.62	1335
1627	600566	洪城股份	30.93	31.09	1498	13.40	1852	81.06	963	0.32	1223	27.09	1724	37.09	955
1628	000090	深天健	30.92	52.05	416	18.27	1537	40.01	1820	-0.08	1690	40.26	1076	69.73	121

续表

总排名	证券代码	证券简称	总分	价值创造 得分	价值创造 排名	价值实现 得分	价值实现 排名	价值关联度 得分	价值关联度 排名	溢价因素 得分	溢价因素 排名	基础价值 得分	基础价值 排名	成长价值 得分	成长价值 排名
1629	601002	晋亿实业	30.90	23.84	1753	52.72	100	11.54	1950	3.56	929	31.29	1543	12.66	1816
1630	601558	华锐风电	30.89	24.06	1747	41.07	385	27.12	1909	18.22	362	34.87	1359	7.85	1889
1631	600744	华银电力	30.88	25.05	1709	12.51	1884	90.64	532	2.36	985	18.75	1908	34.50	1074
1632	300173	松德股份	30.85	36.28	1227	13.87	1825	68.00	1399	8.16	849	44.49	850	23.95	1537
1633	002053	云南盐化	30.84	33.94	1361	13.63	1839	74.42	1191	3.16	948	28.61	1652	41.94	742
1634	600126	杭钢股份	30.83	45.16	748	15.94	1692	49.48	1718	10.11	739	40.11	1089	52.73	381
1635	600713	南京医药	30.83	32.40	1445	13.86	1826	79.61	1017	-3.6	1948	20.34	1897	50.50	440
1636	600797	中国武夷	30.81	34.57	1325	13.99	1816	73.73	1212	0.96	1077	35.53	1328	33.14	1142
1637	600466	迪康药业	30.79	27.00	1650	32.04	701	49.22	1724	0.32	1179	29.70	1618	22.96	1575
1638	600719	大连热电	30.79	25.83	1694	12.55	1882	89.94	573	0.32	1196	21.20	1893	32.77	1167
1639	002413	常发股份	30.79	37.84	1136	15.12	1754	66.93	1420		1668	43.01	936	30.09	1318
1640	000913	钱江摩托	30.78	19.19	1871	12.66	1878	99.63	23	0.32	1424	22.38	1876	14.40	1778
1641	000903	云内动力	30.76	21.86	1813	18.21	1541	85.44	788	-1.68	1900	27.00	1729	14.14	1785
1642	300076	宁波GQY	30.73	29.24	1571	12.93	1874	83.79	864	0.32	1340	36.09	1299	18.97	1695
1643	000584	友利控股	30.73	20.24	1846	16.28	1670	90.58	536	0.32	1487	25.23	1804	12.76	1813
1644	000014	沙河股份	30.73	39.09	1073	15.32	1741	64.25	1489	0.24	1555	41.72	1004	35.15	1052
1645	000821	京山轻机	30.73	19.25	1869	14.74	1779	95.18	310	0.24	1548	24.53	1825	11.32	1835
1646	002593	日上集团	30.72	40.89	969	15.76	1706	60.56	1561	0.32	1357	41.08	1041	40.62	804
1647	300117	嘉寓股份	30.71	29.90	1542	10.51	1934	79.02	1039	17.37	384	35.78	1313	21.08	1635

续表

总排名	证券代码	证券简称	总分	价值创造		价值实现		价值关联度		溢价因素		基础价值		成长价值	
				得分	排名	得分	排名	得分	排名	得分	排名	得分	排名	得分	排名
1648	600461	洪城水业	30.70	43.53	818	16.54	1653	55.32	1637	-0.4	1771	38.82	1154	50.59	433
1649	000150	宜华地产	30.69	30.07	1535	13.01	1868	82.18	916	0.32	1479	29.48	1627	30.95	1259
1650	600826	兰生股份	30.69	26.60	1662	36.98	532	39.53	1825	0.12	1620	29.59	1622	22.12	1601
1651	000533	万家乐	30.69	22.76	1778	20.43	1372	78.27	1072	0.32	1496	31.24	1546	10.03	1860
1652	300035	中科电气	30.67	35.14	1291	13.80	1832	71.05	1297	3.96	916	40.29	1074	27.40	1429
1653	600202	哈空调	30.66	19.13	1872	14.52	1791	95.67	288	-0.2	1729	11.41	1934	30.70	1272
1654	600973	宝胜股份	30.64	16.99	1915	14.21	1810	94.38	348	9.86	799	27.65	1701	1.00	1933
1655	002035	华帝股份	30.59	53.47	379	16.73	1638	32.63	1883	13.33	605	57.21	373	47.86	522
1656	000502	绿景控股	30.58	26.17	1682	26.88	933	59.92	1573	-0.08	1693	42.45	970	1.75	1928
1657	002373	联信永益	30.58	26.57	1664	10.09	1939	85.28	797	15.13	500	30.09	1598	21.28	1632
1658	000663	永安林业	30.57	27.19	1647	10.42	1936	84.54	831	13.32	607	19.00	1905	39.49	853
1659	600148	长春一东	30.57	61.89	157	17.64	1567	24.55	1917	0.32	1265	43.12	933	90.05	25
1660	600622	嘉宝集团	30.56	46.88	648	17.00	1616	48.20	1740	0.56	1113	48.45	649	44.52	625
1661	000885	同力水泥	30.56	60.37	180	17.90	1555	26.42	1911	0.04	1649	58.40	335	63.31	176
1662	002366	丹甫股份	30.53	35.88	1253	14.22	1809	70.25	1323	0.32	1309	41.44	1020	27.55	1421
1663	002119	康强电子	30.53	16.60	1922	11.77	1907	99.20	57	10.03	771	27.00	1730	1.00	1950
1664	000727	华东科技	30.51	23.27	1762	21.48	1286	74.53	1187	0.32	1461	22.63	1872	24.23	1529
1665	000980	金马股份	30.51	29.75	1551	12.65	1879	82.45	905	0.32	1427	30.38	1584	28.82	1368
1666	002486	嘉麟杰	30.49	41.74	912	15.95	1691	58.31	1595	-0.72	1827	40.85	1050	43.07	700

续表

总排名	证券代码	证券简称	总分	价值创造		价值实现		价值关联度		溢价因素		基础价值		成长价值	
				得分	排名	得分	排名	得分	排名	得分	排名	得分	排名	得分	排名
1667	002027	七喜控股	30.48	19.37	1867	15.58	1720	92.13	460	0.08	1635	17.67	1914	21.94	1608
1668	600185	格力地产	30.48	53.36	384	17.74	1563	36.91	1850	-0.08	1680	48.54	642	60.59	214
1669	002110	三钢闽光	30.47	50.74	489	17.50	1587	41.24	1810	0.04	1647	43.09	934	62.20	191
1670	600861	北京城乡	30.43	37.46	1153	14.72	1780	66.45	1433	0.2	1573	33.81	1410	42.94	708
1671	002494	华斯股份	30.43	43.86	806	16.37	1666	53.98	1658	-0.76	1832	44.72	833	42.58	721
1672	002124	天邦股份	30.42	36.06	1241	14.18	1811	69.50	1344	0.32	1392	33.88	1407	39.33	864
1673	300151	昌红科技	30.41	31.67	1473	12.99	1870	78.76	1052	-0.36	1764	37.44	1225	23.01	1572
1674	600605	汇通能源	30.41	38.22	1119	14.78	1773	65.00	1472	0.32	1212	26.38	1756	55.97	308
1675	000893	东凌粮油	30.41	18.30	1889	18.65	1502	79.29	1029	16.01	443	10.03	1941	30.70	1280
1676	600105	永鼎股份	30.40	19.58	1860	15.95	1689	90.85	527	-0.24	1734	29.09	1638	5.31	1908
1677	002528	英 飞 拓	30.40	18.95	1874	20.17	1392	74.21	1199	18.01	367	28.62	1651	4.45	1913
1678	600192	长城电工	30.38	36.38	1220	14.27	1806	68.64	1374	0.32	1262	28.82	1643	47.72	530
1679	300066	三川股份	30.38	39.68	1038	15.19	1751	61.85	1535	0.32	1338	46.52	743	29.42	1342
1680	601179	中国西电	30.35	22.82	1775	38.83	474	30.38	1895	19	345	19.29	1904	28.12	1400
1681	000966	长源电力	30.35	22.31	1790	10.48	1935	92.24	458	10.19	705	31.32	1542	8.80	1879
1682	600730	中国高科	30.34	18.81	1876	15.34	1739	92.67	433	0.32	1203	23.13	1860	12.31	1823
1683	002040	南 京 港	30.31	46.26	692	16.61	1647	48.90	1727	0.12	1608	40.18	1084	55.37	322
1684	002018	华星化工	30.31	19.48	1864	15.96	1687	90.53	541	-0.24	1738	22.62	1873	14.78	1775
1685	600233	大杨创世	30.31	49.05	551	16.88	1625	42.53	1790	3.36	941	57.30	368	36.67	974

续表

总排名	证券代码	证券简称	总分	价值创造 得分	价值创造 排名	价值实现 得分	价值实现 排名	价值关联度 得分	价值关联度 排名	溢价因素 得分	溢价因素 排名	基础价值 得分	基础价值 排名	成长价值 得分	成长价值 排名
1686	600438	通威股份	30.31	22.50	1783	20.87	1336	76.08	1134	-0.08	1681	30.62	1569	10.33	1855
1687	600558	大西洋	30.30	29.98	1539	12.48	1886	81.43	946	0.32	1221	34.29	1389	23.50	1549
1688	002105	信隆实业	30.26	32.21	1450	12.83	1876	77.20	1094	0.28	1510	28.61	1653	37.61	935
1689	300097	智云股份	30.25	27.54	1631	12.30	1894	85.93	769	-1.16	1872	34.43	1381	17.20	1732
1690	002459	天业通联	30.25	17.97	1900	12.26	1896	99.79	14	-0.04	1673	26.70	1744	4.87	1911
1691	002523	天桥起重	30.23	37.18	1173	14.39	1800	66.45	1434	0.32	1364	40.49	1064	32.23	1203
1692	000625	长安汽车	30.22	22.30	1793	42.16	355	23.05	1924	20.6	234	30.80	1565	9.56	1867
1693	600389	江山股份	30.21	18.68	1882	10.56	1933	97.27	192	9.3	833	25.51	1789	8.44	1883
1694	002591	恒大高新	30.21	48.33	581	16.73	1639	43.38	1781	3.36	935	49.55	607	46.51	563
1695	300180	华峰超纤	30.17	36.59	1211	13.79	1835	66.61	1429	3.56	933	45.02	815	23.96	1536
1696	600889	南京化纤	30.17	22.48	1784	10.13	1938	91.76	477	10.22	704	29.30	1629	12.25	1825
1697	600165	新日恒力	30.16	18.59	1883	18.29	1534	81.32	951	10.03	760	25.11	1812	8.81	1878
1698	000411	英特集团	30.16	82.42	17	13.05	1867	1.00	1952	0.16	1605	71.73	115	98.46	8
1699	601268	二重重装	30.16	21.99	1807	38.78	479	28.93	1903	22.61	140	20.21	1898	24.66	1515
1700	600448	华纺股份	30.15	27.90	1621	11.94	1904	84.86	815	0.32	1178	27.55	1708	28.43	1386
1701	300094	国联水产	30.14	15.43	1932	14.37	1802	93.04	406	11.52	657	24.58	1823	1.70	1929
1702	002492	恒基达鑫	30.13	49.52	533	17.10	1612	42.26	1795	-0.2	1723	51.98	508	45.84	582
1703	600560	金自天正	30.12	51.71	438	16.49	1659	34.66	1872	10.78	672	44.65	838	62.30	189
1704	002259	升达林业	30.11	19.51	1863	16.39	1664	89.35	601	-1.7	1903	24.40	1831	12.17	1827

续表

总排名	证券代码	证券简称	总分	价值创造		价值实现		价值关联度		溢价因素		基础价值		成长价值	
				得分	排名	得分	排名	得分	排名	得分	排名	得分	排名	得分	排名
1705	300232	洲明科技	30.09	38.39	1109	14.55	1789	63.61	1507	0.32	1231	44.92	821	28.59	1379
1706	002052	同洲电子	30.08	20.14	1849	18.63	1503	81.48	945	2.96	955	27.14	1723	9.63	1866
1707	300061	康耐特	30.07	24.69	1723	11.60	1911	89.94	571	0.32	1385	30.05	1600	16.64	1743
1708	600526	菲达环保	30.02	38.89	1084	13.60	1841	59.49	1577	10.14	721	30.10	1597	52.08	396
1709	600734	实达集团	30.02	65.07	116	16.79	1632	18.87	1937	0.04	1658	61.59	269	70.30	109
1710	000543	皖能电力	29.97	19.24	1870	16.82	1628	87.05	715	0.56	1134	22.00	1886	15.11	1770
1711	002248	华东数控	29.96	18.17	1894	15.34	1740	91.76	474	0.2	1569	28.27	1668	3.02	1922
1712	000033	新都酒店	29.93	24.76	1719	26.60	956	59.17	1581	0.32	1471	26.30	1759	22.46	1589
1713	600819	耀皮玻璃	29.93	23.86	1752	24.19	1104	65.32	1463	0.28	1519	27.58	1707	18.27	1714
1714	000025	特力A	29.90	24.47	1731	25.33	1020	61.95	1534	0.36	1140	25.15	1809	23.43	1552
1715	600765	中航重机	29.89	26.08	1689	32.17	697	46.92	1752	-1.84	1914	33.52	1430	14.92	1774
1716	600071	凤凰光学	29.88	17.34	1911	17.16	1606	83.68	866	10.81	671	25.94	1772	4.43	1915
1717	000713	丰乐种业	29.88	24.66	1725	25.73	1004	61.42	1543	-0.92	1853	31.69	1526	14.11	1786
1718	000923	河北宣工	29.88	26.64	1661	11.03	1923	85.98	766	2.76	961	27.61	1706	25.19	1500
1719	000615	湖北金环	29.87	22.84	1773	11.35	1917	92.29	453	0.24	1550	16.56	1920	32.27	1199
1720	000632	三木集团	29.87	23.34	1760	11.31	1918	91.55	485	0.32	1458	27.41	1713	17.24	1728
1721	002295	精艺股份	29.87	18.30	1888	15.80	1703	90.10	558	0.32	1306	28.78	1645	2.59	1924
1722	000488	晨鸣纸业	29.86	22.17	1797	36.38	551	33.32	1880	19.92	310	29.95	1606	10.49	1848
1723	002189	利达光电	29.86	22.77	1777	22.34	1222	70.30	1319	0.32	1407	25.72	1780	18.34	1710

续表

总排名	证券代码	证券简称	总分	价值创造		价值实现		价值关联度		溢价因素		基础价值		成长价值	
				得分	排名	得分	排名	得分	排名	得分	排名	得分	排名	得分	排名
1724	600512	腾达建设	29.86	36.66	1205	13.82	1831	66.50	1432	0.32	1172	27.20	1719	50.85	423
1725	002125	湘潭电化	29.85	39.48	1050	14.47	1797	60.03	1569	2.16	997	38.62	1164	40.77	797
1726	002009	天奇股份	29.83	24.12	1746	10.92	1926	90.37	545	1.56	1031	33.19	1442	10.52	1847
1727	600865	百大集团	29.83	36.72	1198	13.83	1828	66.29	1438	0.2	1574	32.98	1455	42.33	728
1728	002455	百川股份	29.82	32.02	1458	12.30	1895	76.62	1119	-0.24	1736	37.25	1240	24.17	1530
1729	000701	厦门信达	29.82	49.95	521	15.11	1756	33.91	1875	20.12	293	40.26	1077	64.47	163
1730	300049	福瑞端股份	29.81	42.40	876	15.59	1717	55.00	1643	-1.48	1891	46.65	736	36.04	1000
1731	600480	凌云股份	29.81	42.23	890	15.45	1729	55.10	1641	-0.64	1815	48.51	645	32.82	1163
1732	002217	联合化工	29.80	45.61	723	15.99	1686	48.47	1736	0.32	1302	48.58	639	41.17	775
1733	002192	路翔股份	29.80	19.61	1859	21.57	1278	68.91	1369	15.09	520	27.69	1700	7.50	1893
1734	000990	诚志股份	29.80	33.99	1358	12.94	1872	72.49	1250	-0.72	1824	26.57	1748	45.12	606
1735	300176	鸿特精密	29.78	30.10	1534	11.45	1912	79.77	1013	2.16	993	38.40	1174	17.66	1725
1736	000034	深信泰丰	29.76	25.36	1703	29.89	784	50.82	1696	0.32	1472	36.34	1286	8.89	1875
1737	600353	旭光股份	29.75	22.01	1805	21.36	1298	72.87	1243	0.32	1181	24.14	1838	18.82	1698
1738	600812	华北制药	29.75	20.45	1840	25.31	1022	56.23	1624	22.44	148	28.05	1678	9.06	1872
1739	000520	长航凤凰	29.73	24.26	1742	9.16	1949	88.92	622	10.03	765	6.76	1946	50.50	439
1740	002379	鲁丰股份	29.72	24.31	1738	11.03	1924	90.05	560	0.08	1632	27.08	1727	20.15	1661
1741	601600	中国铝业	29.72	20.33	1843	45.10	253	14.91	1943	25.98	47	22.68	1870	16.80	1737
1742	002056	横店东磁	29.71	22.47	1785	33.79	630	38.19	1839	18.1	366	32.14	1497	7.97	1887

续表

总排名	证券代码	证券简称	总分	价值创造		价值实现		价值关联度		溢价因素		基础价值		成长价值	
				得分	排名	得分	排名	得分	排名	得分	排名	得分	排名	得分	排名
1743	600540	新赛股份	29.70	17.01	1914	14.53	1790	93.36	393	1.16	1064	7.88	1943	30.70	1269
1744	000023	深天地A	29.70	30.90	1502	11.79	1906	78.38	1065	0.36	1139	29.86	1611	32.46	1186
1745	000880	潍柴重机	29.68	45.37	741	15.81	1702	48.57	1734	0.32	1430	53.03	473	33.89	1101
1746	002127	新民科技	29.68	24.89	1712	11.25	1921	88.82	630	-0.48	1788	32.50	1475	13.47	1798
1747	600760	中航黑豹	29.68	19.30	1868	17.50	1588	85.02	806	-1.12	1866	11.71	1933	30.70	1275
1748	300080	新大新材	29.68	33.15	1410	12.49	1885	74.58	1186	-1.8	1912	40.53	1063	22.07	1603
1749	600331	宏达股份	29.67	21.56	1818	38.28	499	29.42	1902	20.08	300	33.72	1419	3.31	1919
1750	000032	深桑达A	29.67	35.69	1262	13.24	1857	68.16	1394	0.32	1470	31.82	1519	41.49	762
1751	300038	梅泰诺	29.66	34.06	1355	12.59	1881	71.85	1269	0.32	1381	35.10	1350	32.49	1184
1752	600339	天利高新	29.65	19.92	1854	18.80	1494	80.74	979	0.08	1622	29.96	1605	4.86	1912
1753	600103	青山纸业	29.65	20.68	1831	20.13	1397	76.78	1114	0.32	1240	25.39	1796	13.62	1794
1754	600306	商业城	29.64	38.85	1087	14.52	1792	62.27	1530	-2.82	1940	23.94	1848	61.22	202
1755	002569	步森股份	29.63	40.71	983	14.74	1778	57.46	1609	0.32	1361	46.32	754	32.29	1196
1756	300029	天龙光电	29.61	35.18	1286	12.44	1887	67.84	1402	5.16	895	40.24	1082	27.58	1418
1757	600584	长电科技	29.59	18.75	1879	22.23	1230	65.27	1466	20.2	259	26.58	1747	7.01	1896
1758	000836	鑫茂科技	29.55	27.64	1629	10.98	1925	84.16	853	0.36	1141	20.82	1895	37.87	927
1759	600336	澳柯玛	29.55	27.31	1645	10.89	1927	84.91	813	0.2	1581	31.63	1531	20.83	1643
1760	600756	浪潮软件	29.55	23.00	1767	24.15	1109	64.79	1477	0.32	1297	27.17	1720	16.74	1739
1761	300095	华伍股份	29.54	22.19	1794	10.81	1928	92.83	421	-0.08	1683	30.01	1603	10.45	1850

续表

总排名	证券代码	证券简称	总分	价值创造 得分	价值创造 排名	价值实现 得分	价值实现 排名	价值关联度 得分	价值关联度 排名	溢价因素 得分	溢价因素 排名	基础价值 得分	基础价值 排名	成长价值 得分	成长价值 排名
1762	000599	青岛双星	29.53	33.44	1391	12.19	1899	72.82	1246	0.56	1130	27.16	1722	42.86	713
1763	000037	深南电A	29.50	17.51	1907	15.58	1719	89.94	568	0.32	1476	12.98	1928	24.29	1526
1764	600726	华电能源	29.50	20.84	1828	20.58	1359	74.90	1174	0.32	1201	22.14	1882	18.90	1696
1765	002193	山东如意	29.49	20.20	1847	10.70	1929	95.61	293	0.32	1404	28.57	1656	7.63	1891
1766	002510	天汽模	29.49	46.86	651	15.82	1701	43.81	1778	3.36	937	46.09	769	48.03	518
1767	600236	桂冠电力	29.46	23.29	1761	32.68	672	41.72	1801	10.59	678	31.95	1512	10.29	1856
1768	600856	长百集团	29.45	21.09	1827	20.75	1345	74.21	1200	-0.16	1705	30.61	1572	6.80	1899
1769	000803	金宇车城	29.44	22.93	1769	24.25	1099	64.15	1494	0.32	1440	23.98	1843	21.35	1629
1770	300051	三五互联	29.37	24.46	1732	27.71	883	54.57	1649	0.32	1383	32.13	1498	12.95	1809
1771	002172	澳洋科技	29.37	15.87	1925	12.44	1888	98.02	138	0.28	1507	5.98	1947	30.70	1278
1772	600051	宁波联合	29.36	48.29	583	15.40	1733	38.46	1836	10.18	707	51.12	547	44.06	646
1773	002112	三变科技	29.35	24.29	1739	10.07	1941	89.19	607	1.96	1001	20.02	1899	30.70	1276
1774	000712	锦龙股份	29.33	24.77	1718	35.57	572	38.67	1834	-0.6	1808	37.75	1206	5.30	1909
1775	300077	国民技术	29.32	24.74	1721	35.19	584	39.16	1827	-0.08	1684	35.23	1341	9.02	1873
1776	600986	科达股份	29.31	40.84	973	14.52	1793	56.12	1627	0.32	1279	27.73	1696	60.50	215
1777	002274	华昌化工	29.30	43.83	807	15.32	1742	49.97	1709	0.32	1305	35.95	1304	55.66	314
1778	002468	艾迪西	29.30	17.67	1904	16.30	1668	87.37	702	0.08	1630	26.49	1752	4.43	1914
1779	600319	亚星化学	29.27	20.43	1841	10.69	1931	95.18	313	-1.66	1899	22.58	1875	17.20	1731
1780	600178	东安动力	29.25	21.25	1824	21.34	1299	71.91	1266	-0.48	1778	26.76	1743	12.99	1806

续表

总排名	证券代码	证券简称	总分	价值创造		价值实现		价值关联度		溢价因素		基础价值		成长价值	
				得分	排名	得分	排名	得分	排名	得分	排名	得分	排名	得分	排名
1781	002171	精诚铜业	29.24	24.68	1724	32.88	664	43.28	1782	0.32	1410	25.84	1775	22.95	1576
1782	600886	国投电力	29.24	21.39	1821	39.76	432	25.67	1914	17.91	372	26.98	1732	13.00	1805
1783	002420	毅昌股份	29.24	17.56	1906	16.48	1660	86.84	725	0.16	1598	27.46	1712	2.69	1923
1784	002386	天原集团	29.22	18.33	1887	16.88	1626	86.03	762	-2.4	1933	23.63	1855	10.37	1853
1785	600679	金山开发	29.21	24.35	1736	36.20	558	36.96	1849	0.36	1165	25.44	1791	22.71	1579
1786	600767	运盛实业	29.18	22.14	1798	23.36	1160	65.86	1453	0.28	1517	32.21	1490	7.04	1895
1787	600796	钱江生化	29.18	20.32	1844	20.55	1361	74.15	1201	0.32	1295	26.92	1736	10.43	1851
1788	300240	飞力达	29.18	45.57	727	13.83	1829	41.03	1813	17.65	375	50.67	564	37.93	924
1789	000151	中成股份	29.15	21.76	1814	22.34	1221	68.27	1391	0.32	1480	24.04	1840	18.34	1712
1790	000890	法尔胜	29.14	32.94	1424	11.30	1919	73.51	1221	0.32	1429	26.52	1751	42.58	720
1791	300111	向日葵	29.13	21.63	1817	22.03	1239	69.07	1358	0.16	1600	30.58	1574	8.22	1885
1792	600853	龙建股份	29.12	32.15	1454	11.13	1922	74.96	1172	0.32	1277	29.71	1617	35.81	1011
1793	000668	荣丰控股	29.11	16.89	1918	15.63	1709	88.82	631	0.32	1469	27.48	1711	1.00	1946
1794	002263	大东南	29.07	23.08	1765	25.89	995	58.80	1591	0.32	1300	28.30	1666	15.24	1766
1795	000510	金路集团	29.07	23.26	1763	26.25	974	57.78	1602	0.32	1492	18.38	1909	30.59	1291
1796	600432	吉恩镍业	29.05	19.86	1855	41.53	367	20.37	1932	24.05	99	24.00	1842	13.64	1792
1797	002087	新野纺织	29.03	33.69	1378	11.85	1905	71.80	1270	-1.74	1907	33.05	1451	34.65	1069
1798	300125	易世达	29.02	33.17	1407	11.44	1913	72.92	1239	-0.84	1842	40.18	1085	22.64	1581
1799	002199	东晶电子	28.99	15.42	1933	14.37	1801	92.94	409	0.32	1401	25.03	1816	1.00	1951

续表

总排名	证券代码	证券简称	总分	价值创造 得分	价值创造 排名	价值实现 得分	价值实现 排名	价值关联度 得分	价值关联度 排名	溢价因素 得分	溢价因素 排名	基础价值 得分	基础价值 排名	成长价值 得分	成长价值 排名
1800	600135	乐凯胶片	28.98	24.42	1734	34.38	612	39.96	1821	-0.92	1851	19.70	1901	31.49	1232
1801	600684	珠江实业	28.96	54.28	352	16.49	1658	30.11	1898	0.56	1112	64.22	209	39.37	860
1802	000594	国恒铁路	28.95	18.07	1897	17.36	1594	83.79	865	-1.66	1898	23.36	1857	10.13	1859
1803	600359	新农开发	28.95	14.97	1935	13.72	1836	94.70	327	0.36	1169	4.48	1950	30.70	1270
1804	600218	全柴动力	28.91	22.34	1788	29.58	795	46.86	1754	10.06	759	27.55	1709	14.52	1777
1805	600039	四川路桥	28.88	57.73	249	16.39	1663	24.33	1918	1.36	1041	46.05	771	75.25	63
1806	600163	福建南纸	28.87	22.18	1796	28.30	854	49.59	1715	9.82	803	12.31	1931	36.98	961
1807	002418	康盛股份	28.82	35.01	1300	12.06	1902	67.79	1404	-0.64	1818	36.64	1266	32.57	1182
1808	000993	闽东电力	28.81	22.02	1804	24.24	1101	62.38	1525	0.32	1419	27.50	1710	13.79	1791
1809	600701	工大高新	28.80	47.57	618	15.61	1713	41.40	1805	0.08	1625	31.92	1515	71.04	94
1810	600035	楚天高速	28.75	43.15	838	14.68	1781	49.54	1717	0.24	1530	52.23	502	29.53	1340
1811	600027	华电国际	28.73	21.31	1822	38.83	476	27.97	1908	12.13	643	22.22	1880	19.95	1668
1812	600279	重庆港九	28.73	42.27	884	14.51	1795	51.25	1689	-0.04	1676	36.23	1293	51.33	413
1813	300040	九洲电气	28.71	30.69	1509	10.32	1937	77.10	1102	-0.48	1783	34.94	1356	24.32	1523
1814	000753	漳州发展	28.70	43.12	841	14.60	1785	49.48	1720	0.32	1453	39.29	1138	48.85	494
1815	300243	瑞丰高材	28.70	51.05	473	15.91	1693	34.71	1869	0.76	1107	49.63	603	53.16	370
1816	600567	山鹰纸业	28.69	21.23	1825	23.17	1173	65.11	1469	0.32	1224	25.40	1794	14.97	1771
1817	000912	泸天化	28.68	18.01	1899	18.52	1512	79.29	1028	0.08	1633	23.95	1844	9.09	1871
1818	002160	常铝股份	28.66	20.78	1830	22.29	1226	67.68	1407	-0.28	1745	25.79	1779	13.28	1801

续表

总排名	证券代码	证券简称	总分	价值创造 得分	价值创造 排名	价值实现 得分	价值实现 排名	价值关联度 得分	价值关联度 排名	溢价因素 得分	溢价因素 排名	基础价值 得分	基础价值 排名	成长价值 得分	成长价值 排名
1819	002061	江山化工	28.65	20.19	1848	8.42	1952	94.44	346	3.36	938	26.20	1763	11.17	1841
1820	300073	当升科技	28.64	14.14	1939	13.83	1830	94.17	356	0.32	1341	22.91	1867	1.00	1942
1821	000929	兰州黄河	28.59	13.80	1941	13.09	1864	95.88	278	0.32	1432	22.34	1878	1.00	1947
1822	002098	浔兴股份	28.56	39.59	1041	11.39	1916	53.18	1671	14.89	533	42.18	985	35.70	1017
1823	600463	空港股份	28.55	42.26	885	13.18	1858	47.93	1744	10.14	719	41.20	1034	43.85	650
1824	601872	招商轮船	28.54	22.51	1782	43.90	292	20.27	1934	1.76	1012	24.48	1827	19.55	1680
1825	601919	中国远洋	28.53	18.49	1886	39.62	441	22.67	1927	25.98	45	10.36	1940	30.70	1274
1826	002435	长江润发	28.52	38.52	1103	12.94	1873	58.80	1590	0.32	1324	37.39	1231	40.22	820
1827	600191	华资实业	28.52	19.48	1865	20.98	1328	71.26	1291	0.32	1261	26.55	1749	8.88	1876
1828	600262	北方股份	28.50	52.86	395	15.02	1763	26.79	1910	12.74	630	51.10	548	55.49	320
1829	300100	双林股份	28.50	53.73	371	16.00	1684	29.74	1899	0.32	1344	61.38	273	42.26	730
1830	002536	西泵股份	28.47	35.80	1255	11.41	1915	64.68	1480	2.36	982	45.09	812	21.86	1612
1831	600162	香江控股	28.46	20.48	1839	22.43	1217	66.72	1427	0.04	1655	29.51	1625	6.94	1897
1832	000829	天音控股	28.44	22.06	1802	25.17	1032	58.80	1589	0	1670	30.97	1555	8.69	1881
1833	600305	恒顺醋业	28.43	30.27	1525	9.84	1943	77.63	1085	-1.16	1867	28.00	1681	33.68	1114
1834	600250	南纺股份	28.42	24.48	1730	9.00	1950	88.23	666	-1.7	1905	14.93	1925	38.81	883
1835	600782	新钢股份	28.41	22.92	1770	27.94	867	51.68	1683	0.24	1536	25.27	1802	19.40	1681
1836	600405	动力源	28.39	14.67	1936	19.48	1439	73.40	1226	15.13	514	23.79	1852	1.00	1937
1837	000611	时代科技	28.33	22.46	1786	27.26	913	53.28	1666	0.32	1459	26.20	1764	16.85	1735

续表

总排名	证券代码	证券简称	总分	价值创造		价值实现		价值关联度		溢价因素		基础价值		成长价值	
				得分	排名	得分	排名	得分	排名	得分	排名	得分	排名	得分	排名
1838	600225	天津松江	28.32	49.58	531	15.48	1725	36.11	1856	0.32	1254	50.81	561	47.73	527
1839	000679	大连友谊	28.31	37.19	1172	12.23	1898	61.15	1548	0.28	1500	46.58	739	23.10	1564
1840	000525	红太阳	28.28	22.31	1792	41.28	377	24.28	1920	2.16	998	27.82	1690	14.05	1788
1841	600321	国栋建设	28.26	21.89	1811	25.24	1028	58.10	1599	-0.28	1751	24.45	1829	18.05	1719
1842	002148	北纬通信	28.25	20.59	1837	29.34	803	44.67	1771	14.01	575	30.56	1575	5.63	1906
1843	601005	重庆钢铁	28.22	20.09	1851	22.94	1182	64.20	1490	1.76	1011	12.08	1932	32.10	1209
1844	600356	恒丰纸业	28.20	40.09	1013	13.11	1863	54.51	1651	0.28	1527	40.31	1072	39.75	841
1845	600789	鲁抗医药	28.19	16.75	1919	18.38	1525	78.92	1047	0.32	1289	25.33	1800	3.88	1918
1846	600493	凤竹纺织	28.17	13.49	1943	14.96	1766	90.53	539	0.32	1176	21.81	1889	1.00	1938
1847	600620	天宸股份	28.14	16.70	1921	20.84	1340	68.91	1366	10.14	716	23.94	1846	5.83	1904
1848	600282	南钢股份	28.13	20.65	1833	37.21	528	30.17	1896	10.22	702	25.62	1786	13.19	1802
1849	600069	银鸽投资	28.13	21.91	1810	26.47	963	54.67	1648	0.36	1162	16.05	1922	30.70	1273
1850	000062	深圳华强	28.12	19.78	1856	22.55	1203	65.06	1471	1.56	1028	30.84	1562	3.18	1920
1851	000597	东北制药	28.12	14.01	1940	9.23	1947	99.63	21	2.96	958	10.59	1938	19.16	1690
1852	002101	广东鸿图	28.12	43.43	821	14.15	1812	46.97	1750	0.32	1389	45.11	810	40.91	785
1853	600737	中粮屯河	28.09	18.56	1885	34.44	609	31.72	1888	24.07	98	25.21	1805	8.57	1882
1854	002188	新嘉联	28.03	21.64	1816	26.11	981	55.32	1636	0.32	1406	25.64	1784	15.64	1759
1855	600808	马钢股份	28.03	18.19	1893	37.90	513	26.15	1912	21.82	200	22.20	1881	12.19	1826
1856	600596	新安股份	27.97	17.16	1913	21.41	1294	66.88	1422	8.82	844	22.05	1883	9.83	1862

续表

总排名	证券代码	证券简称	总分	价值创造		价值实现		价值关联度		溢价因素		基础价值		成长价值	
				得分	排名	得分	排名	得分	排名	得分	排名	得分	排名	得分	排名
1857	002182	云海金属	27.93	19.09	1873	21.72	1265	67.46	1411	0.24	1543	25.40	1793	9.64	1865
1858	002066	瑞泰科技	27.90	39.37	1058	12.38	1891	55.42	1634	0.56	1127	43.29	921	33.50	1120
1859	000565	渝三峡A	27.84	13.22	1944	15.57	1721	88.07	674	0.32	1484	14.08	1926	11.94	1831
1860	000928	中钢吉炭	27.84	20.12	1850	23.90	1118	60.83	1554	0.76	1086	24.90	1819	12.96	1808
1861	002208	合肥城建	27.80	48.09	600	14.86	1771	37.34	1845	-0.36	1763	50.78	562	44.06	645
1862	000948	南天信息	27.80	42.35	878	13.69	1837	48.68	1732	-1.16	1868	41.01	1044	44.36	632
1863	600387	海越股份	27.80	19.72	1857	24.50	1078	58.31	1594	4.16	911	24.64	1822	12.34	1821
1864	600961	株冶集团	27.77	20.03	1853	23.76	1132	61.42	1544	-0.32	1755	10.70	1937	34.03	1099
1865	000692	惠天热电	27.74	34.42	1335	9.75	1944	67.41	1413	0.32	1466	30.82	1564	39.83	838
1866	600747	大连控股	27.74	21.86	1812	41.59	365	22.57	1928	0.32	1200	35.73	1316	1.06	1932
1867	600692	亚通股份	27.72	18.16	1895	21.15	1314	68.91	1367	0.32	1187	23.04	1863	10.84	1844
1868	002456	欧菲光	27.71	22.31	1791	30.62	757	44.67	1772	-1.6	1897	27.90	1687	13.93	1790
1869	600390	金瑞科技	27.71	16.91	1916	19.72	1424	73.67	1214	0.2	1582	17.70	1913	15.72	1757
1870	600110	中科英华	27.71	18.76	1878	25.03	1042	55.26	1639	10.14	727	21.74	1891	14.29	1782
1871	000717	韶钢松山	27.65	13.21	1945	18.98	1485	75.38	1160	10.15	710	12.70	1929	13.98	1789
1872	000407	胜利股份	27.64	17.69	1902	20.72	1349	70.41	1315	-0.4	1773	25.79	1778	5.54	1907
1873	600965	福成五丰	27.60	20.29	1845	24.85	1055	57.72	1603	0.32	1281	27.95	1684	8.80	1880
1874	600184	光电股份	27.52	21.95	1808	33.51	645	37.76	1840	-0.16	1707	29.08	1639	11.25	1836
1875	000800	一汽轿车	27.50	17.57	1905	43.35	311	14.70	1944	19.52	331	25.96	1771	4.99	1910

续表

总排名	证券代码	证券简称	总分	价值创造		价值实现		价值关联度		溢价因素		基础价值		成长价值	
				得分	排名	得分	排名	得分	排名	得分	排名	得分	排名	得分	排名
1876	600241	时代万恒	27.50	38.92	1081	11.68	1909	55.69	1632	0.08	1628	31.12	1551	50.63	430
1877	002321	华英农业	27.48	46.51	677	14.28	1805	39.64	1824	-1.16	1870	42.13	987	53.08	374
1878	300225	金力泰	27.46	49.78	525	14.59	1787	32.47	1885	1.96	1006	47.53	696	53.16	372
1879	000725	京东方A	27.43	17.49	1909	39.06	465	22.73	1926	20.12	291	23.08	1861	9.09	1870
1880	600186	莲花味精	27.38	18.04	1898	21.72	1267	66.23	1440	0.32	1257	5.69	1948	36.56	980
1881	600320	振华重工	27.34	17.33	1912	39.61	443	21.39	1929	20.16	275	20.62	1896	12.39	1820
1882	300086	康芝药业	27.32	14.39	1937	17.20	1604	82.18	915	-3.12	1944	22.61	1874	2.06	1927
1883	002134	天津普林	27.32	18.28	1890	22.55	1202	63.18	1513	1.76	1021	24.14	1837	9.48	1868
1884	600586	金晶科技	27.31	21.56	1819	31.56	718	41.08	1811	0.04	1657	32.00	1508	5.88	1903
1885	000606	青海明胶	27.31	21.55	1820	32.48	682	39.10	1828	0.28	1501	22.01	1885	20.85	1641
1886	000539	粤电力A	27.30	20.66	1832	39.69	437	25.35	1915	1.56	1029	27.64	1704	10.19	1858
1887	002347	泰尔重工	27.30	57.15	267	15.11	1755	20.37	1933	0.32	1316	49.27	613	68.97	124
1888	000782	美达股份	27.25	41.00	964	12.25	1897	50.07	1707	0.32	1445	41.18	1035	40.72	799
1889	600686	金龙汽车	27.08	49.95	519	14.43	1799	31.50	1890	0.2	1586	49.25	615	51.01	419
1890	002107	沃华医药	27.01	18.69	1881	24.19	1105	58.47	1592	0.32	1391	25.90	1773	7.88	1888
1891	300218	安利股份	27.01	48.50	573	13.56	1842	32.09	1887	6.16	884	41.86	997	58.47	248
1892	002451	摩恩电气	26.97	15.48	1931	20.20	1391	71.10	1295	0.32	1325	25.13	1811	1.00	1944
1893	300233	金城医药	26.95	38.16	1124	10.05	1942	56.23	1623	2.36	986	39.63	1115	35.96	1004
1894	600408	安泰集团	26.92	15.08	1934	19.81	1415	72.23	1258	0.28	1526	14.99	1924	15.21	1768

续表

总排名	证券代码	证券简称	总分	价值创造		价值实现		价值关联度		溢价因素		基础价值		成长价值	
				得分	排名	得分	排名	得分	排名	得分	排名	得分	排名	得分	排名
1895	600791	京能置业	26.90	57.37	257	14.77	1775	18.77	1938	0.32	1290	54.90	431	61.07	207
1896	000627	天茂集团	26.85	20.49	1838	30.73	753	41.94	1799	0.24	1551	18.30	1912	23.78	1544
1897	002064	华峰氨纶	26.84	20.07	1852	27.63	893	48.68	1731	0.32	1414	29.27	1631	6.29	1901
1898	002210	飞马国际	26.80	43.18	835	12.52	1883	43.92	1777	0.56	1123	37.26	1239	52.08	397
1899	002162	斯米克	26.72	16.20	1923	26.13	979	49.48	1721	15.09	519	12.40	1930	21.90	1611
1900	600960	渤海活塞	26.71	41.09	960	11.42	1914	48.95	1726	0.2	1572	47.34	709	31.72	1224
1901	002141	蓉胜超微	26.64	16.06	1924	21.48	1288	65.97	1447	0.32	1394	26.10	1767	1.00	1949
1902	000700	模塑科技	26.59	46.26	691	13.00	1869	36.96	1848	1.16	1055	36.01	1301	61.64	198
1903	000898	鞍钢股份	26.57	15.51	1930	37.85	515	24.28	1921	19.2	341	16.82	1916	13.54	1797
1904	000835	四川圣达	26.54	19.39	1866	27.29	911	48.90	1728	0.32	1436	29.71	1616	3.91	1917
1905	000710	天兴仪表	26.49	19.72	1858	28.48	844	45.74	1762	0.32	1463	25.39	1795	11.20	1837
1906	002590	万安科技	26.47	40.32	1005	10.64	1932	50.39	1701	0.32	1358	40.13	1088	40.62	803
1907	000715	中兴商业	26.44	59.46	205	14.33	1804	14.43	1945	-0.16	1719	45.17	807	80.90	43
1908	000065	北方国际	26.35	59.81	197	14.09	1814	13.47	1947	0.76	1080	46.54	740	79.73	47
1909	000567	海德股份	26.34	18.21	1892	25.20	1029	53.82	1661	0.32	1485	28.23	1671	3.17	1921
1910	600220	江苏阳光	26.29	19.52	1862	29.46	800	43.17	1785	0.2	1577	23.94	1845	12.89	1810
1911	000421	南京中北	26.25	45.20	747	12.31	1893	38.67	1833	0.32	1482	27.28	1718	72.10	87
1912	600680	上海普天	26.18	18.56	1884	26.69	942	49.59	1714	0.16	1589	24.96	1818	8.96	1874
1913	000404	华意压缩	26.18	37.37	1160	8.51	1951	57.67	1604	0.28	1498	31.05	1552	46.86	555

续表

总排名	证券代码	证券简称	总分	价值创造 得分	价值创造 排名	价值实现 得分	价值实现 排名	价值关联度 得分	价值关联度 排名	溢价因素 得分	溢价因素 排名	基础价值 得分	基础价值 排名	成长价值 得分	成长价值 排名
1914	002260	伊立浦	26.18	50.06	513	13.49	1847	28.61	1905	0.36	1154	32.26	1486	76.77	57
1915	000564	西安民生	26.16	43.27	832	11.76	1908	42.42	1792	-0.08	1691	33.90	1405	57.31	281
1916	600396	金山股份	26.12	53.34	385	12.75	1877	20.16	1935	9.82	802	39.43	1130	74.20	68
1917	300211	亿通科技	26.09	46.18	696	12.42	1889	36.16	1855	0.32	1233	43.43	902	50.31	450
1918	600774	汉商集团	26.02	39.65	1039	9.64	1945	51.52	1685	-0.36	1768	28.23	1670	56.76	295
1919	600615	丰华股份	25.97	18.27	1891	27.19	917	47.88	1745	0.32	1218	22.36	1877	12.15	1828
1920	000972	新中基	25.96	38.24	1114	9.19	1948	55.37	1635	-2.62	1937	1.36	1951	93.56	18
1921	600753	东方银星	25.95	16.73	1920	24.31	1095	55.85	1630	0.32	1298	16.76	1917	16.68	1742
1922	000813	天山纺织	25.94	18.78	1877	34.88	599	31.61	1889	0.32	1441	24.22	1834	10.60	1846
1923	002354	科冕木业	25.90	49.13	547	13.08	1865	29.47	1900	0.32	1318	36.22	1294	68.50	131
1924	000592	中福实业	25.85	18.82	1875	31.30	731	38.78	1832	-0.68	1820	24.57	1824	10.19	1857
1925	000519	江南红箭	25.82	18.72	1880	32.56	679	35.73	1859	0.32	1491	21.80	1890	14.10	1787
1926	002506	超日太阳	25.80	18.13	1896	26.92	929	48.25	1738	-0.52	1793	23.23	1858	10.48	1849
1927	000897	津滨发展	25.80	16.90	1917	24.85	1056	53.93	1659	0.08	1634	16.60	1919	17.35	1727
1928	600152	维科精华	25.72	59.07	214	13.41	1851	12.40	1949	1.56	1036	42.50	965	83.93	37
1929	600435	中兵光电	25.62	15.60	1929	41.78	361	16.09	1942	10.06	757	25.33	1799	1.00	1936
1930	600561	江西长运	25.61	53.90	366	12.13	1901	17.86	1939	10.14	713	50.29	581	59.32	234
1931	000862	银星能源	25.44	47.63	616	12.16	1900	31.29	1891	0.28	1503	37.51	1222	62.81	182
1932	000918	嘉凯城	25.34	17.49	1908	33.24	651	32.73	1882	2.56	971	27.74	1694	2.11	1926

续表

总排名	证券代码	证券简称	总分	价值创造		价值实现		价值关联度		溢价因素		基础价值		成长价值	
				得分	排名	得分	排名	得分	排名	得分	排名	得分	排名	得分	排名
1933	000932	华菱钢铁	25.30	17.80	1901	31.53	720	36.80	1852	-0.12	1698	21.96	1887	11.57	1834
1934	000652	泰达股份	25.17	17.36	1910	29.20	812	41.24	1809	0.32	1454	25.07	1814	5.78	1905
1935	000881	大连国际	25.14	50.60	493	12.34	1892	25.14	1916	-0.08	1689	55.50	415	43.26	693
1936	601866	中海集运	25.07	9.41	1949	42.57	338	13.79	1946	24.58	87	15.02	1923	1.00	1935
1937	000967	上风高科	25.03	54.84	325	12.85	1875	17.05	1941	0.32	1425	44.33	859	70.60	97
1938	300237	美晨科技	24.88	47.74	614	11.26	1920	30.11	1897	0.32	1227	52.49	497	40.62	806
1939	600379	宝光股份	24.84	15.75	1927	26.88	932	46.75	1756	0.08	1624	25.14	1810	1.68	1930
1940	600273	华芳纺织	24.83	3.63	1951	15.60	1715	87.37	701	0.24	1531	5.38	1949	1.00	1940
1941	000637	茂化实华	24.57	15.80	1926	28.80	831	41.40	1804	0.32	1455	25.67	1783	1.00	1945
1942	002077	大港股份	24.54	45.09	752	9.41	1946	36.11	1857	0.24	1542	37.96	1193	55.79	311
1943	600330	天通股份	24.49	15.60	1928	28.48	843	41.94	1798	0.32	1182	25.34	1798	1.00	1939
1944	600980	北矿磁材	24.24	12.01	1946	28.44	848	41.24	1808	10.14	734	19.36	1903	1.00	1934
1945	002218	拓日新能	24.15	10.68	1948	30.07	773	37.12	1846	14.89	532	17.14	1915	1.00	1952
1946	600146	大元股份	23.99	14.34	1938	27.31	909	44.94	1769	-2.26	1928	7.55	1944	24.51	1518
1947	600238	海南椰岛	23.89	13.60	1942	39.57	445	19.89	1936	0.04	1654	19.95	1900	4.08	1916
1948	000909	数源科技	23.82	49.84	522	10.07	1940	24.12	1922	0.12	1610	35.50	1330	71.35	93
1949	002034	美 欣 达	23.67	58.43	233	10.69	1930	9.19	1951	0.32	1413	54.89	432	63.73	172
1950	000976	春晖股份	23.47	7.09	1950	21.77	1260	63.08	1515	0.24	1546	11.15	1935	1.00	1948
1951	600193	创兴资源	22.98	11.76	1947	33.14	656	30.91	1893	0.16	1593	18.93	1906	1.00	1941
1952	002362	汉王科技	21.84	1.00	1952	21.46	1291	64.63	1481	0.32	1310	1.00	1952	1.00	1943

附录十二：

2011年度中国十大市值新闻

　　2011年12月28日，中国上市公司市值管理研究中心与中国证券报、证券时报、证券日报、上海证券报、每日经济新闻、投资者报、中国经营报、华夏时报、经济观察报、中华工商时报、中国经济时报、大众证券报、新浪财经、和讯网、搜狐财经等十余家主流财经媒体共同评选出"2011年度中国十大市值管理新闻"，它们分别是：

1. A股市值大缩水　上证指数重回十年前

　　截止到2011年12月28日，A股总市值为21.02万亿元，在新增278家上市公司后，较2010年底缩水5.26万亿元，不过规模仍仅次于美国（15.09万亿美元），居世界第二。上证指数跌破十年前高点2245点，据不完全统计，股民人均亏损超4万元。

2. 新华联借壳成功　市值涨幅获A股之冠

　　截止到2011年12月28日，新华联市值从停牌前的3.65亿元增长到77.98亿元，市值增长20倍，摘得2011年A股市值涨幅头筹。

3. 汉王科技业绩亏损　市值跌幅最大

　　截止到2011年12月28日，汉王科技市值由2010年同期92.67亿元缩水至26.31亿元，市值大幅缩水71.61%，成为2011年A股市值跌幅最大的上市公司。

4. 新上市公司大面积破发　一级市场估值遭质疑

　　截止到2011年12月28日，2011年上市的278家新股中，首日破发者占比26.98%，同比上升19.53%，而目前股价低于发行价的新股占比74.10%。如此大面积的新股破发，引发市场对一级市场估值体系的质疑。

5. 乙肝疫苗受挫重庆啤酒九连停　大成基金重仓豪赌遭诟病

　　2011年12月8日，重庆啤酒发布公告，宣布乙肝疫苗临床效果低于预期，受此影响，重庆啤酒连续九跌停，市值由353.06亿元缩水至151.92亿元，大幅缩水56.97%；重仓持有该股票的大成基金损失惨重，遭多方质疑。

6. 绿大地成欺诈发行第一案　半年市值缩水七成

　　2011年12月3日，绿大地前董事长何学葵因欺诈发行股票罪被判刑，成为A股市

场首例。案发后，绿大地市值缩水幅度最高达70%。

7. 深交所推出退市新规　ST板块应声下跌

2011年11月28日，深圳证券交易所推出《关于完善创业板退市制度的方案（征求意见稿）》。征求意见稿不支持通过"借壳"恢复上市。ST板块市值应声暴跌，十个交易日内市值缩水359亿元。

8. A股发行市场首现失败案例　八菱科技受挫询价机构不足

2011年6月9日，八菱科技公告，因询价机构数量未达到法定下限被迫中止发行，成为国内A股市场发行失败的首例。

9. 媒体曝宝安石墨矿摆乌龙　遭谴责市值缩水近90亿

2011年2月25日，经济参考报一篇报道引发中国宝安石墨矿事件，导致宝安因信披违规遭深交所公开谴责。受此次事件影响，中国宝安市值一度从266.8亿元下跌至178.01亿元，市值缩水88.79亿元。

10. 控股股东增持逆市强信心　汇金公司出手构筑"政策底"

面对弱市，控股股东纷纷逆市增持，引导市场信心。2011年6月以来，共有311家次上市公司大股东逆市增持，其中10月10日汇金公司增持中国工商银行、中国农业银行、中国银行、中国建设银行四大银行的股票尤其引人注目。此举被市场视为构筑"政策底"的象征。

图书在版编目（CIP）数据

创富报告：2012 年度中国上市公司市值管理绩效评价/施光耀等著 .
—北京：经济科学出版社，2012.5
ISBN 978 - 7 - 5141 - 1876 - 6

Ⅰ. ①创⋯ Ⅱ. ①施⋯ Ⅲ. ①上市公司 - 资金管理 -
研究报告 - 中国 Ⅳ. ①F279.246

中国版本图书馆 CIP 数据核字（2012）第 082647 号

责任编辑：范 莹 杨 梅
技术编辑：李 鹏

创富报告

——2012 年度中国上市公司市值管理绩效评价
施光耀 等著
经济科学出版社出版、发行 新华书店经销
社址：北京市海淀区阜成路甲 28 号 邮编：100142
总编室电话：88191217 发行部电话：88191540
网址：www. esp. com. cn
电子邮件：esp@ esp. com. cn
北京中科印刷有限公司印装
787×1092 16 开 22 印张 520000 字
2012 年 5 月第 1 版 2012 年 5 月第 1 次印刷
ISBN 978 - 7 - 5141 - 1876 - 6 定价：48.00 元